三晋文化研究丛书

溯文明之源　尋華夏之根

主　　编：王水成
副 主 编：郭云平　张青山
王金保
执行主编：贾克勤

山西出版传媒集团
三晋出版社

《三晋文化研究丛书》编委会

溯文明之源 · 寻华夏之根

——2018首届中国尧文化高峰论坛论文访谈集

编 委 会

尧帝

尧，姓伊祁，名放勋，三皇五帝之一。十三岁封为陶侯，十五岁封为唐侯，亦称陶唐氏，十六岁于古冀州即天子位。尧帝定都平阳，创始文明；启蒙先民，钦定历法；广凿水井，教民稼穑；设立谤木，广纳谏言；实行禅让，倡导仁德；平章百姓，协和万邦；教化九族，天下归心；划定九州，缔造中国。尧帝创造了辉煌灿烂的上古文明，开创了上古和谐的尧天舜日盛世。尧帝德高功峻，民无能名。后世誉为民师帝范，文明始祖。

孔子称赞："大哉！尧之为君，巍巍乎，惟天为大，惟尧则之；荡荡乎，民无能名焉；巍巍乎，其有成功也；焕乎，其有文章!"司马迁赞尧："其仁如天，其知如神，就之如日，望之如云，富而不骄，贵而不舒。"

尧帝所创造的物质精神成果称为尧文化，成为中国传统文化的源头，是中国传统文化的直根，是中国之根、文化之根、文明之根、血脉之根。

尧都

史籍中记载，平阳在尧帝时为冀州。《左传·哀公六年》引《尚书·夏书》称：“唯彼陶唐，帅彼天常，由此冀方。”冀方即冀州。《尔雅》中说“两河间曰冀州”，晋陕间黄河称西河，黄河自潼关折东，入河南、河北、山东境内称东河，古冀州实指山西、河北一带。《竹书纪年》记载“尧、舜、禹即位皆居冀，大食诸侯”。东汉学者服虔说：“唐、虞、夏之都大率相近，不出河东之界。”《平阳府志》《蒲州志》《临汾县志》皆称平阳之冀州，在唐尧、虞舜、夏禹之时，为都畿内之地。《史记正义》记“陶唐，《帝王世纪》云，尧都平阳，于《诗》为唐国”。徐才《宗国都城记》云：唐国帝尧之裔子所封。其北，帝夏禹都，汉曰太原郡，在古冀州太行恒山之西，其南有晋水。《括地志》云：“在今晋州所理，平阳故城是也，平阳河水一名晋水也。”从而说明平阳是因在平水之阳而得名。平水今名龙祠泉水。孔子六十四世孙、剧作家孔尚任应朋友之邀到平阳编修《平阳府志》。

宋《通志·五帝纪》中说，唐尧故里，谓“尧、舜、禹三圣故乡”。《临汾县志》记有：“尧、舜、禹皆建于此，舜都蒲坂，禹都安邑，都系陪都也。”尧都平阳，临汾因尧帝则显彰于世，是后世子孙无上的荣光。

2000年临汾撤地建市，临汾市更名为尧都区。再次确证了尧帝建都临汾的历史。

尧庙仪门

大中楼

2018首届尧都文化旅游节
尧文化高峰论坛
金振洪生荟萃南北菜系一应珍膳玉馔
都承尧泽聚集中外宾客尽皆雅士高朋

总序

探索中国之文明 开创时代之新风

三晋文化研究会名誉会长、研究员　李玉明

2018“溯文明之源，寻华夏之根”尧文化论坛暨“寻根尧祖·圆梦中华”为主题的首届尧都文化旅游节，是我们在认真贯彻习近平中国特色社会主义思想新时代召开的一次高规格的文化盛会。是临汾尧都区委、区政府依托尧文化资源，全面推进传统文化与旅游结合发展，建设全域旅游示范区，实施“旅游强区”的重大战略举措。

尧文化论坛由中共山西省委宣传部、光明日报社、中国先秦史学会、中共临汾市委、临汾市人民政府主办，三晋文化研究会、中共临汾市委宣传部、中共尧都区委、尧都区人民政府等单位承办，我作为一名参会的最年长者，对大家的辛勤劳动和大力支持表示感谢！我也相信这次尧文化论坛和文化旅游节一定会取得更多更新的成果并会产生更大的社会影响。

中华文明的起源仍然是目前学术界讨论的焦点。探寻中华文明是一项重大工程。三晋文化研究会成立30年来，就一直关注中华文明探源这一重大课题，始终坚持“研究三晋之文明，创立未来之新风”的办会宗旨，广泛组织有志于三晋文化研究的专家学者，全面系统地开展了三晋历史文化的搜集、整理和研究工作，取得了丰硕的成果。今天我们请来了国内外一流的专家、学者，就是要通过开展积极健康的学术争鸣，继续深入挖掘蕴含在尧文化中的思想观念、道德规范、人文精神，通过高质量的学术研讨，给山西、临汾经济社会发展提出宝贵意见和精神指引。

习近平总书记指出：“对历史文化特别是先人传承下来的价值理念和道德规范，要坚持古为今用，推陈出新，有鉴别地加以对待，有扬弃地予以继承，努力用中华民族创造的一切精神财富来以文化人，以文育人。”

尧都平阳，自古以来就是一片神奇的土地。尧都遗存有丰富完整的尧文化旅游资源，在全国独一无二。

《汉书·帝王本纪》“尧都平阳，舜都蒲坂，禹都安邑”，说明上古三世建都在山西皆有史迹。尧都平阳很早就有“五千年中华文明地标”美誉之称。众多文化遗迹表明，尧都平阳是华夏文化源头地之一。

陶唐尧王封疆划野九州，开创禅让制先河。尧在位近百年，有德政，常征求四岳的意见，而且设立谤木，让平民可以发表意见。唐尧历山访贤，推荐虞舜为继承人，从而开创了中华远古时代帝王继位的禅让制先河。尧舜禅让的故事已成为中华民族的千古美谈。

《史记》中说：尧帝“其仁如天，其知如神，就之如日，望之如云。”

有关史料证明，很多“古国”，先后出现于龙山时代，成为中国古代文明的不同源头。考古学证明，陶寺遗址距今4300年左右，与历代文献记载的“尧都平阳”很吻合。陶寺发现的城市、宫殿、“王墓”、观象台、青铜器、文字和宣示王权的“礼器”以及中华民族的精神图腾——龙，令人耳目一新。这都标志着黄河流域早期国家形态的诞生。

“溯文明之源，寻华夏之根” 尧文化论坛暨 “寻根尧祖 · 圆梦中华”文化旅游节在大家的共同努力下，从整体策划到具体实施，都体现了我们一贯主张的“创立未来之新风”的办会风格，尤其是这次收集的50多篇论文，都是很有价值很有新意，我认为这次编辑的尧文化论文集，有探索篇、创新篇、高端访谈篇，尤其是高端访谈篇，更有可读性，可以说是我们三晋文化研究会重要的学术成果之一，希望再接再厉。

是为序。

序一

开拓学术视野 讲好帝尧故事

三晋文化研究会常务会长 王水成

随着我国经济社会深刻变革，互联网技术和新媒体快速发展，各种思想文化交流交融交锋更加频繁，迫切需要深入挖掘中华优秀传统文化价值内涵，进一步激发中华优秀传统文化的生机与活力。

尧是华夏文明的始祖之一。尧文化是标志着华夏文明孕育形成时期的文化。从《尧典》以来，有关尧的记载都比较具体明确，又和考古资料基本吻合上看，尧是真实的历史存在。

一、探寻中华文明，开拓学术视野

在学科建设中，对学术视野的开拓、研究水平的提升和学科知识体系的增长才是学术研究的至高境界。

史学研究需要证据，证据充分，结论才可能稳妥可靠。前人把出色的研究比喻成“老吏断狱”，因为证据充分、推理严密，所得出的结论成为不可推翻的铁案。学术研究如同断狱一样，最忌孤证。传统的史学研究所引用的证据大都出自传世文献。

尧之故里之争，见怪不怪，恰恰印证了“满天星斗”般的众多“古国”先后出现于龙山时代，成为中国古代文明的不同源头。如果文明只限于一城一地，就很难成其文明。但是文明的源头就只有一处，就在尧都平阳。

中华文明的起源仍然是目前学术界讨论的焦点。探寻中华文明是一项重大工程，也是中华民族实现伟大复兴中国梦的重要组成部分。持久地探寻中华文明历史，不仅需要一代代先哲们的长期奋斗，更需要用更加科学的方法去不断地认知，因为中华文明探源工程是一个综合性的多学科的非常复杂的综合性工程，不能只强调科学价值和经济价值，它同时包含着不容忽视的人文意义和精神价值。

中华文明追本溯源，从伏羲到炎黄，再到尧帝时代，是华夏文明发展的不可或缺的阶段，它是中国传统文化形成体系的观念形态文化的发端。史书记载，仓颉造字。临汾城南西赵村立有古碑一尊，碑刻：“仓颉造字处”。临汾诞生过中国最古老的文字，也诞生过最古老的诗歌。辽宁教育出版社出版的《古诗源》开篇之作即是《击壤歌》，接着是《康衢谣》《伊祁腊词》《尧戒》，连续4篇都是尧时代的歌谣。作为地域性的平阳文化，可以说是尧文化之树直根上开出的奇葩。《诗经》中的唐风脍炙人口，三晋中的法家文化显示了革新精神，唐宋时代的河东诗歌散文名家辈出。金元时期临汾是中国北方的文化中心，这里的雕版印刷名扬九州，平阳姬家印刷的四美图名扬海内外。元代，临汾是全国戏剧中心，而且比另一个戏剧中心元大都北京要早30年。现今，临汾还有3座保存完好的元代古戏台，堪称华夏瑰宝。金代平阳人毛麾著《平水韵》，南宋平阳学者刘渊著《礼部韵略》，总结前人成就，删繁就简，精确审音，并为107韵，从古到今连续不断。至今作诗标准韵谱的骨架，仍是由刘渊审定、官方推广的《平水官韵》。平阳，平水之阳的意思。可见，临汾是华夏文化源头地之一，到这里可以触摸到中华传统文化的脉络，可以寻到传统文化最古老的根脉。

中国先秦史学会宫长为研究员认为，尧文化是具有综合体性质的更高一个层次的文化，其他文化中虽然含有诸多地域文化的因素，但这些因素都不能取代尧文化的主体地位，而且在未融入尧文化之前，他们也只能是一种有着自身特征的地域文化，是绝不能称之为尧文化的。

二、创造性转化，创新性发展

尧都文化旅游节暨“溯文明之源，寻华夏之根”活动，就是要在习近平新时代中国特色社会主义思想指引下，深入挖掘尧文化蕴含的思想观念、人文精神、道德规范，实现时代要求与历史传承的有机结合和继承创新，展现尧文化永久的魅力和时代风采。

临汾市尧都区，堪称“华表诞生地”“华人故乡”，享有“五千年中华文明地标”美誉。临汾尧都无论从史学上，还是从考古学上，无疑在中华文明的历史上因其总根系的重要地位，无愧于文明之源、血缘之根、国家之祖的神圣地位。

首届尧都文化旅游节以“寻根尧祖·圆梦中华”为主题，采取祭祖、研讨、演出、展览、招商推介、交流合作等形式，推出12项主题活动，分别为北京新闻发布会，台北尧都文化旅游节推介会，2018首届尧都文化旅游节开幕式，全球华人祭拜尧帝大典，尧文化高峰论坛，《尧颂》演出，百家宗亲会长交流会，百名商界精英携手尧都、百家旅行社倾情尧都、百家新闻媒体记者走进尧都，尧文化发展成就展、非物质文化遗产展、“尧都平阳”陶寺考古成果展，著名书画家雷甲寿书画展、捐赠仪式及系列文化活动，在本届尧都文化旅游节闭幕式上，还将推出一场具有尧都特色的威风锣鼓表演，给全球华人献上精彩的文化盛宴。

“溯文明之源，寻华夏之根”尧文化论坛，坚持了创造性转化、创新性发展的理念和研究阐释、普及教育、传承保护、创新发展、传播交流的五位一体学术体系。本次论坛无论从总体策划上，还是从研究理念上，都是一次全面的创新。值得赞许的是，不仅在研究阐释环节上探求真实，课题组还组织了各大新闻媒体，采取了多种方式对国内最具学术权威和最新学术前沿的50多位专家学者进行了高端访谈、专题拍摄和全过程、多方面的宣传。

三、讲好帝尧故事，传播中国好声音

在树立和坚持正确的历史观、民族观、国家观、文化观的基础上，立足国内，放眼国外，构建有中国特色的话语体系，讲好基于优秀传统文化的中国故事，传播好社会主义核心价值观的中国声音，是让传统文化活起来的重要手段。

讲故事时，会用典进而善用典，正是激活传统文化的一种重要方式。尧文化是国家文化，是民族文化，是我国最早成体系的观念形态文化，是上古时期的文化结晶，也是农耕文化的结晶，尧王首开了文明之先河。

古称尧都平阳，众多史迹，更是有力的佐证。城南有伊村，与帝尧姓氏伊祁吻合；城西姑射仙洞，有传说中帝尧成婚的洞房和尧教丹朱下棋的棋盘石；城南有金殿，是平阳最初的所在，史称尧墟；城东有尧陵，为三皇五帝中最巍峨的陵墓。

《史记·五帝本纪》说：帝尧者，号放勋。帝喾次子，初封于陶，又封于唐，故有天下之号为陶唐氏，史称为唐尧。尧在位百年，有德政，常征求四岳的意见，而且设立谤木，让平民可以发表意见，设立多项政权组织，要求荐举贤人，加以任用，后让位于舜。

5000多年前，尧帝广开言路，历山访贤，询问四岳诸侯，谁能担负起天子重任？四岳诸侯首领共同推荐虞舜为继承人，从而开创了中华远古时代帝王继位的禅让制先河。

尧帝开创了禅让的先河，也最能说明尧帝是为了人民百姓“利天下而福泽万民”；帝尧访贤，充分说明了尧帝大公无私的高尚品德，为了天下苍生百姓的幸福，为了苍生百姓的福祉。

以“寻根尧祖·圆梦中华”为主题的首届尧都文化旅游节，是近年来尧都区委、区政府依托深厚的尧文化资源，传承与弘扬并举，挖掘与培育并重，着力推进传统文化与优质旅游融合发展，全力打造全域旅游示范区，实施“一核一带两翼三园”旅游发展规划，大力实施“旅游强区”战略的一大举措，让炎黄子孙感受古老深远的文明，体味中华民族辉煌的历史，亲身感受、领略、欣赏尧都最古朴的帝尧文化、最深厚的人文内涵、最独特的尧都风情，增强民族自豪感、荣誉感。

“溯文明之源，寻华夏之根”尧文化论坛和“寻根尧祖·圆梦中华”为主题的首届尧都文化旅游节，无论是从策划理念上，还是在整体实施过程中，都体现出了一种高度负责的精神和策划团队的文化创新能力，我代表三晋文化研究会为大家的辛勤劳动，为“溯文明之源，寻华夏之根”尧文化论坛和“寻根尧祖·圆梦中华”为主题的首届临汾尧都文化旅游节举办成功点赞！

序二

探寻中华起源 坚定文化自信

中共临汾市委常委、尧都区委书记 陈纲

习近平总书记在党的十九大报告中指出，“要坚持创造性转化，创新性发展，不断铸就中华文明新辉煌。”这一观点阐明了新时代弘扬中华优秀传统文化的基本方针，高度概括了中国特色社会主义文化的深刻内涵。

尧都区位于山西省中南部，地处汾渭平原汾河谷地核心地带，晋、陕、豫黄河金三角，是临汾市委、市政府所在地，是山西省人口第一大区和临汾唯一的市辖区。尧都作为尧帝建都之地，有着4300多年的历史，孕育了博大精深的尧文化，《帝王世纪》云：“尧都平阳”。《括地志》说：“今晋州所理平阳是也”。郑樵《通志》中说：“伏羲但称氏，炎帝始称帝，尧舜始称国”。顾炎武在《日知录》中说：“古天子常居冀州，后人因之，遂以冀州为中国之号。”大量的史料表明，临汾尧都无疑是中华文明的重要发源地之一。

近年来，省委、省政府提出要把文化旅游业打造成战略性支柱产业，市委、市政府也提出了“文化强市”的战略部署。举办首届尧都文化旅游节，是区委、区政府落实省、市决策部署的有力举措，更是全力实施文化强区战略的一次创新实践。在习近平新时代中国特色社会主义思想指引下，大力弘扬尧帝文化，深入挖掘尧文化蕴含的思想观念、人文精神、道德规范，实现时代要求与历史传承的有机结合和继承创新，让更多的人领略尧文化、体验尧文化、感受尧文化，展现尧文化的古老魅力和时代风采，凝聚四海力量，汇聚八方资源，实现区委、区政府提出的“五个尧都”奋斗目标，让100万尧都人民有更多获得感、幸福感。

首届尧都文化旅游节以“寻根尧祖·圆梦中华”为主题，采取祭祖、研讨、演出、展览、招商推介、交流合作等形式，推出12项主题活动，活动时间为6月9日至15日，为期7天。具体活动分别为2018首届尧都文化旅游节开幕式，全球华人祭拜尧帝大典，尧文化高峰论坛，《尧颂》演出，百家宗亲会长交流会，百名商界精英携手尧都、百家旅行社倾情尧都、百家新闻媒体记者走进尧都，尧文化发展成就展、非物质文化遗产展、“尧都平阳”陶寺考古成果展，著名书画家雷甲寿书画展、捐赠仪式及系列文化活动，在本届尧都文化旅游节闭幕式上，还将推出一场具有尧都特色的威风锣鼓表演，努力给全球华人献上一场精彩纷呈的文化盛宴。

文化是民族的灵魂，是人民的精神家园。在决定举办首届尧都文化旅游节之初，我们就把尧文化放在突出位置，使之成为此次活动的中心和内核，赋予活动更高品位和更深内涵。

在我国上古时期有两个不可忽略的亮点，一是炎黄时期，另一个是尧舜时期。炎黄带领先民走出了蒙昧，而尧舜开辟了文明境界。在尧舜禹时期，周边的先民向适于木石工具耕作的中原地区迁徙、聚集，带来了各自创造的优秀文化成果；当时居于天下之中的汾浍三角洲地带，易于各民族交流，尧舜禹“合和万邦”，具有无与伦比的开放性和凝聚力。在陶寺文化晚期，以尧舜禹为代表的根祖文化孕育下，中华文明产生了。尧帝上承炎黄，下启舜禹，其时大大小小的方国，以冀州为核心，尧都平阳恰处于中央之国，尧协和万邦形成了古中国的雏形，成为最早的政治、经济、文化中心。可以说，在尧文化当中蕴含了中国传统文化的根脉。当前，海内外华人尤其重视寻根祭祖，尧都平阳乃炎黄子孙之根，尧舜传人之根，中华文明之根，必然是众望所归，令人向往的地方。在尧都举办寻根祭祖活动，可以让炎黄子孙感受古老深远的文明，体味中华民族辉煌的历史，不断增强广大海内外华人的民族自豪感、荣誉感。

中华文明追本溯源，从伏羲到炎黄，再到尧帝时代，出现了文明发展的一个崭新阶段，它是中国传统文化形成体系的观念形态文化的发端。史书记载，仓颉造字。尧都区西赵村立有古碑一尊，碑刻：“仓颉造字处”。尧都诞生过中国最古老的文字，也诞生过最古老的诗歌。辽宁教育出版社出版的《古诗源》开篇之作即是《击壤歌》，接着是《康衢谣》《伊祁腊词》《尧戒》，连续4篇都是尧时代的歌谣。作为地域性的平阳文化，可以说是尧文化之树直根上开出的奇葩。《诗经》中的唐风脍炙人口，三晋中的法家文化显示了革新精神，唐宋时代的河东诗歌散文名家辈出。金元时期尧都是中国北方的文化中心，这里的雕版印刷，名扬九州，平阳姬家印刷的四美图名扬海内外。元代，尧都是全国戏剧中心，而且比另一个戏剧中心元大都北京要早30年。现今，还有3座保存完好的戏剧舞台，堪称华夏瑰宝。平阳，平水之阳。金代平阳人毛麾著《平水韵》，南宋平阳学者刘渊著《礼部韵略》，总结前人成就，删繁就简，精确审音，并为107韵，从古到今连续不断。可见，尧都是华夏文化源头地之一，到这里可以触摸到中华传统文化的脉络，可以寻到传统文化最古老的根脉。

发掘尧文化精髓，弘扬优秀传统文化，对于构建社会主义核心价值观，实现中华民族伟大复兴的中国梦，具有重大的现实意义。同时，依靠人文学术对文化旅游的支持，也是全力打造全域旅游发展战略的一个重要环节。我们举办“溯文明之源，寻华夏之根”尧文化论坛，就是坚持创造性转化、创新性发展的理念，在彰显科学价值和经济价值的基础上，深入探寻尧文化包含的人文意义和精神价值，提振当代中国的文化自信和软实力，为实现中华民族伟大复兴添砖加瓦，让正向能量在继承中发展、在发展中继承。尧文化是中国传统文化的根脉所在，尧文化是中华优秀文化的核心精髓，对实现中华民族伟大复兴具有一定的促进作用。

序三

研究历史文化 坚持古为今用
打造以尧文化为品牌的全域文化旅游产业

中共临汾市尧都区委副书记、区长 杨保春

临汾市尧都区地处黄河中游山西南部，是中华民族文化的摇篮和华夏文明的重要发祥地之一。这里资源丰富，土地肥沃，物华天宝，人杰地灵，传统历史文化博大精深。上古时期，大约4300年前，尧帝就在这里建都，作为“五帝”之一的尧帝，在这片热土上，带领我们的先民，开辟了华夏“尧天舜日”的文明盛世，创造了辉煌的业绩和灿烂的文化。

尧都史称平阳。早在春秋时期的晋国，这里就设立了县治行政区划，在历史典籍《春秋左传》中有明确记载：《左传·昭公二十八年》（公元前514年）晋灭羊舌氏，“魏献子为政，分羊舌氏之田为三县”。三县为平阳县（临汾）、杨氏县（洪洞）、铜鞮县（沁水）。平阳县因地处平水之阳而得名。在秦统一六国，实行郡县制之前，尧都就有了相当于县一级的行政区划，至今已有2532年，是我国设立县治最早的县、区之一。悠久的历史给尧都区留下了以尧文化为核心的丰富的文化蕴藏。从尧帝故里——伊村、尧庙、尧陵到姑射山仙洞沟风景区，从尧王台尧帝茅茨土阶景区到尧帝巡视民情的康庄击壤处，这些唐尧遗存、名胜古迹、人文资源，无不有着深厚的历史渊源和浓郁的尧文化特色。

研究历史文化，挖掘、整理、开发尧文化，打造尧文化品牌，发扬光大优秀传统文化，坚持做到古为今用，是发展和繁荣当今先进文化的基础，也是加快文化强区建设，进一步推动尧都区转型发展的重要途径。在尧都这块历史传承悠久、文化底蕴深厚的地方，了解和掌握传统文化脉络，不仅能增强地方历史文化知识的认知，而且能更好地服务于地方经济社会的发展。近年来，省委、省政府，市委、市政府提出要把文化旅游业培育成战略性支柱产业，这为我们研究、开发尧文化和发展文化旅游业指明了方向和途径。文化旅游业是综合性产业，是现代服务业的重要组成部分，也是推动经济增长的新动能，引领产业转型的新引擎。结合尧都区的实际，我们发展文化旅游产业，培育新动能，推动转型发展，就是要全力打造尧文化品牌，大力开发、建设、培育以尧文化为核心的全域文化旅游产业。

中华之称始于尧，研究中华文明，要从尧文化开始。我们立足尧都历史文化资源禀赋，大力加强尧文化研究、开发工作和发展文化旅游产业，是对优秀传统文化的一种传承，对于促进经济社会发展具有十分重要的意义，特别是在文化旅游业的产业化发展方面，必须坚持探索文旅融合的新模式。文化和旅游共生共融，不可分割，文化是旅游的灵魂，旅游是文化传播的载体，二者结合才有生命力。在文旅融合上，我们要坚持把文化业态与旅游业态深度融合，深入挖掘凝聚在人文景观的先进思想、文化基因、多彩民俗等元素，为旅游业增加文化内涵和吸引力，从而提高文化旅游业的经济效益。同时要着眼于全域旅游，蹚出发展新路子。随着经济生活水平的提高，如今，我国的旅游市场发生重大变化，已由单一观光向观光度假、康体休闲、会展商务等复合需求转变。要满足人民对新时代美好生活的需求，适应新常态，把握新机遇，必须打造全域文化旅游战略平台。通过平台作用，让历史资源“活”起来，让民俗风情“活”起来，让传统文化走进千家万户，丰富人民群众的业余文化生活。我们要制定优惠政策，引进高端人才，动员社会力量，发动民营企业，全力培育以尧文化为品牌的全域文化旅游产业，形成多元文化产业体系，打造战略性支柱产业，从而为经济转型发展提供新动力。

中华优秀传统文化源远流长，博大精深。2016 年 5 月，习近平总书记在哲学社会科学工作座谈会上指出：“坚定中国特色社会主义道路自信、理论自信、制度自信，说到底是要坚定文化自信，文化自信是更基本、更深沉、更持久的力量。”学习习近平总书记的这段论述，我们深深体会到，文化自信是一种深刻的精神力量，必然成为中华民族伟大复兴的主要精神支撑。建设社会主义文化强国，是我们的历史使命，在促进文化和旅游业的发展上，我们必须坚持习近平新时代中国特色社会主义思想，坚持以人民为中心，以美好生活为动力，以坚定的文化自信和高度的文化自觉，大力发展文化产业，打造文化品牌，奋力抓好文化强区建设，进一步推动转型发展，为努力建设“实力尧都、创新尧都、魅力尧都、幸福尧都、清风尧都”而奋斗！

目 录

探索篇

创新篇

访谈篇

探索篇

尧都，中国文明从这里开始

郭云平（中共尧都区委常委、宣传部长）

中国文化起源灿若群星，经过漫长岁月的裂变、碰撞，以黄河中游汾、渭、伊、洛流域为中心地域的古文化，从中原到北方，再折返到中原，在中国文化史上曾是一个活跃的民族大熔炉，这里是中国文化升起最早也是最光亮的地带，所以，它是中国文化总根系中一个最重要的直根系。20世纪中国史学界关于中国文明起源的系统完整的论证也是以这一地带为主要依据提出的。生活在陶寺文化时期的尧舜禹在此升燃五千年文明曙光，对人类文明的进步起到了巨大的推进作用。尧都既是中华文明策源地，又是华夏民族形成的血脉之根，中国的祖根。

在中国文明起源及其向前推进历程中，作为根祖文化的载体山西晋南，为构筑中国文明大厦起了熔炉和大通道的作用，由此通道，中国历史正式踏进了文明社会的大门。作为根祖文化地理载体的尧都平阳，为文明大厦落成举行了奠基礼。后世将尧帝尊为文明始祖。

中华文明起源是各大文化区，首先是中原古文化，以华山脚下的仰韶文化，汾河之畔的陶寺文化为代表，和北方古文化红山文化、河套文化为代表的两大文化碰撞交错的产物。没有文化的碰撞交流，就产生不了中华文明。而这两大文化的碰撞交错点即在汾河流域一带。距今四千五百年左右，文明的重心转移到了晋南，最先进的历史舞台转移到了尧都平阳，陶寺文化的兴起，奠定了华夏根基，晋南也因此而成为中华文明的直根系。

文明时代的主要特征和标志，是青铜器、文字、宫城建筑的产生。陶寺文化晚期，在以尧舜禹为代表的根祖文化孕育下，中华文明产生了。尧舜禹时期，周边的先民向适于木石工具耕作的中原地区迁徙、聚集，带来了各自创造的优秀文化成果；当时居于天下之中的汾浍三角洲地带，易于各民族交流，尧舜禹“合和万邦”，具有无与伦比的开放性和凝聚力，大量吸取了各方先进文化因素，如制陶、打井、缫丝、建筑等技术和文字、信仰、习俗意识形态等，汇多源为一体，使之融合升华。陶寺文化遗址出土的成套彩绘木器、陶器，乐器、礼器，技术水平很高，标志着制陶技术已达到高峰。众多器物，熔铸进了外来文化因素。玉器、铜器、陶器，来自良渚文化、大汶口文化、齐家文化。陶扁壶朱笔书写的文字与殷墟甲骨文属同一系统，其字形结构与甲骨文十分相近。2000年以来，随着陶寺文化遗址进一步发掘，发现了城址、观象台等。构成文明因素的条件，业已完善。尧舜禹开启了中华文明之源，已得到了考古学上的进一步证明。

作为尧帝陶唐氏文化遗存的陶寺是中国正式踏进文明社会的界碑，也是中华民族的主体华夏民族集团正式形成并由此而推进文明社会不断向前发展的奠基石。中国著名考古学家苏秉琦先生称“陶寺遗址不同一般”，“这样的遗址，在山西是第一次发现，在全国也是第一次发现”，“陶寺遗址的发现，为中国考古学增添了重要的一页”。苏秉琦先生认为，以玫瑰花图案彩陶为主要特征因素的仰韶文化庙底沟类型，与以龙鳞纹图案彩陶为主要特征因素的红山文化，这两个不同文化传统共同体的南北结合是花（华）与龙的结合。陶寺遗址所表现的南北文化综合体性质，突出晋南是“帝王所都曰中，故曰中国”的地位。

《帝王世纪》云：“尧都平阳。”《括地志》说：“今晋州所理平阳是也。”郑樵《通志》中说：“伏羲但称氏，炎帝始称帝，尧舜始称国。”可见到尧舜时，已正式使用国的概念。尧逝世后，舜三年之丧毕，让避丹朱于南河之南。然百姓万民皆拥戴舜，“夫然后之中国，践天子位焉”。顾炎武在《日知录》中说：“古天子常居冀州，后人因之，遂以冀州为中国之号。”

尧舜禹缔造了中国，被后世尊为国祖。祭祀三圣的尧庙，也被称做国祖庙。其时，他们创建了中央和地方一整套国家权力机构。中央按部门职能设置公职，司空管水利工程，后稷管农业生产，司徒管教育，士管司法，共工管工业，虞管山林鸟兽，秩宗管祭祀秩序，典乐管音乐，纳言管发布政令，听取意见，引导舆论及接待宾客等。《史记・五帝本纪》载，舜帝任用禹作司空，负责平治水土；弃为后稷，负责按时播种谷物，等等；任用夔为典乐，作《萧韶》九成乐，类似于今天的国歌。这些属于中央一级公职，负责统一管理全国某一方面的事务。地方一级公职按四方十二州设四岳十二牧，各管一个地区的事务。四岳分别住在四方，负责管理四方山岳的祭祀及观察日月星辰，通报岁时历法，提醒民众不违农时耕种。舜时每五年到四方视察一次，每三年对官员考核一次。

尧征三苗，舜流四凶，禹杀防风氏，这些都显示了新的国家机构专制性质。新型国家机器建立起后，管辖着西逾葱岭（今帕米尔高原），东至于海，南达五岭以南，北到阴山、燕山，东北到长白山。其境域之辽阔接近于现代中国疆域。

在境域内实行共同的历法，同律度量衡，推行五礼五教的文化模式。从而在中华大地上形成了一个有统一国家权力机构，共同地域，共同经济生活，共同文化心理素质的共同体。这便是最早的中国。

尧都临汾无论从史学上，还是从考古学上看，无疑在中华文明的历史上有其总根系的重要地位。古印度、古巴比伦和古埃及这些产生于大河流域的上古文明相继淹没于历史尘埃，然而同样是诞生于大河怀抱的中华文明却根深叶茂，绵延发展，巍巍然屹立于世界的东方。这得益于中华民族数千年文明传统。辉煌灿烂的古代文化，对中华民族的形成和发展起到了巨大的凝聚力。尧都平阳襟山带河，尧舜禹三圣在此燃升了人类文明圣火，薪火相传代代不息。史家将尧始的中国历史视为信史，尧舜禹三圣给我们留下了宝贵的精神财富，这些财富已成为世界文化宝藏的重要组成部分。这不仅是中国的骄傲，也是全人类的骄傲。

陶寺文化与尧都平阳

李健民（中国社会科学院考古研究所研究员）

陶寺文化是中国黄河中游地区的新石器时代晚期文化。从1978年开始中国社会科学院考古研究所和临汾地区文化局合作发掘的山西襄汾陶寺遗址先曾称为中原龙山文化陶寺类型，后命名为陶寺文化。主要分布在晋南的汾河下游和浍河流域。年代距今4500至4000年。目前被划分为早、中、晚三期。陶寺聚落遗址规模宏大，文化内涵丰富多彩，达到中国史前时期社会发展的最高水平。陶寺文化的发现和确立，对探索中国古代文明起源和早期国家的形成具有重大的学术意义。

一、经济生活

主要从事农耕，种植的农作物以粟为主，许多窖穴内遗留很厚的炭化粟粒堆积。已经掌握高水平的凿井技术，最深的水井超过十三四米，近底部并施以木构框架式护壁。饲养的家畜有猪、牛、羊、狗等，以猪的数量最多。大、中型墓常见以整猪或数十乃至130余枚猪下颌骨随葬。

手工业已经从农业中分离出来成为独立的生产部门。制陶、漆木加工、琢玉、纺织等具有很高水平，金属冶铸业也开始出现。陶窑属横穴式。一座陶窑双层箄的结构为史前时期所罕见。同一时期的数座窑距离较近，表明当时陶器的制作是有一定规模的集中生产。陶器以夹砂灰陶和泥质灰陶为主，主要器型有釜灶、斝、鼎、鬲、罐、盆、豆、壶、瓶等。墓中随葬的泥质陶器多施红、黄、白色彩绘，均为烧成后着色，图案有圆点、条带、几何花纹、涡纹、云纹、龙纹、变体动物纹等。发现一座烧制石灰的窑址，属竖穴窑结构。与在房址和窖穴底部多见涂抹白灰面的现象相印证，反映当时白灰已经得到广泛应用。漆木器种类繁多，有鼓、案、几、俎、盘、豆、盆、斗、仓形器等。木鼓作直筒型，蒙以鳄鱼皮，即古文献中所称的鼍鼓。木器表面多遗留炭黑色胶状物，很有可能是生漆。其上再以红、白、绿、蓝、黄诸色绘出繁缛的图案，斑斓耀目。斫、剜、刮、削、拼合等技术运用娴熟。木作工具有斧、锛、凿、锲等。大型墓随葬成组大小、宽窄配套的石锛，最多达13件，可知木作工艺具有很高的专业化水平。玉器有璧、环、琮、钺、组合头饰等。纺织品主要是麻类织物，发现于墓葬之中，或铺垫敛衾裹尸，或覆盖包裹随葬器物。有的织物痕迹上还可以见到黄、白、灰等多种颜色，可知当时的织染已具有一定水平。突出的是发现砷青铜环和红铜铃各一件，其中铜铃含铜97.8%，是中国古代迄今所知最早人工合范铸造的铜器，因而在中国古代金属冶铸史上具有划时代的意义。

二、聚落和建筑

陶寺文化遗址已发现70余处，以晋南的崇山周围、汾浍之间一带遗址密度为大，且多见大型遗址，其中曲沃与翼城之间的方城—南石遗址面积230万平方米。陶寺遗址的面积最大，达400万平方米，并形成以陶寺遗址为中心的大规模聚落群。

陶寺古城是中国目前发展最大的一座史前城址，城址平面大体呈圆角长方形，城内面积至少在200万平方米以上，基本包括了陶寺遗址的中心地区。陶寺古城内已发现大面积的夯土建筑基址。其中一座基址平面呈大半圆形，外缘半径25米，总面积1400平方米左右。台基上有呈半环形布列的13个夯土柱基础以及12道缝隙，中央有一个生土台芯，应为观测点。初步认定其为天文观测和举行相应祭祀活动的重要遗址。陶寺遗址发现许多小型房址，周围有道路、水井、陶窑和密集的灰坑。灰坑中出土许多夯土碎块和刻划几何图案的白灰墙皮，说明附近曾存在大型建筑。小型房址有窑洞、半地穴式和平地起建3种，以前二者居多。居室面积4—10平方米不等，当为小家庭所居住。发现自地面向下挖掘而成的天井式院落，窑洞掏挖在天井周壁，或两孔窑并列，或两窑相对。天井侧壁有通往地面的半环形坡道。圆形袋状坑坑底平整，为了防止潮湿，有的在坑底撒草木灰，或在周壁涂抹白灰，坑内往往遗留器物及炭化的粮食颗粒，显然是用于储物的窖穴。还有一种圆形或椭圆形的大坑，沿周壁侧多有供上下的坡道，当是用以储物的大型窖穴，或供圈养家畜之用。

三、墓地和葬制

陶寺公共墓地在居住址的东南，已发掘1300余座墓，其时间大部分属于陶寺文化早期。墓葬皆为长方形土坑竖穴，多数是仰身直肢单人葬。墓地划分为不同的茔域。同一茔域内的墓葬多成排分布，位列较为齐整，说明当时地表很可能有坟丘或标识。墓葬可分为大、中、小三等。大型墓仅6座，不及墓葬总数的1%；中型墓占墓葬总数的近10%；小型墓则约占90%。大型墓长3.2、宽2.5米左右，有木棺，棺底铺朱砂。随葬品丰富而精致，有成套彩绘漆木器和陶器，还有玉石器和整猪等。大型墓又可分为甲、乙两种。甲种大墓随葬彩绘蟠龙陶盘和鼍鼓、特磬等重器，乙种大墓则随葬有彩绘蟠龙陶盘。此种差异很可能是墓主人男女性别不同的反映。中型墓长2.5米，宽1.5米左右，墓内也有木棺，随葬成组的陶器、少量的木器，以及一些精美的玉石器和猪下颌骨等。小墓仅可容身，多数没有葬具，以席敛尸，仅少数墓随葬一二件小型器物，大多数墓没有任何随葬品。这三种不同规格墓葬墓主的身份当分别为首领人物、贵族和平民，其数量上的明显差异反映着当时社会中统治阶级与被统治阶级的比例关系。临汾下靳墓地已发掘墓葬533座，时代大致在陶寺文化早期。墓地的布局可以分为若干墓组，有的墓组内联接成较长的墓列，这些特点与陶寺墓地大体一致，但目前尚未发现高规格的大墓。

四、精神文化

陶寺墓地大、中型墓依照等级高低，随葬规格不同的成套礼器，并形成一定的规则，从而开创了商周礼乐制度的先河。礼器的构成包括用以陈设的案、几，鼍鼓、特磬组成的乐器，以及各种炊器、食器、酒器等。大、中型墓所用礼器的件数、规格、结构、尺寸和精美程度也有显著的差异。需要强调指出的是，大型墓随葬陶盘上的彩绘蟠龙，是一种复合动物的形象，为陶寺文化先民所崇奉的部落图腾。文字是人类社会发展到一定阶段的产物。陶寺遗址出土一件陶扁壶上的毛笔朱书“文”字，与殷墟甲骨卜辞中的“文”字几无差异。扁壶上另一组朱书符号被视为一个字，即古“尧”字，是古史传说中五帝之一的帝尧名号。陶寺文化先民已有占卜的习俗，陶寺遗址发现30余枚卜骨，用的是牛或猪的肩胛骨，一般未经整治，少数有钻孔，多数灼而不凿不钻。

五、社会发展状况与古史探索

陶寺文化墓地划分茔域的做法，表明人们生前以氏族为单位聚族而居，死后依然以氏族为单位聚族而葬。大、中、小型墓葬的显著差异，反映当时贫富分化极为悬殊，实际上已经划分出阶级。高踞于一般成员之上的首领和权贵，是社会的统治阶级，他们拥有大量财产，掌握着军事、祭祀的大权。而处于社会下层的一般成员，备受奴役与剥削，生活十分贫困，是社会中的被统治阶级。陶寺遗址已发现大规模城址，城内并有大型建筑基址，加之大型墓葬出土王权象征的礼乐器鼍鼓和特磬，以及部落图腾的标志物彩绘蟠龙陶盘，确可推断古城已非一般聚落，很可能是当地权力中心之所在。

临汾古为平阳，史有尧都平阳之说。陶寺遗址位于临汾西南 22 公里。陶寺墓地年代的上限约为距今 4600 年。陶寺遗址的地望、年代以及文化内涵，尤其是早期墓地和古城以及陶扁壶上朱书文字的发现，为正当其时的尧都平阳说提供了重要佐证。晋南自古有夏墟之称。陶寺遗址的下限已进入夏纪年，陶寺遗址正在夏墟的中心地域，加之陶寺先民崇奉龙的习俗，与文献记载夏人以龙为图腾相一致，故此，以陶寺遗址为代表的陶寺文化自当是探索夏文化的重要对象。陶寺文化处于原始氏族社会解体时期，已开始迈入早期文明社会的门槛。

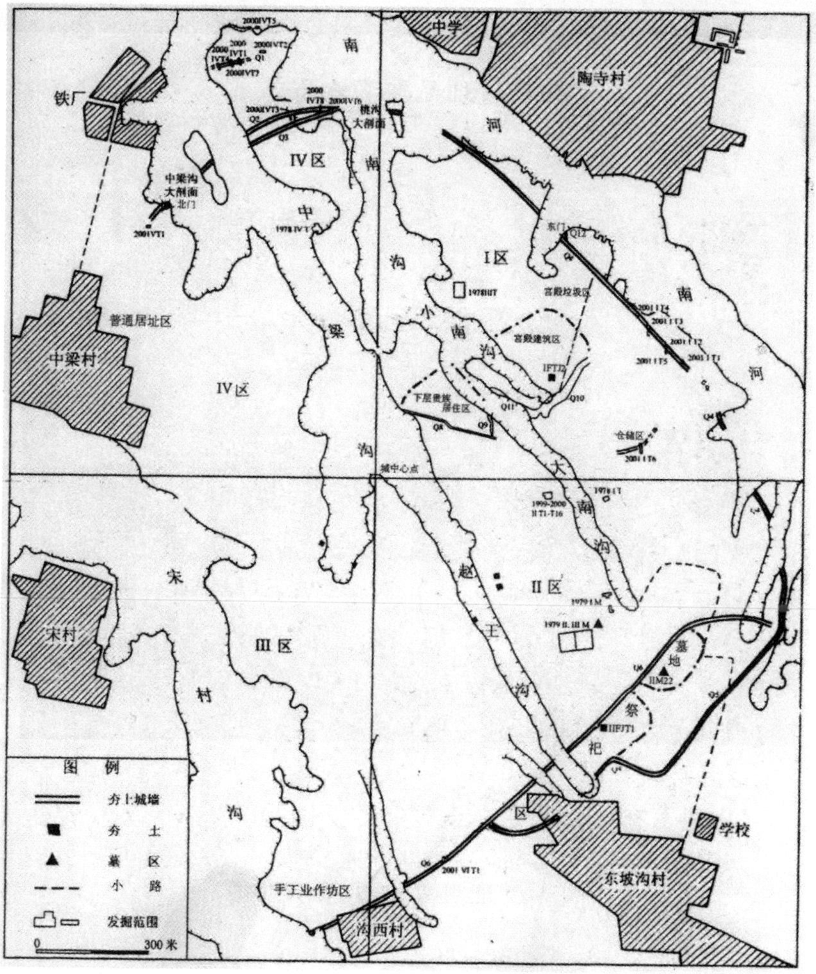

陶寺城址平面图

陶寺遗址早期墓地局部

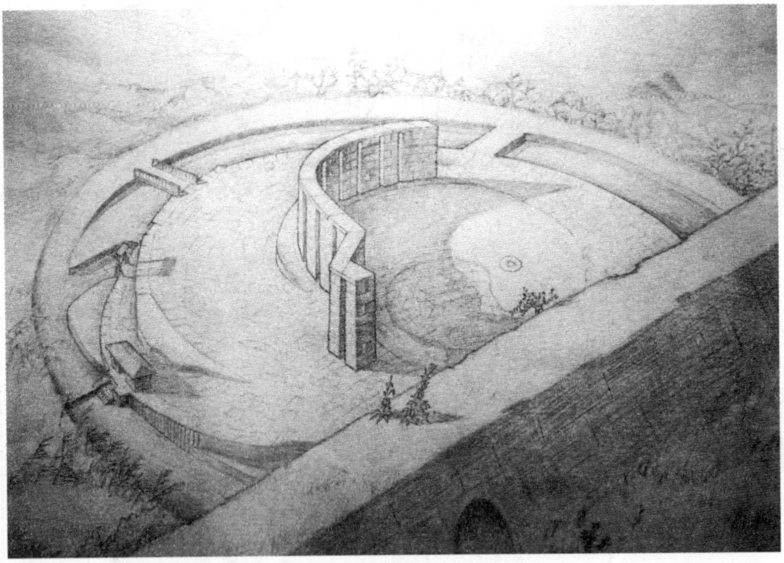

陶寺遗址观象台复原示意图

彩绘龙纹陶盘（JS62 M3072：6）

铜铃（M3296：1）

唐尧文化内涵的再思考

——读《尚书·尧典》篇札记

宫长为（中国社会科学院历史研究所）

大家知道，当年孔子论次《诗》《书》之时，《尚书》以《尧典》为开篇，而司马迁作《史记·五帝本纪》之时，《五帝本纪》则以《黄帝本纪》为书首，由于他们的取舍不同，往往导致我们的不同理解和认识。

实际上，我们通过对《五帝本纪》的进一步翔实梳理和深入讨论，不仅发现司马迁正是秉承孔子的历史观，“予观《春秋》《国语》，其发明《五帝德》《帝系姓》章矣”，而且更加明确了孔子论次《诗》《书》，《尚书》以《尧典》为开篇，司马迁著《史记·五帝本纪》，《五帝本纪》则以《黄帝本纪》为书首，它本是有着极其深刻的历史涵义的，标志着中国早期国家的发轫和发展两个不同历史阶段。

显然，我们这里所说的中国早期国家阶段，从公元前30世纪到公元前221年，即从五帝时代到三王时代，前后约有三千年的历史。其间的五帝时代是三王时代的前奏，三王时代是五帝时代的发展，若作具体的划分，我们似乎可以划分为五个时期：

第一个时期：黄帝、颛顼、帝喾时期，处于中国早期国家的发轫期；

第二个时期：尧、舜时期，处于中国早期国家的发展期；

第三个时期：夏商周三代时期，处于中国早期国家的鼎盛期；

第四个时期：春秋时期，处于中国早期国家的衰落期；

第五个时期：战国时期，处于中国早期国家的转变期；

自20世纪90年代中后期以来，随着国家夏商周断代工程的成功实施，极大地推动了中国古代文明研究工作的展开。继之中华文明探源工程，在夏商周断代工程的基础上，把中华文明又向前推进五百年，也就是尧、舜时期，即处于中国早期国家的发展期。

那么，我们如何探讨唐尧文化内涵，不妨翻开《尚书·尧典》篇，有如下记载：

……

我们按照《书序》的说法，“昔在帝尧，聪明文思，光宅天下，将逊于位，让于虞舜——作《尧典》。”它主要包括了两个方面的内容：

第一个方面，制定历法，“敬授人时”；

第二个方面，选贤任能，“将逊于位”。

我们似乎可以这样分析，制定历法，“敬授人时”，可谓人类社会生产方面；选贤任能，“将逊于位”，可谓人类自身生产方面，两种生产相辅相成，相得益彰，完全可以反映唐尧文化内涵世界。

近年出土的清华简《保训》篇，记载周文王临终遗言，告诫太子发即后来的周武王，主要讲了两个历史传说。为了便于讨论，我们不妨也把它移录如下：

其一，有关虞舜的历史传说：

“昔舜旧作小人，亲耕于历丘，恐求中，自稽厥志，不违于庶万姓之多欲。厥有施于上下远迩，乃易位迩稽，测阴阳之物，咸顺不逆。舜既得中，言不易实变名，身兹备惟允，翼翼不懈，用作三降之德。帝尧嘉之，用受厥绪。”

其二，有关上甲微的历史传说：

“昔微假中于河，以复有易，有易服厥罪，微无害，乃归中于河。微志弗忘，传贻子孙，至于成唐，祗备不懈，用受大命。”

尽管有关清华简《保训》篇“中”的问题还在讨论之中，但是，我们有一点是十分清楚的，正如李学勤先生所指出的那样，文王对太子发讲了两件上古的史事传说，用这两种史事说明他要求太子能够“求中”“得中”。

毫无疑问，有关虞舜的历史传说，“求中”“得中”的过程，正好印证了《尚书·尧典》《舜典》篇等文献记载的相关内容，也就是修身、齐家、治国之事。当然，在这个过程中，也包含着唐尧对虞舜的培养和教诲，我们按照《论语·尧曰》篇的记载：“咨！尔舜！天之历数在尔躬，允执其中。四海困穷，天禄永终。”似乎更加明确这样的传授过程，而且“舜亦以命禹”一语，也似乎更加明确这样的传授系统，唐尧、虞舜和大禹之间的传授关系，朱熹作《中庸章句》已有说明，《尚书·大禹谟》篇的记载，也需要我们重新审视。

我们从这一意义上讲，有关上甲微的历史传说，“假中”“归中”的过程，也正好印证了《周易》《山海经》《竹书纪年》等文献记载的相关史事。这个“假中”“归中”之“中”，亦如“求中”“得中”之“中”，按照这一特定的语境分析，所谓的“假中”，也就是“求中”的过程，只是获取的方式不同；所谓的“归中”，也就是“得中”的过程，只是认知的方法不同，所以，下云：

“微志弗忘，传贻子孙，至于成唐，袛备不懈，用受大命。”

如果我们脱离这一特定的语境分析，必然对“假中”“归中”产生歧义，导致错误的理解和认知的偏颇，也有悖于周文王临终遗言之宗旨。其云：

“昔前人传宝，必受之以詷，今朕疾允病，恐弗念终，汝以书受之。钦哉，勿淫！”

我们以为，“昔前人传宝，必受之以詷”，这种传授方式，当可追溯唐尧虞舜时代，下及上甲微“传贻子孙，至于成唐”，乃至周文王由于“今朕疾允病，恐弗念终”，才要求太子发“汝以书受之。”冀望太子发“钦哉，勿淫！”

我们从目前的历史研究和考古成果来看，这个时期最大的特点，处于中国早期国家的发轫期向中国早期国家的鼎盛期过渡，换句话说，由黄帝、颛顼、帝喾时期，经尧、舜时期，向夏商周三代时期过渡。在这个重要的历史时刻，虞舜秉承唐尧遗志，“帝尧嘉之，用受厥绪”，通过“求中”“得中”的过程，传授“宝训”，所谓“舜亦以命禹”，这个意义重大非凡，不仅继承和发展了中华优秀传统文化的基因根脉，而且奠定了后世中华文明繁荣昌盛的基石。

尧、尧都与尧庙

李裕民（陕西师范大学教授、博导）

一、简述对尧认识的历史变化

尧是我国历史上著名的圣人，妇孺皆知。但对于尧的认识，却有多次大的反复。

历代王朝都认为是古代帝王的楷模，言必称尧舜禹。

20世纪顾颉刚“古史辨”派一出，他们大胆怀疑一切古史记载，不可否认，取得一些成绩，但走过了头，尧、舜、禹一直到夏、商，几乎否定殆尽，使我国的文明史大大缩短，以致有人只编《中华两千年史》（邓之诚）。当然，许多学者还是确认商王朝，因为有甲骨文为证，如张荫麟《中国史纲》。尧、舜、禹则被列入传说时代，一笔带过。

中华人民共和国建立后，1961年翦伯赞主编的《中国史纲要》，1962年郭沫若主编的《中国史稿》均将尧、舜、禹列为原始社会部落联盟的领袖。并且放在以考古资料为主撰写的原始社会一章的最后，与前者成两张皮，没有谈一句考古与文献之间的对应关系，到底尧、舜、禹相当于考古哪一种文化，不清楚。当然，我们不能苛求，毕竟当时考古发掘的成绩不太丰富。既然认定尧、舜、禹还没有进入文明时代，当然谈不上有什么都城，对尧缺乏新的认识。至于尧都是否在平阳，更乏人探讨。

自从20世纪末，考古研究所发掘襄汾陶寺遗址以后，开始揭开尧与尧都平阳的神秘面纱。规模宏大的古城遗址，大量高档的出土文物，年代的科学测定，与文献记载对比，可以确定这里就是尧都平阳，尧是真实的存在，并非似有若无的传说。这一突破，具有划时代的意义，意味着旧的上古史应当改写，舜和禹也应该是真实的存在，甚至《史记》中所记载的五帝，都可能是真实的存在，联系到各地新石器时代发现的大量城址，如神木的石峁古城、浙江的良渚古城等，说明四五千年前已经迈入文明时代，而非原始社会。中华文明不能只从夏王朝算起，它至少要提前到尧时期甚至更早。我们感谢考古工作者的辛勤劳动，他们的贡献非常杰出，在中国考古史上写下了浓重的一笔。

二、对尧的研究的几点想法

不可否认，对尧作全面的科学的研究，现在仅仅是开始，主要还是考古工作者，在作发掘、整理和初步研究，历史学者介入较少。要想基本复原尧的历史面目，还得靠考古和历史工作者协作并作长期的努力才行。这就需要从考古和文献两个不同角度去研究。

学术的进步需要提出问题和解决问题。我是历史学者，对考古是外行，这里只是从研究尧的需要，对考古家提出一些希望帮助解决的问题。

尧建有那么大规模的都城，需要多少人力去建筑，都城内大约居住多少人？农业、手工业状况如何，交通状况如何，生活状况如何，贫富状况如何，平均寿命多大？

有都城就有国家，它占有的国土面积有多大？国内居住的是华夏族，还是有其他族，他们的体貌特征是什么？其周边还有什么国家或部族，他们之间有何关系，文化有何差异？

如果说尧已建立国家，它是中国最早的国家吗？还是在他以前已经有了国家？中华文明到底始于何时？

尧都平阳的时间有多长？为什么舜要迁都？迁往哪里？

尧与舜的关系究竟如何？儒家经典说是禅让，战国墓中出土的《竹书纪年》说："尧之末年德衰，为舜所囚。"又说："舜既囚尧，偃塞丹朱于此，使不得见。"所谓"德衰"当指尧晚年腐败，但是作为一国之主怎么会被臣下囚禁呢？这是宫廷政变还是武装攻城的结果？陶寺城址有没有激战过的痕迹？

我知道，这些问题不是一下子能解决的，考古有自己的规范，不可能随便提速，陶寺遗址的问题，考古所的专家们会找到答案。周边地区还需要其他考古工作者（山西、河北等地）配合调查和发掘，才能弄清尧的势力范围，及与周边的关系。

从文献角度说，应当对尧的有关文献记载分年代、分类作研究。有些学者使用史料往往不考虑史料的写作时间，只要对自己预定的观点有利，拿来就用，这样做只能离真理越来越远。史料的价值的高低和写作年代有很大的关系，一般说，史料年代越早可靠性越大。必须对所有有关尧的史料作考证，辨别其真伪和史料价值的高低。

依年代分，大致可分为先秦、秦汉、魏晋南北朝、隋唐五代、宋、元明清六段。

先秦离尧相对而言要近一些，可靠性较大。秦汉，特别是《史记》《汉书》，他们能看到许多先秦资料，可靠性也比较大。魏晋南北朝，如《水经注》采用不少碑刻材料，比皇甫谧《帝王世纪》采用不少传说材料要可靠，隋唐五代可靠性又稍弱。宋兴起考据学和金石学，其史料价值往往比唐更高，两通汉代的尧碑是宋人记录下来的。元、明材料一般不太可靠，清乾嘉学派考据成绩较大，所以将元明清放在一起。

所谓分类研究，指将所有材料按需要解决的问题，归并在一起，如尧都、尧冢、尧庙，尧母、尧子，尧与舜的关系，等等，便于对问题逐个作分析研究。

此外，古文字中的资料，虽然极少，也不可不注意，因为它价值极高。过去和新近出土的甲骨文、金文、竹简、帛书、陶器文字，都要浏览，不可轻易放过。古书中也常常会记录一些出土古文字资料，需要学者随时留意。我最近在《宋史》中发现一条，值得注意。录于下：

政和二年（1112）玄圭始出晋州，上一石绿色，方三尺余，当中有文曰“尧天正”，其字如掌大，而端楷类手画者，尧字居右，天正字缀行于左，都堂验视，砻石三分，而字画愈明，又于尧字之下隐约出一瑞字，位置始均，盖曰“天正尧瑞”云。或谓晋阳，尧都也，方玄圭出，乃有此瑞。（《宋史》卷66）

古代祥瑞类的东西有真有伪，需要仔细辨别，玄圭一类的器物，侯马多有出土，临汾出土此类物件是可能的，如确实是真的，可谓难得一见的有关尧的实物。由于正史均不载摹本，难于从字形上作判断，仅供大家参考。

研究领域可以再扩大一些，除了研究尧本身的历史之外，还可以研究它对后世的影响，即从更广的范围去研究尧文化。本文讨论尧庙也有此用意。

三、尧都

尧都平阳，现在已经被考古发掘所证实，还用再谈吗？我本来考虑，不必谈了，又觉得，这本是一个有争议的学术问题，回顾一下如何解决的历程，对于今后解决类似问题，多少能起一点借鉴作用，因此还是想说几句。

尧都在哪里？说法很多，这里罗列三种代表性的观点：

1. 平阳说

此说，先秦著作中没有，《史记》《汉书》中也没有，它最早见于范晔《后汉书・郡国志》，顺便说一下，范晔原本没有写郡国志，今本乃是北宋学者为了弥补这一缺憾，将刘昭注的司马彪《续汉书》中的郡国志部分抽出来，放到范书中。司马彪，晋人，《晋书》卷八二有传，其成书比范晔要早。志中说：

河东郡平阳侯国，有铁，尧都此。注：《晋地道记》曰：有尧城。（《后汉书》卷二九）

2. 河北唐县说：

《汉书》卷二八下《地理志》：中山国唐。注：尧山在南，莽曰和亲，应劭曰：故尧国也，唐水在西。张晏曰：尧为唐侯，国于此。尧山在唐东北望都界。

按：应劭，东汉人。张晏、孟康为魏人，其时代均比司马彪早。

3. 太原说

太原郡晋阳，本唐国。注：《毛诗谱》曰：尧始都于此，后迁河东平阳。（《后汉书》卷三三）

《毛诗谱》的作者是郑玄，汉末人。有名的经学家，他对儒家经典的注释，至今仍是有价值的、不可不读的书。

以上三说，论作者年代相近，论水平，都是名家，所说都有一定道理。每一说，都有一些人相信，都能再提供一些旁证。

如临汾说，有千年尧庙，“又有尧井，在尧庙殿前，相传尧建都时凿。”（《山西通志》卷一八）。

唐县说，有晋皇甫谧《帝王世纪》为证：“尧封唐，尧山在北，唐水西入河，南有望都山，即尧母庆都所居，相去五十里，都山，一名豆山。”（《后汉书》卷三十注引）

太原说，其附近清徐县有尧城镇，镇上有尧庙。“旧传陶唐造历之所，故立庙。”（《山西通志》卷一六四）

以上三说，持不同意见者都可以找到一些反证。

如平阳说：

《后汉书》卷二九平阳注：“《左传》曰：成七年诸侯盟马陵。杜预曰：卫地也。平阳东南地名马陵，又说在魏郡元城。”据此，这个平阳不是指今临汾的平阳，而是卫地或魏郡元城。杜预是晋人，文武全才，号称杜武库，“言其无所不有也。”所著《春秋经传集解》，至今仍是研究先秦史不可以或缺的著作。《晋书》卷三四有传。

唐县说：

唐李吉甫《元和郡县志》卷二二：“定州唐县，即古唐侯国，尧初封于此，今定州北有故唐城。”据此，则唐是尧建国前的初封地，一建国就迁走了。

晋阳说：

宋罗泌认为晋阳即平阳。他在《路史后纪》卷一一中说：“今晋之临汾，汉平阳也，即晋阳，有故尧城，姑射山。《元和志》有尧帝庙，在临汾东八及南六里，《世纪》谓自唐封从晋阳，及为天子，都平阳，谬也。平阳、太原、大夏、大卤、夏虚、晋、晋阳七名一地。”

以上说法，都有一定的道理，但都有缺陷，谁也说服不了谁。

宋代大史学家郑樵，别出心裁，对诸说作了调和，在《通志》卷四一中说：

“尧始封于唐，后徙晋阳，即帝位，都平阳。注：唐今定州唐县，犹有唐城存焉。或云：唐城在绛州翼城西二里。及徙晋阳，则以晋阳为唐，今平定军有古晋阳城，是其地。及为天子，都平阳，则又以平阳为唐平阳，今晋州也。”

据此，他认为唐与晋阳是尧年轻时的封地，建国后定都平阳。此说另一新的看法是，晋阳非太原之晋阳，它在太原以东之平定军（今阳泉市平定县）。

总之，单从文献作文章，已难以有新的突破了。必须依靠考古去解决，陶寺的发掘，已证明平阳说是正确的。

可是，偏偏还有人拼凑了一些材料，坚持尧都晋阳说，硬要将太原建城的时间往前推几千年。这种撇开考古，单纯就文献作几千前的文章，如果写在七八十年前，还凑合，写在当代，未免太落伍了。山西的考古工作者对晋阳古城作了几十年的工作，已经证明它与春秋时智伯决水灌城的时间相吻合，绝非四千年前所筑。

三说的分歧解决了，不等于没有任何问题了。唐和太原为什么会有尧都的记载，它是不是与尧有着某种关系？希望考古工作者从考古角度比较一下，陶寺文化与太原及唐县的出土文物，看一看，它们之间有何关系，尧是否真是自唐而晋阳，最后到平阳的。看一下，建都平阳后，尧的势力范围是否到达了晋阳、唐。最后裁定一下，尧与晋阳、唐是何关系，有关记载是否空穴来风，还是有一点可取之处。

四、尧庙

最早修建的尧庙，有两地。

其一，在山东曹州济阴县的尧庙。那里有两通汉碑，一为永康元年（167），济阴太守孟郁修，文载宋洪适《隶释》卷一。二为熹平四年（175）十二月汉尧庙碑。见《金石录》第一百四十一。文载《山东通志》卷三五之9引《濮州志》。宋初重修，有李昉（925—996）所撰碑记。文见《山东通志》卷二一。为什么在济阴修尧庙？当是因为有记载说这里有尧的坟墓。《济阴太守孟郁修尧庙碑》云：“闻帝尧陵在成阳，遣户曹掾史具中牢祠。”《汉书·地理志》：“济阴郡成阳县，有尧冢灵台。”注：“《吕氏春秋》尧葬谷林。皇甫谧云：谷林即成阳。”

其二，是山西临汾县的尧庙，乐史《太平寰宇记》卷四三“河东道晋州”：“临汾县，尧庙，在县南十里。尧碑云：旧在汾水西，晋元康中（291—299）移于汾水东，显庆三年（658）移就今庙。”据此，知在晋元康以前，尧庙已经存在，原建于汾水之西，元康时迁至河东，应在旧庙已经破旧不堪之时，至少约在百年左右，其始建亦应在汉代。《寰宇記》所说的尧碑，应是唐初所立的碑。此前，尚有更早的晋碑，《水经注》卷六：“水侧有尧庙，庙前有碑。《魏土地记》曰：‘平阳城东十里汾水东原上有小台，台上有尧神屋石碑。’”这里只说有碑，未载年代，可以肯定的是，最晚也是魏碑，此书上记尧庙与碑都在汾水东，说明其时代应在晋元康时或稍晚。唐碑所记部分内容当来自晋碑，所以能点明迁于何年，只是此碑宋以前已经无存，《寰宇记》只能引用唐碑了。晋以前是否有碑，目前尚无史料可考。《魏书》卷一〇六上《地形志》：“平阳郡平阳。”注：“二汉属河东，晋属州治。真君六年，并禽昌。太和十一年（487）复。有晋水，高梁城，龙子城，尧庙。”为什么在平阳修尧庙，显然与此地是尧都有关。

正统地位之争。

这里所说的正统地位，指皇帝承认并明令祭祀的庙。济阴有尧庙是因为冢墓所在，临汾有尧庙是因为都城所在，理由都很充分，皇帝只能选取一项。东汉皇帝倾向于冢墓，《后汉书》卷三《章帝纪》：“元和二年（85）二月乙丑，帝耕于定陶……使使者祠唐尧于成阳灵台。”济阴有尧庙，立有两通汉碑，当与汉帝此种认识有关。魏、晋时期，未见祭祀尧庙的记载，或与时局动荡，无暇顾及有关。到北魏时开始重视祭奠古圣人事，祭尧再次被皇帝所重视。

《魏书》卷二《太祖本纪》：“天兴三年（400）五月己巳，车驾东巡，遂幸涿鹿，遣使者以太牢祠帝尧、帝舜庙。西幸马邑，观㶟源。”

《魏书》卷一〇八之1：“（明元帝）泰常三年（418）……明年……后二年（421），幸桥山，遣有司祀黄帝、唐尧庙。”

《魏书》卷四上《世祖本纪》：“神麚元年（428）八月，东幸广宁，临观温泉，以太牢祭黄帝、尧、舜庙。”

上举三例只说到祭尧庙，未交代具体地点，难以判断指平阳还是济阴。指明确切地点者有如下二例：

《魏书》卷一〇八之1：“太和十六年二月丁酉诏曰：……帝尧树则天之功，兴巍巍之治，可祀于平阳，……令当界牧守……摄行祀事。”

《魏书》卷七下：“太和二十有一年（497）三月丙辰，车驾次平阳，遣使者以太牢祭唐尧。夏四月癸亥，行幸蒲坂，遣使者以太牢祭虞舜。戊辰，诏修尧、舜、夏禹庙。”

魏孝文帝大力推行汉化政策，祭奠华夏先圣当是其政策的组成部分。从492年开始，临汾尧庙就取代了济阴的地位，成了正宗，隋、唐继承这一传统。

《隋书》卷七《礼仪志》：“高祖既受命……禘祫之月……使祀先代王公帝尧于平阳，以契配。帝舜于河东，咎繇配。夏禹于安邑，伯益配。”

《旧唐书》卷二四《礼仪志》：“显庆二年（657）六月，礼部尚书许敬宗等奏曰……今请聿遵故事，三年一祭，以仲春之月祭唐尧于平阳，以契配。祭虞舜于河东，以咎繇配。祭夏禹于安邑，以伯益配。”

五代时期，中断了几十年，宋建国后，即下诏恢复。

宋太祖建隆四年（963）六月丙申《前代帝王三年一享诏》：“历代帝王，国有常享，着于甲令，可举而行。自五代乱离，百司废坠，匮祠乏祀……宜令有司准《祠令》，应先代帝王三年一享，以仲春之月，牲用太牢；祠官以本州长官充，若有故，遣上佐行事。高辛庙在宋州谷熟，尧庙在晋州临汾，以稷、契配；舜庙在河中，以皋陶配；夏禹庙在陕州夏县，以伯益配……其诸帝祠庙，仍令本所修葺。”（《宋大诏令集》卷一五六）

金、元、明、清继续遵行，既按时祭祀，又不断修葺。故临汾尧庙，始终能以其宏伟面貌为万众敬仰。这里略举其重大修葺事项。

初修于汉魏之际。

二修于晋元康中（291—299）。

三修于魏太和二十一年（497）。

四修于唐显庆三年（658）。

五修于宋开宝九年（976），见李焘《续资治通鉴长编》卷一七页374。

六重修于元至元五年（1268），王磐《重建尧帝庙碑》。文见成化《山西通志》卷一四。

七重修于明正统十一年（1446），陈循《重修尧帝庙碑》。文见成化《山西通志》卷一四。

八重修于清康熙四十二年（1703），御书匾尧殿曰“光被四表”（《山西通志》卷一六四）。

九重修于清光绪十七年（1891）。

十重修于1985年。

北魏时，北方已有4处尧庙、5处尧祠，见《魏书·地形志》。与此同时，南方的刘宋王朝也修建了尧庙，《太平寰宇记》卷二二：“东海县，尧庙，在县西北三里谢禄山上，旧州记：宋泰始七年（471），刺史刘崇智每称刘氏本承尧后，遂造此庙，以时飨祀。”这本来与尧毫无关系，是地方官硬是牵强附会修的。此事情表明尧庙已由与尧相关的纪念性建筑演变为文化现象了。

到了宋代，尧庙已遍及全国，罗泌《路史》卷四三：“今荆湖南北、江西、两浙、桂阳、永明二水以来，祠场不可胜纪，《广记》皆不能录。”远远超出尧足迹所能到的范围，表明人们已经完全将尧奉为神，加以信仰，尧庙已经成为敬神的场所了。

2018年5月27日于西安

陶寺文化与华夏文明的形成

杜学文（山西省作家协会主席）

关于华夏文明的形成，已有很多研究成果。但总的来看是各说各话。主要有这样几种表现。一是由于研究的时间点不同，借助的文献，特别是考古资料有限。在新的发现没有出现之前，只能根据现有资料来论证。如许宏《最早的中国》，由于陶寺等遗址的考古报告还没有公布，基本是依据二里头遗址进行的研究。尽管对二里头的分析比较详尽，但其结论却值得进一步讨论。二是基于区域性研究，就是不同地区的研究者主要强调本地的重要性，有争夺话语权的意味。南方的一些研究者强调长江流域的重要性，甘青地区则强调自身的重要性。而内蒙古与辽宁地区的研究者则强调红山文化的重要性，等等。这些研究往往带有比较明显的片面色彩，不能全面地分析各种证据，有选择性证明的倾向。三是盲目跟风者。如无视中国的考古发现，简单承认所谓西来说、非洲起源说，等等。尽管西来说、非洲起源说已经被越来越多的考古发现证明是站不住脚的，但相关的著作流传甚广，影响很大。从学术的角度来看，不同观点的讨论当然都具有积极的意义，人们可以通过这些观点来开启思路，丰富观点，探寻真相。但是，随着新的考古发现不断出现，关于华夏文明的起源、发展有了越来越丰富的实证。特别是陶寺遗址、石峁遗址等大遗址的发现，为我们的研究提供了更加充分的考古实证。这里我主要就陶寺遗址的文化意义与华夏文明的形成关系的研究谈几点不成熟的意见，供大家批评指正。

一、从目前的考古发现来看，陶寺遗址是华夏文明形成的典型实证

如何认定一种文明的形成，不同的研究者有不同的标准。马克思等认为，随着劳动生产力的发展，社会开始分化，劳动分工出现，形成了不同的阶级。其上层建筑即是进行社会管理的国家。阶级及其国家的出现就是文明形态形成的标志。从考古学的角度来看，人们普遍采用的是城市、文字、大型礼仪中心及青铜器的出现。尽管格林·丹尼尔在其《最初的文明》中强调，在前三项中，只要出现了其中的两项即可视为一种文明的形成。李学勤在讨论中国文明的著作中

也认为，在以上所言的四项中具备了其中的两个要素，即可判定一种文明的形成。不过，在现实中，人们似乎特别在意文字的出现。似乎文字成为最重要的判定因素。如果我们只考虑其中两项因素的话，就会发现，国内的考古发现中，有很多遗存均具有文明形成的基本元素。

距今约5000年至7000年左右的红山遗址极为重要。其中的发现令人震惊。除大量的陶器、陶片外，还发现了冶铜遗址及大量的冶铜坩埚片。在距牛河梁女神庙约1公里左右的地方，有一坐人工夯土形成的“金字塔”土山。这座夯土金字塔，造型独特，设计别有深意。山上山下均用三圈石头围砌，山头上有30多处积石冢群址，1500个冶铜坩埚。这说明，当时的冶炼技术已经非常发达。此外，红山遗址群中还发现了大量的玉器。其中的各类龙形玉器具有独特的文化意义，可以说是龙崇拜的典型显现。更令人惊讶的是发现了女神庙及泥塑女神头像。这些发现，完全具备以上两个或更多的要素，是不是也可以认为在这一时期，以红山文化为代表的文明形态已经形成。实际上苏秉琦曾认为，红山文化是“高于部落之上稳定的独立的政治实体”，即“古国”阶段，已经迈入了初始文明社会的范畴（韩建业著《早期中国——中国文化圈的形成和发展》，上海古籍出版社出版，2015年4月第1版，第143页）。

距今约4000年至5300年的良渚遗址，发现了大量的玉器。这些玉器主要不是实用器，而是礼器。这说明当时这一地区已经出现了社会的分化，形成了从事制作玉器的工匠及其他从事劳动生产的人群，以及能够使用或享有玉礼器的管理阶层。如果仅仅从阶级的出现来看的话，似乎我们也可以判定，在良渚文化时期，一种文明已经出现了。从考古学的角度来看，在良渚遗址中还出现了祭祀坛，还有位于莫角山一带面积达290万平方米的古城遗址。其中即有30万平方米的莫角山宫室区。在良渚，还发现了少量的青铜器，如果这样的话，我们基本可以说，在良渚时期，一种文明已经形成了。如韩建业就认为，良渚文化已进入早期文明社会（韩建业著《早期中国——中国文化圈的形成和发展》，上海古籍出版社出版，2015年4月第1版，第135页）。如果我们重视玉礼器的话，是不是也可以说，这种制作非常精美、文化含义非常突出的玉礼器也可以作为文明形成的一种标志性元素？毕竟除了良渚遗址外，包括红山等众多遗址中也存在大量的玉器。

当然，我们不可能在此举更多的实例。其他如姜寨遗址、大汶口遗址、三星堆遗址等均可视为具有文明初现品格的文化遗存。不过，这些文化遗存也存在一些易被人诟病的问题。首先是属于城市的遗存还不够典型，其次是没有发现人们比较看重的文字，或者还不能解读。还有一个非常重要的问题是，我们很难找到这些遗址中文化延续下来的实例。或者说，在某一时期，这些文化发生了转移，在其原生地没有这一文化的传承。可以视其已经湮灭消失。但是，如果我们把研究的重点转向陶寺，就会发现上面这些问题都不存在。陶寺可以说是最为典型地具备了文明形成各要素的大型考古遗址。

相对于姜寨遗址、良渚遗址、红山遗址的文化，陶寺稍晚，大约距今 4500 年至 3900 年左右。但是从其存留的文化信息来看，却有许多应该引起我们重视的问题。现在，对陶寺的研究非常不够。首先是作为考古遗址，其发掘整理还不能说已经全部完成。实际上还不断有新的存留被发现。如新近对其宫城及门址进行了更为详细的发掘，还发现了周时的墓葬。这对我们所说的陶寺遗址文化的研究均具有重大意义。其次是不能仅仅把陶寺作为一处考古学意义上的遗址来研究。尽管这一研究具有基础性，但是仅仅简单疏理清其中的遗存还是非常不够的。应该下功夫集中力量从文明形成发展的大视角来看待其存留的文化信息，更多地把陶寺遗址文化与华夏文明的发展统一联系起来进行研究。这样我们就会发现其极为重要的文化价值。

如果从文明形成的角度来看，陶寺遗址所存留的文化信息十分重要。这是一处大型都邑遗址。显然在这一时期，阶级分化十分明显。其中有进行社会管理的机构——宫殿。据最近的发掘，可以看出这是一处使用时期基本贯穿陶寺早、中、晚期的大型宫殿，呈长方形，面积约 13 万平方米。可以证明这是一处典型的具有国家形态的遗存。在这一时期，除了对社会事务进行管理、组织的人群外，还有掌握祭祀的上层人群。这些人并不从事具体的体力劳动，而主要承担维护社会秩序、建立信仰的有关精神世界的工作。而另外一些人则从事诸如耕种、制陶等劳动生产。在宫城内，有可以确定的仓储区、墓葬区、平民区、贵族区、祭祀区、手工业作坊区等不同的区域，构成了比较完整的城市规制。从考古发现来看，以宫殿为代表的政权组织对周边地区的统领也能够得到证明。最早的“国”的形态已经体现得非常典型。李伯谦也认为，中国古代文明演进有古国、王国、帝国三个阶段，神权、王权两种模式。其中，以红山、良渚为代表的是神权模式，以仰韶、龙山、陶寺为代表的是王权模式。而陶寺是进入“王国阶段”中原地区第一个出现的王国（中共临汾市委宣传部编，《帝尧之都中国之源——尧文化暨德廉思想研讨会文集》，中国社会科学出版社出版，2015 年 12 月，第 25 页）。阶级与国家的出现，当然证明这一时期已经进入了文明时代。

即使单纯从考古学的角度言，陶寺遗址也完全能够证明这一时期文明已经形成。首先是城市。这已经是不容置疑的，陶寺有非常完备的城市规制。其次是祭祀与文化活动的中心。在陶寺发现的大型天文观测台同时也是一处大型的祭祀中心。还有一个非常重要的元素是文字。在陶寺遗存中发现了扁壶上面的朱书文字“尧”与“文”。这些文字已经非常成熟，能够解读。从其书写来看，与两河、古埃及等地发现的刻写文字不同，是用毛笔朱色写出来的。这说明，这一时期的文字已经超越了刻写阶段，有了更为方便实用的书写条件及技能。因而也可以说明这一时期文字的使用进入了一个比较方便、相对普及的阶段。除了这三要素外，在陶寺还发现了数件青铜器。其中的一件是红铜铃，被丝织品包裹。这说明在陶寺时期，丝纺技术得到了发展，甚至可以说进入了非常成熟的阶段。而铜铃所用元素为红铜，一般认为是青铜器出现的初级阶段所用材料。但是这件铜铃内空有铃，说明使用了复合范铸造技术，是比较复杂的青铜器制造技术。这也可以看出，这一时期的青铜铸造技术已经相当先进。此外还发现了其他几件青铜器，极为精致，造型讲究。如其中的铜蟾蜍，其造型就非常生动。

当然，我们在这里只是就陶寺的遗存是否与考古学意义上文明形成的诸元素对应这样的角度来讨论问题的。实际上陶寺的遗存非常丰富。这里暂不赘述。我们只是说，如果在城市、祭祀中心、文字、青铜器这四要素中有两要素存在，即可判定这一遗址有文明形成，或者说处于文明时代，那么陶寺遗址中存留的文化信息是完全能够证明这一结论的。这一时期，陶寺已经处于文明时代。或者说，至少在陶寺时期，华夏文明已经形成。因此，我们应该充满自信地认为，至少在这一时期，是华夏文明的形成期。

二、陶寺文化非常典型地体现出华夏文明的基本特质

一种文明形态的基本品格与其形成的自然地理环境、生产生活条件这些客观因素密不可分。基本上可以说，特定的自然条件影响并决定了特定文明孳生、形成、发展的基本形态、特点与规律。陶寺地处黄土高原之汾河河谷，山西南部。其西，是吕梁山脉，吕梁山之西又被蜿蜒而来的黄河环护。其东，是太行山脉。这里是是我国三级台地第二级的东缘。隆起的太行山阻挡了融冰期泛滥的洪水，使黄土高原的生命不受洪水的灭绝性侵害。实际上，包括良渚等地文化的消失，与自然气候的变化有着极为密切的关系。很大的可能是，在融冰期洪水肆虐时，诸如良渚这样地处平原、距海岸线较近的地区，被日见高涨的洪水所淹没。在这期间，那里的人们向更高处迁徙，离开了已经不可能生存的原生地。而陶寺一带由于地处高原，有太行山遮挡，成为适宜人类生存的天赐之地。而太行山

又是粟作植物的原生地，使这一带的人们能够比较方便地收获更好的果实维系生命。陶寺地处太行、吕梁两山之间，汾河岸畔。在汾河河谷，有的广阔的平原地区，其周边及其核心地带有大量的高山、丘陵、平原。这一地貌恰恰为不同气候与自然变化期间人们的生存提供了绝好的条件。在洪水泛滥时，人们可以就近迁徙至相对高的地区，而不需要远涉他乡。这种状况，保证了文明能够持续生长。

黄土高原东部的气候非常适宜人类生存。它基本处于温带，可以说四季分明。人们能够比较规律地根据季节的变化进行耕种、收获。在陶寺更北的地区，从气温的角度讲，应该相对寒冷，但并不会因此就影响耕作。这就为其文化的拓展提供了可能，其文化的生命力得到增强，不会因为受到比较大的冲击就出现文化的中断夭折。事实是由于这一带比较早地进入农耕时代，又与游牧文化相互交融。游牧文化相对更强劲，而农耕文化相对更先进。二者在错综复杂的历史进程中不断博弈，不断融合，呈现出农、牧互补的状态。总的趋势是农耕文化向四方拓展，游牧文化向更北方延伸。当自然环境与气候发生变化时，这种进退博弈就表现得十分典型。但是陶寺及其影响的区域有比较复杂多样的地形，缓和了这种冲击，也就使脆弱的文明能够得以保存、生长。

地处高原，两山夹峙，两河环护，所谓的“表里山河”。这使陶寺为中心的地区具有某种相对的封闭性。这种封闭对初生文明而言，有非常重要的呵护作用。但是，并不等于这样的自然地理条件是绝对封闭的。如果这样的话，其生命力将会枯萎。幸运的是，在这种相对的封闭之外，还有相对的开放。黄河、汾河的水运使外来的文化能够进入。更主要的是，从南往北沿汾河河谷盆地形成了能够通达南北的地势，成为其连通外界的重要通道。在华夏文明生成与成长的漫长时期内，不同的文明元素经这一通道联系起来，并融为一体。这也决定了华夏文明在其形成的过程中又具有积极的开放性、包容性。

据苏秉琦等研究，在大约距今6000至7000年左右的时候，陶寺一带的文化呈现向各地移动的现象。它们以陶寺为中心向北，然后分成两个方向迁徙。其中的一支往西北方向，与鄂尔多斯河曲地区的文化相遇。还有一支往东北方向，与红山地区的文化相遇。这一文化迁徙形成了一个Y字形的走向。当陶寺文化与其他文化相遇时，并没有发生你来我走、你死我活的局面，而是形成了一种融合共存的状态，呈现出你中有我、我中有你的格局。这就是说，这些文化元素在其迁徙交流中发生了共存性质的融合。在大约距今5000年左右的时候，又发生了一次从红山一带、鄂尔多斯河曲一带回迁的现象。他们在北方融合之后返回至陶寺一带。这种新的文化形态既有陶寺文化的因子，又有这些地区文化的因子，并且呈现出新的面貌。苏秉琦也指出，在距今大约4000至5000年左右的时候，各地最先进的文化向陶寺一带汇聚，除前面所言红山文化、鄂尔多斯文化外，诸如大汶口文化、良渚文化等都在陶寺有鲜明的体现。他认为，"大约在距今4500年左右，最先进的历史舞台转移到了晋南。在中原、北方、河套地区文化及东方、东南方古文化的交汇撞击之下，晋南兴起了陶寺文化。它不仅达到了比红山文化后期社会更高一阶段的'方国'时代，而且确立了在当时诸方国的中心地位。它相当于古史上的尧舜时代，亦即先秦史籍中出现得最早的'中国'，奠定了华夏的根基"（转引自山西省社会科学界联合会编《这里最早叫"中国"》，北岳文艺出版社出版，2017年6月第1版，第141页）。

陶寺时期，正是仰韶文化庙底沟类型活跃的时期。其中的彩陶具有代表性。在陶寺遗址中，我们发现了彩陶龙盘。其中的"龙"正是红山文化的重要元素。这也就是说，在经过长期的融合之后，庙底沟类型的文化融合了红山文化中的龙崇拜元素。陶器中的三足袋器是河曲地区的文化元素。其中的扁壶则被认为是具有大汶口文化特征的元素。在陶寺也发现了大量的玉器，其中的玉琮等被认为是良渚文化的表现。另外还有俎刀等也被认为是浙北一带的文化元素。韩建业在其对早期中国文化圈形成和发展的研究中认为，在距今4500年时期的陶寺文化，是在仰韶文化庙底沟二期的基础上融入了大量东方文化的因素形成的。其中除了庙底沟二期的传统器物外，"还有大量良渚文化或者大汶口文化晚期因素，包括常施彩绘的高领折肩尊、折腹尊、簋、豆等陶器"，以及其他众多器具与彩绘图案等（韩建业著《早期中国——中国文化圈的形成和发展》，上海古籍出版社出版，2015年4月第1版，第164页）。这种现象说明在陶寺遗址所体现出的文化特征中，具有典型的开放性与包容性。这一特征与其生存的自然地理环境有极大的关系。

首先是这一带的气候非常适宜人类生存。其次是这一带是农耕得到更快更早发展的地区，比其他地区更容易获得供人类生存的食物。此外，这一带还有其他地区缺少的资源，如在陶寺南部的盐池，是远古时期至为重要的战略性资源。其重要意义相当于今天的石油。还有一个非常突出的特点是这一带有可供人们在遭遇自然灾害、战争爆发时的回旋空间。以黄河、汾河为主干的众多河流，使早期人类能够比较方便地获取水源。平原、丘陵、山地错杂，使人们可以在不同的情况下有保证生存的自然条件，等等。相对封闭的环境又使这里生成的文明元素能够较好地得以生长、保存。因而，在人类漫长的发展进程中，这一带既是文明生长的中心之一，又是文明能够经受各种打击而不会夭折，并得以成长的具有独特优势的地区，更是对其他地区人群具有吸引力的富庶文明之地。当其他地区的人们在遭遇灾害、战争、气候变化，以及随着人口的增加，环境难以提供相应的支撑时，这里就成为理想的迁徙目的地。而这一带的人们，由于自身所处地域的广阔、优裕，以及自然资源的丰富性，对新进入的人们并不采取非此即彼、有我无你的排斥态度，而是由于生产力的先进，表现出突出的同化品格。虽然当外来人群进入时，也会有激烈的战争，但最终的结果却是共处。这一点在史籍的记载中也多有体现。

传说中炎、黄二帝的融合就非常典型地体现了这种文化特质。炎帝神农氏部族在太行山脉发展出了先进的农耕文化。但是，以游牧为主的黄帝轩辕氏部族由于气候等原因向晋南迁徙时，与炎帝部族发生了争夺生存空间的战争。战争的结果是炎帝部族的统治地位被黄帝部族取代，黄帝成为新的统治者。但是，这种取代并不是对炎帝部族的灭绝，而是融合，成为炎黄一体的民族形态、生产生活形态。黄帝部族从游牧向农耕进化；炎帝部族则汲取了黄帝部族战斗力强盛、机动性快速，以及在科技方面的优势，共同形成了华夏民族的早期形态。比较典型的例证就是当蚩尤部族争夺对这一地区的控制权时，炎黄联合抗击蚩尤，取得了胜利。蚩尤部族除一部分向四边流散外，更多的部族成员融入了炎黄部族之中。而蚩尤部族拥有的先进的冶铁技术等也为炎黄民族所用。

很多研究者寻求将炎帝、黄帝及蚩尤部族的活动与考古发现的文化对应起来，希望能够从考古的层面解读历史。如很多人把红山文化与黄帝部族视为一体等。这种研究很有意义。就目前来看，其研究多为分析与推测，仍然存在许多困惑。这就是还是没有找到能够证明这种观点的考古实证。所以，我们也很难说红山文化向南迁徙，进入太行山地区，直至陶寺一带，与原有的仰韶文化庙底沟二期的融合肯定就是炎帝部族与黄帝部族的融合。但是，我们可以大致得出的结论就是，由于陶寺一带相对优越的自然地理气候条件，使其生产力得到了较快发展，成为当时具有引领意义的文化形态。也因此而对周边族群产生了吸引力。他们逐步向这一带迁徙，以求获得更好的生存环境。在这一过程中，新进入的族群与原有的族群发生了冲突，当然也经过了战争这种手段。但是，尽管存在战争，外来者与原生者并不是你死我活的关系，而是在主导权确立之后，形成和谐共处、相互借鉴、共同发展的格局。这一特点也使以陶寺为代表的文化在最初形成的时候，就具备了开放与包容的品格，成为华夏文明的重要特征，并影响了这一文明之后的发展。

三、陶寺是连通四方及向周边扩张与拓展的枢纽

既然周边地区与以陶寺为中心的晋南地区有非常重要的联系，就说明这一地区具有连通四方的通道。这当然符合其地理环境条件。

以陶寺为代表的农耕地区，具有相对的封闭性，使得这一地区原生文化能够得到呵护。但是，这一地区也具有相对的开放性。这种开放性首先体现在自然环境中。在今天山西的西南部，黄河从西向东转弯的地区，河水比较平缓。其中的风陵渡可为代表，是人们从关中进入晋南的水上口岸。被视为以玫瑰花为图腾的"华族"的族群在黄河两岸、今晋陕豫交界处活动往来。这里也成为连接晋陕豫三地黄河三角洲地带的交通枢纽。有人认为，夏人即由此进入晋南地区，或者由此扩展至西北地区。也有人认为黄帝部族亦以此为通道迁徙进入山西。在山西的西北部，黄河从西北向南拐弯的地区，黄河更为平缓，也是从今陕西北部进入山西的渡口。这里形成了晋陕蒙连接的河曲三角洲地区。在晋北东部，沿燕山一线，有通往东北地区的通道，将燕云连为一体。同时，这里也是从中原地区进入草原地区最便捷的路线。沿太行山南下，有太行八陉，是翻越太行山的八个孔道。这些陉的存在，使人们能够连通太行山东西两侧地区。而在太行山南部，则有连通今河南的山路，成为从太行山南下，进入中原平原地带的通道。此外，山西境内包括汾河、桑干河、漳河等在内的河流是重要的水上通道。特别是黄河从西而南，而东，环护山西，沿河有许多重要的口岸，是水上运输的重要路径。尽管如此，但总的来看，这些路线并不是平坦如砥，而是险阻重重，非常不易。不过对于早期人类而言，这些通道已经能够使他们在长期的活动中寻找到适宜的生活目的地。

叶舒宪等在对中国玉石文化的研究中发现，"山西道"是非常重要的玉石传送路线。他们通过研读历史文献，进行实地考察，认为"商周时代以前的西域与中原交通，除了陇东线路即玉石之路泾河道以外，主要还应有一条不为人知的北线，即沿着黄河上游的走向，向宁夏和陕北、内蒙古交界处运输，然后再通过黄河及其支流的漕运网络，进入黄河以东的晋北、晋中和晋南地区。早期的运输方式在家马出现之前，应以水路运输为主，在家马出现之后（商代），在黄河水路之外，新开辟出一条极为重要的陆路，即南下雁门关后直达晋中和晋南盆地，进入中原的陆路通道。"他并且强调，在秦始皇修筑咸阳直通上郡（陕西榆林、神木）的秦直道之前，中原王朝与北方草原地区及河西走廊地区最重要的陆路通道，就是经雁门关而贯穿三晋大地的这一条（叶舒宪著《玉石之路

踏查记》，甘肃人民出版社出版，2015 年 10 月第 1 版，第 65 页)。通过对上古时期玉石传输沿线重要考古遗址中玉器的考察，叶舒宪认为历史曾经存在一条"西玉东输"的线路。这条线路就是上面所言的玉石之路"山西道"。早期，沿黄河水路传输，商后主要依靠陆路。前者为玉石之路山西道之黄河水路，始于约 4000 多年前的龙山文化—齐家文化时期；后者为玉石之路山西道之雁门关路，始于约 3000 年前商周之后的家马引入中原并成为新兴运输手段之后。这也就能够解释西部至少从甘青地区的喇家遗址、齐家遗址——陕西北部石峁遗址——山西兴县小玉梁遗存——山西陶寺遗址 / 清凉寺遗址——河南妇好墓遗址——浙江良渚遗址等形成了远古玉器传播的路线。这些遗址不一定处于同一时期，但玉器的传播线路大致如此。特别是这些遗址中所用玉石大部分由西而来。其中，陶寺地区成为一个具有典型性的枢纽地带，连通了东西部地区。除了玉石之路的路线之外，苏秉琦所言之庙底沟文化类型向北移动的 Y 字形路线也是陶寺一带文化传播的重要通道，沟通了庙底沟文化拓展的南北通道。这样来看，陶寺一带就处于农耕连通南北东西十字路口的中心。说它是枢纽地带应该是非常准确的。

从考古学角度来看，以陶寺为中心的仰韶文化庙底沟类型，特别是庙底沟二期的文化，存在着由中心向四周开展的现象。一般认为，山西晋南地区的枣园遗址、西阴遗址中发现的彩陶玫瑰花图案、双唇小口尖底瓶陶器等为庙底沟文化的原生文化。这些文化因素在晋南一带生成，并表现出积极地向四周拓展的态势。不仅遍布晋、陕、豫为中心的中原地区，而且波及北至大漠燕山、长城内外；南越秦岭淮河、长江流域；东达沂蒙山区、渤海沿岸，西及祁连山、甘青之地的广大地域。西阴文化"在其萌芽、发展、扩张、收缩、瓦解的过程中彻底摧毁了固有的文化格局，造成了诸多族群的重组与融合，其以绚丽多姿的彩绘花纹为旗帜，开启了华夏族群浩荡洪流的先河"，并且奠定了先秦中国的空间基础(杜学文主编《山西历史文化读本》，山西教育出版社出版，2013 年 10 月第 1 版，第 34 页)。这其中，陶寺地区是中心地带。

四、陶寺文化确立了华夏文明价值体系的基本形态

有学者指出，在公元前 4000 年前后的庙底沟时代，形成了范围广大的早期"中国"。而其强势的核心区域使其文化因素渗透到周围地区，并使这些以这一核心地区的文化认知为主体文化认知。其中的原因"显然与中原核心地区令人仰慕的文化特质和足以服人的文化策略有关"(韩建业著《早期中国——

中国文化圈的形成和发展》，上海古籍出版社出版，2015年4月第1版，第106页)。其中最主要的特点是依靠优秀文化的辐射影响而非军事经济的干预。而这些“优秀文化”的形成确立与陶寺一带的文化活动有着非常密切的关系。

根据考古发现，在陶寺已经确立了“中”“和”等十分重要的理念。但是，更多的文化范畴我们很难从考古遗存中发现明确的实证。不过，我们仍然可以从流传至今的文化典籍中找到生动的例证。首先我们注意到，这一地区的发展与其科技的发展是密切相关的。从渔猎游牧至农耕播种，这种生产力的进步经过了漫长时期，期中，人类主动性的强弱非常明显地产生着影响。由于这一地区自然环境的优越，使生活在这里的人们能够有更多的时间来考虑发展的问题，而不是把更多的时间用于维系生存。因此，我们在典籍中能够找到先人们是如何发挥自己的聪明才智进行研究创造的。如炎帝，亲尝五谷，教民稼穑，发明了耒耜、斤斧等诸多劳动工具，发明了制陶技术，通过尝百草发现医治病苦的草药。还有一个非常重要的发明就是创建了交换市场。黄帝时期的发明更为广泛，如舟车、道路、房舍、铸铜、缫丝、打井等。更重要的是发明了音乐、文字、数学，建立了初现端倪的社会管理制度与礼仪教化规范，等等。在尧时，更是对天文学做出了巨大贡献，使农业生产出现了极大进步，社会生产力水平得到了巨大提高。同时，他还开始了城市建设、农事水利建设，建立原始的法律制度、音乐礼仪制度与社会管理制度等。同时，命大禹治理洪水，命后稷管理农业事务，命契教民礼仪道德等。显然，这一时期，以晋南陶寺为中心的地区在社会管理水平、道德伦理水平、社会生产力水平等诸多方面都是当时最为先进的。其对周边地区的影响力、吸引力自然是非常强大的。

同时，我们也注意到，在这一时期，价值体系的初步形成也为人文教化、稳定社会、充实精神世界等发挥了重要作用，基本奠定了华夏民族的价值认知体系。这主要表现在人与自然的关系、人与社会的关系，以及人与自我的关系几个方面。

远古时期，人类对大自然的认识处于较低水平。但是，以陶寺为中心的华夏民族已经能够有积极的态度来构建人与自然之间的关系。从尧高度重视天文学的研究来看，就是要积极地把握自然运行的规律，从而在适应自然规律的基础上为人的生产生活创造更为积极的条件。那一时期，人们已经基本掌握了自然循环运转的周期规律，并依据这一规律来安排农业生产。最具典型意义的是大禹治水。他汲取父亲鲧用湮堵的方法治水失败的教训，摸索出用疏导治水的科学方法，取得了成功。在这里，人与自然之间尽管是对立的，存在矛盾的，但是，解决其矛盾的方法是人要适应大自然的运行规律。人与自然之间是一体的。这是中国传统文化观念中“天人合一”思想的最早实践。还有一个非常重要的方面是，在人与自然的矛盾面前，人是有主动性的。这种主动性表现在人积极地把握自然的规律，而不是简单盲目地强调二者之间的对抗。这与西方如古希腊神话的观点是非常不同的。在古希腊神话中，人是没有主动性的，人与自然之间的矛盾是一种绝对的矛盾、无解的矛盾。所以就会出现在大洪水来临时，只能乘坐方舟逃离的选择。这就是说，人与自然不可能达成和谐共处的境界。西绪福斯神话所言之推巨石上山的命运是西方世界所理解的人类命运。这里的人被命运所规定，形成难以在现世实现人生目的的悲剧。而在中国传统神话中，虽然人类要经过各种艰难困苦，但是终将实现自身的目标。这种实现是建立在与自然沟通的同一性上才完成的。

人与社会，或者说人与他人的关系是中国传统文化中最为重要的课题。在陶寺时期，这一课题的探索已经有积极的解答。这就是个人对社会、他人的责任。传说中的炎帝为了能够找到解民病苦的草药，不顾生死尝试各种野草，直至因食百足虫而中毒身亡。他把自己的生命贡献给了他人，献给了社会。他的大儿子尝了未开化的谷子后中毒，二儿子尝了未开化的麦子后同样中毒，三儿子尝了未开化的豆子后也中了毒。虽然他们均被抢救过来，却成了头小腰弯的“怪物”，身体受到了巨大伤害。大禹在治水过程中，常年劳作在工地，三过家门而不入，自己的孩子都不认识他。他腿上的汗毛都磨秃了，手脚长满了老茧，面色黧黑，跛脚难行。在这些传说中，强调的均是个人对他人及社会的责任，突出个人对社会的奉献、牺牲。在个人与社会的关系中，社会是整体，个人是整体中的一分子。每一个个人都要为社会承担责任，才能够保证社会的完善、进步。这也与欧美神话中强调的个人利益与社会利益之间的矛盾是不同的。在这些神话与传说中，突出的是个人命运的不可抗拒性，以及个人欲望的最大化。如特洛伊战争，并不是为了道义、集体，而是为了个人喜爱的美女。即使是创世之神亚当与夏娃，也经不住欲望的诱惑。因而，我们在这些神话与传说中找到了民族价值观最早的基因。

个人的存在价值如何体现，人怎样才能得到幸福？这也是由不同的价值观决定的。价值观的不同，决定了人价值选择的不同。在陶寺时期的神话与传说中，比较突出地强调了个人价值的社会性。如唐尧最大的愿望是为民服务，而不是享受民力。他认为，如果天下有一个人挨饿，就是自己使人饿，如果有一个人受冻，就是自己使人冻。所以他总是把民众的冷暖方在心上，轻徭薄赋，让利与民。

而他自己住的是茅草之屋，吃的是粗茶淡饭，所用之物不加修饰，不求奢华。在位70年，以仁爱治国，生活俭朴，天下大治，深受民众爱戴。所谓“顺天之意，知民所急”，因而“其仁如天，其知如神”，九族既睦，协和万邦。虞舜最为人称道的是他的道德情怀与勤政品格。他孝顺父母，体察民情，勤政重贤。所处之地，民相趋赴。夏禹虽贵为帝，仍然巡行天下。据说他遇到耕地的农夫，要脱帽致敬，路过村落，必下车步行，直至在巡行中累死途中，葬于会稽。他的墓葬，只有“衣衾三领，桐棺三寸”，不愿浪费民财。这些体现在个人人格方面的品质也成为华夏民族价值观中的重要内容。

对这些属于价值体系的内容，虽然是在典籍中记载的，经过了记载者理想化的加工，与历史的原貌存在距离。但是，其中仍然透露出某种历史的真相。如果没有与记载者价值选择一致的行为，人们就不可能在典籍中反复强调。所以，也体现了民族价值体系形成之初的真实历史。从这些记载中，我们可以了解到，在陶寺时期，华夏民族价值体系最基本的元素已经形成，并对之后价值体系的完善、发展提供了基本的文化基础。

目前，对于陶寺文化的研究仍然处于起步阶段。我们要充分认识陶寺文化对华夏文明孳生、形成、发展的重要意义。这并不仅仅是山西的事情，至少是事关如何认识华夏文明及中华文明的重大问题。也许，通过对陶寺文化的研究，可以使我们重新走进民族的精神文化世界，看到一个民族形成的具有规律性意义的内容。为此，我们还要做许多艰苦细致的工作。

2018年3月31日23：12于劲松

2018年4月1日22：51改于劲松

“神不歆非类，民不祀非族”漫议

林小安（故宫博物院研究员）

研治先秦史的莫不熟谙“神不歆非类，民不祀非族”一语。然而，自从 1977 年在陕西省岐山县凤雏村商末、西周宗庙遗址出土占卜记事刻辞甲骨后，有些研治先秦史者对“神不歆非类，民不祀非族”一语产生了莫大疑惑，（李学勤“我们认为这些是周人替商王占卜的龟甲，其年代可定为周文王时。”《西周甲骨的几点研究》载《文物》1981.9）起因是在周人的发祥地周原（岐山凤雏）宗庙遗址中出土了祭祀成汤大甲等殷先王的甲骨刻辞。

先秦史学家南开大学历史系的王玉哲先生在 1982 年第一期《社会科学战线》上发表了《陕西周原所出甲骨文来源试探》一文，针对在周原（岐山凤雏）出土的甲骨中出现了祭祀商先王的刻辞论说道：“殷商末年，有关殷周两族关系的文献的记载，我们今天能看到的，只有《尚书》的有数的篇章。另外，就是后人追记的《竹书纪年》一些零星记载，和《史记》的《殷本纪》《周本纪》等，又皆语焉不详。现在发现了这批当时人亲自刻写的文字资料，数量又这么多，这对商周之间历史的深入研究，不言而喻其意义是极为重大的！”“但是，这批甲骨文数量这么大，果真会全部出于周族人之手吗？对此我们是抱有怀疑的。通过具体分析，我们认为这批甲骨绝大部分是殷商末年商王室的遗物。周原甲骨到底是出于周族人之手，还是出于商族人之手？这个问题对于商周两族的历史关系，颇为重大：认为是周族人的甲骨，就可以把商亡之前商周两族关系说成是极为亲密；若说是商族王室的甲骨，就可以把它说成是商周敌对的物证。真是一字之异，则谬之千里！所以这个问题不解决，便使一大批极为珍贵的史料，完全变为无法利用的古董！”

凤雏商末周初宗庙遗址中出现的祭祀商先王成汤、大甲、帝乙的占卜记事刻辞，究竟是商人所卜刻？还是周人所卜刻？确乎是商周史研究中的一个重要问题！

从王玉哲先生引述的周人文献中，我们可知周人对此问题的基本观念：

《左传》成公四年“非我族类，其心必异！”《左传》禧公三十一年“卫成公梦康叔曰：‘相夺予享。公命祀相。’宁武子不可曰：‘鬼神非其族类，不歆其祀！’”《左传》襄公十二年“秋，吴子寿梦卒。临于周庙，礼也。凡诸侯之丧，异姓临于外，同姓于宗庙，同宗于祖庙，同族于祢庙。是故鲁为诸姬，临于周庙。为邢、凡、蒋、茅、胙、祭，临于周公之庙。”

周人的话已说得很决绝了，在他们部族的发展史上，似曾有过多年刻骨铭心之痛。在祭祀先祖问题方面，他们是绝不含糊的！

王玉哲先生又结合殷墟占卜记事刻辞说：“商代祭祀先王，仅限于商王族的直系祖先，异姓祖先是无权配享的。”笔者是非常赞同王玉哲先生的基本观点的！兹据笔者对此问题的认识，略作补证和修订。

周人的文献中已非常清楚地表明周人对此问题的态度。然而商人对此问题的观念从文献中得不到如上述周人的话语那样决绝的记录。凤雏甲骨刻辞中属于商末的又很有限。笔者姑且从殷墟占卜记事刻辞的角度论说之。

整个殷墟占卜记事刻辞中，参与祭祀商先公、先王的仅限商王及诸子、诸妇！研契诸家所熟悉的雀、[illegible]、[illegible]、豖、师盘、望乘、戉、沚、[illegible]、[illegible]、鼓、[illegible]侯虎、侯[illegible]、侯告、壴、啚、[illegible]、[illegible]、周、雈等王室重臣、地方诸侯皆无祭祀商先公、先王之记录！（参看笔者《殷武丁臣属征伐与行祭考》，载《甲骨文与殷商史》第二辑，上海古籍出版社，1986年，及《殷墟甲骨刻辞類纂》，中华书局，姚孝遂等。）在殷墟占卜记事刻辞中受祭之人也仅限于商之先公、先王、先妣（笔者与王玉哲先生观点略有不同，商人祭祀祖先是包括有血缘关系的异姓祖先的，没有血缘关系的异姓祖先则是一概不祭的。殷人之先妣全都是异姓的有血缘关系的先祖）、先兄，即商人的父系先辈（包括少量兄长）及母系先辈。这一现象，与周人的“神不歆非类，民不祀非族”是基本一致的！

笔者认为上述现象与生产落后的上古时期的社会组成是相一致的，在牛耕与铁器发明之前的先民是不可能一家一户个体劳作的，是必须集体劳作、集体围猎和集体作战的，当时社会构成的最佳方式必然是以血缘纽带为基础。从殷墟甲骨刻辞可以看出商殷王朝的构成有不少异姓朝臣（雀、师盘、望乘等从不祭祀殷之先公、先王，知其皆为殷之异姓朝臣）和异姓诸侯，但商殷王朝的核心成分仍是同姓族属，不然，他们就不会日日、月月、年年隆重祭祀先祖，把祭祀先祖看成是“国之大事”。长年累月不厌其烦地祭祀先祖，就是把稳固和加强血缘关系当作稳固政权的最佳方式。如果如有的学者所说，凤雏甲骨刻辞中，祭祀商之先公、先王是周文王，那么在殷墟占卜记事刻辞中就应有相应反映，就应有大量异姓朝臣（如雀、师盘、望乘之类）、异姓诸侯祭祀商之先公、先王的记录。然而却没有一例这样的记录，这当可从反面证明凤雏甲骨刻辞不是周人所为。

附带说明，或曰凤雏 H11.1“彝文武帝乙宗”是毁掉帝辛之父帝乙的宗庙（孙斌来《对两篇周原卜辞的释读》，《考古与文物》1986.2），是不熟悉殷墟占卜记事刻辞而对凤雏刻辞之误读。在殷墟卜辞中不乏如下刻辞：

乙亥王其彝于大乙宗。	《存》1.1787
彝在中丁宗。	《续》1.12.6
彝在祖辛宗。	《甲》2771，3932

凤雏卜辞的用辞和文句与殷墟卜辞如此一致，也说明它是殷人所卜。在殷墟甲骨中，只有少量刻辞是记在何种建筑中进行占卜的。殷墟甲骨中，没有在宗庙之外进行占卜的记录，告诉我们殷人的占卜都是在宗庙里进行的。褚少孙云：“王者发军行江，必钻龟庙堂之上，以决吉凶。今高庙中有龟室，藏内以为神宝。”《古今注》曰：“宗庙是古天子诸侯祀其先人之所。”故笔者认为凤雏遗址应是宗庙遗址。商末刻辞与周初刻辞同出同一宗庙，说明周人取代商人后仍沿用前朝宗庙。犹如清朝皇帝沿用朱明太庙一样。

在加强血缘关系方面，周人还特别注意和强调：“同姓相婚，其育不蕃！”（《左传》）从周人遗留的文献和青铜器铭文，我们可知周王和诸侯、王室大臣娶的都是异姓女子为妻。我们看到，无论是姬姓朝臣、贵族还是姬姓诸侯每每娶姜姓女子，可知，姬、姜是世代联姻的姻族。武王伐纣，姜太公（师尚父）“左把黄钺，右把白旄”，为武王之左右臂，起着至关重要的作用。既灭商，又获首封（东方重镇：齐），均证明姬、姜的姻族联盟在推翻殷王朝中和镇国守疆中之重大作用！姜太公钓鱼不过是传说故事而已。笔者认为，在上古时期，姻族是起着非常重要的作用的。传说中的尧嫁女给舜，也是唐尧部族与虞舜部族世为姻族的演义化的表征。

最近在陕西宝鸡石鼓山发掘了一座周初青铜器墓，在大量精美青铜器中特别突出的是出土了一件高领袋足鬲，即北京大学邹衡先生所说的姜炎文化的典型代表器。邹衡先生把宝鸡地区先周文化中同时同地常常出现的两种文化因素，区别为不同族属，把高领袋足鬲称为姜炎文化因素，把联裆鬲称为姬周文化因素。这一观点在先秦考古与先秦史研究中是非常重要的，也是今天认识石鼓山周初青铜器墓墓主族属的重要依据，由此高领袋足鬲即可知其墓主人是姜姓。再考虑到出土这么多如此精美的商末的青铜器，青铜器规格如此之高（罕见的最精美的酒禁和至今所见最大的青铜方彝），可知这些青铜器应是武王伐纣的战利品，发掘者推断墓主人应是王室重臣或诸侯。笔者认为其非姜太公莫属！姜太公不仅在武王伐纣中起至关重要作用，在灭商后还首个获封齐，为武王镇守东方。墓中的铜罍口沿的“亚”字铭文中，左侧是脖子套绳索的“羌”字，这是带有侮辱性的字，应是殷人的特殊写法。羌字右侧是“各”字，“各”通“格”，格，杀也，殷纣王“手格猛兽”，即此意，格羌，即杀灭羌人之意，此铜罍当是殷王伐羌记功之器。从殷墟甲骨占卜记事刻辞可知，自武丁卜辞到帝辛卜辞，历代均有伐羌之举，且屡屡用羌人作祭祀和殉葬之人牲。不仅如此，“昔有成汤，自彼氐羌，莫敢不来享，莫敢不来王。曰商是常。”（《诗·商颂·殷武》）可以说，羌人受商人奴役600余年，不可谓不有深仇大恨，武王灭商，岂不大快羌人心！武王把商王纪念伐羌之战利品赐给姜太公，姜太公将此有纪念意义的铜罍带回祖居随葬，以示报仇雪恨之意。《史记·殷本纪》集解引《礼记》曰：“太公封于营丘，比及五世皆反葬于周。”石鼓山周初青铜器墓与文献记载可谓遥相呼应。

与姬姜联盟灭商类似，商人灭夏也如是，研契诸家少有注意和论及伊尹部族在助汤灭夏中的作用。在殷墟占卜记事刻辞中，能被殷王和诸子、诸妇祭祀的除了商之先公、先王、先妣外，还有伊尹（黄尹），在宾组卜辞中称“黄尹”，在历组卜辞中称“伊尹”。

癸丑子卜，来丁，酒伊尹至？	《合集》21574
辛亥卜，至伊尹，用一牛？	《合集》21575
癸丑卜，宾贞：侑于黄尹？二月	《合集》3465
己酉卜，㱿贞：侑于黄尹？五月	《合集》3467正
……卜，争贞：侑于黄？	《合集》3470
贞：侑于黄㱿尹十伐十牛？	《合集》916
癸未卜，㱿贞：燎黄尹一豕一羊卯三牛□五十牛？	《合集》6945
甲午卜，𠭯贞：侑于黄尹？	《合集》9965
丁亥卜，□黄尹燎二豭二羊卯六牛？五月	《懷》899
……黄尹百牛	《合集》3489
贞：侑于黄尹二羌？	《合集》563

以上乃武丁时期卜辞，占卜贞问的卜官有子、宾、㱿、争、𠭯等，采用祭祀有侑、酒、伐、卯、燎、岁、𠂈等，所用祭物有豭、羊、牛、酒，用牛数至五十牛、百牛，甚至还用羌俘为祭，规格不可谓不高。

在廪辛、康丁時期則有：

伊尹岁十羊　　　　　　　　　　　　　　　　　　《合集》27655

……卜，其侑岁于伊尹叀□祝？ 兹……　　　　　　《合集》27653

丁巳卜，从岁其至于伊尹？ 吉　　　　　　　　　《合集》27654

在武乙、文丁時期的历组卜辞中則有：

癸巳贞，侑从伐于伊其乂大乙彡？　　　　　　　《合集》32103

乙酉贞，侑岁于伊龜示？　　　　　　　　　　　《合集》33329

丁丑卜，伊尹岁三牢？　兹用　　　　　　　　　《合集》32791

甲寅贞：伊岁遘匚丁日？

甲寅贞：伊岁遘大丁日？　　　　　　　　　　　《屯》1110

癸酉卜，侑伊尹五示？　　　　　　　　　　　　《合集》32711

乙亥贞：侑伊尹二牛？　　　　　　　　　　　　《合集》33694

御伊尹五十（牛？）　　　　　　　　　　　　　《屯》3132

……亥贞：其侑匚伊尹叀今丁卯酒……伊尹暨酒十宰《屯》182

丁丑贞：多宁以鬯侑伊？　　　　　　　　　　　《屯》2567

宾组卜辞中的“黄尹”即历组卜辞中的“伊尹”，参见蔡哲茂《殷卜辞「伊尹鼉示」考——兼论它示》（《中央研究院历史语言研究所集刊》第五十八本第四分 1987 年 12 月）有不少学者不认可“黄尹”即“伊尹”，但笔者认为‘伊尹是商汤名相，在先秦文献及诸子中，不断述及并颂扬之。在商初诸臣中，尚无他人的历史地位超过伊尹者。在宾组卜辞中却无一例提及，这是无法解释的！在整个殷墟卜辞中，除了殷之先公、先王（先兄）、先妣外，仅有“黄尹”和“伊尹”受殷王之隆重祭祀。在宾组卜辞与历组卜辞中，“黄尹”和“伊尹”所享受祭祀的规格最高（百牛、五十牛）且配享商之先公、先王，这在整个殷墟所有卜辞中是绝无仅有的。历组卜辞中无“黄尹”，而宾组卜辞中无“伊尹”。宾组卜辞在整个殷墟卜辞中所占数量是最多的，仅以《甲骨文合集》而论，总共 13 册中，宾组卜辞就占 6 册，第 13 册摹文中，还包含着宾组卜辞，这么多的宾组卜辞中却无一例卜及伊尹，这是不合常理的。在武丁卜辞中，仅有微乎其微的子组卜辞提到“伊尹”，除此之外，整个武丁丝毫不记录祭祀伊尹，这是不可能的。唯一能做的解释，就是宾组卜辞中的“黄尹”即子组卜辞、廪辛康丁卜辞、历组卜辞的“伊尹”。同样，在宾组卜辞中地位那么显赫的“黄尹”，在子组卜辞、廪辛康丁卜辞、历组卜辞中均无一例言及。《殷本纪》说伊尹名阿衡，文献又称保衡，古音中衡与黄，音近可通，故伊尹又可称黄尹。如果黄尹不是伊尹，难道有商一代还有比伊尹更重要更显赫且能与商之先王、先公同受殷王祭祀的？且先秦文献诸子百家均未言及，这显然是不存在的！故知宾组卜辞中的黄尹非伊尹莫属。

按照先秦先人“神不歆非类，民不祀非族”的观念，何以伊尹可以例外在先公、先王、先妣之外享有殷王的祭祀？“文献不足征”，我们从司马迁的蛛丝马迹的记录中或可窥见一斑，《史记·殷本纪》中说：“伊尹名阿衡。阿衡欲奸汤而无由，乃为有莘氏媵臣，负鼎俎，以滋味说汤，以致于王道。”后世文献记载先秦故事，往往采用演义传说，在春秋战国诸子百家兴盛之际尤其如此。伊尹故事、传说故事、太公望故事，莫不如是。真实的史实必须透过演义传说的表象，方可得窥真相。蔡哲茂氏所引文献《吕氏春秋·慎大》“祖伊尹，世世享商”；屈原《天问》“初汤臣挚（伊尹），后兹承辅，何卒官汤，尊食宗绪”洪兴祖《补注》“官汤犹言相汤也，尊食，庙食也”（见前引文）；与殷墟甲骨刻辞所记是完全一致的。文献和诸子对伊尹有多种多样的演义，而根据“神不歆非类，民不祀非族”的理念，我们认为此处言伊尹得食商之宗庙当与成汤娶有莘氏女有关！商汤部族殆与有莘氏部族为姻族也，而伊尹是随有莘氏女入商为相的。伊尹在有莘氏族中，原来是何身份地位？历史的真实已被传说演义所湮灭，我们无从查考。但从殷墟刻辞中，我们却看到伊尹被殷王世代祭享，这绝不是普通掌管庖厨的奴仆能享有的。周武王有太公望而灭殷，商汤有伊尹而灭夏，我们应透过传说演义看到血缘纽带之强大，看到姻族联盟在商周时期产生的社会效应。

总之，在整个殷墟甲骨刻辞中，受殷王及其子、其妇祭祀的唯殷之先公、先王、先妣而已，非殷王之子之妇的王室大臣、诸侯则概不参与祭祀殷之先公、先王的祭祀。这一现象充分证明“神不歆非类，民不祀非族”的法则是商周时期的通则！而伊尹（黄尹）受殷王祭祀的原因，是伊尹是有莘氏之族，有莘氏部族与商汤部族是姻族，伊尹（黄尹）可谓商人的母系先神。神，即指有血缘关系的父系先祖和母系先祖；民，即指有血缘关系的后裔。

回过头来，再说说凤雏宗庙遗址问题。北京大学考古文博学院雷兴山博士见告：他有文论说凤雏遗址为商人所建，年内出版。笔者非常赞同雷博士的观点。

《逸周书·作雒解》曰：“武王克殷，乃立王子禄父，俾守商祀。建管叔于东，建蔡叔于殷，俾监殷臣。”殷纣王能囚周文王于羑里，说明纣王不会对周文王没有戒心。在周原设监以监怀有野心的周人，是合乎常理的。何况，有商一代，世世有伐羌之举，周原显然是伐羌之前沿，商人在此驻军设宗庙，是合乎情理的。《殷本纪》所谓“武乙猎于河渭之间，暴雷，武乙震死。”何尝不是借狩猎之名，巡视日渐强大之周部族。监周之商官殷吏（同时负有监羌之责，亦未可知），必建宗庙时时祭祀自己的先祖，亦兼供殷王巡游征讨时祭祀先祖所用，祈求先祖保佑大殷王朝西陲之安宁。故有 H11:1 等祭祀成汤的卜辞存在。根据凤雏所出甲骨刻辞，我们认为该宗庙遗址始建于商人，周人沿用至昭穆，是可以确定的。

2018 年 5 月 15 日修订于北苑拂林园

陶寺遗址近年新发现与最初中国之都

高江涛（中国社会科学院考古研究所研究员）

陶寺遗址自1978年发掘以来，取得了许多重大的成果。尤其近些年中华文明探源工程启动与实施以来，陶寺遗址作为重要中心性都邑给予了重点的聚落布局考察，确定了中期大城、宫殿区及宫城、仓储区、手工业作坊区、中期大型墓地及中期小城内的观象台基址，一系列的新发现和新成果使得陶寺遗址作为都城的构成要素和特征逐渐显现出来。本文拟在陶寺遗址近年新发现材料的基础上，尝试概括总结陶寺都邑反映的中国早期国家特征，并进一步论证陶寺遗址为最初中国之都。

一、陶寺遗址近年新发现

陶寺城址位于山西省襄汾县汾河东岸的塔儿山西麓，基本在今陶寺村、东坡沟村、沟西村、宋村和中梁村五个村庄之间[1]。陶寺遗址发现有大型城址，城址平面为圆角方形，方向315度，即北偏西45度，面积约为280万平方米（图1），是目前我国黄河流域史前大型城址之一。城址聚落布局与结构明显地存在统一的规划现象。城内东北部为宫城及其宫殿群，宫城以南附近为仓储区，东南为早期墓地。城址南墙有两道，内侧为Q6，外侧为Q5。Q5南段再向南延长，并与Q6相接，将这一区域封闭，形成面积约10万平方米的中期小城，中期小城为中期墓地和大型建筑基址ⅡFJT1（观象台）所在。城址西南推测为手工业作坊区，钻探发现有大量窑址、石器加工场面等遗迹。城址西北区域钻探发现有较多白灰房址以及大量灰坑，推测为普通居民区。

尤其近十几年以来，陶寺遗址有着许多新的发现，主要集中在以下四个方面。

2010年秋季始，中国社会科学院考古研究所、山西省考古研究所、临汾市文物局继续联合对陶寺城址西南疑似手工业作坊区进行了全面的勘探，旨在搞清陶寺城址西南部的布局与堆积情况。钻探发现有相对集中窑址、石器加工场面、灰坑、白灰地面小型房址以及一处人工沟渠等重要遗存，均与手工业制作密切相关。值得注意的是，2010年秋季在手工业作坊区内地势相对较高处钻探发现一处面积较大的夯土基址，编号2013JXT Ⅲ FJT2。整个Ⅲ FJT2现存表面暂未发现柱洞，破坏严重，仅余基础部分，板块夯筑而成。从残留夯土基础部分仍可复原其大概情况，平面应为圆角长方形的“回”字形的大型夯土建筑，由主体建筑基础、西墙基础、东墙基础、南墙及门、庭院等组成，西侧可能还有廊庑建筑基础，整体上为四面合围包围中庭的“四合院式”建筑形式，布局十分讲究。方向北偏西45° 左右。基址南北最长约45米，东西残宽约27米，面积1200余平方米[2]。从目前材料看，FJT2是一处规模宏大，形制规整，结构特殊的陶寺文化中期大型夯土建筑，建筑等级并不低，然而IIIFJT2却距宫殿区和下层贵族居住区较远，应当不是贵族的生活居址。FJT2远离宫殿区而处于陶寺城址的手工业作坊区，但建筑形制考究，等级较高，因此也不大可能是一般的手工业作坊或言厂房之类。此外，IIIFJT2是目前钻探所知陶寺城址手工业作坊区内规模最大的夯土基址，坐落的地势也明显较高，似可俯瞰整个手工业作坊区，因而我们推测其功能与陶寺都城的手工业生产管理机构有着一定的内在关系。

2010年—2011年，在陶寺遗址西北边缘，城址以外新发现了一处规模较大的夯土基址。该基址平面形状为圆角方形，部分为中梁沟所破坏，北边缘东西残长28米，东北拐角明显，南北残宽至少48米，方向为北偏西45度左右。基址同以往陶寺夯土建筑一样为板筑而成。时代不晚于陶寺文化晚期偏早阶段，偏晚阶段已废弃。该基址规模宏大、形制规整、结构特殊，现存夯土面上未见到柱洞及其他与建筑基址本身相关的遗迹。基址边缘大型灰坑发现有儿童骨架，不排除祭祀的可能性。此外，夯土基址周边多是水浸淤土，推测应是多水环境。因此，很有可能为《周礼》所言“泽中之方丘”。

2013年—2017年，经历连续5年的考古发掘，发现并基本廓清了宫城的形状、面积、堆积、结构、年代、发展演变等问题。陶寺宫城位于陶寺遗址东北部，原来认为的宫殿区的外围（见附图），平面略呈长方形，东西长约470米，南北宽约270米，面积近13万平方米（图2）。方向大体北偏西45度，即315度，与陶寺大城方向基本一致。更为重要的是，还新发现了宫城的类似后世“阙门”式的“南东门址”和半瓮城式的“东南角门”。两处门址形制特殊，结构复杂，具有较强的防御色彩，史前罕见。陶寺宫城基本完整，自成体系，规模宏大，形制规整，结构严谨，并具有突出的防御性质，是目前考古发现的中国最早的宫城。宫城的发现意义重大：首先意味着陶寺社会以“王”为代表的最高统治阶层或集团的出现，直接反映了王权国家的产生。第二，陶寺宫城的发现，使得陶寺“城郭之制”完备，陶寺很可能是作为中国古代重要都城制度内涵的城郭之制的源头或最初形态。第三，陶寺宫城东南角门整体呈短“L”形，且带墩台基础，在形制结构上与石峁遗址年代稍晚些的外城东门址有些相近，陶寺城墙建筑形制对同期其他地区考古学文化有着深远影响。而陶寺南东门址形制特殊，结构复杂，史前罕见，又与后世带有阙楼的门址如隋唐洛阳应天门等有些类似，对后世影响源远流长。

二、陶寺都邑反映的中国早期国家特征

陶寺遗址近四十年的考古发现表明以陶寺为代表的陶寺文化时期其社会已经进入了国家阶段，而陶寺是当时的都城所在。陶寺个案在一定程度上反映了中国早期国家的一些特征。

陶寺遗址的聚落等级分化严重且存在多个层级，复杂化程度较高。首先，聚落布局功能分区的本身就是等级分化的表现，宫殿区、仓储区、祭祀区、重要手工业作坊区等显然都是为权力阶层服务的。其次，从居址看，既有规模宏大，地位凸显的宫殿夯土建筑，又有简陋普通的半地穴式或窑洞式小房子。值得注意的是，同是贵族阶层又可进一步分化为下层贵族与上层贵族。第三，从墓葬埋葬情况看，陶寺早期和中期墓地都有着明显的差别与等级分化[3]。墓葬形成了金字塔式的等级结构，且存在着多个层次等级，而并非简单的大、中、小的差别。因此，这不仅反映了社会出现了阶层分化，还反映了这种分化已经达到相当复杂的程度。此外，陶寺遗址还发现许多乱葬墓，死者或被弃于灰坑，或被作为人牲祭祀，或被夯筑于城墙中，有的甚至是多人丛葬。这些应是社会阶层分化和阶级矛盾尖锐的反映。从陶寺所处聚落群更宏观的区域看，陶寺遗址附近20公里的范围内密集分布有14处陶寺文化时期遗址，这些遗址从空间关系上看，基本上围绕陶寺遗址分布，可分为三个差别很明显的等级，陶寺聚落宏大的规模和城址，使其在该聚落群中有着唯我独尊的地位，是绝对的中心聚落[4]。从整个陶寺文化的分布区看，也存在着十分明显的聚落等级差别，有着特大、大型、中型、小型聚落的区分，呈现出金字塔式结构模式。可见，复杂的等级差别是其社会政治结构的基础。

陶寺文化时期，随着宗教祭祀的发展，战争的催化，权贵家族的家族长权力得到不断强化，逐渐将神权、军权和族权集中于一身，王权开始出现，王者初步显现。陶寺早期5座规格最高的大型墓规划有序的集中于一个区域，墓主均

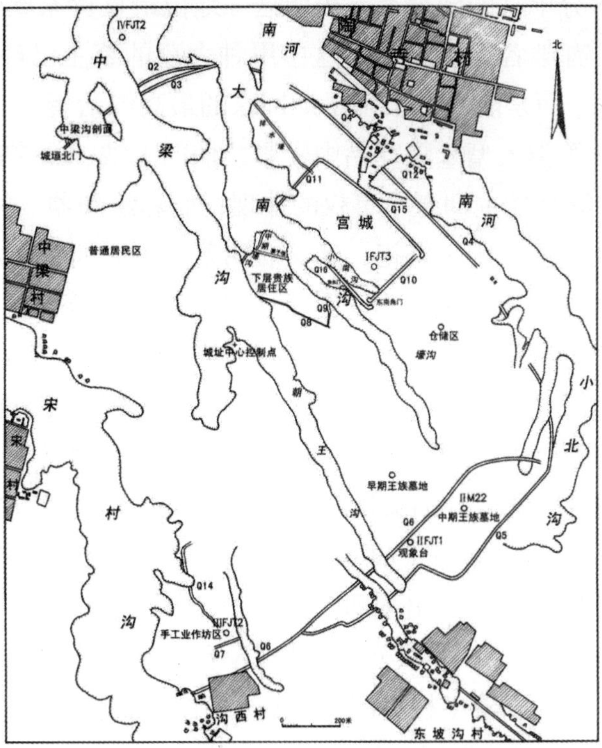

图 1 陶寺遗址平面示意图

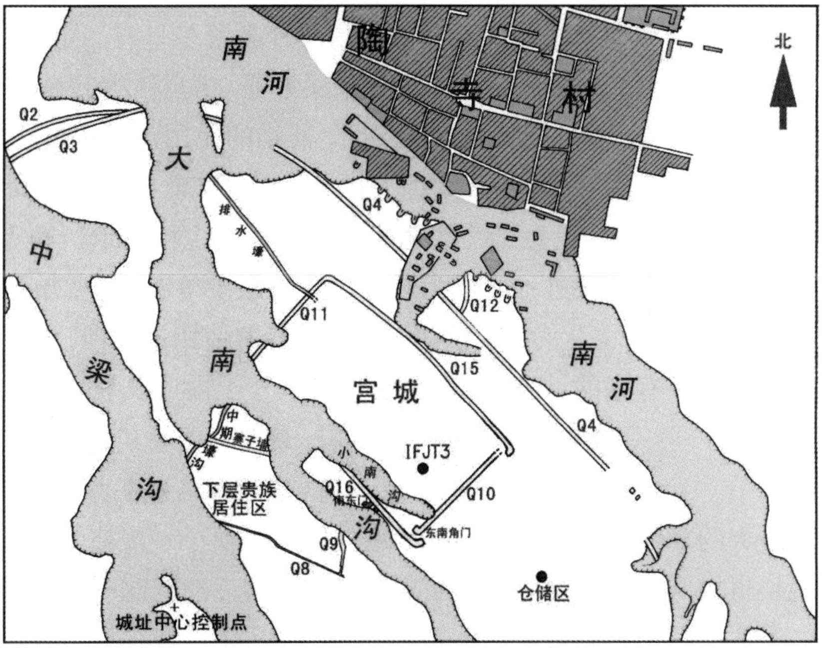

图 2 陶寺遗址宫城平面示意图

为男性，随葬十分丰富的随葬品，表明这一地位最显贵家族中的男性具有最高的社会地位。更有学者直接指出，这些甲种大墓的墓主已经不是部落的首领，也不是酋邦之长，而是阶级社会里早期国家的最高统治者[5]。值得注意的是，陶寺M3015、M22等类大型墓随葬品中带彩绘柄的玉钺、众多的石镞、骨镞等兵器类器物，很可能是墓主拥有军事权的体现；而彩绘陶器、木器、鼍鼓、特磬等礼器器类很可能主要是用于祭祀，这又表明墓主也应拥有一定的神权；墓葬本身在该家族墓地中是规格最高的，是墓主又拥有最高族权的反映。因此，此类墓墓主似乎同时拥有了军权、神权和族权，当为“王者”[6]。陶寺城址出现了大型夯土建筑和宫殿类的建筑，城址统一性的规划、较为完善的布局和功能的分区、重要的政权性的大型建筑等等特征，很可能表明这即是王者所居之都。此外，前文已言，在陶寺宫殿区外围又发现了疑似面积近13万平方米的宫城城墙。宫城的出现意义重大，从空间上凸现最高统治者与一般统治者及普通居民的区别，意味着社会最高统治阶级的出现即“王权”的形成[7]。早期国家的意识形态基本上以维护王权垄断为核心，甚至陶寺“观象台”和圭表系统作为天文观测仪器也被国王所垄断，标志着王权专制、君临天下的意识形态[8]。可见，王权是这类国家统治的核心[9]。需要强调的是，王权出现不一定意味着此“王”是真正意义上的“家天下”之天下共主之“王”。换言之，陶寺国家之后发展成为“家天下”的商周时代才是明显的天下共主的王朝国家形态。

陶寺早期大、中型墓中一些珍贵的器物，种类繁多且有一定的组合。各类器具在大中型墓，尤其大型墓中成套出现，漆木器与陶器或互为配套，并在墓中有大致固定的位置。而且随墓主身份不同，器物的使用已有相当严格的限制，如蟠龙纹陶盘、鼍鼓、特磬只见于大型墓中；朱绘大口罐在大型墓中可用4件，而中型墓只能用2件[10]。可见，一些随葬品已成为墓主社会地位和等级特权的象征，而且有些随葬品又进一步成为区分显贵阶层中等级和差别的标志物。因此，有学者断定，陶寺文化时期社会上、中层已普遍使用了礼器，并已形成按贵族的等级身份依次有序的一套使用礼器的制度[11]。至陶寺文化中期，大墓的礼器群更加华丽，非实用性更强，礼器色彩更浓。此外，陶寺文化分布区内的下靳墓地[12]也存在一定的等级分化或分类，表明墓葬等级也存在着地域的差别，下靳墓地中最大的墓仅相当于陶寺的中型墓，似乎规模小、规格低的聚落其墓葬等级和规格也较低，最高等级的大型墓仅存在于陶寺遗址这一最高等级的都邑聚落中。这样一来，在陶寺文化分布区域内陶寺文化墓葬等级出现了统辖于同一个等级体系或礼制系统内的迹象。而至二里头文化时期，墓葬等级开始在更广大地域内统辖于同一个等级体系内，也就是说社会开始统一到一个等级制度、礼制系统中，这一点较陶寺文化时期表现的更明显[13]。这些礼器表现出的显然是规范现实社会中各阶层行为、身份、仪礼等社会关系或言“礼序人伦”的礼制，而非仅是宗教祭祀神器。而且这种礼制往往与世俗的宗族关系有着一定的联系。虽然严格的阶级差别和等级秩序早已抛弃了宗族的亲情，权力与财富完全按照政治权利和经济集团利益来分配和传承，而绝非按照血缘继嗣系统传承，但仍然保留着形式上宗族血亲外衣，血缘政治依然是重要辅助。这种与血缘宗族相联的礼制是社会政治制度的特质，也是商周以及之后中国古代社会一直延续的独特统治模式。我们所谓华夏文明重要特质是礼乐文明即主源于此。

从目前资料看，陶寺社会属于最初的国家，与之后的二里头国家形态相比，陶寺的国家形态显然具有更多的原始性。从文化分布区域看，陶寺早期国家原始性还表现在其实际控制地域基本仅限于临汾盆地，控制地域不是很广阔，限定在自然地理格局形成的一定区域范围之内，还没有出现对多个地理单元或者跨多个考古学文化区的地域或疆土控制。二里头则突破了自然地理单元的制约，出现了跨地域范围的更广大区域的控制，空间上涵盖了数个先行文化的分布区域[14]。此外，就陶寺社会而言，整体社会组织已经按照地缘政治构建和运作[15]。值得我们进一步思考的是，这种“地缘政治”相对于根源深厚的血缘政治来说，显然是个“新兴事物”。新兴事物的开始往往摆脱不了一种宿命，就是会遭受一时的严重打击而显得脆弱和短暂，正像王国阶段之后帝国形态始现的秦朝的短暂存在一样，这可能正是陶寺这一早期国家在其晚期迅速衰落的根本原因所在。但是新兴事物的发展是一种历史的趋势，脆弱的开始并不能阻断其长足的发展。值得注意的是，最初的国家过于重视“都城”的地位，“都”的地位和作用十分突出，历时长，且往往与国家社会兴衰同步，即此都城衰败，其所代表的国家及文化亦衰落。都城长期固定，不似之后王朝国家，如商、周等都城多迁徙，不同阶段有不同的都城所在。有鉴于此，不妨称之为“都邑国家”[16]。此外，就中国史前考古实际看，笔者以为国家与王朝是有区别的，国家是政治组织形态，而王朝是政治权利统治模式，出现王朝肯定是国家形态，但国家形成不一定出现王朝。王朝的控制地域较广并且跨地区，而最初的国家，控制地域相对单一有限。王朝的核心是王权，国家还有可能是以神权为核心的神权国家。

可见，以陶寺为都邑的这个最初的国家中复杂的等级分化是社会政治的基础；王权是国家统治的核心；礼制是政治制度的特质；形态上，属于都邑国家，而非典型广域王朝国家。以上通过对相关考古资料的分析总结出来的中原地区的早期国家的四点特征初步形成于陶寺文化时期，这些早期国家特征为夏、商、周及其后世所继承发展。

三、陶寺为最初中国之都

近些年，有关“最早中国”“最初中国”等的讨论逐渐成为相关研究中虽歧义纷呈却绕不开的一个热点。关于最早中国与最初中国，就基本内涵而言是一样的，都是探讨“中国”开始形成或最早出现的问题，只不过“最早中国”的称呼侧重时间节点，而“最初中国”强调的是一种最初的形态。史前史与考古研究的现实及经验告诉我们恰恰是时间与年代最难以确定和掌控，最易生歧。有鉴于此，笔者以为称为“最初中国”更合适。

西周初年青铜器“何尊”铭曰：“余其宅兹中国，自之乂民”。周武王意欲建都“中国”以便于统治人民。《尚书·召诰》言：“其作大邑，其自时配皇天，毖祀于上下，其自时中乂，王厥有成命治民，今休。”[17]《逸周书·作雒》言“乃作大邑成周于土中”[18]。武王谋划建新邑，新邑处天下之中，便于治理四方，且诸侯方国纳贡职道里均等；又便于敬配皇天，祭祀上下神灵。以上文意相合，“中国”之称至少自此开始。在周人意识中“中国”处于四方之中，便于治理，故关于周初之“中国”可以肯定的有二：第一，中国为四方“地中之国”或言“地中之都”；第二，中国是一个具体的地方，即大体指以“洛邑”或言洛阳盆地为中心的中原地区。换言之，最初的中国至少是一个“地理中国”。

《诗经·桑柔》：“哀恫中国，具赘卒荒。”[19]所言“中国”其含义显然是完全政治意义上的中国，非何尊明显之地理意义上的“中国”。值得注意的是，《诗经·民劳》中“惠赐中国，以绥四方”与“惠赐京师，以绥四国”[20]，以相同句式，“京师”与“中国”重复互换。以致毛传：“中国，京师也”。此“中国”此处应特指成周。不仅说明都邑即国之意，更进一步说明此已将周初何尊之地理“中国”与政治之“中国”相结合在一起。《民劳》反映的是地理中国向政治中国的结合与过渡[21]。

无论如何，最初的中国首先是一个地理中国，即本义为地中之国或中土之国，其都城亦可代指中国。东周时，“中国”不仅仅是一个地理概念，更多的是政治概念，存在着由地理中国到政治中国的变化过程。

新世纪以来在中国最热门的就是对“酋邦”和“早期国家”的讨论。塞维斯（Elman R. Service）的酋邦理论经张光直先生引入国内，在中国的学术界产生了较为广泛的影响，对于探索中国文明与国家起源问题研究具有一定的积极意义，同时也引起了激烈的争论。“早期国家”的研究同样存在这样的问题。20世纪70年代克赖森和斯卡尔尼克（Henri Joannes Maria Claessen and Peter Skalník）提出“早期国家”的概念[22]，对早期国家分为了三类或者三个阶段，即inchoate early state（未完全成形的早期国家或未发达的早期国家）、typical early state（典型的早期国家）、transitional early state（过渡形态的早期国家）。后来又将inchoate early state更改为incipient early state（初始的早期国家），概念本身有所变化[23]。无论如何，理论源于实际材料，而不是先有模式或理论，然后去框材料。值得注意的是，克赖森教授2006年来到中国作学术交流，其对早期国家认识的修改，是他学习到了“中华探源工程”以来大量的最新的考古发现与资料的结果。此外，中国学者对早期国家的概念看法与国外学界提出的早期国家又有明显的不同，甚至差别很大，已有学者论述[24]，不再赘述。而中国学者们在研究中国古史体系或者说研究中国古代早期历史时，常常使用的“早期中国”概念，无论争议大小，在年代上主要是指先秦时期这一时间段[25]。而把“最初中国”作为一个单独的概念开始讨论则是近些年才明确开始的。2009年，许宏即以《最早的中国》为题出版专著，提出了以二里头遗址和二里头文化为代表的“最早中国”[26]，2014年许宏在其《何以中国——公元前2000年的中原图景》一书进一步讲述了二里头这个最早中国的由来[27]。何驽不认为“中国”最初的诞生就是一个文化概念，提出了陶寺是最初的中国[28]。最近，李新伟将最初中国定义为中国各主要史前文化区在共同发展的基础上，通过密切交流形成的、对中国历史发展产生了深刻影响的文化共同体。并认为在公元前第四千纪的后半叶初步形成了“最初的中国”[29]。其实，从中国史前文化交流共同发展的角度提出最早中国的概念早在20世纪80年代末张光直就已言及，他认为到了约公元前4000年中国相互作用圈中的各地史前文化便是最初的中国[30]。

苏秉琦先生1991年提出了古代中国演变的“三部曲”，认为经历了共识的“中国”（传说中的五帝时代）、理想的中国（夏商周三代）、现实的中国（秦汉帝国）的发展变化[31]。苏先生接着进一步论述并也提出了最初中国的概念，他具体言到：夏以前的尧舜禹，活动中心在晋南一带，“中国”一词的出现也正在此时，尧舜时代万邦林立，各邦的“诉讼”“朝贺”，由四面八方“之中国”，出现了最初的“中国”概念，这还只是承认万邦中有一个不十分确定的中心，这时的“中国”概念也可以说是“共识的中国”，而夏、商、周三代，由于方国的成熟与发展，出现了松散的联邦式的“中国”，周天子的“普天之下，莫非王土；率土之滨，莫非王臣”的理想“天下”。理想变为现实的则是距今2000年前的秦始皇统一大业完成和秦汉帝国的形成[32]。

值得注意的是，苏先生最初中国的提法似乎更加具体，把尧舜时代万邦活动的中心之晋南一带作为最初中国所在。首先，万邦与“中国”是不相同的，史前存在着众多不同区域的文化，类似“万邦”，但只有万邦共识的中心之地才是最初的中国，这有别于张光直先生史前各主要文化共同组成最初的中国的看法。其次，早期中国存在一个明显的发展演变过程，也是一个由小变大或言文化、政治、经济不断统一变大的过程，最初的中国并不是一开始就地域辽阔。最后，最初中国既是真实存在的，也是意识形态共识上的中国。综合而言，我们以为最初的中国必须包括两方面的内涵，一是政治形态上必须进入“国家”时期，也就是说它首先是一种国家形态，既不是“酋邦”，更不应是“部落”或“氏族”阶段。其二，这个国家还应该是处于当时人们认识上的“地中”或“土中”。简单而言，中国就是两个字，一个“中”，一个“国”，“地中之国”或“中土之国”即“中国”，这应该是其最原始的初意。笔者以为这也应该是判断“最初中国”的两大标准。

关于中国古代国家的形成或出现，前文已有所述，就目前考古材料和相关研究而言，明确进入“国家”形态的有良渚社会、陶寺社会以及二里头社会。对于良渚遗址及良渚文化所代表的社会是否进入了“国家”阶段还存在一定的争论；对于陶寺遗址及陶寺文化所代表的社会基本被认为已经进入了“国家”阶段；二里头社会进入了国家时期已是学界不争的共识。至于公元前4000多年的庙底沟文化时期，中国各主要史前文化区或早或晚开始了社会分化和分层的进程，但其社会显然没有进入复杂至“国家”的阶段。此时，连“国”的形态还未出现，更不宜说是最初“中国”了。国家作为一种政治组织结构，反映了社会文明的较高程度，不能无限制的上溯，而作为政治实体的“中国”也是如此。

关于“中”的解释，近年由于清华简《保训》篇而引起学界的热议。《保训》中提及舜的“求中”“得中”和上甲微的“假中”“归中”这四个“中”[33]。学者们的认识出现了众多不同的看法，如“中道说”“中和说”“地中说”“诉讼文书说”“军队说”“民众说”“旂旗说”“中庸说”“数术说”“天命说”等等[34]。这些对于“中”的解释虽然众说纷纭，但实际上可以分为两类，一类是抽象的意识或理念层次的，如中道、中和、中庸等；一类是具体的实物或事物并加以引申，如地中、旂旗、数术等。前者可以称之为“形而上的中”，后者可以称为“形而下的中”。笔者认为存在一个由“形而下的中”向“形而上的中”的转变的问题，但最早的“中”更多的是形而下的，是一个具体的事物。李零认为就是“地中”[35]，应该是准确的。冯时更将舜的“求中”直接解释为“立表测影，以得地中”[36]。何驽也有相同的认识，认为“中”最本源的基础是圭表测影确立地中，更详细考证陶寺中期王墓IIM22：43漆杆的功能就是测量日影的圭尺，史前时期至殷商时期称为“中”，西周时期称为“圭”[37]。“圭尺”代表着“地中”，而陶寺一带或笼统而言的晋南地区应该至少是龙山晚期人们意识形态上的“地中”所在。有学者认为清华简《保训》篇讲的是周文王训诫太子发应该像帝舜、上甲微一样敬授民时、祭祀祖先，才能得天命而为天子。帝舜“求中”而后“得中”，是通过推求“中气”以定四时，以“天之历数”敬授民时，进而获得天命[38]。而《尚书·尧典》众所周知主要是记载“历象授时”之事，《论语·尧曰》又言：“咨！尔舜！天之历数在尔躬，允执其中。四海困穷，天禄永终。”[39]可见，“天之历数”与“允执其中”有着密切的内在关系。值得注意的是，恰在陶寺遗址中期小城内考古发现了兼观象授时与祭祀功能为一体的多功能建筑Ⅱ FJT1[40]。依据测年数据，可以说至少4000多年前人们意识中的“地中”是在陶寺所在晋南一带。此外，既然存在“求中”“得中”，甚至占卜地中或者“择中”的情况，就表明“地中”所在并不是一成不变的，是存在历时变迁的。具体而言，西周时期人们意识中的“地中”或言“天下之中”是在洛阳盆地，而并不代表在此之前的“地中”也在该地，更早至4000多年前的“地中”应是在以陶寺文化为代表的晋南地区。

因此，从我们前文所言判断“最初中国”两个标准而言，目前相符者只有以“陶寺”与“二里头”为都邑的两者。笔者曾将作为都邑的陶寺与二里头进行过较为详细的比较[41]，二者存在着许许多多方面的相似之处，可以说二里头都邑所拥有的聚落内涵在陶寺基本都有，而且陶寺遗址体现出的早期国家特征多为二里头所继承发展[42]。二者整体上的不同仅仅有二：一是，目前陶寺虽然发现有5件铜器，但没有像二里头这样的青铜礼容器群；二是，二里头社会相比陶寺社会而言是“广域”王权国家，控制地域跨多个地理单元，陶寺虽然也是王权国家，但似乎是“非广域”，控制范围主要是晋南临汾盆地这一个地理单元，这一点实为二者最大的差别。进一步而言，二里头同时具备“中心都邑”与“核心文化”，在其控制地域范围内的其他单个地理单元中相对于核心文化再形成“亚文化区”，而亚文化区的社会皆复制二里头的“中央模式”。文化的交流与传播似乎兼有文化殖民与政治殖民，陶寺在这一方面表现的不是很明显。我们注意到，二里头文化二里头类型边缘地带的地理单元中多存在城址与次级聚落中心，这些次中心又以二里头都邑与核心区域（王畿地区）为中心形成“向心式”布局，这样的聚落形态很可能反映的正是上述二里头社会的特征。整体看来，二里头社会在各个方面似乎表现得更加“成熟”些，在年代上，二里头都邑至少晚于陶寺二三百年。

如果将“最初中国”比拟成一个人的话，公元前4000仰韶时代各史前文化区都在文化母体中孕育“中国”；至龙山文化晚期，以陶寺为代表的陶寺文化社会形成了“最初的中国”；至二里头文化时期，此时的“中国”已是十多岁的“儿童”，是成长起来的“中国”，而非“最初的中国”。因此，陶寺应为“最初中国”之都。

注释：

[1] 梁星彭、严志斌：《山西襄汾陶寺文化城址》，《2001中国重要考古发现》，文物出版社，2002年；何驽、严志斌：《黄河流域史前最大城址进一步探明》，《中国文物报》2002年2月8日；何驽等：《襄汾陶寺城址发掘显现暴力色彩》，《中国文物报》2003年1月31日；中国社科院考古所山西第二工作队等：《2002年山西襄汾陶寺城址发掘》，《中国社科院古代文明研究中心通讯》2003年第5期。

[2] 中国社会科学院考古研究所山西队、山西省考古研究所：《山西襄汾县陶寺遗址III区大型夯土基址发掘简报》，《考古》2015年1期。

[3] 高 炜：《晋西南与中国古代文明的形成》，《汾河湾——丁村文化与晋文化考古学术研讨会文集》第111页—118页，太原：山西高校联合出版社，1996年。另参看高江涛：《中原地区文明化进程的考古学研究》，北京：社会科学文献出版社，2009年，第318—325页。

[4] 高江涛：《陶寺遗址聚落形态的初步考察》，《中原文物》2007年第3期。

[5] 李学勤主编：《中国古代文明与国家形成研究》，昆明：云南人民出版社，1998年，第49—50页。

[6] 王震中：《中国文明起源的比较研究》（增订版），北京：中国社会科学出版社，2013年，第429—435页。

[7] 庞小霞、高江涛：《试论中国早期宫城的形成及初步发展》，《考古与文物》2009年第5期。

[8] 何 驽：《从陶寺遗址看中国早期国家的特征》，《团结报》2012年11月1日第7版。

[9] 王权是王权国家最高统治权和最核心的标志，然而王权的内涵却十分复杂，有关王权的概念、特征、标志、来源及与王国、国家对应关系等等问题学者们多有论及，不再赘述，可参看王震中：《中国古代国家的起源与王权的形成》（中国社会科学出版社，2013年）一书以及论文《中国王权的诞生——兼论王权与夏商西周复合制国家结构之关系》（《中国社会科学》2016年第6期）。

[10] 高 炜：《龙山时代的礼制》，《庆祝苏秉琦考古五十五年论文集》，北京：文物出版社，1989年，第235—244页。

[11] 高 炜：《中原龙山文化葬制研究》，《中国考古学论丛》，北京：科学出版社，1993年，第90—105页。

[12] 下靳考古队：《山西临汾下靳墓地发掘简报》，《文物》1998年第12期；山西省临汾行署文化局、中国社会科学院考古研究所山西工作队：《山西临汾下靳村陶寺文化墓地发掘报告》，《考古学报》1999年第4期。

[13] 高江涛：《陶寺遗址与二里头遗址聚落形态之比较研究》，《三代考古》（四），北京：科学出版社，2011年，第120—128页。

[14] 董 琦：《虞夏时期的中原》，北京：科学出版社，2000年，第12页。

[15] 何 驽:《从陶寺遗址看中国早期国家的特征》,《团结报》2012 年 11 月 1 日第 7 版。

[16] 王震中:《中国文明起源的比较研究》(增订版), 北京: 中国社会科学出版社, 2013 年, 第 298 页。

[17] 孔颖达:《尚书正义》, 阮元校刻:《十三经注疏》, 北京: 中华书局, 1980 年, 第 212 页。

[18] 黄怀信等:《逸周书汇校集注》(修订本), 上海: 上海古籍出版社, 2007 年, 第 525 页。

[19] 孔颖达:《毛诗正义》, 阮元校刻:《十三经注疏》, 北京: 中华书局, 1980 年, 第 559 页。

[20] 孔颖达:《毛诗正义》, 阮元校刻:《十三经注疏》, 北京: 中华书局, 1980 年, 第 548 页。

[21] 扬之水:《诗经名物新证》(修订本), 天津: 天津教育出版社, 2012 年, 第 17—20 页。

[22] Henri Joannes Maria Claessen and Peter Skaln í k, The Early State, The Hague: Mouton, 1978.

[23] 克赖森著胡磊译:《关于早期国家的早期研究》,《中国社会科学院古代文明研究中心通讯》第 12 期, 2006 年。

[24] 沈长云:《联系实际引入国外人类学理论》,《史学月刊》2008 年第 1 期。

[25] 韩建业:《早期中国——中国文化圈的形成和发展》, 上海: 上海古籍出版社, 2015 年, 第 5—12 页。

[26] 许 宏:《最早的中国》, 北京: 科学出版社, 2009 年, 第 14—15 页。

[27] 许 宏:《何以中国——公元前 2000 年的中原图景》, 北京: 三联书店, 2014 年。

[28] 何 驽:《最初"中国"的考古学探索简析》,《早期中国研究》(第 1 辑), 北京: 文物出版社, 2013 年, 第 36—43 页。

[29] 李新伟:《"最初的中国"之考古学认定》,《考古》2016 年第 3 期。

[30] 张光直:《中国相互作用圈与文明的形成》,《庆祝苏秉琦考古五十五年论文集》, 文物出版社, 1989 年, 第 1—2 页。

[31] 苏秉琦:《关于重建中国史前史的思考》,《考古》1991 年第 12 期。

[32] 苏秉琦:《中国文明起源新探》, 沈阳: 辽宁人民出版社, 2009 年, 第 136—137 页。

[33] 李学勤主编:《清华大学藏战国竹简》(壹), 上海: 上海文艺出版有限公司、中西书局, 2010 年, 第 143 页。

[34] 陈民镇:《清华简〈保训〉"中"字解读诸说平议》(复旦大学古文字与出土文献研究中心网站, 2011 年 9 月 19 日)等综述文章; 梁立勇:《〈保训〉中的"中"与"中庸"》,《中国哲学史》2010 年第 3 期; 魏晓立、钱宗范:《清华简〈保训〉"中"字再辨》,《古籍整理研究学刊》2015 年第 5 期; 何艳杰:《试论清华简"中" ·禹会祭祀台基遗址·河图洛书》,《中原文化研究》2015 年第 6 期; 吴国武:《〈保训〉"中"字及相关问题的再思考》,《扬州大学学报(人文社会科学版)》2015 年第 6 期。

[35] 李 零:《说清华楚简〈保训〉简中的"中"字》,《中国文物报》2009 年 5 月 20 日第 7 版。

[36] 冯 时:《〈保训〉故事与地中之变迁》,《考古学报》2015 年第 2 期。

[37] 何 驽:《陶寺圭尺"中"与"中国"概念由来新探》,《三代考古》(四), 北京: 科学出版社, 2011 年, 第 85—119 页。

[38] 吴国武:《〈保训〉"中"字及相关问题的再思考》,《扬州大学学报(人文社会科学版)》2015 年第 6 期。

[39] 《论语注疏》, 阮元校刻:《十三经注疏》, 北京: 中华书局, 1980 年, 第 2535 页。

[40] 中国社会科学院考古研究所山西队等:《山西襄汾县陶寺城址祭祀区大型建筑基址 2003 年发掘简报》,《考古》2004 年第 7 期。

[41] 高江涛:《陶寺遗址与二里头遗址聚落形态之比较研究》,《三代考古》(四), 科学出版社, 2011 年, 第 120—128 页。

[42] 高江涛:《中国文明与早期国家起源的陶寺模式》,《三代考古》(五), 科学出版社, 2013 年, 第 38—46 页。

尧舜时代与国家文明

葛志毅（中国先秦史学会副会长）

历来多以尧舜时代为部落联盟时代，是后以夏禹传子家天下为重要标志，中国古代开始步入国家，对此历来颇少异辞。但近几十年新石器时代考古学的一系列重大发现，使人们关于中国古代文明起源与国家出现的认识，发生极大转变。如有的学者提出中国古代国家发展阶段的三部曲：古国—方国—帝国。其实在这些考古成果带给人们新的启发之前，一些先哲的论述早已为我们留下颇有价值的见地，如20世纪初"新史学"的倡导者梁启超，就曾提出"尧舜为中国中央君权滥觞"之说。质言之，中国古代国家发轫于尧舜时代。试以梁氏所言，参诸最早记述尧舜的文献及孔、孟先哲所论，是为确不可移之事实。

一、孔、孟对尧舜的传述

我们对尧舜历史的认识，除经由孔、孟传下的最早文献记载《尚书》之外，还有他们自身对尧舜的相关论述。如对这些资料加以分析，不难发现在他们的观念中，确以尧舜为中国古代国家文明的开端。如《汉书·艺文志》在论及儒家的学说宗旨时有谓："祖述尧舜，宪章文武"，即以尧舜与周代文、武二王并列，认为他们是中国古代圣君的最初楷模，尧舜身份与三代之王无异。出于这种认识，于是有孔子删《书》断自唐虞之举，取尧舜冠诸三代之前，列为百世帝王之首，供历代取法。《论语·尧曰》述圣圣相传心法时，由尧舜起；《孟子》篇末列历圣相传大数时，亦由尧舜起，此外，《论语·泰伯》篇末亦历数尧舜禹及周武王相承治天下之功德，似此皆与孔子删《书》断自唐虞的宗旨相符。由儒家相承的圣人道统从尧舜起的事实，可见自孔、孟起从未把尧舜与其后的历代帝王在身份性质上加以区分，即事实上乃视之为文明国家的最初君主，而非野蛮时代的末代酋长。《论语·泰伯》载孔子曰："大哉尧之为君也，巍巍乎唯天为大，唯尧则之。"是视尧为法天而治之君，亦即君临下民的天子。至孟子则屡称"尧舜之道"（《孟子》之《公孙丑下》《滕文公上、下》《离娄上》《万章上》《告子下》

《尽心下》），试考所言，“尧舜之道”包括孝悌、以仁政平治天下、赋税征收制度等，都是应包括于国家制度内的种种因素。

《尚书》经史官的最初编辑后，又经孔孟传述，如《史记·孔子世家》谓孔子“序《书传》”，《孟荀传》谓孟子“序《诗》《书》”。其中孟子更多引《书》讲述尧舜古史，且内容有不见于今传《尚书》者，故汉儒赵岐谓孟子所述尧舜事除据《尧典》外，亦有出自《逸书》者[1]，可见孟子熟稔于《尚书》尧舜古史。如《孟子·滕文公上》载尧时洪水泛滥，乃举舜使佐治，舜乃选任益使掌火焚烧山泽，使禹疏决江河，后稷教民种植五谷，契为司徒教化人伦。核诸《尚书》，《尧典》载舜命禹为司空平水土，弃为后稷播百谷，契为司徒布五教，益为虞。按虞为掌山泽之官，与《孟子》舜使益掌火焚烧山泽合。焚烧山泽又与开荒种田有关，故《书·皋陶谟》又谓禹“随山刊木，暨益奏庶鲜食”，即禹与益边治水边垦田，以解决民食问题。总之，《孟子》所述与《尚书》合，无疑孟子关于尧舜的历史知识应得自《尚书》。此外，在孟子关于尧舜古史的评述中，还可概见到他对尧舜时代社会性质的认识。如《滕文公上》：“当尧之时，天下犹未平”，按“平”犹言治平、太平，此谓尧即位之初，尚未摆脱国家出现前的混乱无序状态。后因尧舜治理得方，于是天下臻于治平，《滕文公下》：“当尧之时……禹抑洪水而天下平”，《离娄下》：“禹、稷当平世”，所谓“平”即国家主导下的社会秩序状态。具体讲，所谓“平”当指禹治洪水之后，在舜之世。《史记·五帝本纪》所言可以为证：“此二十二人咸成厥功……唯禹之功为大……四海之内，咸载帝舜之功。于是禹乃兴九招之乐，致异物，凤皇来翔，天下明德皆自虞帝始。”按舜即位，首先举用禹、稷等二十二人任以政事，分治天下。经此二十二人佐舜治天下，尤其是禹平水患而天下平，此即孟子所谓“禹、稷当平世”，《大戴礼记·五帝德》亦谓舜“举贤而天下平”。天下太平，于是有兴作礼乐之举，如《吕氏春秋·大乐》“天下太平，万物安宁，皆化其上，乐乃可成。”《史记·乐书》：“治定功成，礼乐乃兴。”故“禹乃兴九招之乐”是太平的象征。“致异物，凤皇来翔”更是太平的祥瑞，如《史记·礼书》：“或言古者太平，万民和喜，瑞应辨至”，可为证。所以《五帝本纪》在兴乐致祥之后结言：“天下明德皆自虞帝始”，即谓舜继尧为明德太平世之始，所述与孟子合。总之，孟子所述尧舜时代的社会情状，实乃国家文明肇兴的历史。儒家又称虞夏商周为四代，并认为四代的礼乐制度足为后世楷模。如《礼记》之《明堂位》及《学记》，《大戴礼记》之《四代》《少间》等皆论及四代。《礼记·祭义》称“虞夏商周，天下之盛王也”。四代之说应始自孔子，《论语·卫灵公》载孔子答颜渊以治国之道有曰：“行夏之时，乘殷之辂，服周之冕，乐则韶舞。”按“韶”即禹所兴“九招之乐”。孔、孟儒家既合称虞夏商周为四代，又以四代制度堪为后世法，那么，四代制度应是同质的。即若以夏商周为国家，有虞亦不当例外。所以从四代的概念与孟子以舜为治平之世论之，至少在舜的时代已进入国家文明。

孔、孟固无今日有关野蛮与文明区分的文化人类学等方面的科学知识，但他们也有自己关于野蛮与文明的界定标准。如《孟子・告子下》记载孟子论及赋税征收额度时有曰：“夫貉，五谷不生，惟黍生之；无城郭、宫室、宗庙、祭祀之礼，无诸侯、币帛、饔飧，无百官有司，故二十取一而足也。今居中国，去人伦，无君子，如之何其可也？陶以寡，且不可以为国，况无君子乎？欲轻之于尧舜之道者，大貉小貉也；欲重之于尧舜之道者，大桀小桀也。”是可见孟子关于野蛮与文明区分的认识有其相当的理据。孟子所论，实质上已指出中国与貉之间的根本区别，就在于是否存在一个完全由赋税制度支持起来的国家机器。所谓“城郭、宫室、宗庙、祭祀之礼”“诸侯、币帛、饔飧”及“百官有司”乃是国家机器及其上层建筑，这些完全是由赋税制度支持起来的，而且赋税征收额太小不行，像貉那样二十取一是不行的。孟子所论实际已接触到国家与氏族组织间的根本区别问题。恩格斯在论到国家与氏族组织间的第二个区别时，指出公共权力的设立，“为了维护这种公共权力，就需要公民缴纳费用——捐税”[2]。孟子既指出国家机器及与之相当的赋税制度乃中国所有而为貉所无，也就相当于把当时先进的中原国家文明与四裔落后的部族社会区分开来，这应是当时文化条件下所能提供的有关野蛮与文明的最好界定方式。值得注意的是，其中又把“尧舜之道”视为理想的文明代表模式。总之，以上的论述表明，孔、孟心中的尧舜显然是文明国家的最初君主，而非野蛮时代的末期酋长。

这里附带要说一点，即孔、孟所传尧舜古史的可信度问题。与春秋战国诸子相比，诸子多以发明思想义理为主，其中唯孔子儒家偏重于传述古史，但学风又以崇尚征实为特征，因而最具历史学派的风范。孔子曾自言：“述而不作，信而好古”(《论语・述而》),但其述古、好古的前提是要“文献足征”(《论语・八佾》)。是以孔子删订六经，借传述古史的形式寄寓自己的政治理想，这是孔子“好古”而又重“文献足征”的最好证明。所以不能一般套用战国诸子托古改制的旧说去简单评价儒家传述的尧舜古史体系，而且从司马迁推崇有加的态度中，也可说明孔子儒家所传经典记载的信史价值。因为出于对孔子儒家上述学风特征的肯定，司马迁推之为自己的史学前驱。《史记・太史公自序》载太史公曰：“先人有言：‘自周公卒五百岁而有孔子。孔子卒后至于今五百岁，有能绍明世，正《易传》,继《春秋》,本《诗》《书》《礼》《乐》之际?’意在斯乎!意在斯乎!”即司马父子作《史记》乃是上承孔子删订六经的传统。那么,司马迁此言岂不可证孔子儒家亦堪为中国古代史学的百代不祧之祖吗?而且司马迁作《史记》时,大量采用孔子儒家所传六经等古史记载,并有所谓“学者载籍极博,犹考信于六艺”(《史记·伯夷列传》)。司马迁以一个大史学家的身份如此尊信孔子儒家所传六经等古史记载,那么,孔、孟所传尧舜古史应该是不容置疑的。

二、尧治历明时

尧生平做过两件大事,即治历明时与选用人才,其中又以治历明时最为重要,因而被详载于《尧典》篇首。据《史记·孔子世家》:“序《书传》,上纪唐虞之际,下至秦穆”,则首《尧典》终《秦誓》的《尚书》篇次,乃孔子编排的结果。《尧典》篇首详述尧观象授时事,也由孔子所言可得一点参证。《论语》全书载孔子集中盛赞尧者仅见于《泰伯》之一章,其中又首先说道:“大哉尧之为君也,巍巍乎唯天为大,唯尧则之。”按言尧为君法天,主要应指《尧典》“乃命羲和,钦若昊天,历象日月星辰,敬授人时”事而言,是为尧平治天下之初所做的第一件大事。在此之前,尧曾有过一段得天下的经历,即《尧典》谓尧“克明俊德,以亲九族;九族既睦,平章百姓;百姓昭明,协和万邦”,此乃对尧的事业由家而国、而天下渐次发展壮大的过程概括。后来儒家总结出的修身、齐家、治国、平天下的政治伦理模式,显然与此有关。尧“协和万邦”即统一各部落并初步结为国家,其间也应经历一个艰苦的过程,只是书缺有间,难以详考,此后即着手各种制度建设。首先就是治历明时,即命羲和观测天象,制定历法,用以指导民生农时。治历明时首先是发展农业生产的需要,而发展农业生产是为解决民食问题。中国古代很早就以解决民食作为君主治民的首要政务,这在一些论政的言论中亦多有反映,如《书·洪范》载八政以食为首,《论语·尧曰》亦曰:“所重民:食、丧、祭。”都以“食”置于治民的首位。而民食与农时密切相关,故《尧典》记舜敕告十二牧时首先指出:“食哉唯时”,孔传:“所重在于民食,惟当敬授民时。”已明确指出民食与农时间的密切联系。中国自古以农立国,农业生产有赖于季节气候的好坏,因此为搞好农业生产,首先应做好治历明时方面的工作,这是中国古代历法发达较早的一个直接原因。《尧典》载尧嘉美羲和以闰月定四时成岁之功以后,又接着说:“允厘百工,庶绩咸熙”,孔传:“言定四时成岁历,以告时授事,则能信治百官,众功皆广。”足可见治历明时之重要,因其关乎国家百事之兴衰;此又可以解释,何以尧在平治天下之初即首先全力做此事。《论语·尧曰》载尧命舜之辞亦谓："咨，尔舜，天之历数在尔躬"，此"历数"即治历明时。如《书·洪范》八政四曰五纪，五纪之五曰历数，孔传："历数，节气之度，以为历，敬授民时。"《史记·历书》引《论语》此文，亦以造历事解历数。所以舜在摄位之初，首先"在璿玑玉衡，以齐七政"，即致力于观象治历之事[3]。

尧在完成治历明时这件大事之后，便开始留意于人才的选用。选用人才的最大成功是举舜参政，而舜在摄位期间为推进尧的事业，举措得方并取得相当成绩。如《尧典》谓："肆类于上帝，禋于六宗，望于山川，遍于群神"，按三代祭礼因天子、诸侯、卿大夫的身份等级之异而有别，这里舜乃是以天子身份主持最高规格的祭礼[4]。《尧典》又谓："辑五瑞，既月，乃日，觐四岳群牧，班瑞于群后。"此乃舜以天子身份朝四方诸侯。这些行为对确立尧舜为首的中央政权的地位威望，意义当十分重要。至于其所行巡守、分州、制礼、作刑诸大端，俨然已建立起天子共主主盟诸侯式的早期国家形式。以巡守为例，巡守乃三代天子统治诸侯的基本监管方式。舜东巡守时，"至于岱宗，柴。望秩于山川，肆觐东后，协时月正日，同律度量衡。修五礼、五玉、三帛、二生、一死贽。如五器，卒乃复"。其他三方巡守皆与东方同。细绎巡守时所行各项举措，其性质实集中于统一各种相关的文化礼俗方面。这对于从文化上弥合刚刚用政治力量统一起来的各部落邦族，其作用之大是无庸赘言的，从而也为三代国家的进一步巩固发展奠定统一的文化根基。这一点，往往为大多数研究者所忽略。此巡守四方诸侯之制在《论语》中可寻得一些佐证，如《尧曰》谓："谨权量，审法度，修废官，四方之政行焉。"按舜巡守四方诸侯所行诸事，至少应相当于《尧曰》所谓"四方之政"中的"谨权量，审法度"，乃至注释家们多以《尧曰》所言与《尧典》"同律度量衡"相比义[5]。《尧曰》所言，《汉书·律历志》又谓乃"孔子陈后王之法"，那么，舜巡守所制诸端，至少可为三代国家制度立下楷模。

舜摄位期间的另一件大事是所谓"四罪"，《尧典》："流共工于幽州，放驩兜于崇山，窜三苗于三危，殛鲧于羽山，四罪而天下咸服。"《孟子·万章上》所载略同。历来注释家多以四裔说四罪放杀之地，《史记·五帝本纪》则记作："流共工于幽陵，以变北狄；放驩兜于崇山，以变南蛮；迁三苗于三危，以变西戎；殛鲧于羽山，以变东夷。"《大戴礼记·五帝德》所载略同。有注释家说为："变者，谓流四凶于四夷，使变夷狄之俗，同于中国，盖用夏变夷。"[6]甚是。可注意者是其时已出现中国与四夷亦即所谓夷夏之别的现象萌生，故《尧典》载舜有"蛮夷猾夏"之言，不能谓之全然无据。尧舜禹时代三苗曾为大患，如以《尧典》参诸《史记·五帝本纪》，四罪之中驩兜、共工、鲧或因举人不当，或因试事淫辟无功而受放杀之罚，惟三苗因屡作乱于江淮、荆州而被迁，反映出三苗在各族中武力攻击性之强，故对尧舜治理下的秩序威胁也最大。《尧典》在载舜举用众贤致“庶绩咸熙”之后，又附缀以“分北三苗”一语为特笔；《皋陶谟》载禹述治水有功而“弼成五服”及十二师、五长“各迪有功”后，即以“苗顽弗即工，帝其念哉”告诫舜；《禹贡》于雍州特记“三危既宅，三苗丕叙”，说明谪迁后的三苗在西方安定下来。借助这些记载，已可推见到尧舜时代与三苗斗争之剧烈。由此三苗及四罪之例又可推见到，尧舜时代的统一联盟并未消弭各部落邦族间的矛盾，因而在杂错并处的各部落邦族之间，往往因彼此间的利害冲突而导致互相攻伐。尧舜部族之外的一些部落因失败被迁往四边蛮荒之地，因此逐渐演成文化上的中国与四夷之分。《禹贡》已有“中邦”与“四海”之分，中邦者中国，四海在《尔雅·释地》中说为：“九夷、八狄、七戎、六蛮”，亦即所谓四夷。四夷之地又称为四裔者，本皆中国族类而败谪迁徙者之裔胄散处四边者也。如《国语·周语上》：“犹有散迁懈慢而著在刑辟，流在裔土者，于是乎有蛮夷之国”，可证四裔蛮夷本有自中国迁流而出者，《左传》文公十八年谓舜流四凶，“投诸四裔”，与此合。《左传》襄公十四年：“谓我诸戎，是四岳之裔胄也”，是流四裔者包括中国王侯之后。《国语·鲁语上》载里革书曰：“夫莒太子杀其君而窃其宝来，不识穷固，又求自迩，为我流之于夷。”可证春秋时犹保存中国流徙罪人于四夷的旧俗。总之，由舜放杀四罪之事，可见尧舜时代已萌生中国与四夷之分，这种区分的标志主要是文化上的，即当时条件下的国家文明与部落社会间显示出的先进、落后之分。继尧舜时代发展起的三代社会仍无明确的疆域领土概念，但其按中国、诸夏、夷狄的内外划分层次设计出的畿服制，却是接续尧舜时代奠定的中国与四夷之分的格局上发展起来的。这种按中国、诸夏、夷狄之序划分出的内外层次，既非如某些人所指斥的乃畿服制的纸上空谈，亦非《公羊学》三科九旨中空设的文例，而是确曾实行过，这在春秋时代仍可考见其遗制。如《国语·齐语》载：齐桓公“筑葵兹、晏负、夏领、釜丘，以御戎狄之地，所以禁暴于诸侯也。筑五鹿、中牟、盖与、牡立，以卫诸夏之地，所以示权于中国也。”可见春秋时齐桓公为抵御戎狄，保卫王室与诸夏诸侯，确曾按中国、诸夏、夷狄的地域规制修筑防御关隘。秦汉以下，中国与四夷之分的观念，又演为严夷夏之防的传统，在历史上继续发挥着较大影响。若寻溯其源，则不得不由尧舜时代谈起。因为从《尧典》“蛮夷猾夏”“蛮夷率服”诸语，反映出当时已产生夷夏分合形式的政治斗争关系。

三、舜设官分职

尧去世，舜结束代尧摄政之职而即位亲政。舜自即位始，即留意选用人才，同时实施设官分职制度，并确立了考绩黜陟制度，完成了尧舜时代的职官体制建设。

尧时已注意到举用人才的问题，如他征用舜就是最大的成功。但他在这方面仍有未尽善之处，并为当时及后世所指出。如《皋陶谟》载皋陶论为政重在“知人”和“安民”，禹认为尧于此犹有不及，并说：“知人则哲，能官人；安民则惠，黎民怀之。能哲而惠，何忧乎驩兜？何忧乎有苗？何畏乎巧言令色孔壬？”即指出尧在举用人才方面的失误与不足。春秋时鲁季文子谓“八元”“八恺”，“十六族也，世济其美，不陨其名，以至于尧，尧不能举”，又有“四凶族”，“世济其凶，增其恶名，以至于尧，尧不能去”；舜则举八元、八恺任用之，流放四凶逐去之，“是以尧崩而天下如一，同心戴舜，以为天子，以其举十六相，去四凶也”（《左传》文公十八年）。是舜继尧为天子，其举用人才之当是很重要的一点。舜在举用人才的同时，确立和完善了选举考绩制度。如舜在摄政时厘定制度，其中之一是：“五载一巡守，群后四朝，敷奏以言，明试以功，车服以庸。”是乃巡守、朝觐诸侯之制，并包括诸侯述职、考绩之制，故曾运乾谓：“敷奏以言，述职也；明试以功，考绩也；车服以庸，酬庸也。”[7]甚是。但其制亦通用于一般的选举考绩之用，故《皋陶谟》载禹陈述选举考绩臣僚时有曰：“惟帝时举，敷纳以言，明庶（试）以功，车服以庸。”关于考绩的具体时间程序，据《尧典》所载为：“三载考绩，三考黜陟幽明”，这种考绩制度在尧时已在行用。如尧咨举人才时有谓“若时登庸”，于举舜则曰“我其试哉”，谓共工“静言庸违”，四岳举鲧则曰“试可乃已”，诸所言皆准“敷奏以言，明试以功，车服以庸”选举考绩制度内容而发。鲧与舜之黜陟也确因考绩结果所致，如《尧典》载鲧治水“九载，绩用弗成”，于是有“殛鲧于羽山”之刑；尧举舜陟帝位时曰：“询事考言，乃言底可绩，三载。汝陟帝位。”据此则尧时选举考绩制度已在行用，至舜登位则举用二十二人，使各有其职，于是设官分职之制告成。因为据《史记・五帝本纪》说：“而禹、皋陶、契、后稷、伯夷、夔、龙、倕、益、彭祖，自尧时而皆举用，未有分职”，是尧时职官设置尚不完备，于是舜先后命禹为司空，弃为后稷，契为司徒，皋陶为士，倕为共工，益为虞，伯夷为秩宗，夔为典乐，龙为纳言，至是职官略备。由选举考绩制度结合设官分职制度，于是初步形成一套政府行政管理体制。

由于中国古代“天下国”的性质，致使其在国家疆土的规制上，不可能有明确的领土疆域概念，但尧舜时起已大体维系一个具有土地四至和由“万邦”合成的国家政权组织概念。如《尧典》谓尧“光被四表”，孔传谓“东表之地称嵎夷”，那么，羲和四子所居东南西北之地即可目为尧时的“四表”。《史记·五帝本纪》则载明舜时声教所及四至之地：“南抚交阯、北发，西戎、析枝、渠廋、氐、羌，北山戎、发、息慎，东长、鸟夷，四海之内，咸戴帝舜之功。”《大戴礼记·五帝德》所载略同。在此四表、四至之内布列有“万邦”，如《尧典》：“协和万邦”，《皋陶谟》：“万邦作乂”，“万邦黎献”。与此万邦相关，是被称为四岳、群牧、群后、有土、有邦等内外诸侯长伯。他们同为尧舜之臣，即《皋陶谟》载禹所谓：“帝光天之下，至于海隅苍生，万邦黎献，共惟帝臣。”是尧舜居万邦诸侯长伯之上称“帝”，有天下共主之尊。共主“五载一巡守，群后四朝”的制度形式，使之具有如同三代国家般的性质。如再结合对舜命官分职所建统治体制的分析，可进一步证明此性质。

舜所命诸官前已述及，此处仅就其中有代表性的几例深入分析。如舜命伯夷典礼。何谓礼？礼即等级制，乃根据人们的身份地位之异，在物质享用方式上做出的等级制规定。《尧典》谓舜巡守“修五礼五玉三帛二生一死贽”，郑玄说以公侯伯子男卿大夫士之礼[8]，虽未必全是，但他知道等级制与礼的本质联系。考《周官·大宗伯》载：“掌建邦之天神、人鬼、地示之礼”，此殆即伯夷所典三礼·汉儒皆如此解[9]。《大宗伯》此下又详述吉凶宾军嘉五礼、以九仪之命正邦国之位、以玉作六瑞以等邦国、以禽作六挚以等诸臣诸礼仪。其中除以九仪之命正邦国之位外，其余诸目殆略相当于《尧典》之“五礼五玉三帛二生一死贽”。如孔传以吉凶宾军嘉说五礼，其五玉相当于六瑞，三帛二生一死贽相当于六禽。《大宗伯》所述乃周礼大纲，应渊源有自，与《尧典》略相合亦不足怪。而且如六瑞、六挚皆明言为“等邦国”“等诸臣”而设，尤足证明礼的等级制本质。因而就伯夷典礼一事，可见当时至少已是等级分层的社会。又据《大戴礼记·五帝德》曰：“伯夷主礼，以节天下”，《史记·五帝本纪》：“伯夷主礼，上下咸让”，所谓“节”及“上下”都与等级分层制度有关。《书·吕刑》又载：“伯夷降典，折民惟刑”，《世本》亦谓：“伯夷作五刑”。故汉儒谓伯夷有出礼入刑、制礼止刑的观念[10]，此亦非不可能。因为《吕刑》又谓：“士制百姓于刑之中，以教祇德。穆穆在上，明明在下，灼于四方，罔不维德之勤。故乃明于刑之中，率乂于棐彝。”这显然是主张以刑辅德，以德导民，此又下启周人“明德慎罚”“惟敬五刑，以成三德”的思想（《书·康诰》及《吕刑》）。像上述以刑辅德的主张，最终要归结于导民于礼的目的。总之推原其故，很可能是刑礼相须的复杂现实，迫使伯夷在主礼的同时又不得不典刑，因而这从另一面反映出当时社会分层制度化的现实。因为既由礼的推行可证其时已是等级分层的社会，那么，“伯夷降典，折民惟刑”很可能是“礼不下庶人，刑不上大夫”原则的先声，此犹《荀子·富国》所言：“由士以上则必以礼乐节之，众庶百姓则必以法数制之。”质言之，礼以待贵族、刑以待庶人的原则，起自“伯夷降典，折民惟刑”的举措之中。那么，由伯夷典礼一事，益可见其时贵族与庶人间的等级区分，而贵族与庶人，或曰君子与小人之分，是此后三代社会的基本阶级差异。又舜在命皋陶为士掌刑时有曰：“蛮夷猾夏，寇贼奸宄”，即外有蛮夷乱夏之忧，内有寇贼劫杀之患，需要用刑加以防禁。又曰：“五刑有服，五服三就”，据孔传，即行刑之所有三处，大罪刑于原野，大夫刑于朝，士刑于市。是当时的刑乃兵刑不分的形态，兼具内外的职能，即对内用以维系社会治安，对外用以抵御寇犯之敌。那么，据刑所具有的这种内外职能而言，它不是已构成国家手中的合法暴力机构吗？

此外，纳言一职则反映出君主独擅的专制百官之权。舜命龙为纳言之官时曰：“朕堲谗说殄行，震惊朕师。命汝作纳言，夙夜出纳朕命，惟允。”孔传解为“听下言纳于上，受上言宣于下”的“喉舌之官”，从而使纳言之职的性质受到误解。其实仅从字面上已可看出，舜要纳言传达的乃是对“谗说殄行”的惩罚之命。因此纳言之职的本质在于，它反映出专制百官的独擅君权，而宣命于下与纳言于上的喉舌之职尚在其次。此可由《皋陶谟》所载得到一旁证，如其载舜言有谓：“庶顽谗说，若不在时，侯以明之，挞以记之，书用识哉，欲并生哉。工以纳言，时而扬之，格则承之庸之，否则威之。”这主要讲对“庶顽谗说”之臣的黜罚。即先是以各种手段惩罚之，继之以观其效，改过者则进用之，不能改过者再严惩之[11]。此“庶顽谗说”即《尧典》所谓“馋说殄行”，即不合君意的言行不轨之臣，故为舜所痛恨。《皋陶谟》载舜言又有谓：“予欲闻六律五声八音，在治忽，以出纳五言，汝听。”按“在治忽”乃古文，《今文尚书》作“采政忽”，《史记·夏本纪》索隐引刘伯庄说云：“听诸侯能为政及怠忽者”，所解颇是。此句所言乃是根据《礼记·乐记》“声音之道与政通”及“审乐以知政，而治道备”的道理，借助音乐窥知天下民俗，由此又进知政治得失，如《尚书大传》载舜巡行天下而贡八伯之乐，即是其事。故“予欲闻六律五声八音，在治忽，以出纳五言”，即谓借助音乐审知政俗得失，然后据以行赏罚。“出纳五(吾)言”即《尧典》之“出纳朕命”，此处所言与对“庶顽谗说”的罚黜一样，主要指对臣下的赏罚黜陟权。此外，汉人认为纳言一职相当于《周官·春官》的内史和汉代的尚书[12]。从后二者的职守中，仍可见他们操有协助皇帝黜陟大臣的重要权力。试看《周官》的内史，除其参与机要、出纳诏命的职权外，主要涉及对群臣的黜陟爵赏权，其中要以爵、禄、废、置、杀、生、予、夺所谓八柄之法最为突出。汉代尚书的“典天下岁尽集课事”“绳纠无所不总”[13]及“掌凡选署”[14]诸职，都涉及对百官群臣的考核黜陟权。这些职权明显沿袭自纳言而来，反过来又充分证明君主独擅的专制百官群臣之权在当时的存在。

总之，从对舜所命诸官体制，如上举伯夷典礼、皋陶作士、龙作纳言诸例的分析中，反映出当时社会已具有等级乃至阶级的分层差异；同时，出于维护社会内外秩序及安全的需要，已组织起合法的政府暴力机构；最后，凌驾于全社会与政府之上的最高权力，已表现为兼制百官群臣的专制君权；作为这些因素的集合体，毫无疑问当时已出现国家。

结语

在孔、孟的传述中，尧舜是中国古代圣君的最初楷模，其时代是中国古代国家文明的始初阶段。结合对《尚书》等历史文献的分析，尧舜所创各种制度不仅使当时初步确立了国家的性质，而且又多为是后的三代国家所继承和发展。只是尧舜国家尚未十分成熟，仍带有很大过渡性质。如果套用曾在学界较为流行的国家起源理论，称尧舜为酋邦也许更为合适。按《左传》僖公二十五年：“周礼未改，今之王，古之帝也。”《史记·周本纪》也说：“于是周武王为天子，其后世贬帝号，号为王。”据此，很可能在周代曾对前代，主要是尧舜夏商周的政治称号，加以厘定。所以后来称尧舜三代为二帝三王的说法，应是有根据的。由帝而王的称号厘定，很可能反映出周人或者就是春秋战国时，对尧舜与三代在社会政治及文化历史所存差异的某种体认。这种体认在今日看仍是合理的，故二帝三王的历史概念是可以接受的。后来秦统一，两汉承其绪，创建秦汉帝国的规制，此后直至明清没有大的变化。这样，从尧舜起至清代止的中国古代国家文明的历史，可以用这样的分期概念予以概括性划分：

尧舜——酋邦时代

夏商周——王政时代

秦汉至清——帝制时代

注释：

[1] 焦 循：《孟子正义》，上海：上海古籍出版社，1993 年，第 274 页。

[2] 《马克思恩格斯选集》第四卷，北京：人民出版社，1972 年，第 167 页。

[3] 曾运乾：《尚书正读》，北京：中华书局，1964年，第18页。
[4] 葛志毅：《周原甲骨与古代祭礼考辨》，《史学集刊》1989（4）。
[5] 程树德：《论语集释》，北京：中华书局，1997年，第1360—1362页。
[6] 皮锡瑞：《今文尚书考证》，北京：中华书局，1989年，第69.、81.、444页。
[7] 曾运乾：《尚书正读》，北京：中华书局，1964年，第20页。
[8] 孙星衍：《尚书今古文注疏》，北京：中华书局，1986年，第45页。
[9] 皮锡瑞：《今文尚书考证》，北京：中华书局，1989年，第81页。
[10] 皮锡瑞：《今文尚书考证》，北京：中华书局，1989年，第444页。
[11] 屈万里：《尚书集释》，台湾：联经出版事业公司，1983年，第41—42页
[12] 孙星衍等辑：《汉官六种》，北京：中华书局，1990年，第16页。
[13] 孙星衍等辑：《汉官六种》，北京：中华书局，1990年，第204、205页。
[14] 司马彪：《续汉书·百官志》，《后汉书》，北京：中华书局，1982年，第3596页。

尧帝的禅让政治及其意义

廖名春（清华大学历史系教授）

中国历史上的帝王，今人艳称的有“秦皇汉武”“唐宗宋祖”，甚至是“一代天骄，成吉思汗”，古人崇拜的却是“尧舜禹汤文武周公”。但从政治学的眼光看，真正伟大的政治家，真正的“千古一帝”，不是封建天下的文武周公，不是以郡县制一统中国的秦始皇，也不是中华文明的始祖黄帝轩辕氏，而是开疆辟土比不过成吉思汗，辛苦勤政比不过大禹，制礼作乐比不过周公的尧帝。

为什么？因为尧帝开创了禅让政治，是中国政治文明的开山。

历史上的政权更迭，无非两种形式：一是和平过渡，一是武力革命。根据《史记·五帝本纪》的记载，黄帝之前的天子是炎帝。所谓“轩辕之时，神农氏世衰”，是说黄帝时代，神农氏，也就是炎帝的统治逐渐衰弱，“轩辕乃习用干戈，以征不享，诸侯咸来宾从”，于是黄帝就动用武力去讨伐那些不来朝拜的人，因而诸侯都对他表示臣服与追随。黄帝臣服诸侯，靠的是武力。“轩辕乃修德振兵”，“教熊罴貔貅貙虎，以与炎帝战于阪泉之野。三战，然后得其志”，黄帝训练出一支如狼似虎的军队，跟炎帝在阪泉的郊野交战，先后打了三仗，才征服炎帝，如愿得胜。黄帝取代炎帝，夺取天下，采用的是武力革命。后来的商汤代夏，周文王、周武王代殷，也莫不是依靠武力。

和平过渡的政权交接有没有？有，但只能是在父子之间、近亲之间。比如，代黄帝为天子的颛顼，是“黄帝之孙而昌意之子也”，是爷死孙继，政权还是一家私有。“颛顼崩，而玄嚣之孙高辛立，是为帝喾”，颛顼死了，玄嚣的孙子高辛即位，这就是帝喾。而“帝喾高辛者，黄帝之曾孙也”，“高辛父曰蟜极，蟜极父曰玄嚣，玄嚣父曰黄帝”，帝位还是一家私有。“帝喾崩，而挚代立”，帝喾死后，挚接替帝位。而挚是帝喾“娶娵訾氏女”所生，这是父死子继。“帝挚立，不善，而弟放勋立，是为帝尧”。尧帝是“帝喾娶陈锋氏女”所生，其取代帝挚，是弟及兄位。其与父死子继、爷死孙继本质上是一样的，都是家天下，都是世袭制。

非家天下，非世袭制的和平过渡的政权交接，尧帝以前有没有？《史记·五帝本纪》没有交代，我想应该没有。这应该是尧帝的创造。

尧帝本来有儿子，名曰丹朱。按照家天下的传统，他应该传位给丹朱。事实上，他向四岳群臣征求意见，“谁可顺（循）此事”，谁可以继承我的这个事业？大臣放齐说：“嗣子丹朱开明”，你的儿子丹朱通达事理，推荐的就是丹朱。但“知子莫若父”，尧帝知道丹朱不贤，“顽凶”，愚顽、凶恶，不能用。因而要求四岳群臣“悉举贵戚及疏远隐匿者”，不拘一格，从所有同姓异姓远近大臣及隐居者当中广泛推举。“众皆言于尧曰：有矜在民间，曰虞舜。”四岳群臣都向尧推荐了流寓“在民间”的贤人虞舜[1]。

虞舜虽然也出自黄帝一系，但与尧帝其实关系疏远。《史记·五帝本纪》云：“虞舜者，名曰重华。重华父曰瞽叟，瞽叟父曰桥牛，桥牛父曰句望，句望父曰敬康，敬康父曰穷蝉，穷蝉父曰帝颛顼，颛顼父曰昌意：以至舜七世矣。自从穷蝉以至帝舜，皆微为庶人。”这是说虞舜名叫重华，他的父亲叫瞽叟，瞽叟的父亲叫桥牛，桥牛的父亲叫句望，句望的父亲叫敬康，敬康的父亲叫穷蝉，穷蝉的父亲是颛顼帝，颛顼的父亲是昌意：从昌意至舜是七代了。自从穷蝉为帝之后一直到舜帝，中间几代地位低微，都是平民。所以，尧帝与虞舜并没有什么关系。事实上，尽管尧帝听说过虞舜这个人，但对虞舜的为人并不清楚，因此曰：“然，朕闻之。其何如？”向四岳群臣了解虞舜的具体情况。

四岳的报告是：“盲者子。父顽，母嚚，弟傲，能和以孝，烝烝治，不至奸。”虞舜是个盲人的儿子，他的父亲愚昧，母亲顽固，弟弟傲慢，而虞舜却能与他们和睦相处，尽孝悌之道，把家治理好，使他们不至于走向邪恶。

尧帝还是不放心，曰：“吾其试哉。”说那我就试试他吧。“于是尧妻之二女，观其德于二女”，于是尧把两个女儿嫁给他，从两个女儿身上观察他的德行。“尧善之”，又“使舜慎和五典，五典能从”，就让舜试任司徒之职，虞舜很好地理顺父义、母慈、兄友、弟恭、子孝这五种伦理道德，人民都遵从不违；“遍入百官，百官时序”，又让他参与百官之事，各种政务因此变得有条不紊；“宾于四门，四门穆穆，诸侯远方宾客皆敬”，又让他在明堂四门接待宾客，四门处处和睦，从远方来的诸侯宾客都恭恭敬敬；“使舜入山林川泽，暴风雷雨，舜行不迷”，又派他进入山野丛林大川草泽，遇上暴风雷雨，舜也没有迷路误事。经过这一系列的考验，“尧以为圣”，认为虞舜十分聪明，很有道德，“谋事至而言可绩”，做事周密，说了的话就能做到。

在这种情况下，尧帝认识到：“授舜，则天下得其利而丹朱病；授丹朱，则天下病而丹朱得其利”，将帝位传给舜，天下人就都得到利益而只对自己儿子丹朱一人不利；将帝位传给丹朱，天下人就会遭殃而只有自己儿子丹朱一人得到好处。因而决断“终不以天下之病而利一人”，毕竟不能使天下人受害而只让丹朱一人得利，“而卒授舜以天下”，最终还是把天下传给了舜，从而创造了空前的禅让政治。

“尧有子十人，不与其子而授舜”，《吕氏春秋》许之为“至公”，以为是“去私”的典范。刘向《说苑·至公》篇也推崇备至，云：“古有行大公者，帝尧是也。贵为天子，富有天下，得舜而传之，不私于其子孙也。去天下若遗蹦（屣），于天下犹然，况其细于天下乎？非帝尧，孰能行之？”古代有能实行最大公正的人，就是尧帝。尧帝有天子之贵，有天下之富，但他一发现了舜贤能，就将天子之位传给他，并不把天下私自传给他自己的子孙，离开天子之位就如同脱掉鞋子一样。对于天下都能这样，何况那些比天下细小的事物呢？放眼天下，除了尧帝，谁能做到这样？认为尧帝“公与天下，其德大矣。推之于此，刑之于彼。万姓之所戴，后世之所则也”，“与天下”以“公”，影响深远广大。尧帝推行禅让“于此”，就会显现“于彼”。必然会受到万民的爱戴，被后世所效法。

这些评价，实质源于孔子。《书》不始自孔子，但《尚书》则为孔子所编，是孔子教育学生弟子从政治国的教材。孔子所编的《尚书》不言黄帝，却“独载尧以来”。表面上看来，是黄帝的记载“其文不雅驯，荐绅先生难言之”（《史记·五帝本纪》），是文字表达粗疏而不典范，难以取信的问题，其实却有着深刻的含义。

孔子“祖述尧、舜”（《礼记·中庸》），对尧帝的为政之道推崇备至。他说：“大哉尧之为君也！巍巍乎！唯天为大，唯尧则之。荡荡乎，民无能名焉。巍巍乎其有成功也，焕乎其有文章！”（《论语·泰伯》）认为作为君主，尧帝是最伟大的。大自然的规则，只有尧帝能够效法。尧帝开创的“文章”，也就是制度，因此是最美好的。尧帝的伟大在什么地方？尧帝为政是如何效法天道的？尧帝开创的制度为什么美好？孔子在这里并没有明言，但《论语·八佾》篇的记载却透露出一定的信息。

“尧曰：‘咨！尔舜！天之历数在尔躬，允执其中；四海困穷，天禄永终。’舜亦以命禹。”

这是说尧帝禅让的时候，嘱咐舜帝：上天的大命已经落到你的身上了，你要“允执其中”，公平、公正地执政治国！假若不公平、不公正地执政治国，天下的百姓都会陷于困苦贫穷，上天给你的禄位也就会永远地终止。“执其中”，就是执政治国。“执其中”，要“允”，就是要公允，也就是要公平、公正，这既是尧帝对舜帝的告诫，也是尧帝为政的经验总结，可以说是尧帝的“夫子自道”。

但是，“允执其中”的具体内涵还是有欠清楚。

《论语·八佾》篇的另一段记载对我们了解这一问题不无帮助。

“子谓《韶》：‘尽美矣，又尽善也。’谓《武》：‘尽美矣，未尽善也。’”《韶》，是舜时的乐曲名，是尧舜之乐的代表。孔子认为它的声音美极了，内容好极了。《武》，是周武王时乐曲名，也可以说是文武之乐的代表。孔子认为它的声音美极了，但内容却还不够好。为什么？舜的天子之位是由尧“禅让”而来，故孔子认为“尽善”。周武王的天子之位是由讨伐商纣而来的，尽管是正义之战，但孔子却认为“未尽善”，未臻为政之道的极致。

这一评价并非是孔子的创造。《左传·襄公二十九年》记载，“吴公子札来聘……见舞《象箾》《南钥》者，曰：‘美哉！犹有憾。’……见舞《韶濩》者，曰：‘圣人之弘也，而犹有惭德，圣人之难也。’”是说吴国的贤公子季札来鲁国访问，看到跳《象箾》《南钥》舞，就说：“美啊，但还有所遗憾。”看到跳《韶濩》舞，就说：“像圣人那样的弘大，尚且在为政以德上还有所欠缺，可见当圣人不容易啊！”杜预注：“《象箾》，舞所执。《南钥》，以钥舞也。皆文王之乐。”《韶濩》，杜预注：“殷汤乐。”商汤、文王取天下，都是流血夺来的，不是和平取得的，虽然有其正义性，但在合法性上不无争议，所以季札说“犹有憾”“犹有惭德”，还有欠缺，还有遗憾，并不是那么完美。由此可见，孔子“谓《武》：‘尽美矣，未尽善也”说也是渊源有自。

但孔子将尧舜禅让上升到天下为公的理论高度，却是政治思想上空前的创造。

《礼记·礼运》篇有一段出名的记载：“昔者仲尼与于蜡宾，事毕，出游于观之上，喟然而叹。”是说从前孔子曾作为来宾参与蜡祭，祭礼完成后，孔子出来到宫门外的高台上散步，不禁喟然长叹。“言偃在侧曰：‘君子何叹？’”其弟子言偃在一旁问道：“老师为什么叹气呢？”“孔子曰：‘大道之行也，与三代之英，丘未之逮也，而有志焉。’”孔子说：“大道实行的时代，和夏商周三代杰出君主在位的时代，我没有赶得上，而心向往之。”下面，孔子就将“大道之行”的尧舜时代与“三代之英”的夏商周时代进行了一番生动而深刻的描述、对比。

“大道之行也，天下为公。”这是说尧舜时代是大道实行的时代，也就是“天下为公”的时代。所谓“天下为公”，即天下是公有的，公共的。具体说来，就是“选贤与能，讲信修睦，故人不独亲其亲，不独子其子，使老有所终，壮有所用，幼有所长，矜寡孤独废疾者，皆有所养。男有分，女有归。货恶其弃于地也，不必藏于己；力恶其不出于身也，不必为己。是故谋闭而不兴，盗窃乱贼而不作，故外户而不闭。”大家推选有道德有才能的人为领导，彼此之间讲究信誉，相处和睦。所以人们不只把自己的亲人当作亲人，不只把自己的子女当作子女，使老年人都能安度晚年，壮年人都有工作可做，幼年人都能健康成长，矜寡孤独和残废有病的人，都能得到社会的照顾。男子都有职业，女子都适时而嫁。对于财物，人们只是不愿让它白白地扔在地上，倒不一定非藏到自己家里不可；对于气力，人们生怕不是出在自己身上，倒不一定是为了自己。所以勾心斗角的事没有市场，明抢暗偷作乱害人的现象绝迹。所以，门户只须从外面带上而不须用门上锁。这种社会，“是谓大同”，至公、至同，是孔子最为理想的。

而以“禹、汤、文、武、成王、周公”“三代之英”为代表的夏商周时代，“大道既隐”，大同社会的准则已经被破坏了，从“天下为公”一变为“天下为家”，也就是天下为一家私有。其特点是“各亲其亲，各子其子，货力为己，大人世及以为礼”，人们各自亲其双亲，各自爱其子女，财物生怕不归自己所有，气力则唯恐出于己身。天子、诸侯的宝座，时兴父传于子，兄传于弟。“三代之英”的时代，尽管是私有制社会的黄金时代，但与“大道之行”的尧舜“大同” 社会相比，也只能谓之“小康”。

由此可知，孔子美尧舜而贬“禹、汤、文、武、成王、周公”“三代之英”，关键就在“天下为公”还是“天下为家”。私天下，即便是“禹、汤、文、武、成王、周公”，也只能谓之“小”；公天下，唯有唐尧虞舜，方能谓之“大”。

司马谈、司马迁父子的《史记》以《五帝本纪》开篇，而孔子编《尚书》却“独载尧以来”，却只记载尧以来的史实，以《尧典》为《尚书》之首，就是因为尧帝是“天下为公”政治的开创者，尧帝的为政之道，是政治文明的典范和代表。崔述在《唐虞考信录》中云：“尧、舜者，道统之祖，治法之祖，而亦即文章之祖也。”非常有道理。

尧帝开创的禅让政治，在今天仍有强烈的现实意义。

中国悠久的政治传统，最有价值的是尧帝“天下为公”的禅让政治。“数风流人物”，真正的千古一帝，不是“秦皇汉武”“唐宗宋祖”，也不是“文武周公”，而是至公无私的尧帝。

注释：

[1] 矜，通“贤”，品德高尚。清朱骏声《说文通训定声・坤部》：“矜，叚借为贤。”《韩非子・外储说右上》：“前有老主而不踰，后有储主而不属，矜矣。”王先慎注：“矜与贤声相近，古通假……矜矣，犹贤矣。此楚王赞美廷理也。”

陶寺遗址考古发掘与《尚书·尧典》

吕文郁(吉林大学古籍研究所教授)

《尚书》是中国古代最早的一部历史文献汇编。《尚书》中的第一篇篇名为《尧典》。这一篇记述了中国由氏族社会向文明社会过渡时期即尧舜禹时代的一些重大历史事件。《尧典》篇一开始就概述尧这个人为什么能够得到大家的拥戴，因而被推举为当时社会上最有权威的领导者。讲他具备什么样的德行，他在民众中享有什么样的威望，然后就讲尧的一生都做出了什么重要的贡献。《尧典》篇记述尧一生的主要贡献有以下四点：一、历象日月星辰，敬授人时。即通过实际观测日月星辰的运行规律，制定并颁布历法；二、通过广泛地征询各个部族首领的意见，民主地选拔中央领导机构的主要官吏；三、创立禅让制度，即通过层层推荐、长期考察和实践磨炼的方式来培养最高权力的接班者，实现最高领导权的平稳交接；四、新的接班人舜执掌最高权力后的优异表现和杰出贡献。

众所周知，关于《尚书·尧典》篇记述的这些内容，前人多有怀疑。日本有一位赫赫有名的史学家，被认为是20世纪日本史学界泰斗级的人物，叫白鸟库吉，他在1909年写的《中国古代传说之研究》这篇文章中提出一个观点，即尧舜禹抹杀论。他认为尧舜禹是中国传说中的人物，但这些儒家所推崇的先贤在中国历史上却子虚乌有，是后世伪造的偶像，根本不可信，尧舜禹这些人在中国历史上根本就不存在。他这个观点在日本史学界产生了很大的影响，而且其影响不仅仅局限于日本史学界，因为这些日本汉学家的著作传遍世界各国，甚至对中国史学界也产生了巨大影响。从20世纪20年代开始，中国涌现出一个学派，即“古史辨派”，后来大家称之为“疑古派”，其代表人物就是著名历史学家顾颉刚先生。顾先生虽然在论证方法上与白鸟库吉略有不同，但在否定尧舜禹的真实存在这一上却与白鸟库吉等人如出一辙。顾颉刚认为中国传说时代的人物、故事总是越到后来，人物“越放越大”，情节也越来越详尽，其实这些在古代都是层层加码、逐步虚构出来的东西，这就是所谓古史“层累形成”说。顾颉刚等人根本就不相信尧舜禹是历史人物，当然也就不可能相信《尚书·尧典》篇有任何史料价值了。

然而从1978年以来，中国社科院考古研究所与山西省考古工作者合作，对山西临汾陶寺遗址先后进行了两次大规模的考古发掘。第一次发掘从1978至1985年，发掘总面积约7000平方米，中国社科院考古研究所所长王巍研究员指出，“尧都平阳”正在为不断获得的考古资料所逐渐证实，陶寺就是尧的都城。“没有哪一个遗址能像陶寺遗址这样全面拥有文明起源形成的要素和标志；陶寺遗址已经进入文明阶段，是实证中华文明五千年历程的重要支点。”第二次考古发掘从1999年开始，至2015年已发掘面积约9000平方米。社科院考古研究所何驽研究员认为：“功能区划最完备的史前都城、金字塔式的社会结构、初步形成的宫室制度……一系列的证据链表明，黄河中游地区在尧时期已经进入早期文明社会……而陶寺遗址在年代、地理位置、规模和等级以及它所反映的文明程度等方面，都与尧都相当契合。”那些疑古的学者不是说尧舜禹“子虚乌有”吗？不是说尧舜禹是后人虚构出来的吗？现在，考古工作者已经把四千多年前尧时代的都城找到了，把尧舜禹时代的大量遗物从地下挖了出来，不知那些疑古者还有何话说？

那些疑古的学者怀疑《尧典》的主要依据就是尧时代还没有文字，因而不可能给后人留下任何文字记录。不错，我们现在见到的最早文字是殷商时代的甲骨文。然而研究古文字的学者都认为甲骨文已经是非常成熟的文字了，在甲骨文之前一定还有更早的文字，只是我们在陶寺遗址发掘之前还没有发现比甲骨文更早的文字而已。虽然已经陆续发现了一些类似文字的刻画符号，但这些刻画符号是否能认定为文字，在学界并没有得到公认。但这次在陶寺遗址发掘中却有了重大突破。在一个汲水用的扁形陶罐上发现了比甲骨文更早的文字！

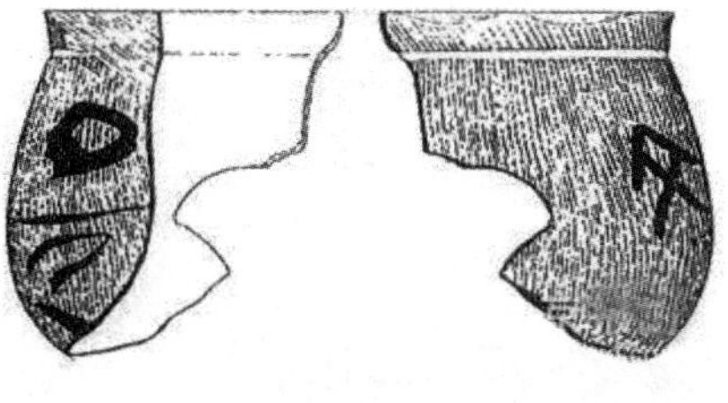

陶寺遗址发现的扁平陶罐（描摹图）

陶寺遗址发现的扁平陶罐（照片）

这个扁平陶罐出土时虽然已经破碎，但因为陶罐上有两个文字，特别珍贵，实物现在保存于社科院考古研究所文物室。专家们对这个扁平陶罐上的两个字进行了研究，在描摹图右边的那个字，即照片上那个红色的字，比较好认，上面好像是一个尖顶草帽形，下面是一个乂，因为这个字在甲骨文中常见，就是文化这个“文”字，大家都认识，没有什么异议。这个扁壶的另一面还有一个字，这个字上边类似一个菱形，中间有一横，是个“土”字，下面像一个立刀，实际是古代的“人”字。“土”下面加一个“人”字，就是个“尧”字，因为现在“尧”字还有一个写法，就是上面一个“土”字下面加一个“人”字。此外上面三个“土”字，下面加一个“人”字，两种写法都是“尧”字。曾参与陶寺遗址发掘的何驽先生在《陶寺遗址扁壶“文字”新探》中，将扁壶背面原来被看作两个符号的朱书视为一个字，认为其字符分上、中、下三部分：上部是有转角土字，中部为一横画，下部为“卩”字，合起来就是古尧字，即古史传说中五帝之一的帝尧名号。对此葛英会先生在《古代文明研究通讯》第三十二期《破译帝尧名号·推进文明探源》中，引用先秦文字相关资料，对古“尧”字的构字方式、形体演变得出结论，指出该字确是一个人字与土字相加的复合字，乃目前已知尧字最古老的一种写法。至于这个扁平陶罐上为什么会有“尧”和“文”这两个字呢？有的学者认为可能这个陶罐是尧当年亲自用过的。《尚书·尧典》篇开头就说尧“钦明文思安安”，陶罐上的“文”是歌颂尧有文德的。这个陶罐很可能是尧的下属用来纪念尧的物品。陶罐上的这两个字比殷墟甲骨文早一千多年，是目前发现的最早的文字，表明尧时代已经有了文字，已经进入了文明社会。这一重大发现具有划时代的重大意义，它把中国古代文字的历史向前推进了约十个世纪。我们有理由相信，未来的考古发掘中会有更多的甲骨文之前的古文字被陆续发现。甚至我们据此可以推断，古代关于黄帝的史官仓颉造字的传说也应当包含一定的历史真实，仓颉最起码应当是中国古代对创造、整理、传播古代文字有

根据观象台遗址复原的观象台

复原的观象台

在观象台实地测量冬至时节的日出时间

重大贡献的历史人物。因为尧距黄帝不远，黄帝又被称为华夏人文始祖，黄帝的时代有文字是完全可能的。既然黄帝和尧舜时代就有了文字，那么，《尚书·尧典》为实录应是可以据信的。

此外，疑古的学者怀疑《尧典》篇，就是认为《尧典》篇里有关“观象授时”的记载不可信，认为那时不具备“观象授时”的条件。而在陶寺遗址发掘过程中，考古工作者发现了尧时代的观象台遗址，并依据观象台遗址，恢复了观象台，并进行了实地观测，确信《尧典》中根据观测日月星辰而制订历法的记载也是完全可信的。

尧的时代是农业社会，农业在当时的社会生活中占有非常重要的位置。从事农业生产离不开历法。中国古代史书中记载，最高领导人，包括秦汉以后历代王朝的皇帝，有一个重要的职责，就是观象授时。也就是依据对天象的观察和测量，制订出下一年的历法，然后在辞旧迎新之际向天下百姓颁布历法。只有最高领导人才有这个权力。谁来颁布历法，就意味着谁是最高领导人。它要告诉民众这一年的主要节气都在哪一天，比如哪一天播种，哪一天开始耕耘，到什么时候开始收获，一年四季都要遵循节气。《尧典》中详细记载了尧执政的时候派遣专职官吏观察天象，做下详细的记录。不光在都城观测，还派遣专职的官吏到四方的边远地区进行实地观测，然后依据观测的记录制订历法。这个事情，过去人们看《尚书·尧典》篇的时候，往往有很大的怀疑，就是尧的时候能做到这些吗？当时到底能不能观察天象，观察的准确度到底怎么样？那时颁布的历法到底准不准，有没有实际指导意义？后人往往对这些事持怀疑态度。原浙江大学校长竺可桢先生是研究古代的气象和天文历法的专家。竺可桢先生就根据《尚书·尧典》篇中记载的天象来推论，认为这些天象确实是远古时期的天象。这些天象绝不可能是后人伪造的，后人即便想伪造也造不出来。这就证明《尧典》中的记载是有根据的，是可信的。陶寺考古发掘发现了观象台遗址，并依据遗址恢复了尧时代的观象台，进行了实地测量，从而破除了人们的疑虑，证明《尧典》中有关尧“观象授时”的记载是完全可信的。

当然，《尚书·尧典》篇中有关尧时代的官吏选拔制度和最高领导人的禅让制度等制度文化层面的内容，不能完全依据地下考古材料得到验证。但是陶寺遗址的考古发掘既然已经证明《尚书·尧典》篇并非后人向壁虚构的，篇中有关“观象授时”等记载既然已经得到验证，证明这些记载是完全可信的，那么我们有理由相信，《尧典》篇中其他的记载也应当是可信的。

探寻中华文明　礼赞陶唐帝尧

贾克勤（三晋文化研究会副会长兼秘书长）

习近平总书记指出："在中国璀璨的传统文化中，优秀的伦理道德观念无疑是其瑰宝之一。这些伦理道德观念经过几千年的洗汰，已经深深地积淀在整个中华民族的思想、观念、意识中，成为中华之魂不可分割的一部分，被一代又一代的中华儿女奉为为人处世的圭臬。"

深入探寻人类久远的文明历史，首要的问题是不断开拓学术视野。持久地探寻人类久远的文明历史，不仅需要一代代先哲们的长期奋斗，更需要用更加科学的方法去不断地认知。人类文明史研究，尤其是人类文明探源工程，是一个综合性的多学科的非常复杂的综合性问题，不能只强调科学价值和经济价值，它同时包含着不容忽视的人文意义和精神价值。

新时代，站在新的历史方位，大力弘扬尧帝文化，旨在为实现中华民族伟大复兴添砖加瓦，让正向能量在继承中发展、在发展中继承。

一、探精微，穷妙道

中华文明的起源仍然是目前学术界讨论的焦点。探寻中华文明是一项重大工程，也是中华民族实现伟大复兴中国梦的重要组成部分。前面一代一代贤哲们早已为开启这项工程做出了巨大贡献，后辈们如何在新时代坚持创造性转化和创新性发展才是关键。

诗云："行百里者半九十。"比喻做事情越接近成功，越要坚持不懈，才能达到目的。

中共早期卓越理论家萧楚女曾说："不知一切过去之因，所以无法去推一切未来之果。"

我们认为，中国文明发展的连续性的实质，绝对不在于什么凝固不变性或停滞性，而恰恰在于中国文明具有不断地自我更新、自我代谢的能力。任何一个文明发生，都必然是对非文明的不断否定和克服。一切文明发生和发展的过程都是这样的对立统一的运动过程或代谢过程。

现代考古学诞生后的大量颇有价值的发现，无疑为中国初期文明的阐释提供了全新的资料，应该说现在我们已有条件较系统地说明中国文明起源的一系列问题了。

重建中国上古史，从现代考古学传入中国之时，便成为主要目标。1978年，山西发掘出襄汾陶寺遗址，该遗址发现的大片墓地及其墓葬中显示出的等级区分和特征鲜明的文化遗物，从一开始便引起考古学界和历史学界的高度重视。

近年来，在夏商周断代工程取得重大成果后，对唐尧、虞舜部族文化的研究又渐次展开。在1998年临汾下靳再次发现与陶寺遗址早期墓地时代相若的大尧墓地时，学者们正式提出唐尧文化的学术课题，几千年来蒙在唐尧身上的神秘面纱也随之被揭开。

文献中与唐尧族聚居区相关的地名还有冀州、大夏、夏虚等。据《吕氏春秋·有始览》记载："两河间为冀州，晋也。"则冀州主要为晋国所占据，而晋国始封地"唐在河汾之东，方百里"，即使后来拓疆扩地，但在春秋中期以前一直未过霍县以北，因此在唐尧时期，冀州也当在晋南一带，最初可能是一方国名称，后来冀州因此而得名。

冀州，《尔雅·释地》指出"两河间曰冀州"，孔颖达《禹贡·正义》亦认为"明东河之西，西河之东，南河之北，是冀州之境也"。其中的东河是指古黄河，在今河北偏西部北上，至天津入海；西河在陕西与山西之间；南河在今潼关以东的晋豫之间。此冀州的范围远大于前述唐地。

大夏与夏虚是有联系的。《左传·昭公元年》记载：后帝"迁实沈于大夏"，"唐人是因，以服事夏商"。周初叔虞封唐时，周王"命以唐诰而封于夏虚"。以上所述大夏、夏虚实际是同一地域的不同说法。大和夏实为同义语，《方言》："夏，大也，自关而西，秦晋之间，凡物之壮大而爱伟之，谓之夏。"可见大夏乃人们对自己居所的爱称。大夏的所在，历代注解与前述唐地接近，有说指平阳、晋阳、大阳（今平陆）、鄂地（今乡宁）的，也有泛指汾浍之间、汾绛的，还有翼城、平阳、安邑等不同说法，大致范围也在今晋南一带。

根据文献记载，学者普遍认为尧居晋南。甲骨文中，作为地名的唐不下10余条，而周初叔虞所封之唐在晋南，则唐尧在山西晋南最有说服力。至于唐尧的居住地为什么会有山东和河北的说法，我们认为，可能是唐尧部族兴盛时期，曾接纳了这些地方的一些文化因素，后世对此的记述中将这种不同地域文化的交流，误认为是主体的延续。

最终解决唐尧文化分布地还要取决于考古发现。如前所述，唐尧部族的兴起在庙底沟二期文化后期，综观这一时期黄河中下游地区诸考古学文化，分布在晋南临汾盆地的陶寺类型及由此发展而来的陶寺文化，可与唐尧部族的分布地域吻合。

其实，陶寺文化遗存早在20世纪50—60年代晋南地区的专题调查中已有发现，只是当时尚未认识到它与周边同时遗存的区别。从开始发掘襄汾陶寺遗址起，才引起了考古学界的普遍关注。该遗址包括有庙底沟二期文化晚期和龙山时代遗存，具体年代约从公元前26世纪到公元前20世纪，历时五六百年。以此为突破口，考古工作者又进行了仔细的田野考古勘察。截至80年代中期，在临汾盆地及周边区域，发现同类遗址70余处，尤以崇山（塔儿山）周围一带遗址最密集。80年代后期，发现洪洞侯村遗存与陶寺遗存既有相类特点，又有自身特征，从而丰富了这类文化遗存的分布范围和研究内容。近年又发现一些新的地点，迄今已发现遗址百余处，并对曲沃东许、翼城南石、方城和临汾下靳等重点遗址进行了发掘。进一步确认，以临汾盆地为中心，在东到太岳山西麓、西临黄河、北近霍太山、南达峨眉岭的范围内，从庙底沟二期文化陶寺类型晚期到龙山时代陶寺文化，均属我国古代著名的唐尧部族文化遗存。其中，庙底沟二期文化陶寺类型，属唐尧时期，陶寺文化是虞舜、大禹时期的唐尧后裔文化遗存，其下限可能已进入夏王朝初期。

中华五千年文明史，令亿万炎黄子孙感到自豪。按照历史编年，不仅商周以来近四千年的文明史得到世界公认，而且二十五史之首《史记》开篇即列的“五帝”时代，也成为信史，早在春秋战国时期诸子百家便言必称颂的“尧舜”，也不再是神话传说。

以田野考古为特色的现代考古学传入中国以来，几代学者为探寻中华文明之源头进行了长期的调查发掘。经过坚持不懈的努力，从1978年开始发掘的山西襄汾陶寺遗址，首次确认了古史中具有划时代意义的唐尧文化的存在，以确凿的资料证实素以表里山河著称于世的今山西临汾盆地，早在距今四千五百年以前已成为中华文明的中心。

尧是中华民族的文明始祖，尧文化源远流长，博大精深，是中华民族的源头文化。《尚书·尧典》记载，尧治天下，“克明俊德，以亲九族。九族既睦，平章百姓。百姓昭明，协和万邦，黎民于变时雍。”这是说，平阳在尧的治理下，中华大地实现了真正意义上的太平盛世，选贤与能，治国安邦；大公天下，帝传禅让；钦定历法，询谋之风；教民稼穑，政纲彰明。《汉书·帝王本纪》“尧都平阳，舜都蒲坂，禹都安邑"，说明上古三世建都在山西皆有史迹。

有关史料证明，"满天星斗"般的众多"古国"，先后出现于龙山时代，成为中国古代文明的不同源头。诸多古国辐辏中原，部落联盟应运而生。陶寺遗址距今4500年左右，空间和时间都与历代文献记载的"尧都平阳"非常吻合。陶寺文化的进步更令人耳目一新：城市、宫殿、"王墓"、观象台、青铜器、文字和宣示王权的"礼器"，以及中华民族的精神图腾——龙。这一切标志着黄河流域早期国家形态的诞生。

尧都平阳，中华文明从这里开始，有史为鉴。

中国古代文明的起源不是一蹴而就的，她的起源和形成经历了一个漫长的过程。只有文明因素不断发展积累和汇集，到一定程度才能形成成熟的文明。而一般认为国家的形成作为文明阶段的标志。对于国家的形成标志，一些学者提出其标志应当包括文字、城市、大型礼仪性建筑以及青铜器等。而在分析陶寺已发现的遗存之后，可以发现这些文明因素在陶寺遗址中都可以找到原型。

历史学家苏秉琦先生曾在《华人·龙的传人·中国人》一文中指出："史书记载，夏代以前有尧舜禹，他们的活动中心在晋南一带。后人解释：帝王所都为中，故曰中国。由此可见，'中国'一词最初指的是'晋南'一块地方，即'帝王所都'。而中原仰韶文化的'花'和北方红山文化的龙，甚至包括江南的古文化均相聚于此，这倒很像车辐聚于车毂，光、热等向四周放射。这样我们讲晋南一带的'中国'一词，就把'华、龙'都包揽到一处了。"这段精辟的论述，明确告诉我们：尧舜禹的活动中心在晋南一带，而临汾乃晋南腹地，亦即其活动中心；"中国"一词的出现在尧舜禹时期；"中国"一词包含了华山之花红山龙，是各种文化进步融合的生动体现。据此，我们便可以知晓，尧文化中孕育着中华民族的直根。

中国考古学之父李济先生1926年在晋南组织考古发掘时感叹道："临汾县，这是一个勾起人们历史遐想的城市——帝尧的古都！中国的读书人又有谁不熟悉这位伟大的君王的种种高尚品德呢？可是，他究竟建造过一个雏形的城市没有？"

历史学家李学勤先生在主编的《中国古代文明与国家形成研究》一书中指出："在这一系列演进中，社会组织机构方面的变化使得人类文明社会的产生和形成表现为社会形态上的运动和推移。在这个意义上讲，文明社会的到来也就是国家的出现，国家是文明的政治表现，是文明社会的概括。"

著名考古学家苏秉琦在《中国文明起源》一书中写道："在中国文明起源

的历程中，作为帝尧陶唐氏文化遗存的陶寺文化，构成了一个伟大的历史丰碑，它是中国正式踏进文明社会的界碑石，也是中华民族的主体、华夏民族集团正式形成并由此不断推进民族的奠基石。”

今日的文化是在往日文化的沃土上滋养出来的。尧文化历史悠久，底蕴丰厚，是中华民族文化发展史上的一颗璀璨夺目的明珠，也是我们建设现代化的宝贵战略文化资源，重新塑造历史的辉煌是尧文化时代价值意义所在。

二、兼容并蓄，多源一统

有专家认为，“多源”与“一统”是不矛盾的。因为在公元前3000年到公元初这段时间，黄河流域拥有了比其他地区更优越的自然环境。气候温和，降水量相当于现今的长江流域，黄土高原土壤疏松，水土无流失，保持良好，这样生产力就容易发展，文明程度就高。其他地区的文化受华夏地区的文化影响、改造、吸纳，逐渐地形成了起于多源而以华夏文化为中心的“一元”文化。

苏秉琦先生曾提出中国文明起源是多元一统的认识，如果公元前3000年前后出现的众多古国可以认为是具有文明时代主要特征的地域文明，那么这些被形象地称为“满天星斗”的古国，便是我们中华民族文明起源的不同源头。从唐尧时期开始，周边诸古国文明因素辐辏中原，形成以尧舜禹三大部族为主体、联合其他部族参盟的方国联盟，这是多源归于一统的第一次大融合，成为后来秦汉统一帝国出现的一次预演。从最早的古国出现开始算起，我们中华5000年文明已不再是停留在神话或传说时代的虚幻概念，也不是将考古资料简单地填充入传说序列中真假参半的混合体，而是有确凿证据的信史。

中国社会科学院考古研究所所长王巍在国新办举行的“山西·陶寺遗址发掘成果新闻发布会”上，介绍了对陶寺遗址考古的重大成果，认为：山西省临汾市襄汾县陶寺遗址，就是尧的都城，是最早的“中国”；没有哪一个遗址能够像陶寺遗址这样全面拥有文明起源形成的要素和标志，陶寺遗址已经进入文明阶段。

尧之故里之争，见怪不怪，恰恰印证了“满天星斗”般的众多“古国”先后出现于龙山时代，成为中国古代文明的不同源头。如果文明只限于一城一地，就很难成其文明。但是文明的源头就只有一处，就在尧都平阳。

史学研究需要证据。证据充分，结论才可能稳妥可靠。前人把出色的研究比喻成“老吏断狱”，因为证据充分、推理严密，所得出的结论成为不可推翻的铁案。学术研究如同断狱一样，最忌孤证。传统的史学研究所引用的证据大都出自传世文献。比如，被称为“新史学开山”的王国维首开风气之先，他说：“吾辈生于今日，幸于纸上之材料外，更得地下之新材料。我辈固得据以补正纸上之材料，亦得证明古书之某部分全为实录，即百家不雅驯之言亦不无表示一面之事实。此二重证据法惟在今日始得为之。”这就是著名的“二重证据法”。“二重证据法”在方法上与传统史学对于证据的处理相衔接，既尊重传统史学，又摆脱了传统史学的局限，是由传统史学向近代史学的一项重要变革，在史学界产生了深远的影响。

在陶寺遗址中，发现了最早的测日影天文观测系统，发现了到遗址发掘为止最早的文字，发现了中国最古老的乐器，发现了中原地区最早的龙图腾，发现了到遗址发掘为止世界上最早的建筑材料——板瓦，发现了黄河中游史前最大的墓葬。

文字、城市、大型礼仪性建筑以及青铜器的发现让国家形态的文明呼之欲出。

在民智待开、文明初创的帝尧时代，一切都是空白。尧任用大臣管理国家，伯夷祭祀、皋陶造狱、稷王稼穑等都传为美谈。为了汲取前任教训，尧在自己的宫殿外竖立了一根能敲响的响木，是为“诽谤木”，谁有意见即可敲击进谏。诽谤木为中华表率，这就是中华民族图腾华表的来源。

这一切，标志着黄河流域早期国家形态的诞生。一个早期的国家在晋南大地赫然出世，中华文明的大门由此开启。

对陶寺遗址的发现，把我们带回到了公元前六七千年的那个年代，一个真正有所发明的时代。中华大地上第一只陶罐是怎么制作出来的呢？恩格斯这样说过：可以证明，在许多地方，也许是在一切地方，陶器的制造都是由于在编制的或木制的容器上涂上黏土使之能够耐火而产生的。在这样做时，人们不久就发现，成形的黏土不要内部的容器，也可以用于这个目的。恩格斯的这段话一直为人们所引述。这是恩格斯在读了摩尔根的《古代社会》和其他一些著作后得出的结论。他的意思是在说：人们最初使用的是用植物的藤蔓编织和将树木挖空后制作的容器，这种容器的最大缺陷就是渗水性。对于怎样防止渗水，人们一度一筹莫展。一次偶然的机会，他们把容器的外层涂上了一层黏土，等黏土干后，再把容器拿掉，也就起到了盛物和防止渗水的作用了。

林少雄在《人文晨曦》一书中说：“对于史前人类来说，对陶器器形的发明和制作工艺，也是十分重要和非常困难的。因为要做出第一只陶器，必须要有观念上的突破和长期的思考和摸索。”

陶器对于人类的影响是很大的，因此专家们认为陶器盛行的时代被称为“陶器时代”。

山西是中华文明的发祥地之一，在远古时代就积淀了深厚的原始文化层，并形成了前后衔接的文化发展序列。

在中华的文明起源和发展历程中，作为根祖文化的载体山西晋南，为构筑中国文明大厦起了熔炉和大通道的作用，由此通道，中国历史正式踏进了文明社会的大门。今天的中国人自称为炎黄子孙，即由此而来。在陶寺出土的一件蟠龙纹陶盘，龙头似鳄，身似蛇而有斑鳞，这是一直被称为中国是龙的国度的一件“龙”的实物证据，正是“华夏图腾中国龙”出自山西的最有力确证。华夏子孙被称为龙的传人，即由此演化而来。

中国社会科学院考古研究所研究员李健民说，陶寺文化是中国黄河中游地区的新石器时代晚期文化。从 1978 年开始至今，中国社会科学院考古研究所和临汾地区文化局合作发掘的山西临汾陶寺遗址，后命名为陶寺文化，主要分布在晋南的汾河下游和浍河流域，距今 4600 年至 4000 年。陶寺遗址规模宏大，文化内涵丰富多彩，达到中国史前时期社会发展的最高水平。薄生荣说，河东之所以能够成为华夏之源、最早的中国，一个重要原因是文化。

华夏氏族是中华文明的创造主体，把东夷、西夷、融祝八姓以及蛮夷、戎狄诸多异族吸收进了这个核心，使上古的众多部族融于华夏，使众多图腾融合于龙。华夏族统一成为龙的传人，还得益于尧舜禹时代的礼仪和文化，比如“克明俊德，以亲九族。九族既睦，平章百姓。百姓昭明，协和万邦”，把协调合作作为头等大事；“食哉惟时，柔远能迩，敦德允元，而难任人，蛮夷率服”，把民生作为治国理政的首务。这使河东成为天下的一个伦理文明示范区，对周边既有吸引作用，又有辐射作用，既有很强的凝聚力，又有很强的渗透力。

长期的资料积累和分析研究，使我们勾勒出中国文明起源的主体轮廓。近年来对红山诸文化、良渚文化等主要古国、方国遗存的研究，就是依据中国文明起源的特点而展开的。我们对唐尧文明的研究，也是这一庞大工程中的重要一环。得益于晋南地区坚持不懈的田野发掘和陶寺、下靳墓地较完整的礼制信息，我们初步破译了耗费过许多前贤古哲毕生精力仍难以索解的千年谜团，找到了一条多少年来梦寐以求将古史与考古资料有机结合的理想通路，更为重要的是从唐尧文化南呼北应、兼容并蓄的发展进程中、认识了我国古代文化源远流长、根深蒂固的独特个性与风格，理解了中华民族之所以能具有巨大的凝聚力、无穷的创造力和无限的生命力这样一种精神和灵魂的力量源泉。尽管我们目前仍无法对唐尧时期的机构设置、施政途径以及政治、军事、宗教三者之间的关系和其他更具体的内容作出完满的解释，但是毕竟已经迈出关键性的第一步，随着考古资料的不断增加和认识的进一步深化，相信这些有待探索的课题，将会取得更新的成果，最终复原5000年文明古国的本来面貌，确立中华民族历史在世界史上的地位。

人类的历史，到现在为止，只有短短的一瞬，相对于宇宙的生命而言，是微不足道的。但是人类是伟大的，在这个小小的星球上创造了伟大的文明和历史。

三、天下为公、世界大同

在中国古代浩如烟海的文献中，唐尧一直被作为古代圣贤之君颂扬，视之为楷模。

千年大潮，风起云涌，唯有真理与人格的力量超越时空，始终闪耀在人类历史的天空。历经岁月沧桑，仍然撼人心魄的还是人格的力量。以亲九族，平章百姓，协和万邦，创立中国。家国天下，已经成为中华民族最强大的文化基因。《礼记》中说："大同"乃指古代政治之最高理想。大道之行也，天下为公。选贤与能，讲信修睦。中华文化独一无二的理念、智慧、气度、神韵，增添了中国人民和中华民族内心深处的自信和自豪。

据《尚书》记载，帝尧时期已经确立了"父义、母慈、兄友、弟恭、子孝"五大道德标准，成为中国道德体系基础。

《史记·五帝本纪》礼赞尧："其仁如天，其知如神。就之如日，望之如云。富而不骄，贵而不舒。"其意谓，当我们接近他犹如太阳一般光明，远望他犹如云霞一般灿烂，富有而不骄横，高贵而不傲慢。

孔子赞尧："唯天为大，唯尧则之，帝王之德莫盛于尧。"

尧都平阳，中华文明从这里开始，有史为鉴。"立我烝民，莫匪尔极。不识不知，顺帝之则。"在这首帝尧时代的《康衢谣》中，一幅美妙的小康社会画面跃然眼前。一位把天下治理成天堂的君王，却始终保持老百姓的本色，居一村庄，茅屋相伴。

《尚书·尧典》记载，尧治理天下，"克明俊德，以亲九族。九族既睦，平章百姓。百姓昭明，协和万邦，黎民于变时雍。"众所周知，黄帝时虽然一度统领了各个部落，或说形成了部落联盟，但是，黄帝之后，盟主更迭，纷乱杂生，中原大地部落众多，各自称雄。尧从兄长帝挚那里继位后，宾服四夷，平治水土，划分九州，重新统一了各个部落，形成了国家的雏形。那么，尧是如何实现统一格局的呢？

西汉文学家刘向编纂的《说苑·君道》记载尧的话："尧存心于天下，加志于穷民。痛百姓之罹罪，忧众生之不遂也。有一民饥，则曰：'此我饥之也。'有一人寒，则曰：'此我寒之也。'一民有罪，则曰：'此我陷之也。'"尧在位时，天下洪水泛滥，九州天灾。他命鲧治水，九年无功而返。尧帝广开言路，在尧都平阳设置谏言之鼓，让天下百姓尽其言，参其政；立诽谤之木，让天下百姓攻其错，献其策。如今的诽谤之木，演化成为中华帝王宫殿门前的标志性建筑设施，那就是"华表"，从古至今延传了下来。"华表"这种古代建筑形式，就成为中华民族的标志性建筑。

《史记·五帝本纪》说：帝尧者，放勋。帝喾次子，初封于陶，又封于唐，故有天下之号为陶唐氏。史称为唐尧。在位百年，有德政，常征求四岳的意见，而且设立谤木，让平民可以发表意见，设立多项政权组织，要求荐举贤人，加以任用，后让位于舜。

陶唐尧王封疆划野九州，开创禅让制先河。5000多年前，唐尧历山访贤，选择虞舜为继承人，从而开创了中华远古时代帝王继位的禅让制先河。这一典故被载入幼儿经典教材《千字文》，不仅有着深远的历史意义，更有其时代价值。

齐家治国平天下，尧不仅是家庭道德的表率，更是政治道德的巅峰。作为黄帝的后人，从父兄手中接过君王之位，再传给自己的后人并无可厚非。但是，帝尧却跋山涉水，历经艰难，成就了访贤、让贤的千古佳话。

庄子曾说：尧治理天下万民，使海内政治清明，曾到汾水北岸的姑射之山，去参拜方回、善卷、披衣、许由四位有道之名士，怅然若失，好像丢了天下。苍天不负，尧终于访到了大贤大孝之人——舜。尧帝广开言路，询问四岳诸侯，谁能担负起天子重任？四岳诸侯首领共同推荐：历山人姚重华。尧王听了四岳首领的推荐，徒步攀登上了历山。

正是春花百艳的春耕时节，在历山之上的高山阔野，有一片平坦的田川。只见满山的牛膘肥体壮，自由地觅草进食。一个个牧牛者还逍遥自在地唱着盛世升平的山歌。这是一首自古流传在民间的古老歌谣。

卿去烂兮，纠缦缦兮；
明明天上，烂然星陈。
日月光华，旦复旦兮；
日月有常，星辰有行。

四时从经，万姓允诚；
迁于贤圣，莫不咸听。
鼓手鼓之，轩乎舞之，
日月光华，弘于一人。
于予伦乐，配天之灵，
精华已竭，褰裳去之。

历山的春风和美妙的歌谣，把尧王的足迹引进了田间地头。只见一个年轻而瘦小的青年驱象而耕，无鞭而耜。还有好几个青年驾着黄牛在耕田，紧跟在他的后边，挥舞着荆秆，有节奏地敲打着挂在犁辕上的簸箕，吆喝着："哒哒，来来，回拉回来。"不一会儿，一块田地犁完了。在天空中飞翔的山鹤在田间，时而高悬，时而伏地，除虫害，耘田畎。人鸟、百兽春耕耘田畎很是繁忙。

时已午时，耕田的年轻农夫，解开了耕牛的犁索，放牛吃草。而几个年轻的农夫又围坐在他的周围，聆听他的教诲。他说：

荷止长耜，
耕彼南亩；
畜通人心，
四海皆知。

说的是犁地、耙地，是为了耕种五谷而疏松土壤。黄牛辛苦流汗是为人们造福，不要因为它不会说话，就没完没了地驱使它耕地。要知道，耕地最辛苦的是牛，而不是人。它吃的是草，我们吃的是粮，因此要善待它。善待黄牛，就是善待自己。如果你对它好，它有劳有逸，恢复体力，又能耕更多的地。所以，畜类通人心，它一定会知恩图报，这个道理，天下人都应该知道。山鹤来帮忙为咱除虫害，也不要驱赶和伤害它。它们是益禽，是我们的朋友，也要善待它们。

尧王上前去问，为何扬荆秆只打簸箕不打牛呢？领头的年轻农夫便恭恭敬敬上前答道：天地赐万物，黄牛助我力；黄牛而食草，吾食是五谷。它的辛苦流汗是对天下百姓的无言奉献和付出，我心何忍再鞭打它呢？用荆条小棒敲打簸箕，每当犁辕前的黄牛听见后，都双双用力前行，牛不受伤害，为何不使天下生灵都很快乐呢？一席话说得尧王心服口服，耕田对牲畜尚能如此，更何况对百姓呢？

尧在众青年的口中得知，刚才说话的人便是在河滨教百姓制陶的舜，也正是平阳宫廷四岳首领推荐的历山舜。就在尧和舜谈到兴致时，舜还为尧帝唱起了南风之歌：

南风之熏兮，可以解吾民之愠兮；

南风之时兮，可以阜吾民之财兮；

历山躬耕兮，可以赐吾民之食兮；

天下之治兮，轻君重民兮；

重民兮，厚德孝为先；

轻君兮，忠主而顺民兮。

舜的谈论知天下之治事理，适大义，非一般凡人之见。舜有治天下、归民心的胸怀。

尧的九个儿子在历山的民间推行父义、母慈、兄友、弟恭、子孝五典伦理道德，使得这里的民风淳朴，风正气和，和睦相处。

史书记载，尧时期“上下同心，君臣揖睦”，一直延续到舜当政时。因而，百姓将那种时代称为“尧天舜日”。

华表，原名诽谤木，简言华表，不仅竖于宫殿、庙堂前，也竖于陵寝及大路交汇处，光大其美德。

尧的帝位是继承其兄长帝挚的，帝挚的帝位是继承他们共同的父亲帝喾的。可以说，帝尧之前的一个时期，帝位也好，王位也罢，都是在血亲中传承的。唯独帝尧选贤任能，开启禅让帝位的先例。尧舜禅让的故事已成为中华民族的千古美谈。而且，正由于尧的让贤，才使舜继承了他开创的业绩，推进了农耕文明的发展。

名人故里争论不断，文化资源竞争毫不停歇。但尧都平阳无人敢撼，尧的伟大精神无人质疑。

唐代思想家、哲学家、诗人柳宗元早在《晋问》一书中就对尧帝和尧都平阳人大加赞赏。平阳在尧时代，就创立了唐虞盛世以来的六项遗风：第一：俭啬；第二：善让；第三：好谋而深；第四：和而不怒；第五：忧思而畏祸；第六：恬以愉。有茅茨、采椽、土型之度，故其人至于今俭啬；有温恭克让之德，故其人至于今善让；有师锡、佥曰、畴咨之道，故其人至于今好谋而深；有百兽率舞、凤凰来仪、于变时雍之美，故其人至于今和而不怒；有昌言、儆戒之训，故其人至于今忧思而畏祸；有无为、不言、垂衣裳之化，故其人至于今恬以愉，此尧之遗风也。

不忘初心，方得始终。临汾是唐尧所治理的地方。他有用茅草、原木盖房，使用陶器的生活习惯，所以那里的人民至今生活俭朴；他有温和恭谦、克己忍让的美德，所以那里的人民至今喜欢相互谦让，安守本分而追求美好的事物；

他有商讨、推让、征询意见的民主作风，所以那里的人民至今深谋远虑，办事周到；他长期受到各种中和优美的音乐舞蹈的熏陶，所以那里的人民至今温和而不暴躁；他有明言得失、警戒祸福的信条，所以那里的人民至今能忧思深远，警惕灾祸的降临；他有不做作、不说空话、讲礼貌的教化，所以那里的人民至今能安适愉快地生活，人民就会安心而长久地遵循唐尧指出的道路不断前进。

古称尧都平阳，众多史迹，更是有力的佐证。城南有伊村，与帝尧姓氏伊祁吻合；城西姑射仙洞，有传说中帝尧成婚的洞房和尧教丹朱下棋的棋盘石；城南有金殿，是平阳最初的所在，史称尧墟；城东有尧陵，为三皇五帝中最巍峨的陵墓。

尧文化是国家文化，是民族文化，是我国最早成体系的观念形态文化，是上古时期的文化结晶，也是农耕文化的结晶，尧王首开了文明之先河。历史的辉煌需要尧文化的滋养，现代的进步发展也需要吸取尧文化的营养。

书谏当代，启迪未来。孔子在《论语》中论及天子之政时，多是以尧舜禹等上古贤君为例。孔子如此赞美尧帝，证明帝尧在华夏民族心中是最伟大的君主。不仅汉民族崇敬尧帝，少数民族也十分尊崇帝尧。《魏书》与《北史》都有记载：北魏皇族鲜卑拓跋氏称其祖先曾为帝尧之臣。《金史》记载：女真统治者每隔三年都要前往平阳祭祀帝尧。与金一样，元虽非汉族政权，却也十分敬尧。《元史》记载：中统四年政府下令在平阳立庙祭祀帝尧，并拨田一千五百亩以奉香火。而据《清史稿》记载：清朝的尊尧活动级别更高、密度更大、范围更广。如乾隆帝登基伊始便修葺尧陵，并于乾隆五十一年两度亲赴尧庙致祭；其子嘉庆非但礼尧，还加谒尧母陵。从上述记载可以看出，帝尧崇拜并不局限于某一民族，尧已成为整个中华民族大家庭共同尊敬崇拜的偶像。

中华文化源远流长，灿烂辉煌。在五千年文明发展中孕育的中华优秀传统文化，积淀着中华民族最深沉的精神追求，代表着中华民族独特的精神标识，是中华民族生生不息、发展壮大的丰厚滋养，是中国特色社会主义植根的文化沃土，是当代中国发展的突出优势，对延续和发展中华文明、促进人类文明进步，发挥着重要作用。

参考资料

1. 孙铁主编：《影响中国历史100件事件》，线装出版社。
2. 张海英、叶军主编：《中国历史之谜》，文汇出版社。
3. 林之满主编：《中华文明之旅》，辽海出版社。
4. 刘合心著：《尧文化知行录》，山西人民出版社。

5. 景宏业：《柳宗元》，三晋出版社。
6. 苏秉琦：《文明探源》。
7. 《三圣宝典》，山西人民出版社。

尧帝与孔子思想

杜南发（新加坡现代孔子思想基金会主席）

关于尧帝的伟大事迹和生平有很多学者已经有不少的详细论述，我就不再重述。但必须指出，尧帝的丰功伟绩以及对孔子思想的影响、对后人的影响。

尧帝对人类的贡献

尧帝的思想以及对人类文明最伟大的贡献是他实行仁政，以天下为公，不把帝位（政权）当作家族的私有财产世袭后代，而让位给贤与能者。这启发了孔子提出世界大同，“大道之行，天下为公，选贤与能，讲信修睦”的思想（世界大同与共产主义思想是不谋而合、异曲同工、殊途同归的）。这也影响了孙中山先生的政治理念，提出了天下为公。

尧帝成为皇帝不是他追求争取的，而是因他贤与能由部落领袖们共同推举的。但他为政70年，并没有把皇帝政权与地位视为私有财产传给他的儿子，而是慎重认真地选择贤能的接班人。这表示他全心全意地为人民，为国家的利益与幸福着想与负责。经过多年的考察与实践，选择与他没有任何亲属关系的舜为接班人。

孔子从尧帝的身上也发掘出尧帝个人的优秀品格：仁、义、孝悌、智、勇。第一，重视个人的修养与修身，有非常高尚的品格。第二，富而不骄贵而不舒（放纵）。贵为皇帝，当政后生活非常简朴，住茅草屋，喝野菜汤，穿用葛藤织就的粗布衣。第三，求才若渴，懂得利用贤才成立团队，协助全面治理国家，如：他命令羲氏、和氏根据日月星辰的运行情况制定历法。第四，委任舜负责推行德教包括礼仪。第五，按各种政务任命官员，历史上第一次建立较为系统的政治制度。第六，胸怀宽广，虚心聆听意见，鼓励百姓谏言，并走访民间，实地考察百姓的疾苦。

孔子给尧帝最高的评价和称赞：“多么崇高啊！舜和禹得到天下，好像不是自己求来的”，“伟大啊，帝尧！唯有天最高大，只有尧能效仿它。百姓不知道用什么言语来赞美他！崇高啊，他的功绩！光明啊，他制定的礼仪制度！”

综上所述，我们知道孔子研究了尧、舜、禹及周文王的历史、生平事迹而有系统地提出了自己的政治理念，为政之道和为人之道：修身、治国、平天下；格物致知、诚意正心的做人做事的目标和准则。换句话说，孔子的整个思想体系是有历史实践的根据，总结了过去人类历史的生活实践经验，而系统地提出了实用的，不受时间空间限制，放之四海皆准的思想。

孔子在《大学》所提出的政治理论与为政之道，“自天子以至于庶人，壹是皆以修身为本。”即为政者（从事政治者）的首要条件就是要像尧帝一样修身，具备尧帝的“仁”者。要以“仁”为本，“仁”以“孝悌”为本。只有实行仁政，才能真正地做到天下为公，只有以国家人民的利益为依归，才能够做到天下为公。

作为新加坡人，很幸运我们有国父李光耀先生，他一生的事迹和从政的伟大政绩就是体现了孔子思想的修身、为政之道和天下为公的政治理念，具体体现了尧帝的天下为公的政治理念。

作为中国人也很骄傲，你们的国家领袖习近平先生，他的修身和政治实践与尧帝的不谋而合，都是在实行孔子的仁政和天下为公的政治理念。

孔子要效忠的国君，也就是像尧帝这样的国君，而不是要把政权当作私有财产的国君。所以他周游列国，没有一位国君愿意接受他的政治理念，因为他们不是像尧帝一样，以百姓为依归，以天下为公的国君。假如当今世界的当权者都具备有尧帝的天下为公的政治理念，都能实践孔子的思想，那么今天的世界就可以实现天下太平、天下为公，没有战争，和平幸福，和谐相处。

但是试问，自周朝以后的皇帝，有哪个能够做到像尧帝一样重视个人的修身，全心全意地实行仁政，一心挂念百姓的疾苦，不把帝位当成私有财产而世袭后代？

孔子的整个思想体系是辩证唯物论，可是自汉朝始，就被皇帝和儒家大师，如董仲舒、班固以及后来宋朝的理学派学者加以利用、歪曲、误解甚至阉割，以致面目全非，沦为迷信的、宗教化、神化的唯心论。

当提到孔子思想时，人们就自然而然地指儒家思想，将孔子当为儒家。这不能怪一般人们，就连饱读经书的知识分子也分不清什么是孔子思想和什么是儒家思想。为什么？

因为原汁原味的孔子思想，两千多年来，被历代封建统治者和儒家学者加以利用、歪曲、误解甚至阉割，以致面目全非！

什么叫孔子思想？孔子思想是指原汁原味的孔子思想，是指孔子思想原来的精神实质，是孔子纯粹的思想不加入儒家学者的思想，是指辩证唯物论的孔子思想。

什么是儒家思想？儒家思想是指在孔子思想里加入了历代学者（如子思、孟子、董仲舒、班固，以及宋明的朱熹、张载、二程）的思想或意见而被称为儒家思想，是指唯心论的儒家思想。

兹引述《文化巨人孔子》光盘资料，有关历代儒家学者的思想如下：

后孔子时期

孔子身后，孟子推翻了孔子对“天”的科学看法：“天何言哉？四时行焉，万物育焉”，提出“人的道德源于天”。

西汉时期

汉武帝接受董仲舒，提出罢黜百家，独尊儒术。董仲舒主张臣民对君主无条件地绝对服从，使儒学走上为专制主义服务的道路。董仲舒还把神学的因素带入了儒学，逐渐使儒学天神化，孔子也由人变成了神。孔子认为天是自然界的现象规律，董仲舒把天说成人间一切事物的主宰，是神灵的天。

东汉时期

历史学家班固提出“天下的根本为三纲，君为臣纲，父为子纲，夫为妻纲”，赤裸裸地维护统治阶级利益。

魏晋时期

玄学是儒家的变态，从魏晋的玄学到唐初的儒、释、道三家并立，儒学始终是支持封建专制统治的主要意识形态。

宋明时期

宋代朱熹把“大学”“中庸”“论语”和“孟子”列为四书。历代朝廷把四书与五经规定为学子必读之书，选拔官吏的科举从中出题。宋代张载、二程，特别是朱子，建构了宋明新儒学，提出存天理灭人欲的主张，对人的天性全面压制和扼禁，提出三从四德，对中国社会的健康发展造成了历史性的创伤。

我们要认清楚，五四运动要打倒的孔家店，正是指封建制度的儒家思想，是假的孔子，而不是孔子思想的真孔子。

人们经常把孔子思想当作儒家思想，因为这个说法已经有两千多年了，传统上人们已习以为然！

孔子思想被历代封建皇帝和儒家学者利用、歪曲、误解甚至阉割，因此我们可以说，儒家思想是封建专制统治的产物！

孔子思想两千多年来被歪曲、阉割，直到正如习近平主席在党的十九次代表大会上所说：“一百年前，十月革命一声炮响，给中国送来了马克思列宁主义。”1921 年中国共产党应运而生，坚持辩证唯物主义和历史唯物主义，在 1949 年推翻了压在中国人民头上的三座大山，“实现了中国向人民民主的伟大飞跃。” 随着两千多年来的封建专制政治制度的结束，很多现代中国学者才能以辩证唯物主义和历史唯物主义来研究探讨孔子思想，阐述孔子思想被历代皇帝、儒家学者的歪曲、阉割，孔子思想才能平反翻身，才能恢复原来的辩证唯物论的精神实质。这就是现代孔子思想基金会所要宣扬的科学的、创意的、务实的、实用的和真理的孔子思想！现代孔子思想不受时间和空间的限制，放之四海而皆准。

要消除改变人们根深蒂固、先入为主的儒家思想，不是容易的事，因为两千年来，传统上，书本这么讲，学校、教授这么教，学生这么被灌输，已经麻木，被框着，跳不出这个框框；现在有学者还说，要从学术角度来这么讲（讲唯心论的、被歪曲阉割的儒家思想），可见这是高度艰难、很有挑战性的和任重道远的工作和历史使命！

今天我们纪念尧帝，要发扬尧帝文化，最好的行动就是发扬光大原汁原味的、唯物辩证论的孔子思想。因为他是尧帝文化的结晶品！

2018 年 5 月 22 日

史前城邑与都城起源

——兼谈陶寺城址形制特征与中国史前城邑的规划思想

蔡运章（洛阳市文物考古研究院研究员）

中国古代都城是历代政治、经济、军事和文化的中心，也是中国历代思想文化的集中体现。目前，我国考古发现的诸多史前城邑的地理环境、形制规模、文化内涵和结构布局，为研究我国古代都城的起源和形成诸问题，提供了丰富的实物资料。本文谨就我国史前城邑的起源、形制特征及其向全国性都城演变的历史轨迹，略作考述。

一、引言

中国位于亚洲的东部，东、南临海，西接沙漠，北面是广袤的草原，西南有大山阻隔，不便与其他远古文明交往。《淮南子·泰族训》说："纣之地，左东海，西流沙，前交趾，后幽都。"这条文献大体勾画出我国先秦时期疆域的基本范围。这种独特的地理环境，决定了我国古代文明起源的独特性和原创性，也决定了都城起源和形成的中国特色。

1. 中国古代都城营建的基本原则

中国古代都城营建的基本原则，具有显著的中国文化特色。主要表现在：

（1）城邑、都城的名义和地位

据《吴越春秋》，"鲧筑城以卫君，造郭以守民，此城郭之始也"（《初学记》卷二十四《城郭》引）。《说文·土部》说："城，以盛民也。"《说文·邑部》："邑，国也。"《楚辞·大招》："田邑千畛。"王逸注："邑，都邑也。"所谓"史前"一般是指夏代之前，所谓"城邑"一般是指建有城墙以便防卫的城堡。"史前城邑"大都是远古部族居住的城堡，也有少数属于远古方国的都邑。

据《左传·庄公二十八年》，"凡邑有宗庙先君之主曰都，无曰邑。"《说文·邑部》载："有先君之旧宗庙曰都。"《释名·释州国》也说："国城曰都。都者，国君所居，人所都会也。"中国古代都城是国家形成的产物，也是全国政治、经济、军事和文化的中心，一般都具有宫城、郭城、宗庙、墓葬、作坊和居民区等基本元素。

（2）都城选址的基本原则

据《周易·坎·彖传》，“地险山川丘陵也。王公设险，以守其国，险之时用大矣哉！”《周礼·夏官·掌固》载：“若造都邑，则治其固。”“设险以守”是中国古代都城选址的首要条件。《管子·度地》载：“天子中而处。”《荀子·大略》说：“欲近四旁，莫如中央。故王者必居天下之中，礼也。”《吕氏春秋·慎势》说：“古之王者，择天下之中而立国，择国之中而立宫。”《汉书·晁错传》也说：“相其阴阳之和，尝其水泉之味，审其土地之宜，观其草木之饶，然后营邑立城。”这说明中国古都城的选址理论，最关键的有四条：一是“设险”以利防卫，二是“择中”以便治理，三是“临水”以便饮用，四是环境适宜以便生活。

（3）都城的形制规模和结构布局

班固《西都赋》载：“其宫室也，体象乎天地，经纬乎阴阳。”《旧唐书·天文志》说：“建邦设都，必稽玄象。”“玄象”即天象。“稽”，合也。这是说中国古代都城建设，要“体象乎天地，经纬乎阴阳”。也就是必须要合乎“法天则地”的思想观念，这也是中国古代都城规划的基本原则。

2. 西方古代都城的形制

西方民族营建的古代都城，大都没有特定的形制和规划理念。例如，巴比伦古城址位于今巴格达市南约 88 公里，是公元前 2000 年到前 500 年巴比伦王国的首都和宗教、贸易中心。考古发掘说明城址大体呈矩形，四周有宽厚坚固的护城墙，面积达 850 公顷（合 8.5 平方公里）。幼发拉底河从城中穿过，在其鼎盛时期城内有居民约 25 万人（图一：1）。再如，居住在今土耳其中部地区的赫梯人，曾创造了气势恢宏的赫梯文明。公元前 1650 年，赫梯国王营建立汉梯沙城，位于今土耳其安卡拉东约 160 公里。这座古城建在崎岖的山坡上，呈不规则形，占地 162 公顷（合 1.62 平方公里）。赫梯王国在这里建都长达 500 多年（图一：2）[1]。

图一：1 巴比伦古城址

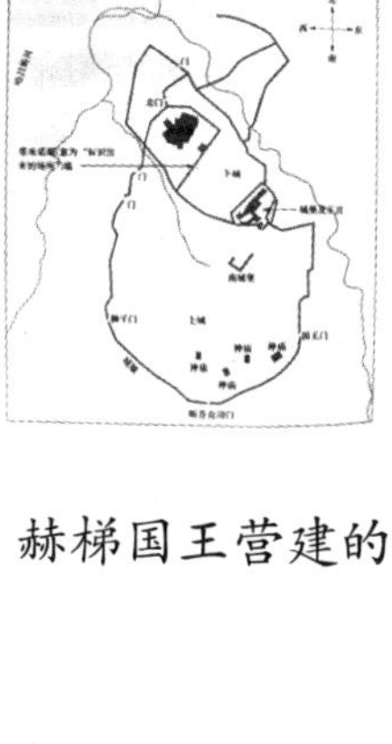

图一：2 赫梯国王营建的汉梯沙城

二、环壕聚落与史前城邑

我国史前城邑的起源，可以追溯到八九千年前的环壕聚落。在距今八九千年的新石器时代中期，随着农耕文明的日渐形成，我国大规模的原始聚落也逐渐出现。

距今 9000 ~ 7500 年的河南舞阳贾湖裴李岗文化遗址，是东亚地区文明曙光最早绽放的原始聚落。贾湖遗址的平面呈不规则圆形，最长径东南、西北长约 280 米，最短径东北、西南宽约 250 米，总面积约 5.5 万平方米（图二）[2]。

与此同时，我国一些地区的农耕部族，为了加强防御便在聚落周围挖建环形的通水壕沟。距今大约九千年的浙江义乌桥头遗址上山文化遗存的环壕聚落，拉开中国“环壕聚落”时代的序幕[3]。

1. 兴隆洼文化的环壕聚落

中国北方的环壕聚落，可以追溯到距今 8000 ~ 7000 年的内蒙古敖汉旗兴隆洼文化遗址。1983 年以来的考古发掘说明，兴隆洼先民开始在这里建立聚落时，就在聚落周围挖起一周环形壕沟，成为典型的“环壕聚落”。壕沟略呈椭圆形，长径 183 米，短径 166 米。现存壕沟宽约 2 米，深约 1 米。因历时长久，地表已被不同程度地侵蚀破坏，推知原来的壕沟应当会更为宽深。

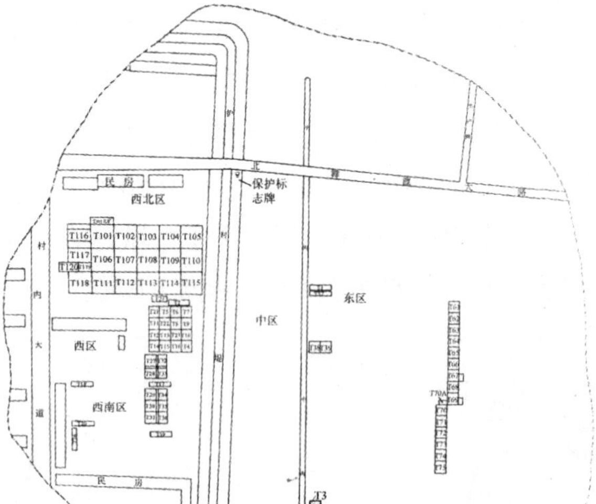

图二：贾湖遗址的原始聚落（采自《舞阳贾湖》）

壕沟内的房基全都是地穴式建筑，沿东北西南方向分布，共有八排，每排10～113座，排列井然有序。每座房基平面呈圆角长方形或方形，平上面一般长8～10米，宽6～8米，面积50～80平方米，现存深度0.1～1米。中间有两座大型房基，每座约140平方米，房基外有较大的空圹场地。这里显然是聚落首领居住的地方。居住区的外侧有环形壕沟防卫，只有西北侧留有一个出口，形成一个非常封闭而安全的原始聚落，已初步显示城市的防卫功能[4]。

2. 仰韶文化的环壕聚落

陕西临潼姜寨遗址是仰韶文化中期的典型聚落，年代距今约6500年。这处遗址位于渭水支流的岸边，面积约5万平方米，四周环绕着一条人工开挖的圆形壕沟，用来保护聚落的安全。聚落分为居住区、窑场区和墓地区三大部分。聚落中部有一片广场，面积约4000平方米。周围分布着百余座半地穴式旁屋，每座房屋的门都朝向中心广场。全村落的房屋可分为五大组，每组都有一座面积约100平方米的大房子以及三五座中型房子和20多座小房屋，形成一个氏族家庭的核心。墓地位于聚落外的东边，窑场位于村外西侧临近河边。聚落的大门位于西南部，可直达河边，便于取水。东部南、北两侧各开一个小门，便于耕作、出猎和祭祀。整个聚落布局规整，居民约有300～500人。这里显然是一处典型的母系氏族社会聚落遗址（图三）[5]。

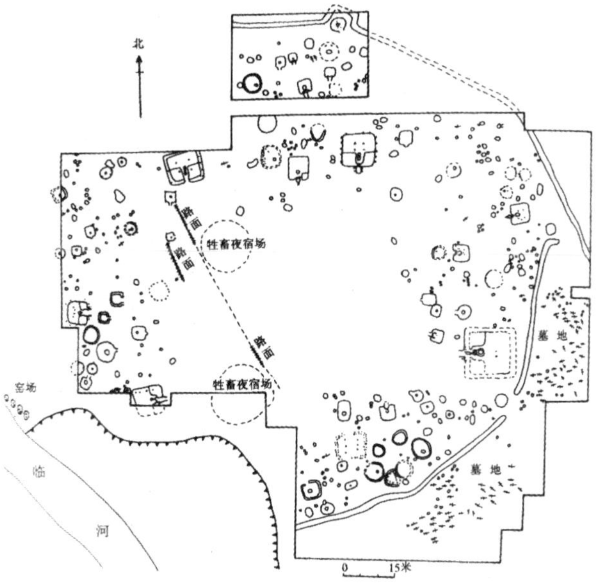

图三：陕西临潼姜寨的环壕聚落（采自《姜寨》）

3. 安徽蒙城尉迟寺的环壕聚落

安徽蒙城尉迟寺大汶口文化环壕聚落遗址，位于略高出地面的堌岗上，距今约 5000 年。环壕略呈椭圆形，东西宽约 220 米，

南北长约 230 ~ 240 米，面积的 10 万平方米。壕沟宽约 25 ~ 30 米，深约 4.5 米。壕沟内分布着 70 多座红烧土排房建筑，分为 14 排、18 组。还有二处较大的活动广场。这是一处保存较好、布局清楚的大汶口文化晚期的小型聚落（图四）[6]。

4. 环壕聚落向圆形城邑的飞越

我国距今大约 9000 ~ 6000 多年间的环壕聚落，大都为“圆形”，或椭圆形，可称之为“环壕聚落”时代。“环壕聚落”是城邑的原始形态，因其没有特意构筑的城垣，故不属于“史前城邑”的范畴。

随着农业经济的不断发展，社会财富逐渐增多，原始聚落周围的防御设施，由深陷的环壕转变为高耸的城墙，这便是城邑出现的重要标志。这个转变最先出现在当时经济文化最发达的长江中游和黄河中下游地区。

据《淮南子·原道训》，“黄帝始立城邑以居”。《史记·封禅书》载：“黄帝时为五城十二楼。”这是说中华先民在黄帝时代已开始营建“城邑”，来保护部族的安全和财产。《吕氏春秋·君守篇》载：“夏鲧作城。”《左传·昭公七年》说：“禹会诸侯于涂山，执玉帛者万国。”因此，自我国原始社会晚期“环壕聚落”的产生，到史前“圆形”城邑的普遍出现，经历了大约 3000 多年的漫长历程。

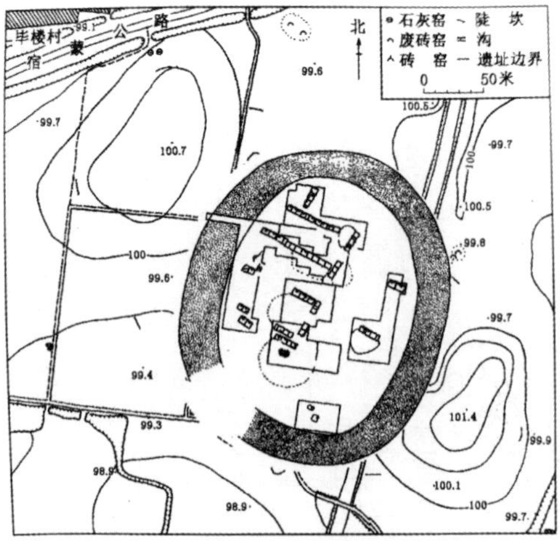

图四：蒙城尉迟寺环壕聚落平面图

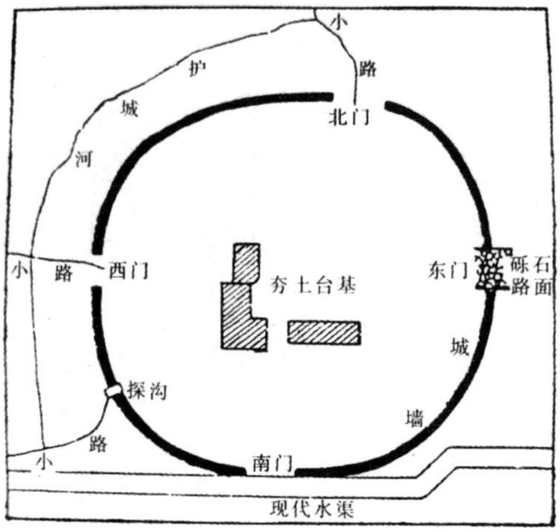

图五：澧县城头山古城遗址平面图（采自严文明：《农业发生与文明起源》）

三、史前城邑演变发展的三个阶段

目前，中国史前城邑已发现60多座。这些城邑的形制特征，存在着由“圆”而“方”的演变过程，大体分为三个阶段：

（一）早期的“圆形”城邑阶段

史前城邑早期阶段的形制，基本上都呈“圆形”或“不规则圆形”。例如：

1. 湖南澧县城头山古城遗址

湖南澧县西北大坪乡的城头山文化遗址，发现有距今6000多年的大溪文化早期到屈家岭文化古城遗址。城垣平面呈圆形，形制规整，面积约15.2万平方米。城垣坡度内缓外徒，用夯土筑成，现存城墙高出地面残高5～6米，底宽约20米，顶部残宽约7米。护城河宽35～50米，深2米左右。城垣四面各有一门，东门有一条用河卵石铺成宽约5米的大道，北门有一条通向河边的通道。城内文化层堆积较厚，发现有房屋、陶窑、灰坑、墓葬、稻田和圜形祭坛等丰富的文化遗存。特别是在城内中西部，还发现有大型长方形夯土台基，应是宫殿区的建筑基址。城内北部坡地上，开辟有公共墓地。这是中国目前发现年代最早、保存最完整、内涵最丰富的古城遗址（图五）[7]。

2. 湖北石首走马岭古城址

湖北石首走马岭屈家岭文化古城址，位于石首市焦山河乡走马岭村与滑家垱镇屯子山村的交界处。城址略呈椭圆形，东西长约370米，南北宽约300米，总面积约7.8万平方米。城垣依地势修筑，夯土每层厚10～20厘米，顶部高低不平，最高处高出城内5米，高出城外10米。城垣宽20～27米，周长约1500米，四面各有一个缺口，可能是城门遗迹。城垣外的护城河宽25～30米（图六）[8]。

3. 郑州西山仰韶文化古城遗址

河南郑州市西山发现的仰韶文化古城遗址，距今5300～4800年。城址平面为规则的圆形，东南部多被河水冲毁，总面积约10万平方米。城墙现存宽5～6米，残高3～8米，城墙内外均有护城壕。北垣东部有城门，城内有南北向大道。城内已清理出房基120座，墓葬300多座，窖穴、灰坑1600多个，出土陶器、骨器和石器数千件。墓葬中出现父子及夫妻合葬现象，表明当时家庭结构已发生由母系社会向父系社会的根本转变（图七）[9]。

这种平面呈“圆形”的古城址，还有湖北公安县鸡鸣城古城址[10]、湖北应城陶家湖城址[11]、湖北荆州阴湘城址[12]、山东茌平教场铺古城址等[13]，都是我国史前城邑初始阶段的形制特征。它们与当时祭天的“圜形”祭坛和玉璧一样，

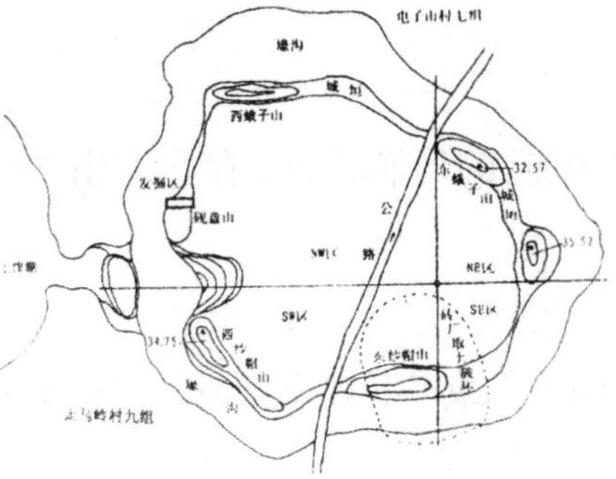

图六：走马岭古城址平面图

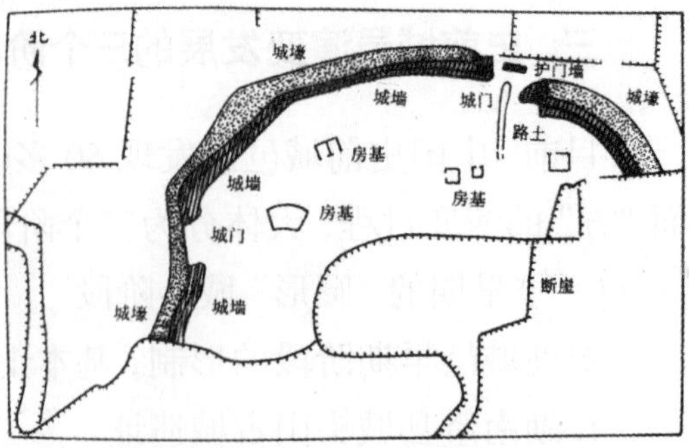

图七：郑州西山古城遗址平面图

都应是远古先民天神崇拜的产物。

必须指出的是，这个时期的“圆形”古城址，诚如严文明先生所说：当时的“城防建筑技术还不大完善，实际上是把挖壕沟时的大量泥土筑成一道垄，以加强壕沟防卫作用的一种措施。……堆在内侧的泥土有些经过夯筑，层次分明；但大多数不见夯窝，不像通常意义上所讲的夯土。况且土层不平整，从剖面看多呈拱形，难以形成比较陡直的城墙壁，所以大多数城垣的内外坡都较缓，与后来的城墙明显不同。如果没有外面的壕沟，是很难起到有效的防卫作用的。所以这些‘城址’应当是环壕聚落向真正城邑转变过程中的一种中间形态”[14]。

（二）中期的“圆角长方形”城邑阶段

史前城邑中期阶段的形制，基本上都呈“圆角方形”或不规则的圆角方形。例如：

1. 浙江余杭良渚文化古城遗址

自20世纪30年代以来，在浙江杭州市北郊余杭发现良渚文化遗址，距今5300～4200年。这处遗址群在杭州市余杭区面积约50平方公里的范围内，共发现良渚文化遗址135处，包括反山、瑶山祭坛和墓地，汇观山祭坛和墓地，出土了大量精美的玉器。良渚文化先民，种植水稻、花生、芝麻、蚕豆等农作物，居住干栏式房屋，开始养蚕织绢，制作精美的珠、管、坠、玦、璜、瑗、镯、璧、琮等玉器。足以说明良渚文化先民，已创造了繁荣的稻作农业和手工业经济。特别是在良渚文化陶器上，已发现多件“成排成行”的纪事文字，被誉为“长江文明的曙光”[15]。

良渚先民发达的农业和手工业经济，催生了国家政权和都邑的产生。2006年，在杭州市北郊余杭区瓶窑镇与良渚镇莫角山地区发现良渚文化古城遗址。

城址平面呈圆角长方形，南北长 1800 ~ 1900 米，东西宽 1500 ~ 1700 米，总面积约 290 万平方米。城墙宽度 40 ~ 60 米，现存残高约 4 米。莫角山遗址位于古城址的中偏北部，高 10 多米，面积约 300 万立方米，中心部位发现有 2 万多平方米的夯土建筑基址和柱洞，应是贵族行使权力的政治和宗教场所（图八）[16]。

颇有趣味的是，有学者指出："良渚文化所有古国的统治集团，在玉琮周围雕刻若干先祖像，在祭祀中借助这些先祖像，通过中间的穿孔，与居住在天上的祖先神沟通。"形体内圆外方的玉琮，"方、圆表示地和天"。特别重要的是，若将良渚文化寺墩遗址的"结构布局，与玉琮的形制作一对照，便可发现两者极为相似"。可以有把握地说，寺墩址"是依照玉琮的形制来设计"的。遗址"本身就是一个大玉琮"。"莫角山遗址的总体布局，同样是玉琮的形制，只不过不及寺墩遗址惟妙惟肖"而已。这里，"沟通天地的主要操作者，则是掌握最高权力的人"[17]。由此可见，良渚文化莫角山古城址形制特征所蕴涵的浓厚宗教意义。

良渚文化的族属，被认为是蚩尤国族的文化遗存。这些考古发现，说明早在距今约 5300 年前的蚩尤国族，已进入有文字纪录的文明时代。

2. 湖北天门石家河古城遗址

石家河古城遗址位于湖北天门县石家河镇北约 1 公里处，年代距今约 5000 ~ 4600 年。北为丘陵，南临北港湖，从丘陵南流的两条小河在城址两侧汇入北港湖。城址大体呈圆角方形，南北长约 1300 米，东西宽约 1200 米，总面积约 120 万平方米。这座城墙底宽 50 米，顶宽 15 米，高约 6 米。墙体经过夯打，层次分明，夯层厚约 0.1 米。

近年在位于石家河古城中部高地发现的谭家岭古城址，平面大体呈圆角方形，城垣东西长 440 米，南北宽 390 米，城垣内总面积 17 万平方米，城壕内总面积达 26 万平方米。城垣用较为纯净的黄土堆筑，底宽 15 ~ 18 米，残高在 0.8 ~ 2 米之间。城壕紧贴城垣，北城壕宽约 220 ~ 30 米，东城壕宽约 30 ~ 70 米，南城壕则直接利用宽度超过 120 米的自然河道。城垣普遍高出护城壕底部 4 ~ 5 米。城址内发现许多房屋遗址，这里应是主要的居住区。谭家岭城址的年代不晚于屈家岭文化早期。

城内西北部的邓家湾还发现有许多塔形陶器和多处由大型陶缸相套排列成弧（或直条）形的祭祀遗存，其中有的陶缸上还有"刻划符号"。在这些陶缸附近的灰坑里，还出土有数千猪、狗、羊、牛、鸡、猴、象、龟、鱼和长尾鸟等陶塑动物以及成百件的人抱鱼像，这里显然是一个宗教祭祀场地。

值得注意的是，在石家河城址城壕外的西北侧，有个名为印信台的方形台

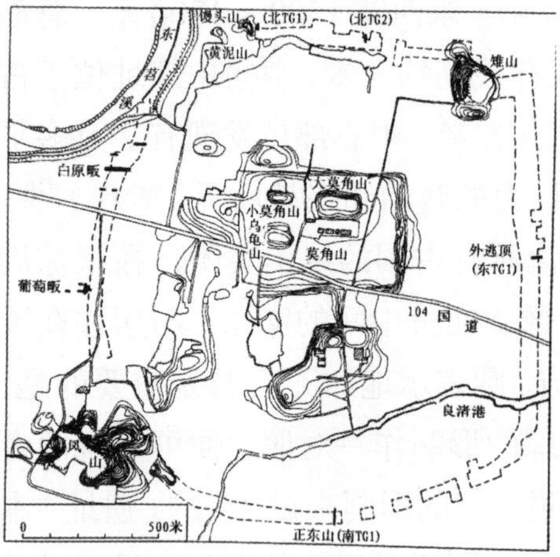

图八：浙江余杭良渚文化古城址图

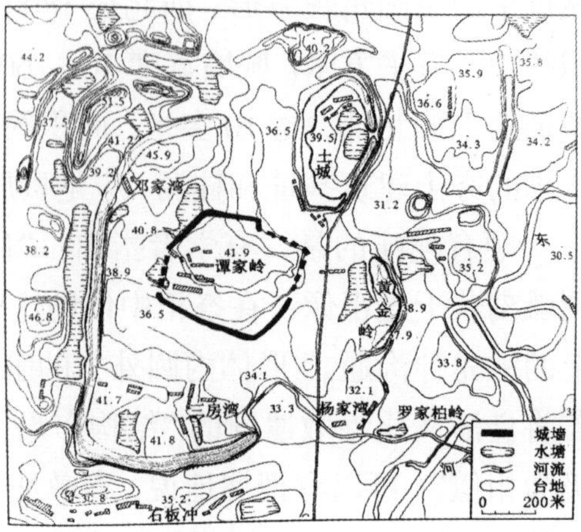

图九：石家河文化古城址图

地。因台地形状似印章而得名。台地顶部南北长约110米，东西宽约130米，面积约为1.43万平方米。遗址内发现有大量台基、瓮棺、扣缸、扣碗、套缸、土坑墓和灰坑等祭祀遗存，说明这里应是一座特殊的祭祀场所。

同时，在三房湾遗址内发现有陶窑、黄土堆积、黄土坑、洗泥坑、蓄水缸等与制陶活动相关的文物遗迹。在此发现有数万件制作粗糙而用于宗教祭祀的红陶杯。它说明这处遗址应是一座烧制陶器的专业窑场。

从聚落形态看，石家河城址内外的蓄树岭、黄金岭、印信台、罗家柏岭以及肖家屋脊等遗址在内，已形成一个庞大的石家河遗址群（图九）[18]。石家河城址发现有少量的铜矿石和铜渣，罗家柏岭遗址还发现有铜渣和五件残铜片。石家河文化被认为是三苗部族的文化遗存。这些三苗部族已初步掌握了冶铜和制铜技术，即将迈入文明社会的门槛。

3. 山西襄汾陶寺古城遗址

20世纪90年代末以来，在山西襄汾县东北发现的陶寺龙山文化古城址，平面呈圆角长方形，坐东北朝西南，分宫城和廓城两部分，总面积达280万平方米，距今4300～4100年。城垣残存高0.8～1米，基槽宽约7米，顶部宽6.6米。在城址的东北部发现有大型宫城和宫殿建筑基址。宫城呈长方形，东西长470米，南北宽约270米，面积近13万平方米。方向大体为偏西45度，即315度，与陶寺大城方向基本一致。城垣内还发现有房屋、陶窑、窖穴、水井、墓地、观象台基址等遗址以及一座约3万平方米的大型公共墓地。墓葬分大、中、小三种规格，出土有大量精美的石磬、石刀、玉器、龙盘、陶鼓、彩绘陶器、铜铃、玉石钺和朱书文字陶壶等随葬文物。从城址的地理位置、形制规模、文化年代及其所反映的文明程度等因素，都与史书记载的“尧都平阳”相吻合（图一〇）[19]。

尧、舜是五帝时代的最后两位帝王。《左传·昭公二十八年》载：晋封“赵朝为平阳大夫。”《括地志》云：“今晋州所理平阳故城是也。”皇甫谧《帝王世纪》说：“尧都平阳，于《诗》为唐国”（《史记·五帝本纪》正义引）。因此，陶寺古城址当是“尧都平阳”故城。

尧舜时代的中原地区，已迈入文明社会的门槛。只是当时全国大一统的“王朝”局面尚未形成。这一考古发现，对研究我国古代国家和都邑的形成过程具有重要价值。

这种类形制的古城址，还有湖南澧县鸡叫城址[20]、河南濮阳市戚城龙山文化城址[21]、山东济南章丘城子崖古城址[22]、寿光边线王古城址[23]等，都是我国史前城邑由“圆”而“方”过渡阶段的形制特征。

（三）晚期的“方形”城邑阶段

史前城邑晚期阶段的形制，便进入“方形”或“长方形”的阶段。例如：

1. 河南淮阳平粮台古城遗址

1979年，在河南淮阳县城东南4公里的平粮台发现一座龙山文化古城址，距今约4400～4100年。平面呈正方形，长宽均为185米，总面积约为34000平方米。城墙残高3米多，顶部宽8～10米，底部宽13米。在南、北城墙的中部

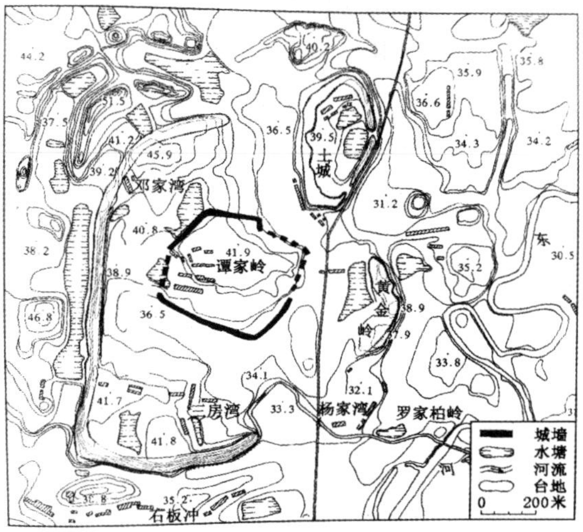

图一〇：陶寺古城址平面图

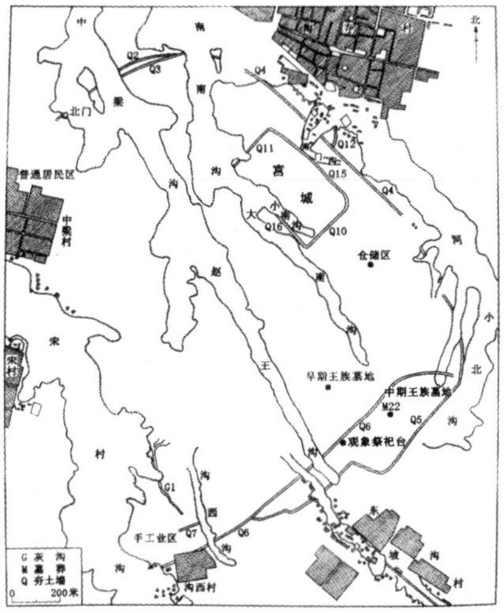

图一一：淮阳平粮台古城址平面图

发现有城门缺口和路土，南城门的东西两侧有门卫房，门道下铺设有陶排水管道。在城内发掘有10多座房基，多为长方形排房。其中一座有高0.72米的夯土台基，东西长15米多，南北宽5.7米，中间有三道土坯隔墙，构成一组四间的大型建筑，面积约85.5米。城内发现有陶窑、窖穴和墓葬，还发现有铜炼渣和一块铜容器残片等遗物（图一一）[24]。

2. 河南郾城郝家台古城址

在河南郾城县东石槽赵村东北沙河北岸的台地上，有一座属于龙山文化早中期的古城址，距今约4300年。城址平面呈长方形，南北长222米，东西宽148米，总面积约为33000平方米。现存城墙宽5米，残高0.8米，夯筑而成。东墙正中有一个宽约9米的缺口，可能是该城的城门遗址。城墙外有护城壕沟。城内有连间房屋、灰坑和墓葬遗存（图一二）[25]。

3. 河南登封王城岗古城址

据古本《竹书纪年》记载："禹都阳城"。《史记·夏本纪》说："禹辞避舜之子商均于阳城。"《集解》引刘熙曰："今颍川阳城是也"。《括地志》曰："其阳城县在嵩山南二十三里，则为嵩山之阳也。""阳城"当在嵩山南麓今登封市境内。

1977年以来，在河南登封市部城镇王城岗发现的龙山文化晚期古城址，分

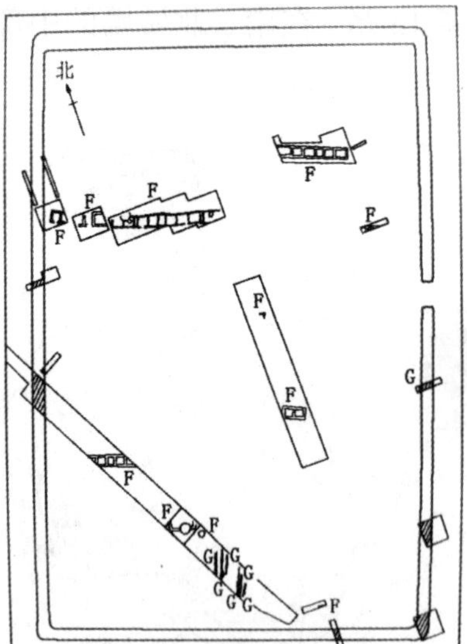

图一二：郾城郝家台古城址平面图

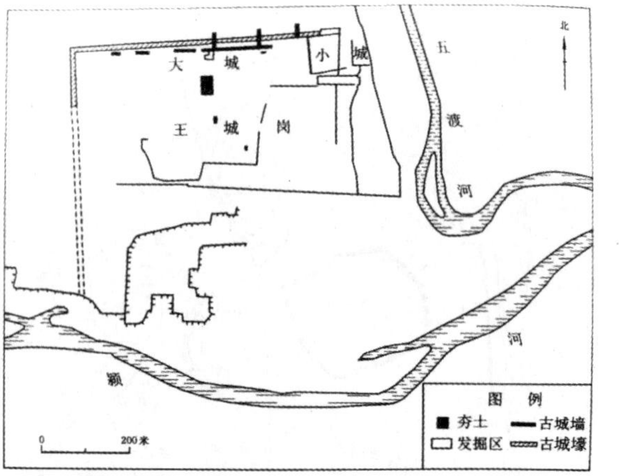

图一三：登封王城岗古城址平面图

小城和大城两部分。城址面积近方形，根据残存城墙复原，大城东、西城墙应各长580米，南、北城墙应各长600米，总面积约34.8万平方米，时代距今约2100～2000年。这座古城址当即《世本》记载"鲧"所作的"城郭"和"禹"所都的"阳城"遗址（图一三）[26]。夏禹治水成功，建立了我国第一个大统一的奴隶制王朝。禹都"阳城"便是夏代初年全国大统一王朝的都城。因此，这些考古发现，为研究我国古代都城的形成具有重要意义。

这类古城址还有河南孟庄古城址[27]、山东日照尧王城遗址[28]、江苏连云港藤花落古城址[29]、四川都江堰芒城址[30]、四川大邑高山古城址等[31]。这个时期的夯筑技术已比较城熟，如河南孟庄古城址已采用集束木棍夯筑法。因此，城邑的平面呈方形（或长方形）的形制，正是我国史前城邑走向成熟阶段的基本形态。

四、史前城邑形制的演变缘由及其文献与考古学佐证

我国史前城邑的形制特征，为什么会沿着由"圆"而"方"的轨迹进行演变？

（一）史前城邑形制演变缘由的不同认识

我国考古发现的史前城邑，数量众多，分布广泛，历时长久。这些城邑由"圆"而"方"的演变过程，趋势明显，脉络清晰。然而，我国考古学界特别是研究先秦城邑的学者，很少关注和回答这种变化的缘由。

杨育彬先生指出：这些古城址"平面多呈圆形或椭圆形，可能是古代先民已经意识到圆的面积最大，站在圆形的城墙上视野开阔，宜于瞭望，便于防御。另从意识形态上考虑，'为人君者，取象于天'，按天圆的形态而把城设计为圆形。同时，这也是受仰韶文化早期的圆形聚落、圆形房屋影响的结果"[32]。许宏先生认为，"方形的城圈，当然首先与平展的地势和直线版筑的工艺有关。但方向最大限度地接近正南北，追求中规中矩的布局，显然超出了防御的实际范畴，而似乎具有了表达宇宙观和显现政治秩序的意味。可知，影响古代中国建筑规划与社会政治思想的方正规矩、建立中极的理念，至少可以上溯到4000多年前的中原"[33]。这些说法虽有一定道理，但均未触及事情的本质。

我们认为，我国从裴李岗文化"圆形聚落"，到兴隆洼文化以降的"环壕聚落"，再到城头山古城址以来的"城邑"的形制，都沿着由"圆"而"方"轨迹转变，这应是中华先民"天圆地方"观念深刻影响的结果。但是，人们不仅要问，早在五六千年前，这种观念是否已经形成？我们的回答是肯定的。

（二）中国古代的“天圆地方”宇宙观念

中华先民盛行“天圆地方”的宇宙观念。据《大戴礼记·曾子天圆》，“天道圆，地道方，方曰幽，而圆曰明。明者，吐气者也，是故外景。幽者，含气者也，是故内景。”卢辩注：“方者阴义，而圆者阳理，故以明天地也。”《吕氏春秋·圜道》载：“天道圜，地道方，圣王法之，所以立上下。”《周髀算经》卷上说：“方属地，圆属天，天圆地方。”又说：“天圆如张盖，地方如棋局。”“天圆地方”是中国古代最早的宇宙模式，反映了人类童年对宇宙结构的直接把握。《吕氏春秋·有始览》载：“天地有始。天微以成，地塞以形。”高诱注：“天，阳也。地，阴也。”《周易·乾·文言传》：“飞龙在天。”《集解》引张璠曰：“天者，阳也。”《后汉书·五行志四》说：“地者，阴也。”因此，诚如北周大儒卢辩所说，中国古代的“天圆地方”观念，实属《周易》阴阳哲学的范畴。

（三）中国古代“天圆地方”观念的形成过程

天地是人类赖以生存的根本基础。据《荀子·礼论》，“天地者，生之本也。”《庄子·达生》载：“天地者，万物之父母也。”《素问·宝命全形论》说：“天覆地载，万物悉备。”《春秋繁露·顺命》说：“天者，万物之祖。”同书《义证》说：“天生之，地载之。”萧吉《五行大义》卷五说：“地能成万物也。”原始先民认为，人类生活在天地之间，有“天覆之，地载之”（《礼记·中庸》）的直观感觉。

据《说文·天部》，“天，颠也，至高无上。”《白虎通义·天地》载：“天之为言镇也，居高理下，为人镇也。”《春秋繁露·郊义》说：“天者，百神之君也，王者之所最尊也。”远古先民认为，天体高居上空，覆盖大地，是至高无上的神灵。因此，在人类童年的远古时代，就产生了天神崇拜。“天圆如张盖”的宇宙观念，就是中华先民童年时代，对浩瀚苍穹日常观察而得出的宏观认识。我国最早的“聚落”和“城邑”均建成“圆形”模样，就是中华先民天体崇拜的产物。

据《鹖冠子·度万》，“天者神也，地者形也。”这是说“天”是至上的神灵，“地”则是有形状的物体。《荀子·儒效》，“至高谓之天，至下谓之地。”《释名·释地》载：“地，底也，其体底下载万物也。”《春秋繁露·阳尊阴卑》说：“地，天之合也，物无合会之义。”这说明天地是供人类生活的一个上下整体，“天圆地方”正是天地和谐共生的理想家园。

中华先民盛行“天圆如张盖，地方如棋局”的宇宙观念。前者是先民对浩瀚苍穹日常观察而得出的实践认识，较好理解。那么，后者是怎么形成的？

《吕氏春秋·不苟》说：“欲知方圆，则必规矩。”这说明“规矩”是测定“方圆”的重要工具。中华先民的这种认知，可以从“方”字的构形和本义里得到启

迪。甲骨金文的“方”字，作

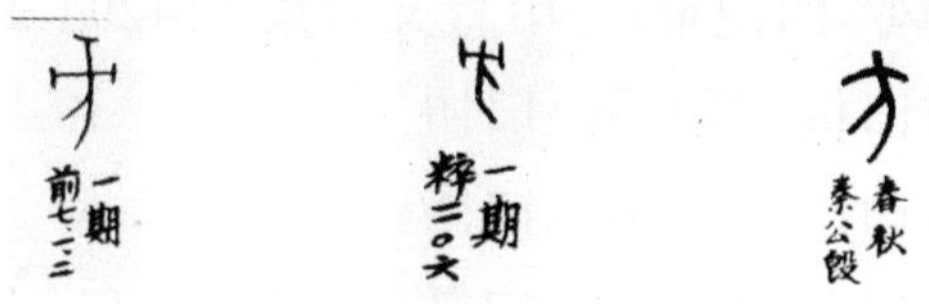

诸形，于省吾先生说：甲骨文“方之初文，无论从字画演变或词例和义训来看，都是可以断定的。至于方字的造字本义，说文训为‘併船’，妄测无据。近年来学者释方之说，颇多分歧，只有存以待考”[34]。

据《诗・小雅・正月》，“谓天盖高，不敢不局。谓地盖厚，不敢不蹐。”这些诗句表达了中华先民对天高地厚的敬畏思绪。《诗・邶风・简兮》载：“方将万舞。”毛传：“方，四方也。”《淮南子・兵略训》说：“方，地也。”《吕氏春秋・圜道》：“必使之方。”高诱注：“方，正也。”这是说大地呈四方规矩的平整状态。

这个“地方如棋局”的确定方法，据《淮南子・地形训》，“阖四海之内，东西二万八千里，南北二万六千里。……禹乃使太章步自东极，至于西极，二亿三万三千五百里七十五步。使竖亥自北极，至于南极，二亿三万三千五百里七十五步。”这里所谓“四海之内”四方终点的距离，自然属于古人神话传说般的推测演绎。但与此同时，也有一个较为朴实的认知和确定方法。

据《说文・十部》，“十”字的一横为东西，一竖为南北，横竖相交表示“四方”和“中央”的五个方位，即两条直线所指的方向分别是“四方”，而两线的交点便是“中央”。四方的终点即四方极远的地方，便叫作“四极”。《说文・工部》说：“工，巧饰也。象人有规榘也，与巫同意。”段玉裁注：“直中绳，二平中准，是规榘也。”《周髀算经》卷上说：“方出于矩。”赵爽注：“方正之物，出之于矩。矩，广长也。”这说明四方终点间的距离，是用矩尺测量出来的结果。

从“方”字的构形看，“⊢⊣”同“Ｉ”，乃矩尺的象形文。“⊢⊣”是“Ｉ”字的平置状态[35]。故“方”字像人肩负矩尺向前行进的状态，当是从“⊢⊣”、从“人”的象形兼会意字。由此推测，“方”字的本义，当指从事测量东、西、南、北四方距离的意思。

《说文・巫部》说：“巫，祝也。……与工同意。”这说明“工”“巫”的含义相通。甲骨金文“巫”字初文作“☩”形，像两把矩尺垂直交午状。有学者指出：“‘☩’字的初文唯指四极。因此，‘☩’字作为表示四方的文字实即是个指示字，意即在‘十’字的基础上被规限了四极的四方。四极被限定之后，方形大地的宇宙观便应运而生了。”[36]这种推测是合理可信的。

在中国古代神话传说里，四极皆有神灵（巫）职守。殷墟甲骨文有“四方神”

和“四方风”的记录。《甲骨文合集》14294云：

东方曰析，凤（风）曰协。

南方曰因，凤（风）曰微。

西方曰夷，凤（风）曰彝。

【北方曰】勹，凤（风）曰役。

这是武丁时期刻在牛胛骨上的记事刻辞。在《甲骨文合集》14295、《尚书·尧典》和《山海经·大荒经》里，也有类似的记载。四方所体现的时空内涵恰与四方神（巫）的职司相合。“所以四方之巫可能就是卜辞及文献中记载的四方之神，也即司职四气的分至四神”[37]。而这些“四方神（巫）”居守的极点，则与“方”字的本义相关联。这就是《说文》所说“工”“巫”同义的缘由。

（四）“天圆地方”观念形成的年代

中国古代“天圆地方”观念产生的年代，非常久远。据《晋书·天文志》，“其本庖牺氏立周天历度，其所传则周公受于商高，周人志之，故曰周髀。”这说明我国古代观测天文历法的活动起源很早，与其相关的“天圆地方”观念也早已形成。邵雍《皇极经世·观物外篇》说：“圆者本一，方者本四。”这种“天圆地方”观念，从考古发现的文物遗迹里，可以得到证明：

一是距今约6500年河南濮阳西水坡仰韶45号墓的形制（图）。冯时先生指出：“濮阳西水坡仰韶45号墓的形制，正是这种古老宇宙观念的体现。墓主人首南足北。古代中国人的观念正是以首、以南属天，以足、以北属地。而墓穴恰恰又是南部为圆形，北部呈方形，象征天圆地方”（图一四：1）[38]。

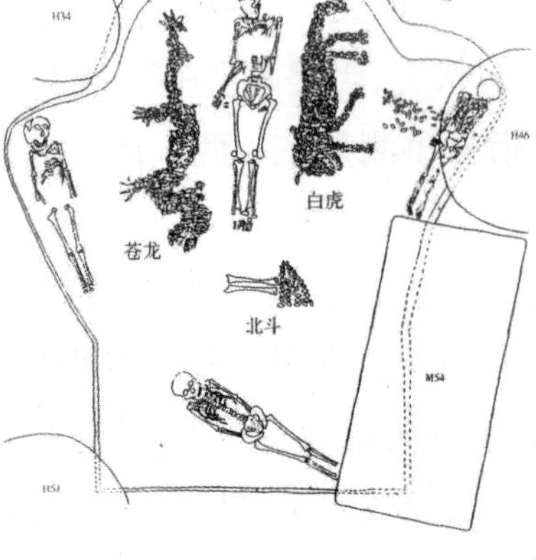

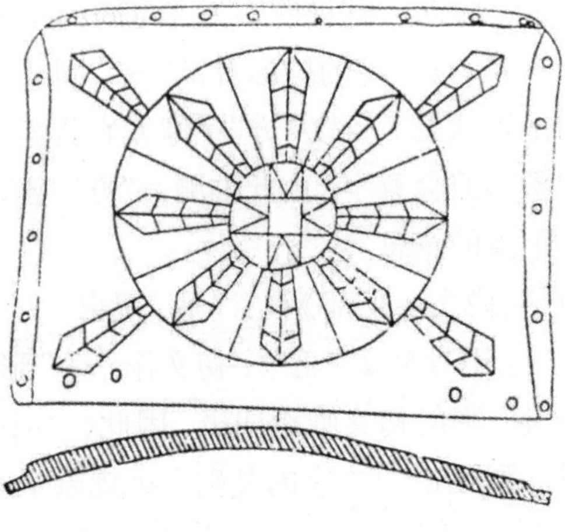

图一四：1 濮阳西水坡45号墓平面图　图一四：2 安徽含山大汶口文化玉板图

二是安徽含山大汶口文化玉板图的“形状和版面的圆圈和圆圈内的八角星纹”，正“是我国古代天圆地方观念的反映”（图一四：2）[39]。

三是《周礼·春官·大宗伯》说：“以玉作六器，以礼天地四方，以苍璧礼天，以黄琮礼地。”郑玄注：“璧圆像天。琮，八方像地。”良渚文化墓葬出土大量祭天的玉璧和礼地的玉琮（图一四：3），也是我国远古时代“天圆地方”观念的有力佐证。

城市的兴起是人类进入文明社会的重要因素。中国古代社会在新石器时代晚期，随着原始农业和手工业经济的繁荣，致使部族群体和个人的财富日益增多。人们为了保护已有的劳动成果，防止外来力量对部族财富的劫夺，在聚落周围构筑坚固的防护设施，就显得特别需要。兴隆洼和姜寨原始聚落周围的圆形壕沟，都已初步显示出城堡的基本功能。

据《左传·哀公七年》，“禹会诸侯于涂山，执玉帛者万国。”《史记·五帝本纪》载：“轩辕之时，神农氏世衰，诸侯相侵伐，暴虐百姓，而神农氏弗能征。于是轩辕乃习用干戈，以征不享，诸侯咸来宾从。”《史记·孝武本纪》说：“黄帝时万诸侯”，乃“置左右大监，监于万国。”《汉书·地理志》也说：“昔在黄帝，作舟车以济不通，旁行天下，方制万里，画野分州，得百里之国万区。是故《易》称‘先王以建万国，亲诸侯’；《书》云‘协和万国’，此之谓也。”这说明黄帝时期，我国境内已出现“万国”林立的城邦社会。考古发现数量众多的原始部族构筑的古城址，就是当时“万国”林立社会现象的具体反映。

正是黄帝以来连续不断“习用干戈，以征不享”的统一战争，才催生了大一统的中原王朝。夏代以来，规模宏伟、井然有序的历代都城，正是当时政治、经济、军事和文化的结晶。

图一四：3 良渚文化墓葬出土的玉璧和玉琮

五、结语

我国史前城邑是远古时代的部族城堡、方国都邑向王朝都城迈进的文化遗存。这些城邑的形制则经历了由“圆”而“方”的三个演变发展阶段，虽然这种演变发展并非截然相承，但却反映了中华先民的“天圆地方”观念不断成熟和升华的漫长历程。

中华远古文明具有“多元一体”的显著特征。考古发现说明，至迟在距今九千年以来，居住在黄河、长江和海河流域的中华先民，因为拥有共同的地理家园(即共同的生活地域、自然环境和粟、稻农业)、共同的祖先认识(即人文始祖伏羲、女娲和血缘始祖炎、黄二帝)、共同的语言文字(即汉语、汉字)、共同的文化信仰(即祖先崇拜、《周易》哲学和儒道文化)和共同的图腾崇拜(龙、凤),所以具有巨大的凝聚力和向心力[40]。

特别是自炎帝、黄帝以降,随着诸侯间“习用干戈，以征不享”的兼并战争的不断发展，极大地促进了大一统王朝的形成和华夏民族的诞生。这就是我国分布在大江南北的史前城邑，都能在“天圆地方”观念影响下，沿着由“圆”而“方”的方向,不断发展演变的根本原因。

恩格斯指出:“在新的设防城市周围屹立着高耸的墙壁并非无故，它们的壕沟深陷为氏族制度的墓穴，而它们的城楼已经耸入文明时代了”[41]。自夏代以降,我国“圆形”和“圆角长方形”的城邑骤然消失，而平面呈方(或长方)形的都邑“几乎成为中国历史上城市建设规划上的一个根本思想和原则”[42]。这正是中华先民“天圆地方”观念深刻影响的结果，也就是遵循“体象乎天地，经纬乎阴阳”“法天则地”思想观念的结果。

2018年3月29日稿

2018年5月23日修订

注释:

[1]〔英〕布朗丛书公司编著:《古代文明》第45、128页,老安等译,山东书画出版社,2003年。

[2]河南省文物考古研究所:《舞阳贾湖》第14页,科学出版社,1999年。

[3]蒋乐平:《浙江义乌桥头遗址》,《大众考古》2016年第12期。

[4]中国社会科学院考古研究所内蒙古工作队:《内蒙古敖汉旗兴隆洼遗址发掘简报》,《考古》1985年第10期。

[5]西安半坡博物馆:《姜寨》,文物出版社,1988年。

[6] 中国社会科学院考古研究所、安徽蒙城县文化局:《蒙城尉迟寺(第二部)》, 科学出版社, 2007 年。

[7] 湖南省文物研究所:《澧县城头山屈家岭文化城址的调查与试掘》,《文物》1993 年第 2 期。湖南省文物研究所:《澧县城头山——新石器时代遗址发掘报告》, 文物出版社, 2007 年。

[8] 张绪球:《屈家岭文化古城的发现和初步研究》,《考古》1994 年第 7 期。荆州市博物馆:《湖北石首走马岭新石器时代遗址发掘简报》,《考古》1998 年第 4 期。

[9] 许顺湛:《郑州西山发现黄帝时代古城》,《中原文物》1996 年第 1 期。杨肇清:《试论郑州西山仰韶文化晚期古城址的性质》,《华夏考古》, 1997 年第 1 期。

[10] 荆州博物馆贾汉清:《湖北公安鸡鸣城城址的调查》,《文物》1998 年第 6 期。

[11] 李桃远、夏丰:《湖北应城陶家湖古城址调查》,《文物》2001 年第 4 期。

[12] 江陵县文化局:《江陵阴湘城的调查与探索》,《江汉考古》1986 年第 5 期。荆州博物馆等:《湖北荆州市阴湘城 1995 年发掘简报》,《考古》1998 年第 1 期。

[13] 中国社会科学院考古研究所山东队等:《山东茌平教场铺龙山文化城墙的发现与发掘》,《考古》2005 年第 1 期。

[14] 严文明:《中国环形聚落的演变》,《国学研究》第 2 卷, 北京大学出版社, 1994 年。

[15] 李学勤《良渚文化的多字陶文》,《苏州大学学报 · 吴学研究专集》, 1992 年。

[16] 浙江省文物考古研究所:《杭州市余杭区良渚古城址 2006 ~ 2007 年的发掘》,《考古》2008 年第 7 期。《杭州市良渚外围水利系统的调查》,《考古》2015 年第 1 期。

[17] 丰广锦:《玉琮与寺墩遗址》,《中国文物报》1995 年 12 月 31 日。

[18] 石家河考古队:《湖北省石家河遗址群 1987 年发掘简报》,《文物》1990 年第 8 期。湖北省文物考古研究所等:《湖北天门市石家河遗址 2014—2016 年的勘探与发掘》,《考古》2017 年第 7 期。段渝:《酋邦与国家起源》第 149、168 页, 中华书局, 2007 年。

[19] 中国社会科学院考古研究所:《襄汾陶寺——1978—1985 年考古发掘报告》, 文物出版社, 2015 年。何驽:《陶寺考古: 尧舜"中国"之都探微》,《帝尧之都中国之源: 尧文化暨德廉思想研讨会文集》, 中国社会科学出版社, 2015 年。高江涛:《襄汾陶寺遗址宫城及门址考古取得新收获》,《中国文物报》2008 年 3 月 9 日第 8 版。

[20] 尹检顺:《澧县鸡叫城新石器时代晚期城址又有新发现》,《中国文物报》1999 年 6 月 23 日。

[21] 李一丕等:《濮阳戚城龙山文化城址的考古勘探、发掘及其重要意义》,《中国社会科学院古代文明研究中心通讯》, 2015 年第 1 期。

[22] 山东省文物局:《山东文化遗产 · 重点文物保护单位》, 科学出版社, 2013 年。栾丰实:《丁公龙山、岳石文化古城》,《山东古城古国考略》, 文物出版社, 2016 年。

[23] 张学海:《寿光边线王龙山文化城堡遗址》,《中国考古年鉴 · 1985 年》, 文物出版社, 1985 年。

[24] 河南省文物考古研究所:《河南淮阳平良粮台龙山文化古城遗址发掘简报》,《文物》1983 年第 3 期。

[25] 河南省文物考古研究所:《郾城郝家台》图二六, 大象出版社, 2012 年。

[26] 北京大学考古文博学院、河南省文物考古研究所:《登封王城岗考古发现与研究(2002—2005)》, 大象出版社, 2007 年。

[27] 袁广阔:《辉县孟庄发现龙山文化城址》,《中国文物报》1992 年 12 月 6 日第一版。河南省文物研究所:《辉县孟庄》图三, 中州古籍出版社, 2003 年。

[28] 中国社会科学院考古研究所等:《山东日照市尧王城遗址 2012 年的调查与发掘》,《考古》2015 年第 9 期。

[29] 南京博物院、连云港市博物馆:《连云港滕花落新石器时代遗址考古发掘报告》, 科学出版社, 2014 年。

[30] 成都市文物考古工作队等:《四川都江堰市芒城遗址调查与试掘》,《考古》1999 年第 7 期。

[31] 成都文物考古研究所:《成都市大邑县高山古城2014年发掘简报》,《考古》2017年第4期。

[32] 杨育彬、孙广清:《中国史前城址与古代文明》,《中原文物》1999年第2期。

[33] 许 宏:《先秦城邑考古 · 上编》第30页,西苑出版社,2017年。

[34] 于省吾:《甲骨文字释林》第147页,中华书局,1983年。

[35] 高鸿晋:《中国字例》第四篇,广文书局,1960年。李学勤:《论含山陵家滩玉龟、玉版》,《中国文化》1992年第6期。

[36] 冯 时:《中国古代的天文与人文》第26页,中国社会科学出版社,2006年。

[37] 同[36]。

[38] 冯 时:《河南濮阳45号墓的天文学研究》,《文物》1990年第3期。

[39] 蔡运章:《论原始洛书及其相关问题——安徽含山出土玉板图和玉龟研究》,《甲骨金文与古史新探》,科学出版社,2012年。

[40] 蔡运章:《"中国"的形成及其文化特质》,2016山西与古中国学术研讨会论文,特刊稿。

[41] 恩格斯:《家庭、私有制和国家的起源》,人民出版社,1972年。

[42] 许 宏:《先秦城邑考古 · 上编》第30页,西苑出版社,2017年。

从尧舜传说到尧舜事迹，兼论中国礼乐文明的人文精神

张焕君（山西师范大学历史与旅游文化学院副院长）

儒家礼乐文明的形成并非朝夕之功，周公制礼作乐，将天命的转移寄托于民心的维持之上，而民心的得失则在于统治者是否有“德”，因此主张统治者必须明德、敬德，从而使中国摆脱神性的统治，确立了德政的传统。孔子继承周公思想中德、礼、乐等成分，又开辟出仁、礼结合的新境界，在亲亲、尊尊之外，推出贤贤的主张，进一步打破身份、阶级的天然限制，突出人的主体地位，实现了人类精神的重大突破。孔子生于礼坏乐崩的时代，传统的等级与信仰逐次崩坏，功利思想、逐利本能，成为一时风尚，失去传统精神资源的支持，因而在建立新学术体系上必须找到历史、逻辑上的新依靠。于是，尧文化及尧舜故事被重作解释，排入儒家礼乐思想体系之中，成为中庸、德政、尊贤、仁政、礼让、乐教、恤刑等重要概念的历史证明。儒家后学对此思路继续发扬光大，最终形成一条尧、舜、禹、汤、文、武、周、孔的道统主线，对传统中国产生了极为深远的影响。

孔子在建立儒家思想体系时，对前代圣贤如尧、舜、禹、汤、文、武、周公等人称颂不已。然而尧舜时代并无文字，孔子无法从原始记载中了解有关尧、舜事迹，即使有关夏、殷的原始资料，他也感叹极其缺乏，难以征信[1]。那么，孔子心目中的尧舜形象从何而来？这种形象的塑造是依据真实发生的事迹而确定，还是仅仅是凭借古已有之的传说？如果是后者，孔子又是如何选择甄别，其标准与他构建的儒家思想体系有何关联？或者说，儒家思想体系的建立过程，是否正是尧舜传说被确立为尧舜事迹的过程？由虚而实，儒家道统得以建立，虚实之间，或可窥见思想史、文化史上的重大突破如何完成。

一、尧舜传说的文化内涵与特质

文字产生之前，人们对以往历史的了解只能通过口耳代代相传，但在传承

的过程中，某些后世的观念甚至仅仅是“合理想像”的内容，也会融入其中，从而使得许多历史事件或人物真假莫辨，虚实难分。尧、舜这两位被孔子反复称颂的圣贤，正是如此。

当然，尧舜并非向壁虚构，而是实有其人。只是他们生活的时代没有文字，人们无法即时记载他们的言行，因此其事迹便有些隐晦不明。可以说，目前我们所了解的尧舜事迹，很大程度上确实具有“传说”的特征，尽管这种传说也包含了一定的历史“真实”在其中。其特质如何，或可依据文献资料、考古发掘，稍作判定。

据称，尧名放勋，陶唐氏，都于平阳（今山西临汾市西南）。平阳古属冀州，《左传·哀公六年》云：“惟彼陶唐，帅彼天常，有此冀方。”[2]汉代又称河东。其中心地域在晋南的汾河流域，故《庄子·逍遥游》云：“尧治天下之民，平海内之政，往见四子邈姑射之山，汾水之阳。”[3]文献记载也可得到考古资料的证明。30余年来，在襄汾陶寺发现一个面积达到280万平方米的大型城址，有宫殿区，有等级分明的墓葬千余座，有观象授时或有祭祀功能的大型建筑[4]，还出土大量精美漆器、玉器、陶器等，被命名为陶寺文化[5]。陶寺文化延续时间长达数百年，并非专属某一族群或某一首领时代[6]，有学者提出：陶寺文化早期属于陶唐氏族群文化，陶寺早期小城可能为陶唐氏尧都[7]。这种说法，在甲骨卜辞中也获得支持。卜辞中有“唐”“西邑”的记载，胡厚宣认为西邑即唐邑，在山西南部的翼城一带，“乃夏之旧墟”[8]，这与龙山文化陶寺类型的分布范围大体一致，即现在的临汾盆地[9]。总而言之，临汾盆地正是尧、舜、禹三个部族活动的中心地区，其年代大约在公元前2400—1900年之间[10]，平阳则是当时的政治、文化中心，这里不仅留下许多有关尧舜的传说，也留下许多遗迹、民俗[11]。

有关尧舜的传说，在传世典籍中也有记载，其中最为重要者是《尧典》。《尧典》是《尚书》的第一篇，大致成书于春秋时期，但羼杂部分西周至战国时期的思想观念[12]。《尧典》记载的天文星象，依据天文学测算距今4200年，大致与尧舜时代相吻合[13]。《尧典》记载了尧、舜二人的一些事迹、言语，是解读尧舜传说的最为重要的基本文献之一。

《尧典》文字不长，但内涵丰富。开篇即云：

曰若稽古，帝尧曰放勋。钦明文思安安。允恭克让，光被四表，格于上下。克明俊德，以亲九族。九族既睦，平章百姓。百姓昭明，协和万邦，黎民于变时雍。

所谓俊德，乃是天地间万物生育绵延的自然法则，但领悟、掌握这一法则，却非依靠外力，而是要从修身开始，推己及人，通达物我之情。首先亲睦具有血缘关系的“九族”，雍容和洽，再选拔、任用百官，使其处事平和、德性彰显、彼此融洽。然后外邦协和，国、族友善，无战争之患，人民安居乐业，从而建立起一个上下和谐的太平盛世。这样的理念，与《大学》中“修齐治平”、《孟子·离娄上》中的“天下之本在国，国之本在家，家之本在身”十分一致，与《礼记·礼运》描述的“大同社会”何其相似。这段话以帝尧为论述的起点，经过九族、百姓、万邦，最终的落脚点却是作为社会主体的“黎民”，并先后宣扬了“允恭克让”“以亲九族”“协和万邦”“于变时雍”等和谐理念，已经超越了单纯对圣君贤王的歌颂，上升成为关乎社会治理的理想之世，唐尧之世也因此成为后人赞颂不已的太平盛世[14]，字里行间显见后世儒家的理想。

《尧典》又叙述了尧任命羲仲、仲和等四人分赴四方，观测天象，确定二分二至；晚年灾害不断，洪水滔天，在鲧治水失败后，又任命禹采用疏导之法，最终将洪水制服，表现了应天顺人的理性精神。在官员的任用、考核以及后继者选任上，坚持以贤能为标准，选拔出能够“克谐以孝”的舜，恪尽职守、三过家门而不入的禹，以及贤能的伯益、夔、倕、皋陶等人。这些人都能“让于有德”，谦让而不争，也与儒家提倡的道德修养相符合。在官员的政绩考察方面，尧主张“明试以功”，舜更推进一步，要求各级官员定期检查，三年大考，酌定黜陟。为此，还颁布巡狩之礼，以为督促[15]。

在国、族关系上，主张“柔远能迩”，实行和平外交。具体而言，则是“惇德允元，而难任人”，只要以德服人，远离小人，最终必定能够“蛮夷率服”，天下太平。在治国措施上，主张德刑并用、以德为主，虽然规定了五种刑罚，但其目的却是劝人向善，“惟刑之恤”。在家庭伦理上，提出“慎徽五典”，强调父母、兄弟、子女间的相互责任与义务，推崇人伦之际的美德与和顺。凡此种种，无不与后世儒家的相关论述若合符契。

在和精通音乐的夔的一段对话中，舜提出自己的音乐思想：“直而温，宽而栗，刚而无虐，简而无傲。诗言志，歌永言，声依永，律和声，八音克谐，无相夺伦，神人以和。”这段话既是阐述音乐思想，更与儒家提倡的修身之道相吻合。与此类似的表述，见于《左传·襄公二十九年》季札论乐之语，二者都是就音乐而抒发议论，但其重点又不仅限于音乐本身，而是放在音乐的效用之上，即音乐的教化作用。《礼记·乐记》云：“礼乐之说，管乎人情。”又云：“是故先王本之情性，稽之度数，制之礼义，合生气之和，道五常之行，使之阳而不散，阴而不密，刚气不怒，柔气不慑，四畅交于中而发作于外，皆安其位而不相夺也……使亲疏、贵贱、长幼、男女之理，皆形见于乐。”[16]《荀子·乐论》亦云：“夫声乐之入人也深，其化人也速，故贤王谨为之文。乐中平则民和而不流，乐肃庄则民齐而不乱。”[17]可见音乐与人的品格修养、社会秩序之间，可以相互转换，互为提升[18]。

转换的原则是中和之德，前引《尧典》之文正是如此。艺术上的中和之美，与政治上的中庸之道又密不可分。《尚书·洪范》云：“无偏无陂，遵王之义。无有作好，遵王之道。无有作恶，遵王之路。无偏无党，王道荡荡。无党无偏，王道平平。无反无侧，王道正直。”[19]体现的是政治上的中和。孔子说的“《关雎》乐而不淫，哀而不伤”[20]、“中庸之为德也，其至矣乎”[20]，关注的则是艺术、道德修养上的中庸之道。《中庸》更是把中庸之道与中和之美直接统一起来：“喜怒哀乐之未发谓之中，发而皆中节谓之和。中也者天下之大本也，和也者天下之达道也。致中和，天地位焉，万物育焉。”此类观念，在《尧典》全篇中更是屡次出现，前引“允恭克让”“协和万邦”“于变时雍”“惟刑之恤”“神人以和”等莫不如此，甚至有学者认为《尧典》全篇即是“以中和之美的语词为中心形成天下为公的美政理念”[14]。结合《尧典》文本的形成时代，我们可以说，《尧典》所反映的种种思想，如中和、孝道、选贤举能、宽爱礼让、德政、恤刑、乐教，正是春秋至战国时期儒家文化的生动体现。或者说，正是因为这些品质，尧舜传说才能成为儒家文化构成过程中的重要依据，为后世津津乐道，并成为儒家构建礼乐文明时常需追溯的源头活水、理想王国。

二、周公形象：对尧舜的继承与发展

如前所述，没有文字资料的尧舜时代，其事迹只能代代口耳相传。千载而下，至孔子之时，相隔遥遥，欲求准确的尧舜事迹，更属不易。但孔子却有另外的途径，使他有机会看到前人的相关文献记载。春秋晚期，文献资料逐渐丰富，孔子删述六经，大量接触前代文献。这些文献虽然夹杂了许多后人增添的内容，但大多为周人所传，其中多有周人对本族先代圣贤的记录与颂扬，如太王、文王、武王、周公。其中，周公尤其受到重视，记载最多，保存下来的言论也最为丰富。据笔者统计：《今文尚书》中，《牧誓》到《君奭》12篇中，提及周公的有《金縢》《大诰》《康诰》《梓材》《召诰》《洛诰》《多士》《无逸》《君奭》9篇，提及周先代太王、王季的有《金縢》《无逸》2篇，提及文王的有《金縢》《大诰》《康诰》《酒诰》《召诰》《洛诰》《无逸》《君奭》8篇，提及武王的有《牧誓》《洪范》《金縢》《洛诰》《君奭》5篇。值得注意的是，在这些篇目中，周公都以“教导者”的身份出现，侃侃而谈，长篇大论，而太王、王季、文王和武王则仅作为周公教导他人时的榜样被提及，事迹至为简略[21]。由此可见，在周人关于先祖的记忆中，周公已成为周族最重要的思想家与政治家，其形象明确而固定。进而言之，孔子不仅可以通过这些记载来了解、继承与发展周公的思想，更可以借助文献中的周公言论，了解前代圣贤如尧、舜之事迹。换言之，孔子在建立儒家礼乐文明时，主要是借助周公这一中间环节来认识和确立尧、舜等圣贤的形象，从而构建起儒家的思想体系和礼乐制度。

就本文所论，或许可以说，正是由于周公制礼作乐留下的丰富的制度遗产与精神财富，孔子建立儒家礼乐学说、进一步推动礼学发展才具有一贯而下的精神命脉与事实支撑。就此而言，儒家礼乐思想中的人文精神，可谓萌芽于周公，大成于孔子。因此，孔子晚年行事受挫、理想难遂时，才会有“甚矣吾衰也！久矣吾不复梦见周公”[20]的深沉慨叹！

问题在于，周公是如何从尧舜等前代圣贤中获取思想资源的？就目前所见传世文献与考古资料，我们无法找到周公思想来源的直接证据，也很难发现他明确尊崇尧舜等前代圣贤的言行。然而，从《史记·周本纪》记载武王克殷后即封黄帝、尧、舜、禹之后的史实[22]，足可见作为武王辅佐的周公至少对口耳相传的尧舜传说是非常了解的，对尧舜是尊崇的，对武王封尧舜之后也是赞同的。下面以相对可信的《今文尚书》的资料来分析周公思想[23]，并与《尧典》有关内容加以比较，从而分析、印证周公与尧舜思想之间的因应关系。

首先，周公认为天命靡常，“天”（上帝）唯德是辅，因此执政者要“无于水监，当于民监”[24]，充分了解与顺从民意，才能“燮和天下”[24]。众所周知，武王伐纣，一战而捷，强大的商王朝顷刻土崩瓦解，相信“我生不有命在天”[24]的纣王被“天命”遗弃。基于此，周初统治者不能不对“天命”重新加以思考。《尚书》自《牧誓》到《君奭》的 12 篇文献，都涉及周初事迹，其中，“命”（天命）出现了 104 次，与商朝不同的是，周人对“天命”加以改造，摈弃了殷人那种带有“祖先神”色彩的上帝（天），使之具有普遍性，不再专属于一姓一家[25]。

在周公看来，民心向背较之于天命更为重要，也更为切实。对于国君而言，施政之时就要以“保民”为准绳，“若保赤子，惟民其康乂”[24]，使人民安居乐业，生活优裕，周家天下才能“受天永命”，“子子孙孙永保民”。因而周公强调说：“别求闻由古先哲王，用康保民，弘于天若。德裕乃身，不废在王命。”要求“无胥戕！无胥虐！至于敬寡，至于属妇，合由以容”，周公所言与《尧典》“黎民于变时雍”[24]，即调和与黎民百姓关系，使之喜乐欢忭的观点是完全一致的。

这种与民和谐相处是周公的治国策略，即使对被征服的殷遗民亦是如此。如《洛诰》“奉答天命，和恒四方民”，即在“天命”旗帜下，使四方之民长久和谐相处，这既反映周公祈望与周边部落之间的和谐相处，也反映出周初统治者对被征服的殷遗民采取的“燮和天下”的统治思想[26]，与《尧典》的“协和万邦”异曲同工。

其次，周公强调道德修养，谦让不争，与《尧典》“允恭克让”的修养观一致。周公经常用“明德”一词来称颂个人的道德修养。如他称誉文王具有“明德慎罚，不敢侮鳏寡，庸庸祗祗威威显民”之德行，因此建立“用肇造我区夏”[24]之功勋。显然，周公认为德行与个人所能取得的成就是完全一致的。而失德者则天不佑之，如殷人失德而失天下。因此，周公非常注意保持自己的德行修养。《金縢》记载武王死后，周公受到流言中伤，便主动避居东方。直至某年大风灾，周贵族欲占卜吉凶，成王才醒悟：“昔公勤劳王家，惟予冲人弗及知；今天动威，以彰周公之德；惟朕小子其新逆，我国家礼亦宜之。”[24]充分肯定了周公完美的德行。《洛诰》中也称颂周公“德明光于上下，勤施于四方，旁作穆穆”[24]，称赞其德性光被天地，流于四方，成为具有穆穆之美的教化。

再次，周公强调人伦，慎用刑罚，这与《尧典》并无二致。《尧典》中人伦关系称之“五典”“五常”，提出“慎徽五典，五典克从”[24]，要求谨慎地推行好五种伦常礼教[24]。据称舜对“百姓不亲，五品不逊”[24]的情况十分担忧，要求契认真推行五典[24]。《周书》诸篇中出现的“民彝”，其中便包涵了“孝友”等内容[25]。在《酒诰》中，周公借用文王之语，要求沬邑民众“纯其艺黍稷，奔走事厥考厥长。肇牵车牛远服贾，用孝养厥父母”[24]，这里“事厥考厥长”“用孝养厥父母”充分体现出周公对人伦关系的注重。

《尧典》中有尧“惟刑之恤”的记载，周公对慎刑也有大量论述，与尧的主张一脉相承。《无逸》中周公告诫道，要仿效先王心胸开阔，不可“乱罚无罪，杀无辜”[24]，明确表达了慎刑的主张。周公主张“明德慎罚”，即使在镇压武庚叛乱后，仍对殷遗民恩威并用，并非一味杀戮。正因为周人有此美好德行，能够秉承天命，“惟我周王灵承于旅，克堪用德，惟典神天”[24]，才获得统治天下的权力。

尽管由于文献所限，我们无法直接找出周公称颂尧舜之语，但《周书》中周公提及的“古先哲王”中，应当包括了尧舜之类的先圣前贤，其间的思想传承与发展，从中也可见一斑。

三、“礼”之人文精神的崛起

传统中国号称“礼仪之邦”，礼作为传统文化的核心，在中外学术界获得普遍认可[27]。孟德斯鸠（1689—1755）对中国之“礼”曾作过理论分析，他说：“中国的立法者们……宗教、法律、风俗、礼仪都混在一起。所有这些东西都是道德。所有这些东西都是品德。这四者的箴规，就是所谓礼教。”[28]与孟德斯鸠同时代的法国思想家弗朗斯瓦·魁奈（1694—1774），认为中国的礼教与法律的基础都是道德伦理，“伦理戒律构成了这个国家的宗教和悠久而令人赞佩的教育制度的基础”[29]。

中国学者当然更关切“礼”对中国文化的重要作用。钱穆认为：礼是单个家庭和一个政府的准则，“当礼被延伸的时候，家族就形成了，礼的适用范围再扩大就成了民族。中国人之所以成为民族，因为礼为全中国人民树立了社会关系准则。”[30]马小红将传统文化比喻成一个“圆”，政治、经济、军事、教育、法律、道德、哲学、宗教、科技都在圆中，而核心就是“礼”；它具有圆通的特征，并以“和谐”为最高追求。和谐既体现在亲人之间、邻里之间，也体现在社会行业之间、朝堂君臣之间、人类与自然之间。和谐就是太平盛世的标志，是古人心目中的最大幸福[31]。费孝通认为中国社会结构是一种“差序格局”，无论是亲属关系还是地缘关系，都是以“自己”为中心，一层层由内向外推出去，越推越远，也越推越薄。这种社会结构，使乡土社会中人与人的关系具有 “礼治”特征：不知道礼不仅是知识的问题，而且可以上升到道德的层面加以评判；因而，基层官员最理想的统治手段是礼仪教化；乡村居民不愿意“打官司”，更通行的是具有教育意义的调解，或者叫作“评理”[32]。

上述诸种说法各有侧重，甚至对中国传统文化的态度也天差地别，但认为礼在传统中国具有重要作用，却是他们共同的看法。实际上，礼在中国古代长期的历史实践中，一直具有社会准则和行为规范的功能，它不仅与上层的社会政治密切相关，而且与下层的民风民俗紧密联系，成为中国文化的核心，具有浓厚的人文主义色彩而非法制色彩。

在“礼”的发展史上，孔子无疑是至关重要的人物，而他最大的思想资源来自周公。周公建立的礼乐制度是孔子继承的最主要的思想财富，孔子“仁”的学说也由此而生。周公在政治上主张明德慎罚，敬天保民，并提出天命靡常、惟德是依的主张，消除了殷代统治中的鬼神色彩，确立了德政，从而开创了一个善于调整传统的传统。有学者认为：周公的德政只是把人当作臣民（subject）来爱护，等级之间相对封闭，孔子则进一步打破“礼不下庶人”的身份限制，开始把人当作人（human being）来爱。这既是对周公开创的“调整传统的传统”的发扬，也达到了人类精神的一次突破，标志着中国轴心时期文明的开端[33]。在笔者看来，这一开端实际上也是“礼”的人文精神的崛起，孔子在其中的作用至为关键。

事实上，西周时期礼的基本功能就是区别等级，讲究名分。孔子在此基础上，又将礼与义、敬、忠等观念相联系，提出“执事敬”“修己以敬”“行笃敬”[20]，把礼中所含的敬的精神普及于一般生活行为之上，从而使礼的应用范围和适用对象扩展到一般人，由此使礼的性质得以改变，具备了“由封建性格向一般的人生规范发展的性格”，不仅能“贵其身”，而且“能及人”，从而使礼成为人之为人的必要前提，并使人格尊严得以完成[34]。譬如，孔子认为：“古之为政，爱人为大；所以治爱人，礼为大；所以治礼，敬为大。”[16]有了爱敬之心，无论在家在国，都能循名守礼，从而使本意在于区别等级、讲究名分之“礼”得以具备沟通功能，不同地位的人只要处于同一个礼仪场景中，都能形成一个和谐共存的局面。可以说，孔子的礼的核心理论内容就是“在差别中求和谐，在和谐中存差别”[35]。如果说，礼的区别功能是西周以来的传统看法的话，孔子则在“别”的基础上提出“和”的理论，肯定差别的目的正在于提倡其间的和谐，这也是孔子礼学说的精髓所在。为此，孔子提出具有创造性的“仁”学说，奠定了儒家之礼“爱人”的人文精神。此后，孟子又将其进一步抽象化，说“仁也者人也”[36]，《中庸》也说“仁者人也”。可见，儒家“仁”的前提，就是承认对方和自己一样都是人，同为一类，所以“爱”才有可能。孔子主张礼须“自卑而尊人”，即便低贱如“负贩者”，也“必有尊也”[16]，因而无论富贵或是贫贱，只要能够学习、遵守礼仪法度，就可以造福所有人，达到仁的最高境界，成为尧舜一样的圣人[37]。显然，孔子确立了以“仁”为核心的思想体系，统摄一切，从而标志着中国古代人文精神的正式觉醒，中国从此进入富有创造性的轴心时代[38]。

“爱人”是“仁”的前提，推己及人则是“仁”的实现途径，实现过程中也离不开礼。《论语·颜渊》云：

颜渊问仁。子曰：“克己复礼，为仁。一日克己复礼，天下归仁焉。为仁由己，而由人乎哉？”颜渊曰：“请问其目。”子曰：“非礼勿视，非礼勿听，非礼勿言，非礼勿动。”

显然，只要能够约束非礼的欲望，遵循礼度，就可以达到仁的境界，仁非礼不立。同样，在推己及人的过程中，孔子并没有抹杀远近亲疏的差别，而是认为爱有等差，这与墨子主张的爱无差等的兼爱不同，显得更加高明而实用。此后孟子又加以发挥："君子之于物也，爱之而弗仁；于民也，仁之而弗亲。亲亲而仁民，仁民而爱物。"[36] 亲、仁、爱分别对应亲、民、物三种对象，形成三种不同维度的情感：亲强调血缘关系，仁则扩展为不分高低贵贱的所有人，爱的对象是人类之外的物。尽管礼对人、物有区别与层次，但仁在本质上本无差别。就此而言，孔子的仁是有等差的博爱，强调"爱人"的仁是连接礼的不同层次之间的桥梁。

在孔子思想中，与仁、礼相关的一个重要概念是"义"，《中庸》云：

仁者人也，亲亲为大；义者宜也，尊贤为大。亲亲之杀，尊贤之等，礼所生也。

可见，礼产生有两条途径，一是基于血缘关系并能推己及人的仁，二是并无血缘关系但以品行才能划分等级的义，或谓之"贤"。孔子之前，文献中很少出现"贤"字，贤的观念不是十分重要，选贤举能也大多在贵族内部，很少有不同等级之间的流动。而孔子提倡"举贤才"[20]，并通过"有教无类"的亲身实践，开辟出一条前所未有的新路。战国时代，"士"已经登上政治舞台的中心，"尊贤"思想更加普遍地为社会接受。孟子云："尊贤使能，俊杰在位，则天下之士皆悦，而愿立于其朝矣。"[36] 荀子更进一步说："虽王公士大夫之子孙，不能属于礼义，则归之庶人；虽庶人之子孙也，积文学，正身行，能属于礼义，则归之卿相士大夫。"[17] 以"学而优则仕"取代"血而优则仕"，这样的主张既与当时社会相适应，也被后世所接受，并对中国社会产生了极为深远的影响[39]。实际上，这种具有人文精神的思想源头便在于孔子。孔子在继承周公思想的基础上，又加入了他对自己所处时代的思考，承认血缘、等级之外，更加突出礼的人文精神，将"亲亲之杀"与"尊贤之等"紧密结合，从而彰显了人文主义的光彩。

四、余论：殷周革命论与尧舜传说

历史学是求真之学，但真实却是相对的。所谓相对，既表现在研究者由于种种限制无法绝对接近研究对象，如研究者自身的局限，史料的不足，也表现在研究对象本身在传承过程中的不断变异。尤其是那些时间跨度较大、社会影响深远的重大问题，这种变异就会表现得越发明显，以致使得单纯追求所谓历史"真相"的举动变得无足轻重，而其"思想""文化"意义却更加突出。换言之，一个历史现象在其传承过程中，并非每一个环节都清晰可辨、逐渐完善，而是传承者不断对该研究对象进行新的"阐释"，添加某种新思想或新观念，使它们变得离原始“真实”越来越远，而其“思想”“文化”意义则变得日益清晰。从这一意义出发，历史研究或可称为思想史或文化史的研究。

王国维在《殷周制度论》中提出殷周革命论，认为“中国政治与文化之变革，莫剧于殷周之际”，它不仅体现在都邑地理上的迁移，更表现在制度、文化上的深刻变化。所以，这场大变革尽管从外表上看，与后世的异姓革命颇为相似，但实质上却是新旧制度、文化的递嬗，而这种新建立的“制度文物与其立制之本意，乃出于万世治安之大计，其心术与规摹，迥非后世帝王所能梦见也”。所谓“心术与规摹”，宗旨就在于“纳上下于道德，而合天子、诸侯、卿、大夫、士、庶民以成一道德之团体”，其所擘画者，实在周公[40]。随着甲骨学和殷商史研究的不断深入，这个结论遭到越来越多的质疑，更多的学者认为殷周之间的变革并不像王国维所说的那样具有革命意义，殷周在制度上非常接近，有着明显的渊源关系[41]。这样的辩驳，体现了传统意义上的史学求真。

但是，有学者认为，王国维此说虽然与当时的历史条件不尽符合，但却包含了秦汉以来的旧说，是对前人说法的综合与提升[42]。因此，从现代学术研究的角度来看，王氏结论缺陷不少，有待改进，但是如果从古人对这一问题的认识而言，它却具有另一种意义的“真实性”，无论是对立子立嫡、庙数、婚姻等制度的论述，还是对道德的解释，以及对周公制礼作乐的肯定，都反映了秦汉以来的传统看法。这种看法在今人眼中或许有失偏颇，甚至错误百出，但却被当时的人们广泛接受，延历久远，以至本是主观的“臆断”反倒成了被普遍接受的客观事实[43]。探析这种被“歪曲”的历史现象，不正可体现出历史上那种思想或文化的变化吗？不正是思想史或文化史研究的真实意义所在吗？

尧舜传说在春秋之前的传承过程中，不断被神化，不断“接近”着孔子所创立的儒家思想或观念，最终由孔子完成了对尧舜形象的改造，使其成为儒家道统体系中的圣贤，万世颂扬。在孔子之后，尧舜的圣贤地位仍然不断“升华”，也与传统中国的特质以及儒家或孔子在古代社会的地位升降密切相关。秦汉而下，儒家逐渐取得官方认可的主流地位，这种地位的取得，既体现在朝廷的郊祀、宗庙、选举、官制、教育等制度上，也体现在民间对儒家一些重要观念的接受上。尽管因为战乱、分裂、学术转型等因素，儒家不时遭到统治者、知识界的冷落或阳奉阴违，但只要局势稍定，往往能够很快东山再起，厕身庙堂，这从历代统治者对孔子的册封与尊崇也可略见端倪。不仅如此，由于孔子创立的儒家学说切近人伦、体贴人性的特点，也使它的影响突破了以士大夫为主的知识阶层的身份局限，深入民间，通过乡规民约、私塾教育、劝善书、戏文、格言等多种手段，为寻常百姓所接受，并逐渐沉淀为形成民风民仪的潜在心理与价值标准。这样的浓厚氛围，对于接受儒家经典教育的知识者而言，无论在朝在野，都有着至为深刻的影响。孔子为至圣先师，门下有四科十哲、历代经师，世世配享；而被孔子称颂的尧、舜、禹、汤、文、武、周公诸位圣贤自然也成为人们崇敬的对象，那条自上而下绵延数千年、作为儒家与现实政治及其他学说既相抗衡又相标榜的道统便跃然而出，尧舜传说日渐丰厚，最终成为“历史真实”。

就本文而言，尧舜确有其人，但其事迹仅凭借着口耳相传而流传，后世不断添加相关内容，《尧典》形成时，已经掺杂了许多后人的思想与观念，但作为后世儒家“公认”的“先王事实”则被肯定与传承下来，并且还在日益丰富。由此，尧舜“传说”变成尧舜“事迹”，一代部落酋长变成儒家眼中笔下的往圣先贤。殷周易代后，周公为维护周王朝统治，又借助这些“古先哲王”的旗号制礼作乐，将天命的转移寄托于民心的维持之上，强调民心的得失在于统治者之“德”，主张统治者必须明德、敬德，从而摆脱神性统治，确立德政传统，并为孔子提供了再度思考的制度背景。

孔子生于礼坏乐崩的春秋时代，传统的等级与信仰逐次崩坏，功利思想、逐利本能成为一时风尚。孔子力图建立自己的思想学术体系，必须在历史上、逻辑上寻找新的支撑点。他通过周公这一环节，上推到周公所推崇的“古先哲王”，发掘出曾经活动于晋南汾河流域的尧舜传说，重作解释，将其安排在儒家礼乐思想体系之中，成为中庸、德政、尊贤、仁政、礼让、乐教、恤刑等重要概念的“历史”证明。同时，孔子在继承周公思想中德、礼、乐等成分的同时，又开辟出仁、礼结合的新境界，在亲亲、尊尊之外，推出贤贤的主张，进一步打破身份、阶级的天然限制，有教无类，一视同仁，突出人的主体地位，使中国礼乐文明具备了人文精神色彩，实现了思想史、文化史意义上的重大突破。

注释及参考文献：

[1] 孔子曾说：“夏礼，吾能言之，杞不足征也；殷礼，吾能言之，宋也。文献不足故也。足，则吾能征之矣。”《论语注疏 · 八佾》，《十三经注疏》本（第八册），台北：艺文印书馆，1973 年，第 27 页。

[2] 春秋左传正义 [M]. 十三经注疏本 . 台北：艺文印书馆，1973. 第六册 :1007

[3] 郭庆藩：《庄子集释 · 逍遥游》，《诸子集成》本，上海：上海书店出版社，1986 年，第 17 页。类似记载甚多，如《汉书 · 地理志》《水经注 · 汾水》《晋书 · 地理志》《魏书 · 地形志》都明确记载帝尧之都正在平阳。

[4] 中国社会科学院考古研究所山西队等 . 山西襄汾陶寺城址祭祀区大型建筑基址 2003 年发掘简报 [J]. 考古，2004，（7）：9–23.

[5] 何 驽 . 陶寺文化谱系研究综论 . 古代文明 : 第 3 卷 [C]. 北京：文物出版社，2004.

[6] 高天麟，张岱海，高炜．龙山文化陶寺类型的年代与分期 [J]. 史前研究，1984，(3):22-31.

[7] 张国硕．陶寺文化性质与族属探索 [J]. 考古，2010，(6):66-73．

[8] 胡厚宣．殷卜辞中的上帝与王帝(上) [J]. 历史研究，1959，(9):23-53.

[9] 高 炜．晋西南与中国古代文明的形成．汾河湾—丁村文化与晋文化考古学术研究会文集 [C]. 太原：山西高校联合出版社，1996.

[10] 中国社会科学院考古研究所．中国考古学中碳十四年代数据集(1965-1991) [M]. 北京：文物出版社，1991.

[11] 参见卫文选：《尧都考》，《山西师院学报》1981 年第 3 期；李世俭、靳生禾：《尧都平阳刍议》，《山西师大学报》1996 年第 3 期；王社教、朱士光：《尧都平阳的传说和华夏文明的起源》，《中国历史地理论丛》2000 年第 2 期。

[12] 李 民．《尚书·尧典》与氏族社会 [J]. 郑州大学学报，1980，(2):75-83.

[13] 武家璧．《尧典》的真实性及其星象的年代 [J]. 晋阳学刊，2010，(5):78-82.

[14] 马士远．"《尧典》可以观美"臆说 [J]. 文艺评论，2011，(2):16-21.

[15] 巡狩之礼，可参看《礼记·王制》《白虎通义·巡狩》。

[16] 礼记注疏 [M]. 十三经注疏本．台北：艺文印书馆，1973. 第五册：684，681-682，849，16.

[17] (清)王先谦．荀子集解 [M]. 诸子集成．上海：上海书店出版社，1986.253，94.

[18] 林方直．关于《尚书·尧典》一段乐论的认识 [J]. 内蒙古民族师院学报，1988，(2):15-19.

[19] 尚书正义 [M]. 十三经注疏本．台北：艺文印书馆，1973. 第一册：173.

[20] 论语注疏 [M]. 十三经注疏本．台北：艺文印书馆，1973. 第八册：30，55，60，118，131，137，115.

[21] 仅《牧誓》详细记载了武王伐纣时的誓词。

[22] (汉)司马迁．史记 [M]. 北京：中华书局，1982.127.

[23] 如同《尧典》，《周书》中也杂入后世一些内容，但《周书》传承至今，大致仍可作为周公思想来看待。

[24] 顾颉刚，刘起釪．尚书校释译论 [M]. 北京：中华书局，2005.1409，1803，1052，1323，30，1299，1420，1468，98，353，192，356，1388，1542，1611.

[25] 张焕君．制礼作乐：先秦儒家礼学思想的形成与特征 [M]. 北京：中国社会科学出版社，2010.82.

[26] 汤勤福．论"燮和天下"．半甲集 [C]. 上海：上海三联书店，2010.

[27] 蔡尚思虽然致力于批判儒家思想，但仍然承认："中国思想文化史不限于儒家，而不能不承认儒家是其中心；儒家思想不限于礼教，而不能不承认礼教是其中心。"参见氏著：《中国礼教思想史》，上海：上海古籍出版社，2006 年，第 7 页。

[28] 孟德斯鸠．张雁深，译．论法的精神 [M]. 北京：商务印书馆，1959.374-378.

[29] 魁奈．谈敏，译．中华帝国的专制制度 [M]. 北京：商务印书馆，1992.35.

[30] 邓尔麟．钱穆与七房桥世界 [M]. 北京：社会科学文献出版社，1995.7.

[31] 马小红．礼与法：法的历史连接 [M]. 北京：北京大学出版社，2004.10.

[32] 费孝通．乡土中国生育制度 [M]. 北京：北京大学出版社，1998.26-29

[33] 周、孔之间的关系，参看刘家和：《论中国古代轴心时期的文明与原始传统的关系》，收入《古代中国与世界——一个古史研究者的思考》，武汉：武汉出版社，1995 年，第 465—466 页。

[34] 徐复观．论经学史二种·中国经学史的基础 [M]. 上海：上海书店出版社，2006.13-14.

[35] 刘家和．先秦儒家仁礼学说新探．古代中国与世界——一个古史研究者的思考 [C]. 武汉：武汉出版社，1995.382-384.

[36] 孟子注疏 [M]. 十三经注疏本．台北：艺文印书馆，1973. 第八册：252，243-244，64.

[37] 一些学者认为，孔子以西周礼乐文化为源头创立了儒学，最终实现了人类对自我的最初

理论省思，对人的存在本质，人性的构成，人与自然、社会、自身的关系以及理想人格等问题进行了深入系统的思考，并使人学成为儒学的主旨。抓住了儒学的人学特征，就能把握儒学的特定视域、基本内容和思维方法。参见唐凯麟、曹刚：《重释传统——儒家思想的现代价值评估》，上海：华东师范大学出版社，2000 年，第 68 页。

[38] 赵光贤 . 周代社会辨析 [M]. 北京：人民出版社，1980.156-157.

[39] 何怀宏从社会流动入手，认为孔子的创新之处就在于通过尊贤促进等级流动开放，而尊贤的完成则在于孔子的“有教无类”思想及实践。参见氏著：《世袭社会及其解体——中国历史上的春秋时代》，北京：三联书店，1996 年，第 183-187 页。

[40] 王国维 . 彭林，点校 . 殷周制度论 . 观堂集林 · 史林二 [C]. 石家庄：河北教育出版社，2001.287-289.

[41] 相关著作，参见胡厚宣：《殷代婚姻家族宗法生育制度考》，载《甲骨学商史论丛》初集第 1 册，台湾大通书局，1973 年；陈梦家：《殷墟卜辞综述》，北京：科学出版社，1956 年；张光直：《中国青铜时代》，北京：三联书店，1983 年；李学勤：《走出疑古时代》，沈阳：辽宁大学出版社，1994 年。

[42] 杜正胜 . 周代封建的建立——封建与宗法（上篇）. 中央研究院历史语言研究所集刊 [C]. 第 50 本第 3 分 . 台北：商务印书馆，1979.490

[43] 这样的例证还很多。如赵氏孤儿故事，本是太史公采择战国故事而成，与史实不尽符合，但自汉代而下直到近代，人们深信不疑，尤其关注洋溢其中的忠义精神，从而构成另一种意义上的历史真实。作者拟专文论述，在此不赘。

略论《韩非子》对尧形象的解构与重构

雷鹄宇（山西师范大学历史与旅游文化学院讲师）

尧文化是中华文化的源头之一，尧也是中华文化的一个重要象征符号。所以叙述、阐释并建构尧也是中国传统文化的一个重要内容。战国时期诸子并起，百家争鸣，尧文化是不同学派阐发各自观点的重要思想资源之一。当然，不同学派对尧的形象的建构都有各自的学派烙印。韩非子作为战国晚期法家的集大成者，对儒、墨、道等学派中对尧的叙述进行了反思、批判与解构，同时试图重构尧的形象。本文拟对此略作探讨，以就教于方家。

《韩非子》全书共55篇，虽有个别韩非后学与其他作者的文字羼入，至少《韩非子》中尧的形象反映了战国晚期法家观念中的尧。战国时期，尧作为政治完人的上古圣王形象已经深入人心。这无论在传世的战国文献还是新出土文献中都能反映出来。尤其是成书于战国中期的上博简《容成氏》《子羔》以及郭店简《唐虞之道》都对尧极力鼓吹[1]，反映当时尧作为圣王形象深入人心。所以《韩非子》也要在承认“尧之智”（《韩非子·观行》）、“尧之贤”（《韩非子·难三》）的前提下，开始讨论尧的。但《韩非子》对尧作为当时理想中的完美形象，提出了质疑。

首先，针对战国时期的崇古思想，《韩非子》对尧时代作了重新阐述。不同于战国其他学派所得认为的以尧舜为代表的远古时期是一个黄金时代，《韩非子》持历史进化的观点，认为尧时代相对于其时是非常原始落后的[2]。《韩非子》中《十过》篇认为：“昔者尧有天下，饭于土簋，饮于土铏。”即尧时代使用的食器是用土烧制的，这也与今天考古发现相吻合。《韩非子·五蠹》曰：“尧之王天下也，茅茨不翦，采椽不斲，粝粢之食，藜藿之羹，冬日麑裘，夏日葛衣，虽监门之服养，不亏于此矣。”也是说尧身为天下之王衣食居所都非常简陋，是因为时代的原因。

其次，《韩非子》对战国时期尧的形象做了解构，试图将其拉下道德完人的神坛。这与《孟子·滕文公》中所说孟子“言必称尧舜”形成较大反差。战国时期流传非常广的尧舜传说称尧在位时发现了并拔擢了身为平民但能平息各种社会争端的舜，以此来说明舜的治国之才与尧的识人之明。《韩非子·难一》认为这个故事有个自相矛盾的漏洞："圣人明察在上位，将使天下无奸也。今耕渔不争，陶器不窳，舜又何德而化？舜之救败也，则是尧有失也；贤舜则去尧之明察，圣尧则去舜之德化；不可两得也。"另外《韩非子》对尧舜禅让传说也进行了质疑与重新阐释。我们今天理解尧舜禅让传说可以从早期国家结构的角度出发[3]，但战国时与远古的实际政治悬殊太大，效仿者如燕王哙与其相子之又国破身亡，故战国诸子也有其他质疑者。如《孟子·万章上》将之强行曲解为舜的君位并非受之于尧，而是受之于天与民。《荀子·正论》则直接说"是虚言也，是浅者之传，陋者之说也"。《韩非子》不同的是试图将这个故事解构并重新阐释。《韩非子》全书可能有并非韩非的作品，或者可能有韩非不同时期的作品，所以全书中不同的地方质疑的角度并不一致，以下分别列举。角度一，推测尧的禅让可能只是政治作秀，并非出于真心实意，因为《韩非子》所处的时代已经很难理解君主会主动放弃权力。《韩非子·外储说右下》曰："人所以谓尧贤者，以其让天下于许由，许由必不受也，则是尧有让许由之名而实不失天下也。"但尧禅位于舜的传说已经为世人普遍相信，无法否认。《韩非子》又不相信尧有无私为公的道德修养，角度二就从利益多寡的方面认为尧舜禅让是因为远古时代君主所拥有的权势财富极为可怜所以才可轻易授受。所以《五蠹》篇又云："轻辞天子，非高也，势薄也。"这种说法可能是受《庄子》的影响。但尧舜之间和平进行权力转移的行为在《韩非子》时代还是无法让人大多数人理解，于是角度三认为这实质上是一场政变。《韩非子·说疑》曰："舜偪尧……人臣弑其君者也。"《韩非子·难三》："夫尧之贤，六王之冠也，舜一徙而成邑，而尧无天下矣。"都是从这个角度理解的。我们发现这三个角度其实是彼此相矛盾的，所以我们说《韩非子》虽然质疑尧舜禅让传说，但并没有将这个故事重新建构好。同时《韩非子》对尧舜禅让传说质疑得也不彻底，就在《韩非子·外储说右下》中又说："禹名传天下于益，而实令启自取之也。此禹之不及尧、舜明矣。"似乎认为禹则是假禅让，而尧舜是值得称道的真禅让。

在其他地方，《韩非子》中也有意将尧拉下神坛。《韩非子·用人》曰："举事无患者，尧不得也。"说尧也是会犯错误的正常人。同时《韩非子·功名》："非天时虽十尧不能冬生一穗。"都是在强调尧是人而非神。另外《韩非子》还认为尧的成就是因为同时期庸主的烘托。《韩非子·亡徵》曰："夫两尧不能相王，两桀不能相亡，亡王之机，必其治乱、其强弱相踦者也。"《韩非子》这种不断试图将尧从神坛上拉下的做法恐怕是出于对儒、墨两家的反动。《韩非子·显学》曰："孔子、墨子俱道尧、舜，而取舍不同，皆自谓真尧、舜，尧、舜不复生，将谁使定儒、墨之诚乎？"又说："故明据先王，必定尧、舜者，非愚则诬也。"韩非子批评孔、墨对尧的描述都是根据自己需要"取舍不同"。但尧作为当时文化符号，《韩非子》也不可能回避。陈鼓应先生认为韩非和庄子学派近似，借着批判尧舜的事迹而批判儒家[4]。但《韩非子》除了批判尧舜的事迹，在阐释自己观点时也会借用尧这一文化符号。当然他也是根据自己需要"取舍"将尧重新建构成符合法家理想的尧。

《韩非子》认为理想的统治者应该兼有法、术、势。法是君主颁布的法令，术是君主驾驭臣下的权术，而君主所高举的势位[5]。所以《韩非子》认为尧也离不开这三点。一方面《韩非子》认为尧的功绩很大程度因为其地位与权势。《韩非子·难势》中先引用慎子曰："尧为匹夫不能治三人，而桀为天子能乱天下，吾以此知势位之足恃，而贤智之不足慕也。"然后《韩非子·难势》重新申论："桀、纣亦生而在上位，虽有十尧、舜而亦不能治者，则势乱也。"《韩非子·功名》中也说："尧为匹夫，不能正三家，非不肖也，位卑也。"《功名》中又说："故古之能致功名者，众人助之以力……此尧之所以南面而守名。"《韩非子·观行》曰："故虽有尧之智，而无众人之助，大功不立。"《韩非子·饰邪》曰："无地无民，尧、舜不能以王。"这些都是从反面来建构尧是一个以威权而非道德感召驱使众人的统治者的形象。另一方面《韩非子》认为尧的功绩同时凭借的是其法令与其统治术。《韩非子·用人》："释法术而心治，尧不能正一国"。而尧的法令尤其得到《韩非子》的称赞。《韩非子·守道》："托天下于尧之法，则贞士不失分，奸人不侥幸。"又说："尧明于不失奸，故天下无邪。"法令的效力很大程度要依靠执法严明。所以《用人》又说："赏罚当符，故尧复生。"《韩非子·外储说左下》也说："誉所罪，毁所赏，虽尧不治。"不仅如此，《韩非子》还将有关尧的一些传说阐释为执法严明的事迹。如《韩非子·说疑》中对尧诛杀其子丹朱之事的原因是"以其害国伤民败法类也"。《韩非子·外储说右上》叙述尧欲传天下于舜时遭到鲧和共工的反对，尧的反应是"举兵而诛"，结果"于是天下莫敢言无传天下于舜"。此处叙述与《韩非子》其他地方所叙述尧舜禅让之事有出入，但此时尧显然是刚毅果敢的独裁君主形象。所以《韩非子·奸劫弑臣》中总结说："无威严之势，赏罚之法，虽尧、舜不能以为治。"反过来讲，也就是说尧的统治所依靠着的也就是"威严之势"与"赏罚之法"。

严格来讲，《韩非子》对尧形象的解构与重构并不成功，甚至还有一些自相龃龉的地方。但放在历史长河里尧文化的传播史上，《韩非子》所试图建构的尧的形象也并非主流。战国时期及后世所传播的尧文化主要内涵主要是崇尚道德、尊贤重民，与《韩非子》的主旨并不吻合。但《韩非子》仍不得不用尧这个文化符号来宣传其思想，从侧面也反映了尧文化植根于国人心中之深。

注释：

[1] 裘锡圭：《新出土先秦文献与古史传说》，收于《中国出土文献十讲》，上海：复旦大学出版社，2004 年。

[2] 冯友兰：《中国哲学简史》，北京：北京大学出版社，1985 年，188 页。

[3] 杜　勇：《从陶寺文化看尧舜部落联合体的性质》，《中华文化论坛》，2009 年第 3 期。

[4] 陈鼓应：《尧舜禹在先秦诸子中的意义与问题》，《安徽大学学报（哲学社会科学版）》1985 年第 2 期。

[5] 冯友兰：《中国哲学简史》，北京：北京大学出版社，1985 年，187 页。

尧陵即谷林 尧葬在平阳

梁正岗（尧都区三晋文化研究会理事）

唐尧时期是中国历史上的一个重要时期。帝尧是五帝之一，是黄帝之后、夏禹之前最重要的一位领袖人物。加强对唐尧遗存与尧文化的研究，对于将中华民族的历史向前推演，具有重要的意义。本文从历史地理角度对尧陵进行了一些梳理、阐释和探讨，望有关专家指教。

尧陵遗迹有八处

在黄河流域，中原大地，帝尧遗址遗迹星罗棋布。这些唐尧遗存，对于研究帝尧的活动范围有着重要意义。这些遗址遗迹就是书写在地面上的历史。尧陵是帝尧遗址遗迹的重要组成部分。史料记载尧陵又称谷林、神林。梳理下来黄河流域尧陵遗存有八处：

1.《曹州府志》曰：曹州有尧陵。即今山东省菏泽市东北50里旧雷泽城西与濮县接界处。

2. 山西省临汾市尧都区大阳镇有尧陵，俗谓之神林。近年来，在尧文化研究中，有关尧的事迹、遗迹不少已被证实。比如，对“尧都平阳”的研究就有了突破和进展，许多高层的文史研究专家都认为临汾就是“尧都平阳”。特别是多年来，对襄汾陶寺遗址的挖掘，其规模很大，物质文化发展水平很高，属于龙山文化时期，当和尧的时代大致一致。这一发现也证实尧陵在临汾。山西临汾已形成“三尧”品牌即尧都、尧庙、尧陵。

3. 西汉刘向称尧葬济阴郡，垄皆小，葬具甚微。今县治不清。

4. 东汉郭缘生《述征记》称成阳县东有尧冢。东汉郑玄在《通鉴外纪注》里说：“尧游成阳而死，葬焉。”后人注释成阳在河南省信阳县东北。

5.《宋皇览》称尧冢在济阳城。即今山东省济阳县。

6.《东平州志》曰：东平有尧陵。即今山东省东平县。

7. 山西省高平市有尧陵。

8. 山东省聊城市许营村有尧王坟。

由古迄今，山东省鄄城民间一直广泛流传着两句民谣说："尧王八百墓，真身在谷林。"

尧是我国历史上新石器中晚期传说中的一位有声望的部落联盟领袖，姓伊祁，名放勋，系轩辕黄帝五世孙。父帝喾，母庆都。帝尧建都平阳，在位98年，《尚书·尧典》说："尧立七十年得舜，二十年而老，令舜摄行天子之政，荐之于天，避位二十八年而崩。"由此推算，尧118岁而崩。葬于谷林之说，始见于《吕氏春秋·节丧篇》："尧葬于谷林，通树之。"历代史家、注家多从其说，无大异议。但谷林实址在哪里，历代史家、注家及士大夫却众说纷纭，人言各殊。

众多的"尧陵之说"

关于尧陵之说，各地文史研究者有多种说法。地方志史料也有多种记载，这种情况说明帝尧部落的活动范围很广，尧文化的影响十分深远，归纳起来有五种说法：

一、尧陵济阴说、成阳说和雷泽说。三说乍看起来迥异，若理清相互之间的关系及其建制的变化，实际所指却颇为一致。

济阴是西汉初年所置郡名，治所定陶，下辖九县，成阳为其所属，治所在原雷夏泽东南10余华里，即今菏泽市东北60华里之胡集村前。故济阴说和成阳说实为一说，只是一以郡名言之，一以县名言之而已。

汉初，鄄城属济阴郡，治所为今城北旧城镇。那时无黄河之隔，辖区较今偏西偏北，与今大为不同。今之鄄城东北境、东南境，那时分属于山阳郡之都关县和成阳县。都关县之治所在箕山西南，成阳县之治所在历山庙东北。今之鄄城西南境那时则又为成阳地。北齐时期，废成阳，置雷泽，治所未变，故《括地志》说："雷泽县本汉成阳县也。"《曹州府志》亦说："雷泽城本汉成阳故城。"由于建制变化的原因，谷林之所在，西晋以前之史籍都说在成阳，西晋以后之史籍便都改说在雷泽了！

济阴说、成阳说和雷泽说并无分歧，本是同指一地，即今鄄城县境。

据《曹州府志》载，尧王陵，当年寺院规模宏伟，殿宇广阔，有祀田120亩，濠田40亩。陵高数丈，广30余丈，陵前是尧母庆都陵。金末尧陵为洪水漂荡，清初重建。清末百余年来，国难深重，百姓饥寒，长年失修，诸物凋零。再加频年战争的摧残和十年浩劫的破坏，而今只残留一个小小的土丘和两通石碑了。

二、尧陵东平说。历史上在东平有过祭尧活动，其实在东平祭尧实属自然灾害造成。金末年间，黄河屡决，曹州尧陵建筑无存。因民众祭尧呼声与日俱增，明洪武年间，山东省地方官在东平建尧陵祭尧，久之，东平尧陵名声远扬。

临汾尧陵正殿东墙的碣石上有一首诗云：“千岩万壑赴涝阳，福地无如帝故乡，舜陟苍梧陵在晋，东平遗迹太荒唐。”这首诗一方面表现了作者对神林尧陵的肯定和向往，同时也否定了尧葬于山东东平州的说法。

据《曹州府志》记载：乾隆元年六月，礼部为圣朝之祀典维崇尧陵之真迹宜，谨据实陈奏，仰祈睿鉴事，该臣等会议，得山东巡抚岳睿疏称：臣奉训旨，修葺尧陵庙宇，因备稽史传，俱称尧陵在濮州境内。东平一陵，实属沿误，随委员查视，尧陵实在濮州城东南六十里，古雷泽之东，谷林庄前，陵前有享殿三间，左为谷林寺，旧设祀田一百二十亩，濠地四十亩。州官春秋祭享。又查东平尧陵，估计重建需用工料银六千三百九十四两零。究之陵非确据，帑属虚糜，不若移此工料，改建濮州尧陵，以为祭告行礼之所。其东平一陵，仍令有司以时展祭等因，具奏前来，臣等谨按《吕氏春秋》尧葬谷林：“古曹帝尧所居，州东北有尧冢。”按此则尧陵在曹濮之间无疑。所谓谨林，界在曹濮，今归濮州。考之《一统志》所载亦俱相符。其所以祀尧于东平者，缘自金末黄河屡决，谷林旧迹无存，至洪武间未经深考，始于东平，葺陵建庙以祀尧，讹以传讹，相沿已久，伏思我朝祀典修明，至周至备，于历代帝王陵寝，尤加隆礼。查尧陵本在濮州，历考有据，自不便仍沿前明故事，致祭东平。今该抚即称“修葺东平尧陵，需用工料银六千余两，莫若移此工料复建濮州尧陵”等语，应如所奏，令该地方官确勘濮州东南六十里谷林旧址，详加料估动项舆修，仍于陵前设尧母灵台祠，配以中山夫人，悉如旧制。嗣后逢祭告大典，遣官前往行礼。其东平一陵，令有司以时展祀，于典礼实为允协。恭候命下之日，行令该抚遵照办理，其修陵工程经费，报明户工二部查核，至守陵陵户，春秋祭享之处，照例举行可也。

三、尧王坟聊城说。山东省聊城市东南十五里许营村西，过去有一高出地面丈许丘陵，便是传说中的“巢父遗牧”之地。巢父是古代隐士，不求仕进，以放牧为生，因栖身老树之巅，故称巢父。帝尧闻其有治国才能，便欲让位，巢父不应。后尧又遇许由，欲让位给许，许不愿闻，便到颍水之滨去洗耳。恰逢巢父牵牛来饮水，问许何以洗耳，许告以实情，巢父说：……洗耳岂不弄脏了河水！你怕污耳，我也怕污了牛口。说罢便牵牛走去。此传说在《汉书·鲍宣传》中亦有记载。山东聊城许营村一带，原有巢父陵、洗耳池、卧牛坑、尧王坟等古迹，1969年中国科学院考古专家曾到此处考察过，确认是一片古文化遗址。20世纪70年代初，在农业学大寨运动中被刨平，坟内无珍贵文物，可见是尧墟处。

四、尧陵信阳说。河南省信阳县东北的尧陵，有学者认为也是指鄄城尧陵。

五、尧陵临汾说。真正的尧陵位于临汾市尧都区大阳镇北郊村西的涝河北岸。中华人民共和国成立初，晋谒尧陵，从临汾城乘车东行，到岳壁村，弃车沿涝河河床跳涧涉水而上，行七八里，就可看到“青山不老水长流，水绕山环土一丘”的依山傍水松柏环绕的尧帝古冢。陵丘高 50 米，周长 300 余米，四周古柏葱茂，世称神林。《吕氏春秋》曾载“尧葬于谷林，通树之”。与尧陵的地形地貌相合。2007 年后，尧陵按照明代尧陵全貌图，进行了历史上规模最大的一次修复，落架重修 30 余座古建筑。同时修建环陵道、唐尧桥、陵前广场等项目。近年来又完成祭祀区建设，丰富了尧陵的文化内涵。目前，旅游公路可直达尧陵景区。

真实的尧陵在平阳

从多年来对尧文化和唐尧遗址的研究证明，真实的尧陵在临汾。古帝尧陵位于临汾市尧都区东部 35 公里的大阳镇北郊村西的涝河北岸，高大的陵丘，上下古柏葱郁，世称神林。陵园山水环绕，晋谒尧陵者，至此无不肃然起敬。相传唐显庆三年（658）重修尧庙时，一同修建了尧陵祠宇。元、明、清历代都曾对尧陵进行过修复。2007 年尧陵再次进行了修复。尧陵重光后，现有建筑为明清风格。

尧葬涝河谷既符合“死归故土，埋骨桑梓”的风俗，又体现了就近节葬的原则。涝河谷南北土崖，东面河流，地势平阔，树木幽深，也是一个不可多得的亡魂安居的仙乡佳城。

在中华民族的发展史上，由渔猎而农耕的社会生产大变革，是一次划时代的飞跃，被称为人类文明的曙光。而这个伟大时代的代表人物就是帝尧。帝尧发现和开凿第一眼水井，教会民众利用地下水资源，教民稼穑，促进了农耕文明的发展，深受百姓敬仰。

据传，帝尧驾崩，万民悲痛，送葬之日，民众不约而往。涝河北岸全是砂石山岭，没有纯净的黄土，民众为表示对帝尧的崇敬，从就离尧陵五里的左村垣上挖黄土，掬土成山，堆起高大的尧陵。故尧陵丘全系纯净黄土，绝无砂石夹杂，由此可见当时民众对帝尧是何等敬仰与爱戴。左村垣上至今留有一个大土炕，就是当年万民为尧陵掬土时留下的佐证。

陵丘之南建有陵园，依陵丘而建。山门面河临岸，上建戏台下为通道，成阁楼式。戏台院东西有看楼。北面为仪门，系木构牌坊，斗拱层层迭架，飞檐左右挑出，虽年深日久有些古旧，但其巧夺天工的精妙结构，游人睹之无不赞叹。此牌坊正中上方的匾额前书“平章百姓”，背书“协和万邦”。此坊亦称“下马坊”，过去文武官员晋谒尧陵，入山门至此，均须下马落轿，章定规成，从未有人敢违。仪门之北，中院正面为献殿，东西为配殿，献殿面阔3间，高大敞朗，其东西山墙多镶嵌记事碣石。出此殿后门，有13级石阶，踏阶而上，原有正殿5间，现为1984年修的碑亭，其内竖石碑5幢，中间一块大碑刻有“古帝尧陵”4个大字，笔力雄健、庄重古朴，为明万历十八年（1590）所镌。游人驻足其前，无不顿生敬意。在中轴线的两侧，厢房、耳房犹存。据碑文载，过去献殿东西各有一门，东为斋室凡12间，西为守冢道士院一区，凡屋20余间，又西为神庖神厨各4间，再西为守冢人户村落各一区，凡屋30余间。现碑亭下石阶东西各留有砖窑洞一排，依然完好。整个陵园的建筑，布局紧凑，结构得体，列为省级文物保护单位。

陵园祠宇，相传为唐初改建，据金代泰和二年（1202）碑（已失）载，唐太宗李世民破刘武周屯军于此，曾晋谒古帝尧陵并祭祀之。唐显庆三年（658）与重建尧庙的同时，在太宗李世民曾经晋谒祭扫的尧陵重修了祠宇。此后，元中统年间，全真教道士靖应真人姜善信曾奉元世祖之命重修尧陵。明成化十七年（1481）、嘉靖十八年（1539），清雍正、乾隆年间，都曾对尧陵进行过修葺补建，塑像金妆，焕然一新，使人“接放勋于千载，拜陶唐于后世”。中华人民共和国成立以后，这里多年驻扎学校，祠宇房舍主体完好。

陵园内所存10余块碑碣，除颂尧帝功德、叙祠宇沿革外，多记述官府减免附近8村差徭，以保证祀尧费用之事。碑碣载：每逢清明时节，附近8村居民，鸣锣击鼓，云集陵园，供献祭祀，举行香火盛会。由县府官员主持，集体跪拜行祭，以伸拜扫之情。届时还聘名班优伶演戏助兴。游人不仅有浮山、翼城、洪洞、赵城、襄汾、邻县民众，而且也有邻省香客如期赶来参祭，形成盛大庙会。每逢会期，商贾云集，游人熙攘，热闹非凡。明清时代，这里春秋二祭，沿而不废。明清时，政府还明确规定庙会期间，这里除发生人命大案外，官府不得擅自拘捕人犯。因此，官府的禁赌令，唯在此时此地无效，以致每逢会期，赌事大兴，赌场遍布，掷骰打牌，通宵达旦。现在陵丘周围仍可拾到赌汉们丢失的铜钱。

民间流传着许多有关尧的传说故事。据说，尧的儿子丹朱放荡不羁，不听教诲。尧一生俭朴，晚年安排后事，恐丹朱肆意破费，故取反意而叮嘱他：“吾一生节俭，茅茨土阶为屋，死后当深穴悬棺而葬。”尧之嘱言，并非本意，但丹朱心想：父王为万民操劳一生，功德齐天，而自己屡违其教，恣意妄为，今父临终遗言若再不听，何为人子？尧死后，丹朱哀求群臣同意，选风水宝地，掘深穴，积高丘，悬棺而葬。相传尧献殿后 13 级石阶中的第 7 阶，有洞可通悬棺井穴。曾有人欲探查井中情形，撬开阶石，寻觅洞口，以绳索缚公鸡吊下，初仍闻鸡叫，待提绳而上，却已不见鸡头。此后，遂无再问津者。还有人说，帝尧悬棺穴底，有清水潜流，登殿顶俯首侧耳，犹闻潺潺水声。

尧陵周围还有不少有关尧的遗迹。东 3 里处有一下马庄，再往东二三里有马台村。传说尧乘船过浮山湖到东山避暑，即今浮山城东的尧山。返回时，由马台村上马，到下马庄下马，至今履迹可辨。

古时，尧陵由 8 村共管，有专人守园维护，景观宜人，雅静幽美。词人骚客，多有咏颂。

帝尧为什么会葬于平阳呢？

据《史记・五帝本纪》，我国古代传说中的五帝都是轩辕黄帝一个家族中的成员。五帝之际，尚无族葬之理，却有“死归故土，埋骨桑梓”之俗。黄帝创业涿鹿（今河北涿州市），活动在平阳一带（今山西临汾），后迁有熊（今河南新郑），死后却安葬在少年时代生活过的地方阳周剑桥（今陕西黄陵）。颛顼封国高阳（今河南杞县），建都帝丘，死后葬于顿丘广阳里（今河南清丰西南境）。帝喾建都于亳（今河南偃师），死后亦归葬于青少年时期生活之地顿丘南阴野中。尧生于尧都伊村，有尧王圪瘩和尧宫为证，长在平阳大地，建都平阳，尧葬于平阳合情合理。

尧庙元代《圣旨田宅之记》碑考究

彭亚鸣（尧都区三晋文化研究会会长）
师希平（尧都区三晋文化研究会理事）

古帝尧庙位于临汾市尧都区城南3公里处，是为纪念古帝唐尧所建。据《水经注》、历代《临汾县志》和碑刻文字记载，1700多年前，在河西金殿镇一带的平阳古城已建有尧庙。晋元康年间（291—299），尧庙从汾河以西移到汾河以东的帝尧故里伊村。唐显庆三年（658）移到现址。历代为国祭帝尧之地。

在尧庙广运殿修复全面竣工，尧乡人民准备隆重举行落成庆典的日子里，1999年10月12日，修复尧庙施工现场出土了一块元代石碑——《圣旨田宅之记》碑。这通沉睡了600余年的古碑重见天日，无疑给修复一新的尧庙锦上添花，为深入开展的尧文化研究开发工作雪中送炭。尧庙元代《圣旨田宅之记》碑是一块非常特殊的记事之碑。石碑的上面，既有元世祖忽必烈中统四年（1263）颁发的《圣旨》，又有至正十七年（1357）《光宅宫常住田宅之记》，还有尧庙的全景布局图。碑刻内容多，涉及时间跨度大，两篇历史文献相隔94年。为什么会出现这种情况？本文结合元末的社会状况，对此碑谈几点粗浅的看法，望有关专家指教。

一、尧庙元代《圣旨田宅之记》碑的内容

碑刻文献是我国古代文化的一个重要方面，一通碑刻就是一段历史的见证。它可以再现历史，使历史复活，为我们提供了元代尧庙的状况。

《圣旨田宅之记》碑刻立于元至正十七年（1357），碑青石质，圆首，趺佚。高183厘米，宽78厘米，厚13厘米。碑的正面分三段内容：

第一段为碑刻的上段，镌刻着世祖忽必烈中统四年（1263）下的一道圣旨。全文15行，共106字。其原碑文如下：

圣旨·元世祖

长生天气力里皇帝圣旨：今为靖应真人姜善信，平阳府临汾县创建尧庙，已令中书左右部兼诸路都转运使、知太府监，于断没平阳李毅地内，

拨地壹拾伍顷，以资营缮。仍仰禁约：蒙古、汉军并诸人等，并不得纵令投足，于前项地内蹂践苗稼，损坏桑果。准此。

中统四年六月　日

这道忽必烈的圣旨碑文大意是：关于靖应真人姜善信在平阳府临汾县创建尧庙一事，已诏令朝廷主管部门和地方有关单位，在没收平阳府李毅的田地中拨出十五顷为尧庙庙产，做为缮宫香火费，同时明令蒙汉军队和地方政府不得纵容士卒和胥吏在以上土地内践踏庄稼、损坏树木。望遵照执行。

第二段为碑的中段，镌刻着元代进士张昌撰写的《光宅宫常住田宅之记》碑文。全文 25 行，共 367 字。原碑文如下：

光宅宫常住田宅之记

宫观之有常住，所以供祭祀，备营缮，而崇道教，广祝厘之意寓焉。晋宁乃陶唐氏之故都，城南光宅宫为帝尧栖神之所，当世祖皇帝握符御极时，则有若方外之臣、靖应真人姜善信者，能以尧舜思政求贤之道，上称帝心，实奉命新修之。其常住田宅、窑磨，皆出特赐。迄兹将百年，其增置者，日益以广。今提点张公志德、提举樊德安，集羽流议曰："田宅有记，自古如然，否则保以备岁久陵谷之虞！"佥主既俞，乃召工琢石，求文于予。昌以为，天下宫观不知其几千百所，常住田宅，不知其几千万区，惟兹光宅，实尧帝所居。而世祖皇帝影殿在焉，其田宅之赐，皆奉特旨。而圣言之主谆切，御定之辉煌，蕴诸金椟者，完存如新，诚非它宫可拟，是宜纪之真珉，以照不朽。若夫田之顷亩四履，宅之区域间架，则具图碑阴。后之继主是宫者，仰思世皇宠锡之优渥，祖师创业之艰勤，必知肯摇肯堂，而永言保之矣。

至正十七年龙集酉酉二月　日
前河东乡贡进士、郡人张昌记
里人杨元刚书
程德进、樊德安、李德仁立石

碑文详细记述了撰写《光宅宫常住田宅之记》的目的和用意，其大意是：宫观之所以要有固定田产，是为了给祭祀和修缮提供保障，同时也包含着推崇道教、扩大祝福的意思。临汾是唐尧故都，城南的尧庙是帝尧神灵居住的地方。当初世祖皇帝在位临政时，有个叫姜善信的全真教道士，能弘扬尧舜恩政求贤的美德，决心重建尧庙，得到皇帝的嘉许，奉敕建成了尧庙。当时庙里的田产是皇帝特意恩赐的，到如今已近百年了。这期间庙内田产不断扩大。如今提点大人张志德、提举大人樊德安召集众道士商议说："田宅有文字记载，自古以来都是这样，不然的话，如何防备由于陵谷变迁而发生的不测和意外呢？”在达成共识的基础上，于是招募工人凿制石碑，要求我写一篇记载庙产、田产的文章。我认为全国的宫观数以千计，宫观的田产数以万计，唯独这光宅宫实在是帝尧神灵居住的地方，宫里的田产又是皇帝特意下圣旨赐给的，而且宝玺耀目的圣旨至今仍完好如新地珍藏在金匮内，这实在是其他宫观难以比拟的，应该把这份荣耀刻记于碑石上永远昭示后人。至于田产的数目分布、边界四至、房舍的范围大小、结构布局，都一一罗列，绘制成图，刻于碑的下部和背面。以后继任光宅宫的主持，深切缅怀世祖皇帝的恩宠优遇，不忘祖师创庙的艰苦勤勉，一定能弘扬帝尧美德，继承祖师的遗志，从而保证尧庙永远庙产不损，香火不断。

第三段为碑的下段，镌刻着尧庙全貌图，分左中右三个区，中间是尧庙的主体建筑，从前往后依次为五门、三门、宾穆门、尧井、文思殿、三禅堂。西区为世祖皇帝的影殿（供奉元世祖忽必烈画像的大殿），从前往后依次为仪门、献厅、影殿。东区为光宅宫，从前往后为光宅宫、太上老君殿、斋堂、祠堂、方丈。

碑阴部分也就是碑的背面是关于光宅宫的田产记录，包括水地、旱地、滩地、水磨等，庙产分布很广，涉及临汾、运城、晋东南三个地区，涉及的县有临汾、襄汾、洪洞、浮山、翼城、垣曲、沁水等八个县以及上百个乡村，其数目多少、位置四至罗列得非常清楚。

二、元世祖修复尧庙的圣旨是推行“汉法”的体现

元世祖忽必烈下旨修复尧庙，在当时社会影响巨大，对元朝推行“汉法”意义重大。

元朝是我国古代历史上第一个由少数民族建立的大一统封建王朝，1206年成吉思汗建立了蒙古帝国，继蒙哥之后，1260年忽必烈宣布继承汗位。1271年忽必烈改国号为元，取《易经》中“大哉，乾元”之意。元世祖以一个新朝雄主的姿态登上历史舞台。中华历史翻开新的一页。忽必烈登上大位后，内心十分清楚，要有效控制汉地，就必须推行“汉法”，尽管这一措施受到了元朝贵族统治集团内部的强烈反对，忽必烈仍然坚持推行“汉法”不变。忽必烈对中原的经营方略有自己的特色，这种特色表现在儒士的重用上。从来没有一个蒙古统治者像忽必烈那样系统地吸收汉文化，重用儒士幕僚。他在宣布为汗王的第二个月，便向天下颁布了《即位诏》，在诏书中忽必烈明确宣布了“祖述变通，正在今日”。这就意味着他要向中原的儒士和天下宣布，要采用“汉法”。在忽必烈刚刚登上大汗位置的第四年，就下令修复尧庙，这说明元世祖忽必烈在治理国

家上是有远见卓识的。帝尧，名放勋，是黄帝后裔，为“五帝”之一。在中国历史上是黄帝之后，夏禹之前最重要的一位领袖人物。大约在4300年前，帝尧就发展农耕文明，制定历法，敬授农时，教民稼穑，开凿水井，平章百姓，协和万邦。在黄河中下游这片热土上创造了“尧天舜日”的辉煌。因此修复尧庙是一件得人心的明智之举，有利于安定中原地区的人心，有利于社会的稳定，忽必烈修复尧庙的圣旨充分体现了他治理汉地的政策导向。另一方面也说明他也深深地受到了尧文化的影响，受到了儒家思想的影响。当然，从根本利益的角度说，忽必烈采用“汉法”、重用儒臣是为了在汉地建立长治久安的蒙古政权。

临汾城南的尧庙始建于唐显庆三年（658），到元中统年间，历600余年的风雨侵蚀，庙宇已破败不堪了。当时有个叫姜善信的全真教道士，请示朝廷，欲重建尧庙。元世祖立刻恩准，并在中统四年（1263）下了一道圣旨，拨给尧庙15顷土地做为缮宫香火费。当时元世祖对重建尧庙积极支持、褒奖有加，固然是出于巩固统治的需要，但另一方面仍是出于对帝尧的崇敬，可见汉文化、尧文化对元世祖忽必烈的影响之大。这件事实本身说明了少数民族早已受到尧的教化，帝尧“其仁如天，其知如神，就之如日，望之如云”的光辉形象早已深入人心；更说明以唐尧为源头的中国传统文化具有强大的向心力和凝聚力。

三、全真教道士姜善信重建尧庙

道教在元代比较盛行。元朝时期，在北方活动的道教，以全真教对蒙古统治者的影响最深。在元代这个多民族的帝国里，元朝政府对宗教信仰采取了宽容政策，无论什么信仰，只要不影响蒙古人的统治与尊严，就不会受到限制。

全真教是北方新道派的代表，金初由王重阳创立。元太祖时，丘处机谒见元太祖，被派为掌管道教。此后在各地大建宫观，进入全盛时期。

道士姜善信于中统四年（1263）奉敕重建尧庙。他辞谢了皇帝所赐的白银200锭，官材2000根，发扬道教所提倡的“坚忍人之所不堪，力行人之所不能守”的精神，发动教徒，广筹资金，经过短短二年的筹备，于至元二年（1265）春破土动工。施工期间，他“勤力节用，方便劝诱，遇有劳苦，则以身先”。在广大群众“富者输财，壮者助力”的大力支持下，仅用三年时间便大功告成。

帝尧是华夏儿女心中的一座丰碑，修复尧庙是炎黄子孙的共同心愿，以中国之大，自然不乏有识有为之士，为什么修复尧庙的倡议会由一个“以虚无淡治为宗”的全真教道士提出呢？要回答这一问题先要了解当时的历史背景。元朝统治者入主中原的早期，在政治上实行残酷的民族等级歧视政策。元朝根据不同的民族和征服的先后，把各族人民分为蒙古、色目、汉人、南人四等。元代忽必烈时期，国家也开始兴办儒学，比如，元朝国子学，实行升斋积分制，达到了标准，依次升斋，升到最高级别后，才可以授官。授官时就有了明显区别，蒙古人可授六品，色目人可授正七品，汉人则授从七品。元代在经济上大肆掠夺农民的土地，在文化上大力提倡宗教。当时佛教和道教盛行，据至元二十八年（1291）宣政院统计，全国共有寺宇42318区，僧尼203148人。在元朝统治者残酷的民族压迫、阶级压迫之下，广大人民尤其是知识分子的生活陷入凄惨的境地。当时根据社会地位高低的排列顺序是：一官二吏三僧四道五医六工七匠八倡九儒十丐。知识分子的社会地位仅优于乞丐，哪里还有发言权呢？所以由社会地位较高而在北方势力最大的全真教的道士提出修复尧庙的倡议就是可以理解的了。姜善信可以说是千千万万热爱帝尧的人民的代表，他的倡议反映了广大人民怀念明君、向往仁政、渴望弘扬中华传统文化的愿望，自然得到广大群众的响应与支持。

道教是中国最古老的宗教，对中华民族的传统文化有着深远的影响。尧庙是道教宫观，自然脱离不了道教色彩。从碑刻上的尧庙全貌图可以看到，在尧庙光宅宫的后面还建有一座太上老君殿。“太上老君”，就是“老子”，道教尊崇老子为鼻祖。老子姓李，名耳，是春秋时期的思想家，道教学派创始人，又称“太清道德天尊”。老子挥写的五千字的《道德经》就是道家的经典。他提出了“道生一，一生二，二生三，三生万物”的观点。老子学说对中国哲学的发展有很大影响。道教关于神仙的信仰和追求，也有深刻的文化内涵。在道教的神仙观中，有分管天、地和水的三官大帝，即“天官、地官、水官”，在尧庙全真教就是把尧、舜、禹分别作为天官大帝、地官大帝、水官大帝来供奉的。民间有天官赐福、地官赦罪、水官解厄的说法。

四、《圣旨田宅之记》碑的来龙去脉

尧庙建成后，大德七年（1303），临汾发生8级大地震后，尧庙又进行了重修。此后发生过一些侵害庙园、庙产之事。加之，尧庙从中统四年（1263）元世祖下旨给尧庙拨地，到至正十七年（1357）已近百年。其间，光宅宫的田产不断扩大，多到遍及晋南诸多州县，总数3000余亩。至正十七年正是元朝灭亡的前夕，早在至正十一年（1351）就爆发了全国性的农民大起义。当时一些有识之士和管理尧庙的主持道士看到元朝统治朝不保夕，担心一旦江山易主、朝代更换，到时空口无凭，哪些是尧庙的庙产如何说得清呢？尧庙作为元代平阳规模最大的一座道教宫观，面对元末社会动荡的局面，为防“岁久陵谷之虞”，于是把当初修建尧庙时元世祖忽必烈的圣旨，首先刻了上去，然后又刻上了元代进士张昌撰写的《光宅宫常住田宅之记》，树立了这么一通相当于庙产契约的石碑，目的就是要保护尧庙宫的庙产不受侵犯。这么重要的一块碑石究竟是什么时候、什么原因消失的呢？如果说是消失于地震、兵燹的话，为什么比这块碑还早 90 多年的另一块元代石碑——《敕修帝尧庙碑》却一直安然无恙、至今屹立呢？从距今已 600 余年而碑石仍完好如新判断，此碑入土时间当在刻立不久。碑刻立于至正十七年，此后，不到 10 年元朝就灭亡了。元朝亡了，《圣旨田宅之记》碑也被当年的立碑人埋入了地下。这其中应该还有一段耐人寻味的故事。

元朝末年天灾人祸，社会进入了动荡期。元朝统治中原的最后一位君主是元顺帝，13 岁登基，在位 36 年，此时蒙古统治的兴盛时期已成为过眼云烟，摆在末代皇帝元顺帝面前的是一个烂摊子。元末社会矛盾进一步加深，政局动荡，社会不稳定，加之黄河泛滥，直接威胁到了元朝的经济命脉，元顺帝又多年不理朝政，元朝统治陷入危机。这种状况最终形成了农民起义的导火线，至正十一年（1351），韩山童、刘福通发动了农民起义，揭开了农民起义的序幕。到了元朝后期更是军伐割剧，争权夺利，终于使元朝统治到了不可挽救的地步。公元 1368 年，明朝将领徐达统率明军北伐，攻入元大都。元顺帝与后妃、太子和众大臣逃出大都，在中原地区存在了 97 年的元朝就此终结。公元 1370 年，元顺帝病死于今内蒙古达里诺尔西南，终年 50 岁。此后，元朝退出了历史舞台，最终消失在岁月的长河之中。

明朝建立以后，朝代更替了，但是尧庙元代的碑刻还在。明洪武年间，立《圣旨田宅之记》碑的当事人全部健在，而且碑文的撰写者张昌（字思广，临汾人）本系元代进士，地方文化名人，曾担任过元翰林国史馆检阅官，后期任平阳晋山书院山长。元代书院实行官学化办学，书院的山长由行省任命，相当于从七品官。进入明代后，张昌又做了明朝的官员，曾编写洪武《平阳志》。洪武二年聘至礼部，后任最高学府国子监助教，于洪武九年以病致仕。由此我们推断，这就形成了一个小故事，极有可能是当时立碑的张昌等当事人，因《圣旨田宅之记》碑文中有对元朝皇帝的歌功颂德的文字表述，他们为免遭文字狱之祸，而有意将碑埋入地下，用这种做法来保证个人和家族的平安。

这块元代石碑的出土为尧庙增添了一处新的文物景观，为尧文化研究提供了难得的原始史料，尤其是碑上的尧庙全貌图，进一步证实了这次修复尧庙的总体规划是合理的。

唐尧与晋国

李尚师（三晋文化研究会常务理事）

中国历史上的五帝之一帝尧之都说法纷纭，无论从典籍记载还是从考古发掘结果来看，都已经证明了尧都就在今天的山西省临汾市的陶寺遗址为是，晋国始君唐叔虞所封的古唐国正是帝尧所居之地；传说帝尧时期已有初步的历法两分两至记载，今已经考古发掘出的尧时期的观象台证明，晋人正是继承了帝尧时期的历法——“夏正”；帝尧的治国思想正是中国和合文化的源头，帝尧将帝位禅让给了虞舜，帝舜和他的大臣皋陶奠定了中华民族的“礼法合治”的源头，到了春秋时期，在鲁国，形成了以孔子为代表的儒家，在晋国，经小宗代大宗之后，逐步成为中国古代法治文化的摇篮，战国法家学派的母体，晋人卜子夏师从孔子接受了儒家思想，回晋到魏地后又接受了晋国的法治思想，从而形成了他的“儒法兼容” 思想，再到战国中后期的卜子夏第五代门人荀子，又在其基础上研究其他诸子学说，成为春秋、战国时期的诸子百家的集大成者。荀子的“隆礼、重法”“德主刑辅”治国思想，成为中国两千多年的治国思想主线。

一、唐之所在和唐尧的地域

唐尧乃“五帝”之一。五帝记载甚多，说法有四种：一是黄帝（轩辕）、颛顼（高阳）、帝喾（高辛）、唐尧、虞舜。张守节《史记正义》，太史公依《世本》《大戴礼记》以此为五帝。谯周、应邵、宋均注疏及班固《白虎通德论》皆持此说。二是太昊（又作“太皞”，即伏羲）、炎帝（神农）、黄帝（轩辕）、少昊（又作“少皞”，即挚）、颛顼（高阳）。《礼记·月令》及《周礼·春官·小宗伯》郑玄注以之为五帝。三是少昊、高阳、高辛、唐（尧）、虞（舜）。晋皇甫谧《帝王世纪》以此为五帝，而以伏羲、神农、黄帝为“三皇”。《尚书序》中的“五帝”同此说。四是伏羲、神农、黄帝、唐尧、虞舜。《易·系辞下》及宋胡宏《皇王大纪》将第二说的少昊、颛顼改为唐尧、虞舜而为五帝。以上除第二无唐尧、虞舜，其他均有，唐尧、虞舜皆为五帝之一，似可成为定论。帝尧是中国原始社会末期部落首领或部落联盟共主，中华民族的“文明始祖”。

王充在《论衡·正说篇》中说：“唐、虞、夏、殷、周者，土地之名，尧以唐侯嗣位，舜以虞地得达，禹由夏而起，汤因殷而兴，武王由周而伐，皆本所兴昌之地，重本不忘始，故以为号。”

古族既以居地为名，那地名又从何而起？据考，许多古族之名是与该部族所从事的经济活动、职业或其处的地理环境、居住条件等诸多因素有关。而陶唐氏之所以称陶唐，是与其善事陶器或所居的黄土高原的自然条件穴居窑洞相连。

有关“唐人”，唐尧、陶唐氏发迹的史实，商代甲骨文记载多且翔实，据我们2000年在临汾市参加海峡两岸尧文化研讨会时，中国社会科学院历史研究所张永山先生所考的就有15条，北大唐晓峰先生所考的有35条，其中重要明确记载“唐”的有：

贞：作大邑于唐土（《英藏》1105正）。

丁卯卜，争，贞王作邑帝若，我从之唐（《合集》14200正）。

贞帝唐邑；贞帝弗唐（《合集》14208）。

贞：自唐、大甲、大乙、祖乙百羌百（《合集》300）。

贞：上甲唐龢（合1240）。

以上的甲骨文字，从一个侧面证明了古唐国的真实存在。

由于历史久远，古唐国即唐尧活动中心的说法纷纭，就大区而言：

一、据《左传·哀公六年》引《夏书》曰：“惟彼陶唐，帅彼天常，有此冀方。”郑玄曰：“两河间曰冀州。”古冀州即今晋南。二、在今河北境内的唐县、望都一带。三、在今山东西边的定陶、成阳。四、近来又有江苏的高邮之说。据李伯谦先生所说，有河北顺平、山东青城、江苏金湖和宝应、湖南攸县、四川尧坝、山西平阳。

关于河北的唐县、望都和今山东的定陶、成阳诸说，皆未见于先秦古籍经典，唯今山西境内的晋国始封地唐国的记载甚多。如《左传》定公四年说：“命（唐叔虞）以《唐诰》而封于夏虚”。又昭公元年说：“……迁实沈于大夏，主参，唐人是因，以服事夏、商。……及成王，灭唐而封大叔焉，故参为晋星……今晋主汾而灭之矣。”再者，《诗·国风》称早期晋国的诗为《唐风》。《史记·晋世家》亦说：“唐在河、汾之东。”于是，可知唐叔虞继承的唐尧氏部族地域在今山西境内。

唐叔虞始封地在今山西何地？古人已有鄂（乡宁）、晋阳（太原）、平阳（临汾）、永安（霍州）、翼城五说，其中以晋阳和翼城两说为主。晋阳说出于班固的

《汉书 · 地理志》，后世的历史地理学专著如《水经注》《读史方舆纪要》等皆祖汉志，所以晋阳说在历史上相当长的时期内一直占据着统治地位。其主要的理由是说唐改为晋是因为晋水而得名的，又以今太原西南的晋祠为晋水发源地，故唐应在太原。翼城说出现得较晚，始见于明末清初顾炎武的《日知录》《左传杜解补正》。晋阳、翼城两说之争一直延续到20世纪的90年代初，甚至现在仍有人认为在太原。

中华人民共和国成立之后，两说的争论更为激烈。在争论中又出现了永济、夏县的安邑、襄汾的赵康和曲沃四说。李孟存教授的《叔虞封地诸说正误辨析》（《晋阳学刊》1983年第四期）指出：叔虞封地在战国（应为秦汉）时已不可确考，东汉班固不会得到《左传》《史记》作者不曾见到的史料，晋阳说是班固误解前代文献的产物，自身有许多无法克服的矛盾。我俩在编撰《晋国史》中曾进行过探究：据《左传》宣公十五年（前594）载：晋侯景公在中行林父灭赤狄后，“亦赏士伯瓜衍之县”，其地在孝义县北十里瓜城。晋地域才北扩超过霍州。《左传》襄公四年载：直到晋侯悼公五年（前569）“无终子嘉父使孟乐如（入）晋，因魏庄子纳虎豹之皮，以请和诸戎。”杨伯峻《春秋左传注》说“无终在太原东”，可知太原之戎才和晋交往。《左传 · 昭公元年》即晋侯平公十七年（前541）晋卿荀吴（中行穆子）和魏舒（献子）大败无终众狄于太原时，晋国疆域才发展到霍州以北。

经过考古工作者的长期努力，已证实了上述二说的正误。据陶正刚先生《晋国早期都城“唐”地考》，一、考古工作者曾对太原晋祠附近的立有“晋王碑”的晋王墓和燮父墓进行发掘，“证明是一处明清时期的土冢”；二、“前后四次沿汾河流域进行了调查、研究，发现山西地区的西周古文化遗址……最北者仅在霍山南坡的霍州市境内……这就说明，西周时代先民们的活动范围，还未能超过霍山。”再据北大考古学系和山西考古所的《天马—曲村遗址北赵晋侯墓地发掘简报》说，在北赵晋侯墓地先后共发掘出9组19座大墓，初步断定为从晋侯燮父到晋文侯九位前后相继的晋侯及夫人之墓。从而证明了晋国早期都城“唐城”就应在此遗址的附近。

根据以上文献和考古资料的研究，可以说晋国早期都城“唐”，就在今翼城、曲沃和襄汾一带无疑。这里当属唐尧部族当年活动中心地区的一部分。其次，历史古文献上主“尧都平阳”说者如下：

《汉书 · 地理志》“河东郡 · 平阳”，应劭曰：“尧都也，在平河之阳。”《后汉书 · 郡国一》“河东郡：平阳侯国，有铁，尧都此。”《晋地道记》曰“有尧城”。

《史记正义》:“《帝王世纪》云:‘尧都平阳,于《诗》为唐国’。”主此说的还有:《晋书·载记·刘元海》《元和郡县志》《通志·都邑略》、朱熹《资治通鉴纲目·前编》《纲鉴易知录》。《左传》襄公二十九年亦云:吴季扎聘鲁时听到《唐风》之歌时赞美道:“思深哉!其有陶唐氏之遗民(风)乎。不然,何忧之远也!非令德之后,谁能若是?”《国语·晋语八》范宣子说:“昔之祖,自虞以上为陶唐氏,在夏为御龙氏,在商为豕韦氏,在周为唐杜氏,周卑,晋继之,为范氏。”陶唐氏后裔范氏世代为晋国的显赫世家,可知陶唐氏唐尧部族是崛起于古唐国,即叔虞始封之古唐国,此亦为一旁证。

主张“尧都晋阳”说者,除前述三家外,还有《史记·货殖列传》云:“昔唐人都河东。”《集解》徐广曰:“尧都晋阳也。”杜预在《左传》注中亦以晋水在太原者,而误以汾河之“大原”,尧墟在太原之晋阳县。

这里再对当时太原晋阳和河东平阳所处的地理环境、水陆交通诸方面进行分析:

太原四面环山,东西两面为太行、吕梁相望,窄狭地带仅数十里,水道只有汾水向南注入黄河,在介休之南,汾水便被夹于灵(石)霍(州)峡谷之中流淌,自古无泛舟之地。唐尧时,人烟稀少,猛兽当道,草莽丛生,积水成泽,即使到了晋侯悼公初期,今太原盆地还未纳入晋国版图,尚为北戎所居。上古时汾河水下游淤塞不畅,地多斥卤,别称大卤。这里的卤,《史记·夏本纪》曰:“海滨广潟,厥田斥卤。”司马贞索隐引《说文》:“卤,碱地。东方谓之斥,西方谓之卤。”又作“舄卤”“潟卤”。太原何称“大卤”?《周礼·夏官·职方氏》:“并州之泽薮曰昭馀祁。”昭馀祁,今祁县西、介休东北,即清徐县徐沟、祁县至平遥一线,因地势低凹,形似釜底,夏天雨多则积水成泽,故有此称。

平阳则不同,其地形平坦,它依汾入河,自古就有舟楫之便,渔猎之利;陆路四通八达,正如柳宗元所云:“晋之故封,太行掎之,首阳起之,黄河迤之,大陆靡之。” 由以上推之尧都绝不会在太原晋阳,而在晋南平阳附近无疑。

此外,再从唐尧的葬地看,相传尧葬于崇山,而崇山地望,据《史记·司马相如列传·大人赋》云:“历唐尧于崇山兮。”《正义》张(揖)云:“崇山,狄山也。”《帝王世纪》引《山海经》“尧葬狄山之阳,一名崇山”。《墨子》云:“尧北散八狄,道死,葬蛩山之阴。崇、蛩声相近,蛩山,又狄山之别名也。”王充《论衡·书虚》云:“尧帝于冀州,或言葬于崇山。”

故而知尧葬于崇山,在冀州境。其具体地望,《读史方舆纪要》卷四十一平阳府襄陵县条下云:“崇山在县(今襄汾)东南四十里,一名卧龙山,顶有塔,俗名大尖山，东南接曲沃、翼城，北接临汾、浮山县。”现俗称塔儿山。《一统志》亦云襄汾县之塔儿山为崇山。综上所说，可见唐尧葬地，正在古崇山脚下。因此，从唐尧葬地之所在，也为唐尧部族的活动中心在今襄汾一带提供了有力证据。

陶寺类型的文化遗址主要分布在塔儿山周围。《国语·周语》曰：“有夏之兴也，融降于崇山。”据考证，古崇山即今塔儿山，位于今襄汾、翼城、曲沃之间，“融”即龙之意。表明陶寺类型龙山文化遗址与唐尧、虞舜、夏禹文化的分布相一致，二者之间有着密切的关系。

关于唐尧活动中心的古唐国，历史有如下四说：一、据《左传·哀公六年》引《夏书》曰：“惟彼陶唐，帅彼天常，有此冀方。”郑玄曰：“两河间曰冀州。”故冀州，即今晋南。二、在今河北境内的唐县、望都一带。三、在今山东西边的定陶、成阳。近年来又出现了南方江苏的高邮之说。关于今河北唐县、望都和山东定陶、成阳诸说，皆未见于先秦古籍经典，惟今山西境内的晋国始封地古唐国的记载甚多。如《左传·定公四年》云：“命（唐叔叔虞）以《唐诰》而封于夏墟”。又《左传·昭公元年》云：“迁实沈于大夏，主参，唐人是因，以服事夏、商。……（周）成王灭唐，而封大叔焉，故参为晋星，……今晋主汾而灭之矣。”再有《诗·国风》称早期晋国之诗为《唐风》。《史记·晋世家》亦云：“唐在（黄）河、汾之东。”于是，可知古唐国地域在今山西境内。再可知，此古唐国即叔虞始封之唐国。

作为陶唐氏后裔一支的古唐国在商末周初的存在也是真实的。《山西通志·金石记》著录了一只前代出土的“唐子爵”。其爵的铭文有“唐子且（祖）乙”四字。阮元《积古斋钟鼎彝器款识》断言它是“商世唐君之器也”。

汉唐学者有汾、浍说、太原晋阳说、临汾平阳说、霍州永安说、夏县安邑、翼城说、乡宁昌宁说。这7说中，以太原晋阳说出现最早，影响最大，特别是后世在今太原晋源区一带建有晋祠，更使太原晋阳说不胫而走，家喻户晓。最早是班固的《汉书·地理志》提到“唐有晋水，叔虞子燮为晋侯，是燮以晋水改为晋侯”，其后郑玄《毛诗·唐谱》说“成王封母弟叔虞于尧之故墟，曰唐侯，南有晋水，至子燮改为晋侯”，后来徐才《宗国都城记》也说“（燮父）徙居晋水旁”，此晋水也成为太原晋阳说的一个有力佐证。可见晋国地理（上）晋水一名起了很大的误导作用。

太原说也不是空穴来风，西周初年称唐国的并非一个。《逸周书·王会篇》中有一个“北唐戎”，北唐据说在今山西省太原市一带居息，周穆王时，“北唐之君来见，以一骝马是生缘耳”，这个北唐戎可能是陶唐氏宗族当中长期停留在畜牧经济阶段的一支后裔。有人认为这也可能是后世叔虞所封的古唐国影子在今太原并建立“晋祠”的根据吧！这就是后人误传晋阳唐地为叔虞的封地的原因之一。

之所以叔虞所封的唐地自汉唐以来产生了这么多的说法，其根本的原因在于将唐尧的古唐国与叔虞所封的唐国混为一谈，《国语・周语》曰：“有夏之兴也，融降于崇山。”据考证，古崇山即今塔儿山，位于今襄汾、翼城、曲沃之间，“融”即龙之意。表明陶寺类型龙山文化遗址与唐尧、虞舜、夏禹文化的分布相一致，二者之间有着密切的关系。

今太原晋祠，有北宋建的圣母殿，祭祀的是邑姜，又有明清建的叔虞祠。晋祠南 5 公里的牛家口村旁，有两个高大的大土堆，立有“晋王碑”，当地人称之为晋王陵和燮父墓。1979 年，北大进行了清理，证明了均是明清时期的堆积物，特别是燮父墓外面是土，里面是由土坯堆积的，有明代青花瓷器片，土冢下面均无墓室和棺椁，证明是一处明清时期的土冢。

50 年代起，山西考古界前后沿汾河流域进行了 4 次调查、研究，发现山西的西周文化遗址基本上都位于霍州以南，最北者仅在霍山南坡霍州县境内发现。太原地区的夏时期考古发现和中原地区的夏文化存在有较大的区别，不可能成为夏虚和大夏的有效证据。

据《左传》载，晋悼公十五年（前 541），魏绛才与北戎和戎，到晋平公十七年晋卿荀吴和魏舒才打败无终和群狄于太原的某个山地。这时晋国的势力才正式进入到进太原地区。

天马—曲村遗址北赵晋侯墓地的 6 次发掘已证明了西周时期的晋国就在今翼城、曲沃、侯马及周边一带无疑。

二、晋国使用的夏正与帝尧之都的陶寺遗址观象台之间关系

陶寺古观象台是 2003 年中国考古人员在山西襄汾县陶寺遗址考古发掘中发现的，它由 13 根夯土柱组成，呈半圆形，半径 10.5 米，弧长 19.5 米。从观测点通过土柱狭缝观测塔尔山（亦叫崇山、大尖山、卧龙山）日出方位，确定季节、节气，安排农耕。考古队在原址复制模型进行模拟实测，从第二个狭缝看到日出为冬至日，第 12 个狭缝看到日出为夏至日，第 7 个狭缝看到日出为春分、秋分。古观象台遗址在今山西襄汾县陶寺镇境内。

中国社会科学院考古研究所于 2005 年 10 月 22—24 日在北京举行了“陶寺城址大型特殊建筑功能及科学意义论证会”。来自中国科学院自然科学史研

究所、国家天文台、国家授时中心、北京古观象台、北京天文馆、上海交通大学人文学院、南京紫金山天文台、西安美术学院中国艺术与考古研究所等单位的15位天文学家基本肯定了该大型建筑为天文观测遗迹。

整个遗迹包括外环道直径约60米，总面积约1740平方米。台基直径约40米，总面积约1001平方米。在现存的陶寺晚期的台基破坏界面上，发现了一道弧形夯土墙基础，人为挖出10道浅槽缝，形成11个夯土柱基础。夏至观测柱缝系统向东错位，设置到了第二层台基上。在最北观测柱D1与夏至观测南柱之间搭上一根门楣就成为一个面向东南、内宽1.8米的小门。估计此门专为“迎日门”。从观测点经“迎日门”向东看去，又可形成一条宽50厘米的观测缝。据此，陶寺IIFJT1上用于观测的柱缝系列共计13个柱子12道缝。经垂直向上复原，这12道缝分别对着崇山（俗称塔儿山）的某处山头或山脊。

《尚书·尧典》记载：“乃命羲和，钦若昊天，历象日月星辰，敬授民时。”2003年陶寺古观象台复原蓝图，陶寺古观象台的发现，印证了《尧典》的记载。2009年6月21日，二十四节气中的夏至日，随着“陶寺史前天文台考古天文学研究”项目组利用陶寺遗址出土的“圭表”复制品测量日影的成功，进一步印证了《尚书·尧典》“分命羲仲，宅嵎夷，曰旸谷。寅宾出日，平秩东作。日中，星鸟，以殷仲春。厥民析，鸟兽孳（zi繁殖）尾。（分头命羲仲居东方旸谷，恭敬地迎接日出，辨别测定太阳东升的时刻，昼夜长短相等，南方朱雀七宿黄昏出现在天的正南方，这一天定为春分。这时人们分散在田野上，鸟兽开始繁育生殖。）申命羲叔，宅南交。平秩南讹，敬致。日永，星火，以正仲夏。厥民因，鸟兽希革。（又命羲叔居住在南方的交至，辨别太阳往南运行的情况，恭敬地迎接太阳向南回归，白昼时间最长，东方苍龙七宿中的火星黄昏时出现在南方，这一天定为夏至。这时人们住在高处，鸟兽羽毛稀疏）分命和仲，宅西，曰昧谷。寅饯纳日，平秩西成。宵中，星虚，以殷仲秋。厥民夷，鸟兽毛毨。（又命和仲，居住在西方的昧谷，恭敬地送别落日，辨别测定太阳西落的时刻。昼夜长短相等。北方玄武七宿中的虚星黄昏时出现在天的正南方。这一天定为秋分。这一天，人们又回到平地居住，鸟兽换生新毛。）申命和叔，宅朔方，曰幽都。平在朔易。日短，星昴，以正仲冬。厥民隩，鸟兽氄毛。（又命令和叔，居住在北方的幽都，辨别观察太阳往北运行的情况。白昼时间最短，西方白虎七宿中的昴星黄昏时出现在正南方，这一天定为冬至。这时人们居住在室内，鸟兽长出了柔软的细毛。）”的记载，也进一步奠定了陶寺作为“帝尧古都”、作为“中国”的地位。

据中国社会科学院考古研究所考古专家和天文学家的初步结论，该观象台形成于公元前2100年的原始社会末期，比世界上公认的英国巨石阵观测台（公元前1680年）还要早近500年。

三、帝尧的“和合”文化及帝舜和皋陶的“明刑弼教”是中国治国思想的源头

我认为历史上的真实治国理政思想主线脉络是：尧舜时期命契为司徒，“敬敷五教”。礼不足，法补之，故而接着又命皋陶为“士（理）”，治理“寇贼奸宄”，始创“德法并用”。同时，皋陶在执法中便贯彻了“德主刑辅”“明刑弼教”的治国思想，这便是我国治国思想的远源。

西周初，周公在制度上奠定了周人的宗法制度，成为孔子儒学的理论的基础。随着孔子创立的儒家学派在鲁国的形成，法家学派在晋国和战国初期的三晋日渐发展。春秋中后期，晋国从小宗代大宗之后逐渐形成了它的以法治国思想。

到了春秋末，流淌着晋人法治血脉的卜子夏在鲁国接受了孔子的儒家思想之后，又返回晋国，到了魏氏的根据地西河设教。子夏在晋国魏氏（后为魏国），这个法学文化的摇篮生活了五十多年，必然接受晋人的法学思想，他培养了诸家弟子，除尚在青少年时期的魏斯外，还有法祖李悝，法家兼兵家吴起；政治谋略家、道家田子方和段干木；儒家公羊高和谷梁赤；墨家禽滑厘等。卜子夏返晋后又活了五十六年，继承了皋陶的治国思想，又把孔子的儒家思想和晋国的法治思想融合起来，形成他的儒法兼容思想，并直接影响了弟子魏斯。魏斯继位后，是为魏文侯，《史记·魏世家》说他“贤人是礼，国人称仁，上下和合”。他“重法尊礼”，广徕人才，使魏国成为战国初期天下霸主。可是在他俩死后，三晋这种儒法并用思想还能延续下去，值到战国中期的赵人荀子才在继承了皋陶和卜子夏的治国思想基础上，在稷下学宫与其他学派交流和碰撞中，吸取所长，摒弃所短，并发展了他们的学说，从而，形成集诸子百家学说之“荀学”。

谭嗣同在其《仁学》中说：“中国两千年之政，秦政也”，“两千之学，荀学也”。秦政是指荀子的学生李斯和韩非帮秦始皇实行的封建君主专政中央集权制，荀学系指荀况的“隆礼”“重法”学说。然而，自《史记·孟子荀子列传》至今，一直把荀况列为儒家，还有近来一些学者又称他为带有法家思想的儒家。其实，荀子既非法家又非儒家。孔子是告诉百姓怎样做人，庄子是告诉人们如何做人，荀子则是告诉帝王怎样治国。荀子的《解蔽》批判各家的片面性，用《非十二子》摒弃其他各家之短，吸收其长，既包容又兼用，成为集诸子百家之集大成者。

子夏的“儒法兼容”思想，便是我国治国思想主线的近源。百余年后的战

国末期，作为卜子夏第五代门人荀况，他生长于三晋赵国，这时鲁国以孔、孟为代表的儒家学派和三晋李悝的法治、申不害的术治、慎到的势治思想已经形成，荀况在继承子夏“儒法兼容”思想的基础上又对儒、法两家学派理论进行了革新和贯通，将儒家的“礼制”与法家的“法治”有机的融合起来，创造了一种适合于封建大一统的治国思想理论，成为后来封建社会治国理论的核心。他的理论核心就是“隆礼尊贤而王”，“重法爱民而霸”的思想，从而形成了“礼法合治”“德主刑辅”的思想，即中国两千年的治国思想主线。梁启超说：“自秦汉以后，政治学术，皆出于荀子。”所以，尧舜和皋陶的“德主刑辅”“明刑弼教”，卜子夏的“儒法兼容”，荀子的“隆礼尊贤”“重法爱民”成为中国两千年来的治国理政思想主线。

在中国两千多年的治国历史中，遵照了皋陶、卜子夏、荀子这一礼法（或称儒法，或称王道与霸道）并用思想主线去做，便会国治民安，偏离了它，则会动乱亡国。秦始皇纯用法治；王莽崇尚周礼，专搞复古“王道”，二者偏离荀学，皆仅十多年而亡。汉武帝治国，名曰“罢黜百家，独遵儒术”，实际上是“霸（法）王（儒）道杂之”，儒法并用。所谓“儒术”，是误把荀学归为儒学。汉唐盛世，清朝康乾时代，皆是遵循这一思想的结果。

历史上长期形成的占据主导地位的治国观点是宋朝赵普“半部《论语》治天下”的儒家治国思想。时至今日，绝大多学者们还把卜子夏、荀子化归于儒家，最多的也只是说荀子是“带有法家思想的儒家”。我们认为以孔、孟为代表的儒家学派和以韩非子为代表的法家学派是为卜、荀之学的双翼，其“礼法合治，德主刑辅”治国思想是适应时代潮流的。

中华文明之所以能够成为世界上唯一未曾中断的文明，必然有其超越其他文明的独特优秀之处。在中华民族5000多年的历史进程中，礼法合治、德主刑辅思想的实践贯穿各个朝代，礼法合治成为中华政治文明的优良传统，如车之两轮、鸟之双翼，是治国理政两个不可或缺的重要手段。要想治理好今天的中国，就需要继承和弘扬中华优秀传统文化中的先进治国理念，同时消化和吸收其他文明的优秀文化为我所用，创造性转化，创新性发展，中华民族才能稳步前进，实现伟大复兴。

中华民族在漫长历史发展中形成的独具特色的文化传统，深深影响了古代中国，也深深影响着当代中国。当代中国强调以人为本、与时俱进、社会和谐、和平发展，就是帝尧思想的传承和体现。中华文明灿烂辉煌，唐尧虞舜功不可没。

季札、柳宗元、范仲淹论唐尧遗风

周征松（山西师范大学文学院教授）

近年来，学术界一致认为，经过 30 多年对襄汾县陶寺遗址的发现和研究，可以确认陶寺遗址就是尧都平阳的所在地。从汉代文献上的尧都平阳说，到当今真正确认尧都平阳在陶寺遗址的事实，历史走过了两千年的时间。而在临汾人民心中，两千年来一直认为自己生活的家园，就是尧都平阳所在地。在古平阳府属地，尤其是今临汾市各县，有着丰富的文献记载。（参阅拙文《唐尧遗风在临汾的传承》，见《帝尧之都中国之源》，中国社会科学出版社，2015 年 12 月。）与此密切相关的是，两千多年来，许多有识之士接连不断地、深刻地阐明了山西，尤其是平阳，是陶唐氏遗民的家园，唐尧遗风是支持他们的精神支柱。这其中，尤以春秋时期吴国的季札、唐代的柳宗元和宋代的范仲淹，对陶唐氏遗民和唐尧遗风做了杰出的阐释。他们的阐释，对于今天继续传承唐尧遗风，丰富我们的精神财富，具有重要的历史意义和现实意义。

季札论唐尧遗风

吴公子季札曾被派遣访问鲁国。鲁成公请他欣赏周乐，特意为他安排演唱《诗三百》中的诗篇。季札认真欣赏，并就其音乐水平和政治意义一一加以简短的评议，称叹为观止。当听闻《唐风》之后，他深情地评议说：“思深哉！其有陶唐氏之遗民（《史记》作风）乎？不然，何忧之远也？非令德之后，谁能若是！”（《左传》鲁襄公二十九年）忧深思远是季札对《唐风》的高度概括，也是对唐尧遗风的高度概括。季札可能是最早提出唐尧遗民和唐尧遗风这两个概念的人。这两个概念最能概括唐尧属地的人民和唐尧的精神遗产，最容易被记忆和流传。所以，几千年来，平阳人民都自称是唐尧遗民，他们所传承的唐尧精神遗产都称作唐尧遗风。这两个概念对于平阳民俗特质，具有特殊的意义。陶唐氏，尧本封于陶，后徙于唐，因此唐旧为尧都，故有称陶唐氏之遗民。尧的后代建立唐国，周成王灭唐，属地归晋。

我们不禁要问：季札是何许人也？一介江南人士，在春秋时期各国隔膜之际，竟然如此洞悉中原历史文化，有如此高深莫测的学问，深邃杰出的见解。

季札，约生于吴王十年（前576），是寿梦的第四个儿子，名札，又称“公子札”。出身于春秋时期吴国贵族。三位兄长依次为诸樊、余祭、余昧。吴王寿梦见公子札堪当大任，有意传位于他。但他坚决辞让。诸樊、余祭、余昧后来依次成了吴王，但他们继位之前，也都遵循父训，请季札出任大统，季札都一一推辞了。诸樊封他于延陵，称“延陵季子”，地属今江苏常州市武进区。后又封州来（今安徽凤台），称“延州来季子”。吴王余祭四年（前544），季札被派遣出聘鲁、齐、晋、郑、卫五国。鲁成公请季札观赏周乐。古代诗、乐一体，品乐亦品诗。季札观周乐，即席发表观感，既品评其艺术价值，又兼及时政，表现了很强的鉴赏能力和中肯的时政评议。

为了方便读者了解季札在鲁国听周乐并即兴发表评论的全过程，现将《左传》鲁襄公二十九年的这段原文移录如下：

吴公子札来聘。……请观于周乐。使工为之歌《周南》《召南》，曰：“美哉！始基之矣，犹未也，然勤而不怨矣。”为之歌《邶》《鄘》《卫》，曰：“美哉！渊乎！忧而不困者也。吾闻卫康叔、武公之德如是 。是其《卫风》乎！”为之歌《王》，曰：“美哉！思而不惧，其周之东乎！”为之歌《郑》，曰：“美哉！其细已甚，民弗堪也。是其先亡乎！”为之歌《齐》，曰：“美哉！泱泱乎！大风也哉！表东海者，其大公乎！国未可量也。”为之歌《豳》，曰：“美哉！荡乎！乐而不淫，其周公之东乎！”为之歌《秦》，曰：“此之谓夏声。夫能夏则大，大之至也，其周之旧乎！”为之歌《魏》，曰：“美哉！沨沨乎！大而婉，险而易行，以德辅此，则明主也。”为之歌《唐》，曰：“思深哉！其有陶唐氏之遗民乎！不然，何忧之远也？非令德之后，谁能若是？”为之歌《陈》，曰：“国无主，其能久乎？”自《郐》以下无讥焉。为之歌《小雅》，曰：“美哉！思而不贰，怨而不言，其周德之衰乎？犹有先王之遗民焉。”为之歌《大雅》，曰：“广哉！熙熙乎！曲而有直体，其文王之德乎？”为之歌《颂》，曰：“至矣哉！直而不倨，曲而不屈，迩而不逼，远而不携，迁而不淫，复而不厌，哀而不愁，乐而不荒，用而不匮，广而不宣，施而不费，取而不贪，处而不底，行而不流，五声和，八风平，节有度，守有序，盛德之所同也。”见舞《象箾》《南籥》者，曰：“美哉！犹有憾。”见舞《大武》者，曰：“美哉！周之盛也。其若此乎？”见舞《韶濩》者，曰：“圣人之弘也，而犹有慙德，圣人之难也。”见舞《大夏》者，曰：“美哉！勤而不德。非禹，其谁能修之？”见舞《韶箾》者，曰：“德至矣哉！大矣，如天之无不帱也，如地之无不载也。虽甚盛德，其蔑以加于此矣。观止矣！若有他乐，吾不敢请已。”

当时，季札听周乐时，孔子才8岁，必定不是经孔子整理过的诗三百篇。可见，季札已看到诗三百，篇目和排列顺序已和后来的《诗经》差不多。季札对中原文化已有相当的了解和很高的修养。季札对《唐》诗的阐释非常深入，一言中的。他从《唐》诗中看到了陶唐氏遗民和唐尧遗风，奠定了后人对《唐》诗理解的基调。

柳宗元论唐尧遗风

无独有偶，季札听周乐千年之后，一位山西籍名人，唐代的柳宗元也精彩地论述了唐尧遗风。

柳宗元（773—819），唐文学家、哲学家。字子厚，河东解（今山西运城市西南）人，世称柳河东。贞元进士，授校书郎，调蓝田尉，升监察御史里行。与刘禹锡等参加主张革新的王叔文集团，任礼部员外郎。失败后贬为永州司马。后迁柳州刺史，故又称柳柳州。与韩愈倡导古文运动，并称韩柳。同列唐宋八大家。有《河东先生集》。

柳宗元有一篇雄文即《晋问》。《晋问》采用问答体，由吴子设问，柳先生作答。吴子乃吴武陵，信州（今江西上饶）人，唐元和二年（807）进士，因得罪首辅李吉甫而被流放至永州，与同在永州的柳宗元成为朋友。柳宗元曾称赞武陵“才气壮健，可以兴西汉之文章”。

《晋问》模仿《七发》设七问，柳宗元以晋之名物对。一曰晋之山河，表里而险固；二曰晋之金铁，甲坚而刃利；三曰晋之名马，其强可恃；四曰晋之北山，其材可取；五曰晋之河鱼，可为伟观；六曰晋之盐宝，可以利民；七曰尧都平阳，尧之遗风。柳宗元讲完尧之遗风，吴子高兴地离席而立，拱手而言：这才是尽善尽美，无以复加。这是我心里最想听到的。柳宗元在这里以他人之口，表达了唐尧遗风在晋地超越一切物产的至高无上的地位。《晋问》高举唐尧遗风的旗帜，使三晋人民铭记于心，世代传承，书之于乡邦文献，见之于言行之中。

《晋问》全文较长，兹将关于尧都平阳的答问转录如下：

先生曰：“三河，古帝王之更都焉。而平阳，尧之所理也。有茅茨采椽土型之度，故其人至于今俭啬。有温恭克让之德，故其人至于今善让。有师锡佥曰畴咨之道，故其人至于今好谋而深。有百兽率舞凤凰来仪于变时雍之美，故其人至于今和而不怒。有昌言儆戒之训，故其人至于今忧思而畏祸。有无为不言垂衣裳之化，故其人至于今恬以愉。此尧之遗风也，愿以闻于子何如？”吴子离席而立，拱手而言曰：“美矣善矣！其蔑有加矣。此固吾之所欲闻也。夫俭则人用足而不淫，让则遵分进善，其道不斗。谋则通于远而周于事，和则仁之资，戒则义之实，恬以愉则安，而久于其道也，至乎哉。今主上方致太平，动以尧为准。先生之言，道之奥者。若果有贡于上，则吾知其易易也。举晋国之风以一诸天下，如斯而已矣。敬再拜受赐。”

柳宗元论唐尧遗风的特点是全面地阐明了他的深刻的内涵。就是吴子所总结的俭、让、谋、和、戒五个字，要求人们做到节俭、进善、远谋、中和、儆戒。这不但通行于晋国，而且可以推行于天下。这就是吴子最想从柳宗元那里听到的。吴子听到以后，立即站起身，拱手祝贺，一拜再拜。可见，唐尧遗风在人们心里的崇高地位。唐尧遗风不是高不可攀的，是明白易懂，人们经过努力，完全可以做得到的。

由于作为唐宋八大家的柳宗元在文坛的巨大影响，他的《晋问》也成为了解山西、研究山西的重要文献。《晋问》的广泛而悠久的传播，使得唐尧遗风也如同长了翅膀，蜚声海内外。

范仲淹论唐尧遗风

范仲淹（989—1052），北宋政治家、文学家。字希文，苏州吴县（今江苏苏州）人。大中祥符进士。少时贫困力学，出仕后有敢言之名。景祐二年（1035）以天章阁待制权知开封府。宝元三年（1040）西夏攻延州，他与韩琦同任陕西经略副使，改革军制，巩固边防。

庆历三年（1043）任参知政事，建议十事，改善政治。因为保守派反对，不能实现。他罢去执政，出任陕西四路宣抚使。后赴颍州途中病死。工于诗文。《岳阳楼记》中“先天下之忧而忧，后天下之乐而乐”的名句，传颂千古。有《范文正公集》。

范仲淹与山西的交集，是在他于宝元三年（1040年）西夏攻延州，与韩琦同任陕西经略副使时。当时，他走遍了今山西各地，除办理政务外，还留下了一批歌咏山西的诗词。其中就有三首是以帝尧为歌颂对象的。

其一

咏史五首其一，陶唐氏

纯衣黄冕历星辰，白马彤车一百春。

莫道茅茨无复见，古今时有致尧人。

其二

谒帝尧庙

千古如天日，巍巍与善功。禹终平洚水，舜亦致熏风。

江海生灵外，乾坤揖让中。乡人不知此，箫鼓谢年丰。

其三

绛州园池

绛台使君府，亭阁参园圃。一泉西北来，群峰高下睹。

池鱼或跃金，水帘常布雨。怪柏锁蛟虬，丑石斗驱虎。

群花相倚笑，垂杨自由舞。静境合通仙，清阴不知暑。

每与风月期，可无诗酒助。登临问民俗，依旧陶唐古。

在《陶唐氏》咏史诗中，范仲淹说，帝尧君临华夏已经是很久很久以前的事了。帝尧的茅茨土阶也已消失得无影无踪。但是从古至今不时有人祭拜这位伟人。

在《谒帝尧庙》中，范仲淹热情地歌颂帝尧的历史功绩如太阳一样千古不朽。大禹治理了洪水，虞舜也为民造福。尧舜禹的功德及于四海，泽被生灵。他们禅让帝位的传说更是传为美谈。乡里人不了解尧舜禹的伟大历史，只知道拜谢他们赐予了一个又一个的丰年。

在《绛州园池》诗中，范仲淹在游玩了绛守居园池之后，对其景致大加赞赏，然后借景生情，向绛台询问当地的民俗，原来依旧传承的是陶唐氏的古俗。

从范仲淹的咏尧诗中，我们可以看出，他在尧都平阳，心中激荡着对帝尧的深情，认为平阳这片热土洋溢着唐尧遗风，陶唐氏遗民是幸福的。“登临问民俗，依旧陶唐古”。陶唐古俗在陶唐故地从远古传递到了范仲淹所在的宋代，又将从宋代永远地传递下去。我们领会了范仲淹诗句所蕴涵的深意。千年前的范仲淹引领我们历史地观察陶唐古俗的传递，我们又在今天看到了陶唐古俗从宋代以来，乃至从陶唐氏以来生生不息、生机无限的面貌。我们今天也可以高声朗诵“登临问民俗，依旧陶唐古”。

2018 年 5 月 6 日 于尧都平阳

帝尧故事与儒学传统

谢耀亭（山西师范大学历史学院教授）

帝尧是中华民族的文明始祖之一，历来被人称道。《史记·五帝本纪》载："帝尧者，放勋。其仁如天，其知如神。就之如日，望之如云。富而不骄，贵而不舒。黄收纯衣，彤车乘白马。能明驯德，以亲九族。九族既睦，便章百姓。百姓昭明，合和万国。"司马迁对帝尧的赞誉，使帝尧在后世以"圣王"的形象流传开来。不仅汉族称道，少数民族也多有赞誉与认同。北齐魏收在《魏书·帝纪》中记载北魏祖先为帝尧之臣："昔黄帝有子二十五人，或内列诸华，或外分荒服，昌意少子，受封北土，国有大鲜卑山，因以为号。其后，世为君长，统幽都之北，广漠之野，畜牧迁徙，射猎为业，淳朴为俗，简易为化，不为文字，刻木纪契而已，世事远近，人相传授，如史官之纪录焉。黄帝以土德王，北俗谓土为托，谓后为跋，故以为氏。其裔始均，入仕尧世，逐女魃于弱水之北，民赖其勤，帝舜嘉之，命为田祖。"唐代李延寿在《北史·魏本纪》中沿用了这样的说法。《金史·礼志》载女真族统治者"三年一祭，于仲春之月祭……陶唐于平阳府。"元代统治者仍礼敬帝尧，《元史·世祖本纪》载："癸酉……建帝尧庙于平阳，仍赐田十五顷。"清代对帝尧的尊崇与祭祀，更甚前者，乾隆曾两次亲赴尧庙祭祀帝尧，《清史稿·高宗本纪》："五十一年……壬戌，上祭帝尧庙。""五十七年……丁未，上祭帝尧庙"。其子嘉庆继位后，也亲祭帝尧，《清史稿·仁宗本纪》："十六年……丙申，上谒尧母陵、帝尧庙行礼。"由此可见，帝尧是整个中华民族的"圣王"，是中华民族历史记忆中的文明始祖之一。

陶寺遗址的发现，为探索中国文明起源提供了丰富的考古材料。苏秉琦先生曾指出："大致在距今4500年左右，最先进的历史舞台转移到晋南。在中原、北方、河套地区文化以及东方、东南方古文化的交汇撞击下，晋南兴起了陶寺文化，它不仅达到了比红山文化后期社会更高一阶段的'方国'时代，而且确立了在当时诸方国群中的中心地位，它相当于古史上的尧舜时代，亦即先秦史籍中出现的最早的'中国'，奠定了华夏的根基。"陶寺所在之地，正是传世文献中所载帝尧所居之处，随着考古工作的不断推进，越来越多的考古学家倾向于陶寺为尧都。如王巍先生说："陶寺文明作为已经进入一定的文明阶段，应该说通过了一系列的发现，取得了关键性的证据。都城、宫城、宫殿、大型的王公墓葬、天文设施，尤其是礼仪制度，已经形成金字塔式的结构，已经出现了王权，而且不断强化，这些方面让我们有信心、有把握地宣称：陶寺遗址已经进入了文明时代。""陶寺就是'尧都平阳'已成定论。"陶寺考古队队长何驽先生说："综合来看，陶寺就是文献中所说的'尧都平阳'。'尧舜禹传说时代'不是传说，而是真实存在的信史。"王震中先生也认为："面积达 280 万平方米的陶寺都邑遗址属于帝尧的都城。"李伯谦先生也曾言道："陶寺就是尧都，值得我们骄傲。我们也有责任让所有人都知道尧都就在陶寺。" 从陶寺遗址几十年来不断地发掘成果，结合传世文献的记载，我们倾向于陶寺是尧都的结论。陶寺遗址情况也更有利于我们结合传世文献来了解帝尧故事。儒学是中国传统文化的主体，帝尧与儒家思想的渊源关系，也引起了学人的关注。本文结合陶寺遗址发掘材料以及近些年来出土的战国竹书，提出一些不成熟的看法，供学界指正！

一、圣王典范，儒学之源

上古之事，时代久远，又无文字详加记载，加之 20 世纪以来史学观念的转变，今人治史，多以商代有甲骨文字记载以来为信史时代，而将之前的历史归为古史的传说时代。在我国第一部纪传体通史——《史记》中，司马迁有过对历史信史的思考。《史记·五帝本纪》载："太史公曰：学者称五帝，尚矣。然《尚书》独载尧以来；而百家言黄帝，其文不雅训，荐绅先生难言之。孔子所传《宰予问五帝德》及《帝系姓》，儒者或不传。余尝西至崆峒，北过涿鹿，东渐于海，南浮江淮矣，至长老皆各往往称黄帝、尧、舜之处，风教固殊焉，总之不离古文者近是。予观《春秋》《国语》，其发明《五帝德》《帝系姓》章矣，顾弟弗深考，其所表见皆不虚。《书》缺有间矣，其轶乃时时见于他说。非好学深思，心知其意，固难为浅见寡闻道也。余并论次，择其言尤雅者，故著为《本纪》书首。"司马迁以《五帝本纪》开篇，是经过深思熟虑、慎重选择的结果。"三皇五帝"在先秦典籍里多有提及，如《世本》中谓伏羲、神农、黄帝为"三皇"，《吕氏春秋》以伏羲、女娲、神农为"三皇"。司马迁在《史记·秦始皇本纪》中以天皇、地皇、泰皇为"三皇"，虽然各书"三皇"组合不同，但共同透露出的信息是：先秦两汉人认为在"五帝"时代之前，有一个"三皇"时代。从司马迁在《五帝本纪》的自述中可以体会到：黄帝之事，多不可确指，因百家言黄帝，多不雅训。所以司马迁才说"《尚书》独载尧以来"，这无异于说，尧之事迹可以确指。也可以说，司马迁心目中的"信史"，自五帝时代起，严格说，自尧时起。因黄帝是开启"五帝"时代的第一人，所以《五帝本纪》自黄帝起。黄帝之前的时代，在司马迁看来，已是渺茫而无法叙述的时期。可以说，中国文明肇端于五帝时代。

五帝时代的帝尧，被司马迁认为是有可信文献记载的第一人。帝尧也被认为是圣王的典范。《尚书·尧典》序："昔在帝尧，聪明文思，光宅天下。"孔传曰："言圣德之远著。"《尚书正义》云："言昔日在于帝号尧之时也，此尧身智无不知聪也，神无不见明也。以此聪明之神智足可以经纬天地，即'文'也；又神智之运，深敏于机谋，即'思'也。'聪明文思'即其圣性行之于外，无不备知，故此德充满居止于天下而远著。"孔颖达认为孔传所言，是以"'圣德'解'聪明文思'，'远著'解'光宅天下'"。因其有"圣德"，才能远著于天下。《尚书·尧典》开篇即云："曰若稽古，帝尧，曰放勋，钦明文思安安，允恭克让，光被四表，格于上下。""钦明文思"，马融注："威仪表备谓之钦，照临四方谓之明，经纬天地谓之文，道德纯备谓之思。"郑玄注："敬事节用谓之钦，照临四方谓之明，经纬天地谓之文，虑深通敏谓之思。"孔颖达谓："四者皆在身之德，故谓之'四德'。" 帝尧之"圣德"，具体言之，便是钦明文思之"四德"，不仅自身道德纯备，仪表威严，又能经纬天地、照临四方。也正是因帝尧自身具有"四德"，故《尧典》曰："允恭克让，光被四表，格于上下"。孔安国传曰："既有四德，又信恭能让，故其名闻充溢四外，至于天地。"《正义》云："上言尧德，此言尧行，故传以文次言之。言尧既有敬明文思之四德，又信实、恭勤、善能、推让，下人爱其恭让，传其德音，故其名远闻，旁行则充溢四方，上下则至于天地。"既有其德，始有其行，德行合一，即是典范。帝尧因其具备"钦明文思"的"圣德"，又能"允恭克让"以行，遂成为古代圣王的典范。上博简（二）《容成氏》："昔尧处于丹府与藋陵之间，尧戋（贱）施而峕=（时时）賓（赛），不劝而民力，不刑杀而无盗贼，甚缓（宽）而民服。于是乎方百里之中，率天下之人就奉而立之，以为天子。于是乎方圆千里，于是于（乎）峕（持）板正立（位），四向际禾（和），怀以来天下之民。是以视贤，履地戴天，笃义与信，会（合）在天地之间，而橐（包）在四海之内，遲（毕）能其事，而立为天子。……"《容成氏》的出土，更加证实了帝尧的圣王形象，在战国广为流传。

孔子开创的儒家，明确把源头追溯到帝尧。《中庸》："仲尼祖述尧舜，宪章文武。"朱熹注曰："祖述者，远宗其道。"儒家思想的源头在尧舜。孔子对帝尧更是赞叹不已，《论语·泰伯》载孔子言："大哉尧之为君也！巍巍乎！唯天为大，唯尧则之。荡荡乎，民无能名焉。巍巍乎其有成功也，焕乎其有文章！”皇侃《义疏》：“此美尧也。云‘大哉尧之为君也’者，为禅让之始，故孔子叹其为君之德大也。云‘巍巍乎唯天为大唯尧则之’者，则，法也。言天德巍巍，既高且大，而唯尧能法而行之也。所以又则天之德者，夫天道无私，唯德是兴，而尧有天位禅让舜，亦唯德是兴，功遂身退，则法天而行化也。”朱熹《集注》云：“言物之高大，莫有过于天者，而独尧之德能与之准。故其德之广远，亦如天之不可以言语形容也。”尧能效法于天，全天之功，行天之道，是以孔子大为赞叹！韦政通先生言：

自朱熹以来，一般的注解，都将重点放在“则之”上，“之”指上文的“天”，“则之”言尧之德能与天准，对“天”本身无所解，须经由尧之德推想“天”应该是道德意义的天。尧是孔子心目中最伟大的圣王，相传中尧最伟大的事迹是禅让，即此而言，尧所则之天，应该不是泛说的德天，而是周人将天命观转变以后的公正无私的天。这样的解释如能成立，那么，“则天”之“则”，就不是准则义，而是法则义。也就是说，尧取法于天的公正无私而行禅让。

《论语》一书中对上古帝王的引述，自尧始，且孔子给予了帝尧无以复加的赞美，是以有“民无能名”的评价，而辅之以“巍巍乎”“荡荡乎”“焕乎”等感叹！这是孔子以帝尧为圣王典范，且将之作为儒家思想的源头。

二、选贤任能与禅让传统

文献记载帝尧事迹中，选贤任能被认为是其主要事迹之一。《史记·五帝本纪》载帝尧令四岳“悉举贵戚及疏远隐匿者”，舜于是被举荐任用，司马迁进而言道：“禹、皋陶、契、后援、伯夷、夔、龙、倕、益、彭祖自尧时而皆举用。”这些著名的上古人物，皆由于贤能而被举荐任用。周人始祖也是由于贤能而被任用，《史记·周本纪》：“弃为儿时，屹如巨人之志。其游戏，好种树麻、菽，麻、菽美。及为成人，遂好耕农，相地之宜，宜谷者稼穑焉，民皆法则之。帝尧闻之，举弃为农师，天下得其利。”弃因善稼穑，从而被尧任命为农师。尧能知能而任，也能知贤而任。《史记·三代世表》：“尧知契、稷皆贤人，天之所生，故封之契七十里，后十余世至汤，王天下。尧知后稷子孙之后王也，故益封之百里，其后世且千岁，至文王而有天下。”正是由于尧的举贤任能，才使得贤者在其位，能者治其事，天下大治，才会出现《淮南子·齐俗训》所言：“故尧之治天下也，舜为司徒，契为司马，禹为司空，后稷为大田师，奚仲为工。其导万民也，水处者渔，山处者木，谷处者牧，陆处者农，地宜其事，事宜其械，械宜其用，用宜其人。泽皋织网，陵阪耕田，得以所有易所无，以所工易所拙，是故离叛者寡，而听从者众。譬若播棋丸于地，员者走泽，方者处高，各从其所安，夫有何上下焉！”《说苑·君道》也有类似的记载：“当尧之时，舜为司徒，契为司马，禹为司空，后稷为田畴，夔为乐正，倕为工师，伯夷为秩宗，皋陶为大理，益掌驱禽，尧体力便巧不能为一焉，尧为君而九子为臣，其何故也？尧知九职之事，使九子者各受其事，皆胜其任以成九功，尧遂成厥功以王天下，是故知人者王道也，知事者臣道也，王道知人，臣道知事，毋乱旧法而天下治矣。”王者行其道，臣者治其事，上下同心，各安其位，天下才会出现大治局面，这也是圣王治世的理想方式和结果。

儒家认为良好政治局面的开创，天下大治盛世的出现，首在“公心”，能做到不以私害公。而选贤任能的极致，便是最高的统治者，也是由推选而来，此便是禅让。帝尧在儒家传统中，被公推为圣王，非常重要的一个原因便是其以“禅让”的方式选拔接班人，而非以私心传子。这也是古代注疏家及现代思想家理解“唯天为大，唯尧则之”时普遍提及“禅让”义的原因所在。

《尚书·尧典》详载了尧舜禅让之事，从舜被推举为候选人，到尧对舜的考察，乃至最后的禅让，记之详备。这是后世儒家谈尧舜禅让所本。《荀子·成相篇》云：“尧让贤，以为民。”“尧授能，舜遇时，尚贤推德天下治。”上博简（二）《容成氏》云：“尧以天下让于贤者，天下之贤者莫之能受也。万邦之君皆以其邦让于……贤者，而贤者莫之能受也。于是乎天下之人，以尧为善兴贤，而卒立之。”郭店简《唐虞之道》云：“唐虞之道，禅而不传。尧舜之王，利天下而弗利也。禅而不传，圣之盛也。利天下而弗利也，仁之至也。故昔贤仁圣者如此。身穷不贪，没而弗利，穷仁矣。必正其身，然后正世，圣道备矣。古唐虞之道如此也。”（第1—4简）禅让是尊贤任能的极致，是以《唐虞之道》云：“禅也者，上德授贤之谓也。上德则天下有君而世明；授贤则民教而化乎道。不禅而能化民者，自生民未之有也。”（第20—21简）“尧舜之行，爱亲尊贤。爱亲故孝，尊贤故禅。”（第6—7简）郭店简《唐虞之道》是思孟学派的作品，在《唐虞之道》中，尧舜事迹被赋予了儒家德行，禅让被纳入了儒家思想体系，成为儒家传统。

三、德礼刑辅与礼乐传统

孔子重视德治，向往周代礼乐之治。《论语·为政》载孔子言：“道之以政，齐之以刑，民免而无耻。道之以德，齐之以礼，有耻且格。”孔子所论，基本为儒家遵循，形成了导之以德，齐之以礼，辅之以刑的治世思想与强调礼乐传统的儒家文化。

帝尧事迹中，可以看到，儒家这一传统，渊源有自，圣王典范的帝尧，当是其源头。先秦文献所见，帝尧是德治的典范。《荀子·正论》："尧、舜，至天下之善教化者也，南面而听天下，生民之属莫不振动从服以化顺之。"《吕氏春秋·长利》："当尧之时，未赏而民劝，未罚而民畏。"《墨子·节用中》："古者尧治天下，南抚交阯，北降幽都，东西至日所出入，莫不宾服。"天下莫不宾服，主要原因是因其德行感化。帝尧治世，在文献所载中，并非纯用德行感化，而是有刑罚辅助。《荀子·议兵篇》："古者帝尧之治天下也，盖杀一人、刑二人而天下治。"辅之以刑，而不是滥用刑罚，会起到良好的治理效果。史书也多载尧作五刑。《史记·五帝本纪》载尧："象以典刑，流宥五刑，鞭作官刑，扑作教刑，金作赎刑。眚灾过，赦；怙终贼，刑。"《国语·鲁语上》言："尧能单均刑法以仪民"，皆说明尧时有刑罚，且正是因为赏罚适宜，才最终出现天下大治。《礼记·祭法》："尧能赏均刑法以义终"，《韩非子·守道》："托天下于尧之法，则贞士不失分，奸人不侥幸……尧明于不失奸，故天下无邪。"天下大治并非仅有纯德便会出现，必要的刑罚是需要的。

帝尧治世思想为"德礼刑辅"。"德"是治世的原则，"刑"是治世必要的辅助手段，因此帝尧圣王之治的具体表现便是礼乐之治。《管子·封禅》："尧封泰山，禅云云。"《庄子·天下》："尧有《大章》。"《吕氏春秋·仲夏纪·古乐》："帝尧立，乃命质为乐。质乃效山林溪谷之音以歌，乃以麋輅置缶而鼓之，乃拊石击石，以像上帝玉磬之音，以致舞百兽。瞽叟乃拌五弦之瑟，作以为十五弦之瑟。命之曰大章，以祭上帝。"文献多记载帝尧作礼乐之事。而礼乐之事，又是教民、化民的主要手段，是以《礼记·乐记》云："是故先王之制礼乐也，非以极口腹耳目之欲也，将以教民平好恶而反人道之正也。"礼乐之治，为儒家继承，并成为儒学最为重要的传统之一。陶寺遗址出土的彩绘龙盘、鼍鼓、玉圭、玉钺、玉戚、铜铃等实物，也佐证了帝尧时期礼乐文明的形成。

四、"允执厥中"与儒家尚"中"

《伪古文尚书·大禹谟》："人心惟危，道心惟微，惟精惟一，允执厥中。"伪孔传曰："危则难安，微则难明，故戒以精一，信执其中。"清代学者考证《古文尚书》为伪作，是以之后学者言及于此，皆谨慎小心。其实在清儒之前，尤其是大讲道统的宋儒言论中，非常重视这段话，并认为这"十六字心传"正是儒家道统真谛所在。朱熹《中庸章句序》："盖自上古圣神，继天立极，而道统之传，有自来矣。其见于经，则'允执厥中'者，尧之所以授舜也。'人心惟危，道心惟微，惟精惟一，允执厥中’者，舜之所以授禹也。尧之一言，至矣，尽矣！而舜复益之以三言者，则所以明夫尧之一言，必如是而后可庶几也。”蔡沈《书经集传序》：“精一执中，尧舜禹相授之心法也。建中建极，商汤周武相传之心法也。”这就把中道与道统结合起来，从尧舜禹到商汤文武周公一脉相传。明代方孝孺在《逊志斋集·卷五·杂著·夷齐》中更谓：“圣人之道，中而已矣，尧、舜、禹三圣人为万世法，一‘允执厥中’也。”宋明大儒皆认为儒道传统精神是继承了帝尧的“中”。《论语·尧曰》：“尧曰：‘咨！尔舜，天之历数在尔躬！允执其中。四海困穷，天禄永终。’”孔子认为尧禅让舜时，传递的核心思想便是“允执其中”。何晏《论语集解》引包咸曰：“言为政信执其中，则能穷极四海，天禄所以长终。”皇侃《论语义疏》云：“言天信运次既在汝身，则汝宜信执持中正之道也。”“若内执中正之道，则德教外被四海，一切服化莫不极尽也。”“若内正中国，外被四海，则天祚禄位长，卒竟汝身也。执其中则能穷极四海，天禄所以长终也。”执中，成为治世安民、德及四海的根本所在。

自2009年清华简《保训》公布后，引起学界长期讨论。《保训》记载的是文王临终前对武王传授的治世秘诀，其文云：“昔舜久作小人，亲耕于历茅。恐，求中。自稽厥志，不违于庶万姓之多欲。厥有施于上下远迩，乃易位迩稽，测阴阳之物，咸顺不逆。舜既得中，言不易实变名，身兹备惟允，翼翼不懈，用作三降之德。帝尧嘉之，用受厥绪。呜呼！发，祗之哉！昔微假中于河，以复有易，有易伏厥罪。微亡害，乃归中于河。微志弗忘，传贻子孙。至于成唐，祗备不懈，用受大命。”学界对“中”的解释，颇多分歧，我们认为其与儒家的“中庸”“中和”思想有密切关系，且帝尧之“允执厥中”为其思想源头，这需要我们进一步深入研究。

注释：

[1] 邵望平、汪遵国：《迎接中国考古学的新世纪——中国考古学会理事长苏秉琦教授访谈录》，《东南文化》1993年第1期。

[2] 王 巍：《陶寺就是“尧都平阳”已成定论》，《山西党校报》，2015年4月25日。

[3] 于振海、晏国政：《考古专家：尧的都城在山西临汾陶寺》，新华网，2015年04月15日。

[4] 韩 星：《帝尧与儒家思想的渊源》，《中原文化研究》，2016年第1期。

[5] 马承源主编：《上海博物馆藏战国楚竹书(二)》，上海古籍出版社，2002年。

[6] 韦政通：《中国思想传统的创造转化——韦政通自选集》，云南人民出版社，2002年，第106页。

[7] 李学勤：《周文王遗言》，《光明日报》，2009年4月13日。梁涛：《清华简〈保训〉与儒家道统说——兼论荀子在道统中的地位问题》，《邯郸学院学报》，2013年第1期。

陶寺龙盘与中华龙文化意识之形成

蔺长旺

在中国传统文化中，龙文化有着极其重要的地位和社会影响。从距今8000多年的新石器时代先民们对原始龙的图腾崇拜，到今天举国欢度新春的壬辰龙年，数千年来，龙的形象在凡是有华人的地方均约定俗成地被逐步演绎成了一种符号、一种意绪、一种血肉相连的情感。龙文化已渗透到了中国社会的各个方面，已经成为一种文化的凝聚和积淀。龙已经成了中国的象征、中华民族的象征、中国文化的象征。

作为龙的传人，不应该对中国的龙文化一无所知。不了解龙文化，就无法全面了解古老的中华文明。那么，龙的原型到底是什么？中华龙文化意识到底是何时何地起源与形成的呢？本文拟通过对陶寺龙盘和分布于大江南北的主要龙文化遗存进行探索性的研究，从考古学角度对中华龙文化意识之起源与形成进行阐述。

一、中华龙文化意识最初形成于距今4400 ~ 4100年之间的陶寺文化早中期，亦即中国历史上早于夏代的尧舜时期

说到“龙”，人们很容易联想到常说的一句话：“炎黄子孙，龙的传人”。很显然，人们将“龙”与“炎帝、黄帝”联系到了一起，言下之意那就是说“龙”这一文化概念的最早出现当与上古的炎黄相关。而将“龙”与炎帝和黄帝联系起来的较早记载大概首推东汉王符（约85–162），王符《潜夫论》卷八《五德志》第三十四：“有神龙首出常（羊）、感妊姒，生赤帝魁隗，身号炎帝，世号神龙，代伏羲氏。其德火纪，故为火师而火名”。“大电绕枢炤野，感符宝，生黄帝轩辕，代炎帝氏。其相龙颜，其德土行，以云纪，故为云师而云名”。

比这种记载更早一点的，则是见于大史学家司马迁所撰的《史记》，他将“黄帝”的活动与“龙”联系了起来。例如：《史记》卷一二《孝武本纪》第十二：

“黄帝采首山铜，铸鼎于荆山下。鼎既成，有龙垂胡髯，下迎黄帝。黄帝上骑，

群臣、后宫从上者七十余人。龙乃上去，余小臣不得上，乃悉持龙髯。龙髯拔坠，坠黄帝之弓。百姓仰望，黄帝既上天，乃抱其弓与龙胡髯号”。

除此之外，在《易经》《左传》《山海经》等诸多先秦文献中，也不乏关于“龙”之传说的记载。

据以上文献之记载，我们可以大致推测，最迟在汉代时，“龙”已经是被作为一种吉祥物在社会上广为流传了。另据考古发现，在汉代皇室的一些建筑物的瓦当、踏步等上面，也已经有用龙的图案做装饰的了。

由此可见，在汉代“龙已经是社会生活中流传相当广泛的一种文化意识了，而汉代将龙与炎帝与黄帝联系起来，应是在当时社会上将龙作为一种吉祥物，崇敬龙这么一个大的社会文化意识背景下诞生的”（朱乃诚：《中华龙文化意识的起源与形成》）。

然而近几十年来的考古发现却证明，早在距汉代约1500年之前的商周时期，龙形象或龙图案就已经是不胜枚举了。如：陕西长安沣西张家坡西周井叔墓地中出土的一件青铜牺尊上有龙的造型，湖南石门、宁乡出土的商代晚期的青铜提梁卣的提梁上有龙的造型，河南安阳殷墟妇好墓出土的青铜方壶上有龙的纹饰，还有盘龙铜盘、龙纹铜觥盖、玉雕龙等，山西石楼出土的龙纹青铜觥等等。

中国社会科学院考古研究所的朱乃诚先生认为历史上有关商周时期“龙”的文献记载以及龙的实物造型或图案，实际上都是对源远流长的中华龙文化意识的传承，是“龙”这个文化概念的演变与发展的产物。可见早在商周时期之前，中华龙文化意识就已经存在了。

那么，中华龙文化意识的形成到底起源并形成于何时何地呢？

笔者认为仅靠离散的先秦文献记载看来是很难说清楚的，必须借助于诸多的考古发现和严密的论证，方有可能得以求解。目前，被学术界认为与中华龙文化意识形成相关的商周时期之前的重要考古发现和佐证主要有包括陶寺龙文化遗存在内的7处：

（一）河南濮阳西水坡距今6000年前龙虎图案

在中原地区河南濮阳西水坡遗址发现的一条用蚌壳摆塑的龙虎图案，发现的龙形象，至少能够说明：中原地区在距今6000年前，龙文化意识已经存在或可称之为起源了。但是从濮阳西水坡发现的蚌壳摆塑龙形象的特征来看，当时的龙文化意识所象征的实体原型很可能是鳄鱼。

山西襄汾陶寺大墓中出土的鼍鼓内有数枚扬子鳄皮下骨板，这表明当时已利用扬子鳄皮蒙鼓面，制作礼乐器物了。这表明在距今6000年以前，人们就捕食扬子鳄，并在距今4000年前利用扬子鳄皮制作礼乐器物了。古生物学家杨钟健早在1957年就提出过“殷墟甲骨文中的龙，都是鳄的形象”。

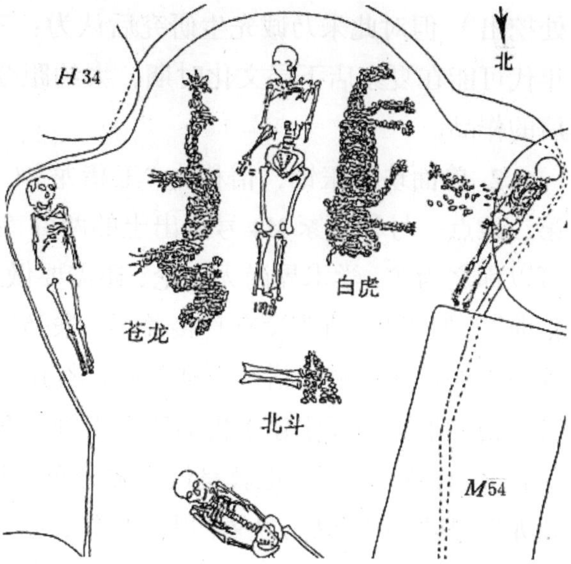

图1 西水坡遗址蚌壳摆塑的龙虎图案

看来早期的龙形象，早期先民心目中的龙，或者说龙文化意识起源阶段的龙，应当不是虚幻的，而是一种实指的动物。况且在距今6000年前后，黄河流域有鳄鱼生长活动的事实，已经得到考古学的证实。

（二）安徽含山县凌家滩距今5000年前“玉龙”玉雕作品

1998年秋在安徽含山县凌家滩遗址M16号墓葬中发现了一件环形动物玉雕作品，被认作为距今5000年以前的龙文化遗存，而且还是目前所知我国年代最早的环形动物玉雕作品。不过有学者认为凌家滩“玉龙”的首部表现的是虎首，以往考古学界所指认的凌家滩“玉龙”，实际上是“玉虎”，凌家滩遗址M16号墓出土的这件环形动物玉雕作品应改称为“虎形玉环”或“环形玉虎”。也就说，所谓安徽含山县凌家滩距今5000年前的玉雕作品并非是龙文化遗存。

（三）辽西地区距今5000年以前的龙文化遗存

在辽西地区发现的被认作为距今5000年以前的龙文化遗存共有三种，其中之一的“C”字形玉龙曾被媒体广为报道，并被称之为“中华第一神龙”。

图2 “C”字形玉龙

1. “C”字形玉龙（1971年由内蒙古翁牛特旗三星他拉村村民在三星他拉村北山岗造林时，从地表以下50 ~ 60厘米深处挖出）。但对此朱乃诚先生研究后认为：三星他拉玉龙不是红山文化玉器，其年代可能在夏家店下层文化时期，大约距今4000年，很可能是距今3600年前后的作品。

2. 兽面玦形玉饰，俗称为“玉猪龙”（1984年辽宁省建平县牛河梁遗址群第二地点一号积石冢M4号墓出土的两件兽面玦形玉饰）。但是，这类玉器是否可以称之为龙，学术界尚无定论，还需要做进一步的分析，红山文化的这类“玉猪龙”，似乎与“龙”没有直接关系。朱乃诚先生认为“将兽面玦形玉饰的兽面理解为熊首比理解为猪首更准确些，红山文化兽面玦形玉饰的兽面，目前所知其最初的形象是辽宁建平兽面玦形玉饰，其兽面表现的特征应是熊首，其象征的含义自然应是熊”。也就是说主要分布于辽西地区的红山文化晚期的所谓“玉猪龙”，其原本的象征含义，既不是猪，也不是龙。现在学术界称其为“玉猪龙”是一种在研究认识过程中所形成的俗称。朱乃诚先生认为其准确的名称应更改为“兽面玦形玉饰”。

3. 查海龙形堆塑

这种“龙形堆塑”是1994年在辽宁省阜新市查海遗址发现的。这条龙形堆塑，是在基岩脉上，采用红褐色大小均等的石块堆塑而成，全长19.7米，宽1.8～2米。方向基本与房址一致。发掘者认为其造型酷似一条巨大的龙。考古界认为查海遗址之文化性质为兴隆洼文化，年代约为距今8000年前后。查海遗址有距今8000年前后玉器的最早发现，而发现的龙形堆塑被认为是中国最早的“龙”遗存。

对这个由石块堆摆的形象，发现者用“龙形堆塑”一词来称之，但是否可以称之为龙，目前学术界尚无定论。

朱乃诚先生认为“这不是龙，因为其象征的何种动物没有明确的特征”。但笔者认为，该“龙形堆塑”很可能是伏羲时期先民心目中的“龙图腾”，是之后形成“龙文化”的萌芽。

（四）陶寺遗址距今4400～4100年之间的彩绘龙盘

山西襄汾陶寺遗址龙文化遗存是在20世纪80年代初发现的，主要是

图3 陶寺彩绘龙盘

龙的彩绘图案，描绘在陶盘的内壁。其形呈盘蜷状，尾在中间，头在外，张嘴露齿。据考古专家鉴定其年代约在陶寺文化早期。陶寺文化的龙遗存即彩绘龙盘，有多件，均出土自墓葬中，且出自礼仪规格较高的大型墓葬中。学者普遍认为在陶寺文化早期已经形成了成熟的龙文化意识。

（五）河南新密新砦遗址距今约 3800 多年的龙文化遗存

河南新密新砦遗址距今约 3800 多年的龙文化遗存，发现于 1999 年，是一种在陶器器盖上刻划的图案，整个图案已残缺，但保存了龙首与龙尾部分 。考古学专家认为属二里头文化新砦期，或称为新砦期文化。

（六）河南偃师二里头遗址距今 3700 ~ 3500 年之间的龙文化遗存

河南偃师二里头遗址发现的龙文化遗存比较多。二里头遗址发现的龙文化遗存的年代在距今 3700 ~ 3500 年之间。早在 20 世纪 60 年代初就发现了陶器上的刻划龙图案，1981 年以来又先后发现了几件龙图案的绿松石铜牌饰，2004 年又发现了大型绿松石龙形器，这种绿松石铜牌饰上的动物图案之象征就是“龙”。对此，考古界不存在任何争议。从发现数量看，二里头文化时期，即距今 3700 ~ 3500 年之间，龙遗存已经是一种比较普遍的现象。龙形象又大致相同，可见是当时社会上得到普遍认同的龙形象。之后这类龙形象在商周时期又得到了传承与发展，并经秦汉以后的演变，一直延续到了今天。

（七）良渚文化距今 4800 年前龙遗存

良渚文化是长江下游环太湖流域新石器时代晚期的文化。良渚文化之龙纹饰多见于玉器和陶器上，如玉手镯上的龙首图案等 。也有人认为这些玉器上的动物图案并不是象征着龙。但湖北天门石家河肖家屋脊 W6：36 玉雕盘龙是目前已确认无误的长江中游地区唯一一件早期“龙”文化遗存。属石家河文化晚期，其年代在距今 4000 年前后。

综合分析良渚文化的龙遗存，如果将玉器的兽面、兽首认作为龙文化遗存，那么龙应是当时社会上得到认同的一种文化意识，但其年代较早；而年代较晚的陶器上的龙遗存，其所有者的社会地位并不高，说明龙图案已经成为人们生活中的一种普通装饰，看来当时可能还没有最终形成对“龙”的特殊地位的认同感。朱乃诚先生认为“良渚文化的龙遗存，可能是处于中华龙文化意识起源阶段向形成阶段的过渡时期”。

通过对以上 7 处龙文化遗存进行综合分析，我们至少可以获得以下几点共识：

1. 这 7 处龙文化遗存的分布，表明中原地区的河南濮阳西水坡龙虎图案

（距今6000年）、陶寺文化（距今4400～4100年之间）、二里头文化（距今3700年至距今3500年之间）、辽西地区的夏家店下层文化（距今3600年前后）、长江中游地区的石家河文化（距今4000年前后）、长江下游的良渚文化（距今4800年），都已经具有或是说形成了龙文化意识。

2. 从以上7处龙文化遗存的年代上来看，辽西地区夏家店下层文化与长江中游地区天门石家河文化的龙文化遗存则很可能是由中原地区（陶寺文化）传衍过去的。因为从时间和空间的角度来推论相对合乎情理。

3. 虽然陶寺遗址的龙文化遗存与良渚文化陶器上的龙图案较为接近，但年代上良渚文化龙遗存却早于陶寺龙文化遗存数百年。这似乎说明中原地区龙文化意识的形成，很可能是曾经吸收过长江下游地区的龙文化意识后而形成的。笔者认为上古尧舜时期多次海水西侵，良渚先民向西迁徙，因而其尚处于起源阶段向形成阶段过渡的龙文化意识便自然会融入了陶寺文化之中，亦即融入了帝尧“协和万邦”的文化历史长河之中。

4. 陶寺文化与二里头文化同处于中原地区，但在年代上，陶寺龙文化遗存早于二里头文化龙文化遗存至少在700年左右。

通过从考古学角度对商代以前的主要龙文化遗存进行分析研究，我们完全可以得出这么一个结论：中华龙文化意识的起源，是在距今6000年前起源于中原大地，亦即黄帝时期的那个年代；而中华龙文化意识最初形成于距今4400～4100年之间的中原地区，准确地说形成于陶寺文化早中期，亦即中国历史上尧舜时期。

此外，对以上结论尚有先秦文献记载还可为之旁证：文献记载虞舜时期与夏代曾驯养龙。如先秦文献《左传昭公二十九年》：“古者畜龙，故国有豢龙氏，有御龙氏……”

文献中关于虞舜时期有驯养龙的记载，与考古发现尧舜时期的遗址中有龙文化遗存的事实相吻合，这正好说明中华龙文化意识形成于中国传统古史上的尧舜时期（陶寺龙文化遗存）具有很大的可信度。

二、陶寺龙文化遗存是中华文明与国家起源的重要文化象征

（一）陶寺龙盘体现了上古时期多种图腾崇拜文化的融合

陶寺龙盘，即彩绘蟠龙纹陶盘。描绘于黑色磨光陶衣上的朱红色龙纹，在陶盘的内壁和盘心作盘曲状。龙纹蛇躯鳞身，方首圆目，巨口长舌，无角无爪。似蛇非蛇，似鳄非鳄，应是蛇和鳄两种或两种以上动物的合体，体现了多种图

腾崇拜文化的融合。同时，陶寺龙盘的彩绘蟠龙，其身体饱满而外张，沉稳而强健，威严而神秘，也可谓是罕见的艺术珍品，因为其艺术水平远远高于在此之前的一些龙文化遗存。

（二）陶寺龙盘反映出了唐尧时代古唐国独具特色的“龙”崇拜意识形态

不少学者在探索中国文明起源的时候，常把“城市、文字、金属器、礼制器物”四要素作为文明起源的必备条件，而忽视了中国文明起源之初意识形态领域中的东西，即“最初”形成的民族崇拜观念与“传统”的民族崇拜观念之间的关系。

陶寺大墓中发现的精美的彩绘蟠龙纹陶盘、彩绘壶和成套的通身施彩的木漆器等，不仅展示出了“唐尧文化”与同期其他文化相比先进发达的一面，而且还反映出了唐尧时代古唐国独具特色的社会意识形态，亦即“龙”崇拜意识。

（三）陶寺龙盘是中国早期国家形态社会中的龙崇拜图腾

高炜、高天麟、张岱海等学者在研究陶寺彩绘蟠龙纹陶盘时指出：“陶盘本是盛器或可作水器，但从出土物来看，火候很低、且烧成后涂饰的彩绘极易剥落，故大约只是一种祭器而非实用器。彩绘其他纹样的壶、瓶、罐、盆等类祭器，某些中型墓也可使用，唯龙盘仅发现在几座部落显贵的大型墓中，每墓且只一件。这就证明龙盘的规格很高，蟠龙图像非同一般纹饰，似乎有其特殊的含义。它很可能是氏族、部落的标志，如同后来商周铜器上的族徽一样”（参见中国考古网）。

在陶寺早期墓地中，龙盘只见于5座大型墓中，且每座墓仅有一件。稍大的中型墓虽有绘朱彩的陶盘，但其上绝无蟠龙图像。这种现象可能说明陶寺的大墓主人是当时社会之特殊的贵族阶层，是早期国家形态下社会最高阶层——“王”室阶层文化的重要组成部分。龙，只能是这部分人员使用的。这说明龙文化遗存在当时社会中应具有非同一般的重要的作用与意义，体现了王权的至高无上和社会内部的等级制度。

龙，是中华民族的神物，数千年来始终有崇高的地位，至今我们仍自称为龙的传人。那引人注目的陶寺龙盘，与一批礼器性质的重器同出于大墓，绝非偶然之现象，而且其采用彩绘技术制作的图腾相较于之前的石摆或是贝壳拼图等形式更为进步，充分说明在这个处于中国早期国家形态的社会中，人们已经将龙作为崇拜的图腾。

再者，从陶寺龙盘的整体形态上来看，商代以来的龙形象与陶寺龙形象完全是一脉相承的，而且陶寺龙盘中间似有水纹或云纹，这里的龙有点像是潜龙，仿佛随时可以入水和升天。它代表的正是以中原民族文化为直根的"华夏龙"之形象。我们现在所看到的龙形象，实际上就是在陶寺"蛇鳄合体型原龙"的亮点上所形成的形象，这正是陶唐文化在华夏文明中数千年延续的结果。所以说称陶寺龙文化遗存是中华文明起源、国家起源的重要文化象征也并不为过。

在距今4500年前的龙山文化时期，山西的新石器文化呈现出了异彩纷呈的面貌。夏县东下冯、襄汾陶寺、长治小神、太谷白燕等地方类型构成了山西龙山时期的主体。其中作为中原地区龙山文化遗址已知规模最大的陶寺文化无疑是这一时期最为发达的物质文化遗存，从几十年的考古发掘来看，无论从空间上还是从时间上，进步的陶寺文化都与古史所载的"尧都平阳"非常吻合。

彩绘陶寺龙盘在陶寺大型墓中的发现，说明陶寺龙山文化时期，在中原地区确有一个活跃于"尧都平阳"，以龙为族徽、以龙为图腾、以陶唐为名号"协和万邦"的方国。而中华龙文化意识最初正是形成于距今4400～4100年之间的中原地区，准确地说形成于陶寺文化早中期，亦即中国历史上的尧舜时期。

参考文献：

1. 东汉王符《潜夫论》
2. 司马迁《史记》卷一二《孝武本纪》第十二
3. 《易经》《山海经》《左传》
4. 朱乃诚《中华龙文化意识的起源与形成》

创新篇

深入研究帝尧文化的深刻内涵和时代意义

王水成（三晋文化研究会常务会长）

尧文化是我国最早成体系的观念形态文化，是上古时期农耕文化的结晶。历史的辉煌需要尧文化的滋养，现代的进步发展也需要吸取尧文化的营养。

我们要站在新的历史高度，坚持创造性转化和创新性发展的学术理念，进一步深入研究尧文化的深刻内涵和时代意义，为新时代经济建设和社会全面发展提供精神指引。

文化是民族的血脉，是人民的精神家园。文化自信是更基本、更深层、更持久的力量。中华文化独一无二的理念、智慧、气度、神韵，增添了中国人民和中华民族内心深处的自信和自豪。

中共中央办公厅和国务院办公厅印发的《关于实施中华优秀传统文化传承发展工程的意见》中指出："坚持创造性转化和创新性发展，坚持辩证唯物主义和历史唯物主义，秉持客观、科学、礼敬的态度，取其精华、去其糟粕，扬弃继承、转化创新，不复古泥古，不简单否定，不断赋予新的时代内涵和现代表达形式，不断补充、拓展、完善，使中华民族最基本的文化基因与当代文化相适应、与现代社会相协调。"

今日的文化是在往日文化的沃土上滋养出来的。尧文化历史悠久，底蕴丰厚，是中华民族文化发展史上的一颗璀璨夺目的明珠，也是我们建设现代化的宝贵资源，重新塑造历史的辉煌是尧文化时代意义、现代价值所在。

深入探寻人类久远的文明历史，首要的问题是不断开拓学术视野。持久地探寻人类久远的文明历史，不仅需要一代代先哲们的长期奋斗，更需要用更加科学的方法去不断地认知，因为人类文明探源工程是一个综合性的多学科的非常复杂的综合性工程，不能只强调科学价值和经济价值，它同时包含着不容忽视的人文意义和精神价值。新时代，站在新的历史高度，深入研究和弘扬尧文化，关键之处就是要在继承中发展、在发展中继承。

尧是中华民族的文明始祖，尧文化源远流长，博大精深，是中华民族的源头文化。《尚书·尧典》记载，尧治天下，“克明俊德，以亲九族。九族既睦，平章百姓。百姓昭明，协和万邦，黎民于变时雍”。据《汉书·帝王本纪》记载，“尧都平阳，舜都蒲坂，禹都安邑”，说明上古三世建都在山西皆有史迹。有关史料证明，“满天星斗”般的众多“古国”，先后出现于龙山时代，成为中国古代文明的不同源头。诸多古国辐辏中原，部落联盟应运而生。陶寺遗址距今4500年左右，空间和时间都与历代文献记载的“尧都平阳”非常吻合。

陶寺文化的进步更令人耳目一新：城市、宫殿、“王墓”、观象台、青铜器、文字和宣示王权的“礼器”，以及中华民族的精神图腾——龙。

尧都平阳，中华文明从这里开始，有史为鉴。

中国古代文明的起源不是一蹴而就的，其起源和形成经历了一个漫长的过程。只有文明因素不断发展积累和汇集到一定程度才能形成成熟的文明，而一般将国家的形成作为文明阶段的标志。对于国家的形成标志，一些学者提出其标志应当包括文字、城市、大型礼仪性建筑以及青铜器等。在分析陶寺已发现的遗存之后，可以发现这些文明因素在陶寺遗址中都可以找到原型。

历史学家苏秉琦先生曾在《华人·龙的传人·中国人》一文中指出：“史书记载，夏代以前有尧舜禹，他们的活动中心在晋南一带。后人解释：帝王所都为中，故曰中国。由此可见，‘中国’一词最初指的是‘晋南’一块地方，即‘帝王所都’。而中原仰韶文化的‘花’和北方红山文化的龙，甚至包括江南的古文化均相聚于此，这倒很像车辐聚于车毂，光、热等向四周放射。这样我们讲晋南一带的‘中国’一词，就把‘华、龙’都包揽到一处了。”这段精辟的论述，明确告诉我们：尧舜禹的活动中心在晋南一带，而临汾乃晋南腹地，亦即其活动中心；“中国”一词的出现在尧舜禹时期；“中国”一词包含了华山之花红山龙，是各种文化进步融合的生动体现。据此，我们便可以知晓，尧文化中孕育着中华民族的直根。

在陶寺遗址中，发现了最早的测日影天文观测系统，发现了到遗址发掘为止最早的文字，发现了中国最古老的乐器，发现了中原地区最早的龙图腾，发现了到遗址发掘为止世界上最早的建筑材料——板瓦，发现了黄河中游史前最大的墓葬。

在民智待开、文明初创的帝尧时代，一切都是空白。尧任用大臣管理国家，伯夷祭祀、皋陶造狱、稷王稼穑等都传为美谈。为了汲取前任教训，尧在自己的宫殿外竖立了一根能敲响的响木，是为“诽谤木”，谁有意见即可敲击进谏。诽谤木为中华表率，这就是中华民族图腾华表的来源。

《史记·五帝本纪》说：帝尧者，放勋，帝喾次子，初封于陶，又封于唐，故有天下之号为陶唐氏，史称为唐尧。尧在位百年，有德政，常征求四岳的意见，而且设立谤木，让平民可以发表意见；设立多项政权组织，要求荐举贤人，加以任用，后让位于舜，从而开创了中华远古时代帝王继位的禅让制先河。

据《尚书》记载，帝尧时期已经确立了“父义、母慈、兄友、弟恭、子孝”五大道德标准，成为中国道德体系的基础。

《史记·五帝本纪》礼赞尧：“其仁如天，其知如神。就之如日，望之如云。富而不骄，贵而不舒。”其意谓我们接近他犹如太阳一般光明，远望他犹如云霞一般灿烂，富有而不骄横，高贵而不傲慢。孔子赞颂尧：“唯天为大，唯尧则之，帝王之德莫盛于尧。”

“立我烝民，莫匪尔极。不识不知，顺帝之则。”在这首帝尧时代的《康衢谣》中，一幅美妙的小康社会画面跃然眼前。一位把天下治理成天堂的君王，却始终保持老百姓的本色，居一村庄，茅屋相伴。

尧在位时，天下洪水泛滥，九州天灾。他命鲧治水，9年无功而返。尧广开言路，在尧都平阳设置谏言之鼓，让天下百姓尽其言，参其政；立诽谤之木，让天下百姓攻其错，献其策。如今的诽谤之木，演化成为中华帝王宫殿门前的标志性建筑设施“华表”，从古至今延传了下来。“华表”这种古代建筑形式，就成为中华民族的标志性建筑。

这一切，标志着黄河流域早期国家形态的诞生。一个早期的国家在晋南大地赫然出世，中华文明的大门由此开启。

山西是中华文明的发祥地之一，在远古时代就积淀了深厚的原始文化层，并形成了前后衔接的文化发展序列。

人类的历史，到现在为止，只有短短的一瞬，相对于宇宙的生命而言，是微不足道的。但是人类是伟大的，在中国古代浩如烟海的文献中，唐尧创造了人类伟大的文明和历史，一直被作为古代圣贤之君颂扬，视之为楷模。

中华文化源远流长，灿烂辉煌。在5000年文明发展中孕育的中华优秀传统文化，积淀着中华民族最深沉的精神追求，代表着中华民族独特的精神标识，是中华民族生生不息、发展壮大的丰厚滋养，是中国特色社会主义植根的文化沃土，是当代中国发展的突出优势，对延续和发展中华文明、促进人类文明进步，发挥着重要作用。我们要站在新的历史高度，坚持创造性转化和创新性发展的学术理念，进一步深入研究尧文化的深刻内涵和时代意义，让尧文化为新时代经济建设和社会全面发展提供精神指引。

世界视野的陶寺遗址

刘合心（临汾三晋文化研究会会长）

2017年12月8日，中华文明探源陶寺遗址考古，在历经40载之后终于登上了世界考古论坛的领奖台，获得第三届“世界考古论坛·上海”的“重要考古研究成果奖”。2015年6月18日，中国社会科学院在国务院新闻中心举行了“山西·陶寺遗址发掘成果新闻发布会”；2017年12月4日，国家考古遗址公园现场工作会议将山西陶寺考古遗址公园正式列入第三批国家考古遗址公园立项名单。

“世界考古论坛·上海”（SAF）是创建于2013年的国际考古交流平台，每两年举办一次，旨在推动世界范围内考古资源和文化遗产的调查、研究、保护与利用。“世界考古论坛·上海”的重要组成部分是咨询委员会和评审委员会。咨询委员由来自45个不同国家和地区的考古和文化遗产研究领域的150位专家学者组成，负责提名或者帮助推荐世界重大田野考古发现和研究成果。评审委员由来自17个国家的40名学术权威和专家组成，主要负责对推荐的世界重大田野考古发现和研究成果进行评选。与社会团体和媒体相关评选的半趣味性不同，世界重大田野考古发现和研究成果更具学术含量，体现了评选的世界性、权威性和广泛性。

据有关资料可知，数十年乃至近百年来，德国、法国、英国等老牌欧美发达国家在世界各地派遣多支考古队进行发掘；近几十年，美国更是后来居上，对世界各地的考古都有学者进行研究并成为权威，他们掌握了世界各个区域考古学的话语权。虽然中国考古学自1921年诞生，迄今已经成为一个比较成熟的学科，并且也取得了一大批举世瞩目的考古发现，在国际学术界也占有一席之地，但是正如“中华文明探源工程”首席专家王巍所言：“总体上对世界其他国家的考古缺乏较为系统的了解，只知自己，不知他人，在国际学术界面临着除了中国考古学之外，对其他区域的考古学几乎没有发言权的窘境，这也在一定程度上限制了对中华文明自身特点的准确把握。”

进入新世纪以来，随着我国综合实力的增强和国际地位的提高，特别是在“一带一路”倡议的促进下，中国考古学的眼界已经不断扩大，不但我们的考古队伍走出了国门，而且还在中国连续成功举办了三届世界考古论坛。也正是借助这个论坛，陶寺遗址这张彰显中华文明 5000 年辉煌历史的名片为世界所知。

回想起来，陶寺遗址这张名片的打造也确非易事，它是我国数代考古工作者呕心沥血、辛勤耕耘的结晶。1978 年，中国社会科学院考古研究所山西队与临汾行署文化局合作，在山西省临汾市襄汾县拉开了陶寺遗址考古的序幕，历经 40 年的艰辛方使得这座被黄土尘封了近 4500 年的古都重见天日。2015 年 6 月 18 日，中国社会科学院在国务院新闻中心举行了“山西・陶寺遗址发掘成果新闻发布会”，向社会公众介绍了山西省临汾市襄汾县陶寺遗址考古的重大收获，展示了近 40 年来陶寺遗址的发掘和研究成果，提升了陶寺遗址的知名度，扩大了社会影响，促进了学术交流与合作，将“陶寺与尧都”“晋南地区与最早‘中国’”等一系列重大学术问题的考古探索引向了更为深入的层次。正如“中华文明探源工程”首席专家王巍所说，临汾陶寺就是尧的都城，没有哪一个遗址能像陶寺遗址这样全面拥有文明起源形成的要素和标志。陶寺遗址已经进入了文明时代，比夏代后期的二里头遗址早了 500 ~ 600 年。陶寺文明是多元一体中华文明的主脉；陶寺遗址在年代、地理位置以及它所反映的文明程度等方面都与尧都相当契合，是实证 5000 多年中华文明历程的重要支点和基石。

习近平总书记在党的十九大报告中指出，没有高度的文化自信，没有文化的繁荣兴盛，就没有中华民族伟大复兴。中国特色社会主义文化源自于中华民族 5000 多年文明历史所孕育的中华优秀传统文化。而陶寺文明作为多元一体中华文明的主脉和实证 5000 多年中华文明历程的支点与基石，无疑是我们坚定中华民族文化自信，推动社会主义文化繁荣兴盛、铸就中华文化新辉煌的重要历史文化资源。

如何利用好陶寺遗址这个宝贵的文化资源，如何创造性转化、创新性发展？应从务虚和务实两个方面努力。在务虚方面，一要广泛宣传，充分重视考古和科研成果的运用，采取节庆活动、学术交流、博物馆展示、教科书编写等形式，让尧文化进学校、进机关、进企业、进农村，达到知中国者知尧都；二要深入研究，把陶寺遗址理论研究的重点从是不是尧都、是不是最早的“中国”、它在中华文明起源中的重要意义，逐步转向到如何发挥它对于涵养和培育社会主义核心价值观的作用以及对世界考古和历史研究所做的重大贡献，以及它在我国重建世界话语权中的时代价值上来。在务实方面，应以国家文物局批准正式立项为契机，全面启动国家考古遗址公园的建设工作；要立足当前，着眼长远，在科学规划的基础上，拓宽融资渠道，保障工程质量，争取早日建成国家考古遗址公园，打造国际一流的文化旅游品牌。

陶寺遗址不仅是中华优秀传统文化的载体，而且在世界文明发展史上占有重要地位。陶寺遗址在山西、在临汾、在襄汾，我们要倍加珍惜这份历史文化遗产，坚持在党的十九大精神指引下，勇于担当，以实际行动让埋藏在黄土地下面的宝藏“活”起来，为新时代社会主义文化建设做出更大贡献。

尧文化的当代价值

王志超（山西省社科联副主席）

“问渠那得清如许？为有源头活水来”。尧文化作为华夏文明的开篇之作，也就是中华文化的源头活水，5000年来川流不息，生机勃勃。在今天全面建设小康社会、实现中华民族伟大复兴的新时代征途上，给我们充分的文化自信，依然具有极强的现实意义和鲜活的当代价值。

一、不忘初心，方得始终。尧文化作为华夏文明的开篇之作，奠定了雄厚的文化自信的基础

山西历史文化是华夏文明的缩影，尧文化是典型标志之一！1978年，山西省襄汾县陶寺遗址开始大规模考古发掘，在“中华探源工程”推动下，近40年来，取得了丰硕的发掘成果。2015年6月18日，中国社会科学院在北京召开新闻发布会，宣布在没有更大规模和更确凿考古佐证遗址发现的情况下，陶寺遗址被确定为“尧都平阳”的都城遗址所在，这与我国古史文献所载的“尧都平阳”高度吻合，从而为5000年华夏文明的原点找到了学术上的圆满答案。我们一直讲5000年华夏文明，尧文化没有确凿证据时，华夏文明只有3500年左右，这个学术结论，使尧舜禹时代一直被说成是传说的历史终于成了信史。临汾有尧陵、尧庙，再加上陶寺的都城遗址——尧都，使尧文化一下子有了充分的考古实物佐证，从而印证了河东地区是尧文化的核心区域，山西是华夏文明主要发祥地中心之一的史实。

尧文化作为华夏文明的源头活水，5000年来生生不息，蔚然汪洋大海。尧“行天子之政”，“协和万邦”“合和万国”，选贤任能，经“禅让”使贤德之人舜“之中国践天子位”。这里最早叫“中国”的地方，就是古河东今晋南地区。中华优秀传统文化从源头上就被注入了选贤任能、和谐发展的优良基因。5000年来，中华文化混域一统，形成了今天这样一个包括56个民族、13亿人口、960万平方公里国土的泱泱大中国，在世界四大文明古国发展史上，是唯一一个没有文

化断层的伟大国度。党的十八大报告提出要有高度的文化自觉和文化自信。文化自觉就是知道自己的文化好在哪里，然后才有充分的文化自信。在纪念建党95周年的讲话中，习近平总书记发展了十八大报告的思想，把文化自信与道路自信、制度自信和理论自信并列为“四个自信”，并说文化自信是更基础的自信。党的十九大正式把“四个自信”写入报告，从而成为习近平新时代中国特色社会主义思想的重要组成部分。

中国共产党人是中国工人阶级的先锋队，同时也是中国人民和中华民族的先锋队，代表中国最先进文化的前进方向，当然是中华优秀传统文化的继承者、发扬者、创造者和体现者，这就是中国共产党人具有高度文化自信的底蕴所在。只有这方水土滋润、养育并深深扎根在这块丰厚的文化沃土之上，才能创造出马克思主义与中国实际相结合的理论，即毛泽东思想、邓小平理论、“三个代表”重要思想、科学发展观和习近平新时代中国特色社会主义思想，这一系列马克思主义中国化、民族化、大众化和时代化的理论成果。有这样的理论自信，我们把社会主义制度深深根植在960万平方公里的土地之上，从而开辟出了中国特色的社会主义道路。经过近70年的艰辛奋斗，历经国际国内风云的变幻洗礼，今天的中国因为“四个自信”在国际舞台上已经越来越展现出巨人的丰采，引领着世界潮流发展的方向。今年全党要开展“不忘初心，牢记使命”教育活动，共产党人的“初心”和中华民族的“初心”是完全一致的，不忘中华传统文化这个初心，中国才能始终成为东方文明的大国，也成为引领世界前进的方向标！

二、实现中华民族伟大复兴的梦想，“尧天舜日”就是政治清明、经济社会和谐发展的重要参照系

尧舜禹三代是中国国家和社会形态形成的早期阶段，一切均处于草创阶段，但尧舜禹所开创的事业，成为后世顶礼膜拜的楷模。尧选贤任能，把王位传给经过认真考察和社会公认的德、孝、贤能俱佳的舜，舜是中国“孝道”的鼻祖，舜又传位于治洪水有功的禹，这样在三代时期形成了“禅让制”。尧曾说：“终不以天下之病而利一人”，就是不能把王位传给不贤的儿子，利一子而病天下。尧“行天子之政”，“协和万邦”“合和万国”，使其治下的人民安居乐业。《尹文子》说：“尧为天子，衣不重帛，食不兼味。土阶三尺，茅茨不剪。”《淮南子》记载：“尧立孝慈仁爱，使民如子弟。”“西教沃民，东至黑齿。北抚幽都，南道交趾。”他“敬授民时”“播时百谷”，他讲民主，讲法治，设“谏鼓”，立“谤木”。孔子说“唯天为大，唯尧则之。”司马迁赞曰“其仁如天，其知如神，就之如日，望之如云”。《击

壤歌》歌之：日出而作，日入而息……帝力于我何有哉！今天的中国就是从尧舜禹的“古中国”走过来，天安门前的华表就是由尧的“诽谤木”演变而来。舜“之中国践天子位”，以孝治天下。《史记》载，“舜耕历山，历山之人皆让畔”。《孟子·离娄下》曰“舜迁于负夏”，因而，“一年所居成聚，二年成邑，三年成都”。《南风歌》曰：“南风之薰兮，可以解吾民……”大禹治水，三过家门而不入。茫茫禹迹，划天下为九州而治之。今日的“天下九州”之称即演变于此。尧舜禹三代选贤任能，注重民生，敬授民时，创新发展，和谐发展，使邦国和睦、人民安居乐业的以人民为中心的执政理念，终于在中国文化字典里形成了一个千古敬仰的成语——尧天舜日。尧都平阳，舜都蒲坂，禹都安邑，尧舜禹三代都城全在河东地区，说明三代的政治、经济、文化中心全在河东地区，使这一地区成为华夏文明的核心区域和首善之区，这是中国社会最初的清明政治的典型标本。

5000年中国社会的发展，无不以尧天舜日为参照系。孔子赞美的“周”，就是从尧舜禹而下的夏、商而来。进入封建社会后，“文景之治”“汉武盛世”“光武中兴”“贞观之治”“开元盛世”以至于“康乾盛世”，中华民族追求的无不是民阜国强、安居乐业的和谐社会。鸦片战争打断了中国社会演进的发展之路，把中国推进了半殖民地半封建的深渊，使中国人民生活在水深火热之中，当然引起中华优秀儿女和仁人志士的不断抗争，从洪秀全到孙中山，无数次的抗争，各种的救国救民之路选择均告失败，只有中国共产党找到了一条救中国的成功之路，经过28年的浴血奋斗，在1949年建立了中华人民共和国，洗刷了百年之耻。毛泽东赞美的“六亿神州尽舜尧”，仍然是以尧舜为理想国。

经过40年改革开放，今天的中国已经呈现出真正的和平崛起之势。邓小平提出建设小康社会，“小康社会”一词就是从古代社会借用来的，只不过比它更高层次。党的十八大提出全面建成小康社会，实现“两个百年”目标，党的十九大召开，习近平总书记向世界庄严宣告：中国进入了新时代，如期全面建成小康社会的目标一定能实现，我们今天比历史上任何时候都更接近中华民族伟大复兴的目标，中国作为一个东方巨人，雄壮地站在了世界舞台的中央！以习近平同志为核心的党中央坚持高举反腐倡廉伟大旗帜，打“老虎”，拍“苍蝇”，惩治腐败“零容忍”；坚持走群众路线，与人民群众保持血肉联系；坚持脱贫攻坚，保证全面建成小康社会时不落下一个人；坚持和平发展、绿色发展，用“一带一路”把中国与世界紧紧联结成一个人类命运共同体，等等，都是追求政治清明、社会安定、环境良好、睦邻友好、发展进步的美好前景，都是以“尧天舜日”为参照系，只不过是更高层次、更现代化的发展水平而已！

三、推动优秀传统文化的创造性转化与创新性发展，是实现转型跨越发展的文化基础和软实力支撑

一个国家、一个民族要兴旺发达，除了有物质层面的硬实力支撑，还要有精神层面的文化软实力支撑。物质层面的硬实力是能看得见、摸得着的东西，像高楼大厦、车水马龙、飞机大炮、GDP，等等，而文化软实力表现在精神层面，是思想、理念、文化素养、胸怀、眼光等显示气质、风格等方面的内在品质，许多时候软实力比硬实力更有说服力，更有穿透力，更能展现一个国家、一个民族兴旺发达的美好形象。

党的十八大以来，习近平总书记大力提倡继承和弘扬中华优秀传统文化，从提出文化自信开始，进而则强调“文化自信是更基础、更广泛、更深厚的自信”，再到坚持“四个自信”，直至十九大报告提出，“文化是一个国家、一个民族的灵魂。文化兴国运兴，文化强民族强。没有高度的文化自信，没有文化的繁荣兴盛，就没有中华民族伟大复兴。”中华优秀传统文化是中华民族的精神家园，守望好精神家园，才能开拓出美好前景。党的十九大提出决胜全面建成小康社会，实现第一个百年目标，必须有文化软实力的支撑。而这个软实力的炼成，就是习近平总书记提出的要大力推动中国优秀传统文化的“创造性转化和创新性发展”，“从延续民族文化血脉中开拓前进，我们才能做好今天的事业”。这是习近平新时代中国特色社会主义思想中有关文化发展论述的精彩亮点，也是他的一贯思想。

山西省委、省政府坚决贯彻党的十九大精神和习近平新时代中国特色社会主义思想，提出要把文化旅游业作为山西省着力培育的 7 个新型优势产业的第一个培育对象，而且是作为“山西的战略性支柱产业”来对待的。山西历史上曾出现过“一煤独大”的畸形发展格局，造成了山西今天转型发展的极大困难。现在山西从战略高度提出发展文化旅游业，是符合整个国家的发展理念和产业布局的。党中央和国务院进行机构改革，把文化部与国家旅游局合并，就是走产业化发展方向的。山西有得天独厚的文化资源，它比山西的煤炭资源更丰厚，而且比一次性消费的煤炭资源更可持续发展、更能绿色生态发展。山西是文物大省，仅“国保级”文物单位就有 452 处，居全国之首。有五台山、大同云冈石窟和平遥古城 3 处世界文化遗产地。山西幅员仅占全国的 1.62%，但是我们国家元代以前现存的木结构建筑 75% 在山西。现有的知名旅游景区和点线，95% 以上都是以精品文化景观为依托和支撑，如应县木塔、浑源悬空寺、北岳恒山、

代县雁门关、阳泉娘子关、万荣后土祠、芮城永乐宫、洪洞大槐树、阳城皇城相府、太原晋祠、晋中晋商大院、临汾尧庙、运城舜帝陵，等等。文化文物景观，看似不动，但经过旅游就成为流动的资源，而且成为人们提高修养的文化养分，推动社会向更文明阶段进步。山西还有以太行山、吕梁山为依托的革命红色文化旅游资源，今年“两会”上，习近平总书记提到的7个神话传说故事，4个发生在山西，这些都是可以很好地进行开发的旅游资源富矿！

山西要在中央提出供给侧结构性改革的大思路下，实现由挖煤炭向挖文化的转型跨越发展，现在正是最好和最有利的时机！首先现在政策支持力度大，从中央到地方，都已经认识到煤炭经济是夕阳产业，清洁能源的发展，留给煤炭能源的发展空间越来越小，文化旅游业则像朝阳初升。二是社会发展基础有利，广大人民群众在享受到改革开放40年的红利中，更多的是改变生活方式，旅游已经成为人们的首选，特别是在物质生活极大丰富之后，精神文化生活的丰富就成为必然。加上山西的“铁公机”发展与生态环境治理越来越良好，山西一定能通过大力推动优秀文化资源的创造性转化和创新性发展，变成文化软实力，支撑起谱写山西转型跨越发展新篇章的美好新时代！

综上所述，尧文化在新时代依然放射出耀眼的光芒，让我们在习近平新时代中国特色社会主义思想指引下，不忘初心，整装再出发，以饱满的文化自信，向着小康社会和伟大复兴的梦想前进！

急就篇也慢慢说
——我对尧文化的一点认识

田建文（山西省考古研究所研究员）

节约时间，开门见山。我是个考古工作者，自然要从考古的角度，谈谈我对尧文化的三点认识了。

一、尧都·中国文明跨上新台阶

现在使用或提出的尧、尧都、尧文化，包括陶寺遗址、陶寺古城、陶寺文化、陶寺遗址中的龙山文化等，至少是学者们所指的对象根本不同，离约定俗成、求同存异还有一段距离，还停留在炒作概念的阶段，我也不例外。

尧文化是以文献中的尧都平阳为基础的，"平阳"是陶寺遗址中的陶寺古城，真实的尧或尧的生命周期，只是占了陶寺古城使用时间的一部分，甚至是一小部分，如果尧是一个人的话。

说"尧都·中国文明从这里开始"，应该是"尧都·中国文明跨上新台阶"。理由是：

李伯谦先生认为中国古代文明化历程经历了三个重要阶段：一是从社会复杂化到古国诞生；二是从古国向王国转化；三是从王国到秦帝国建立。李先生明确指出，陶寺文化进入了王国阶段，往前还有古国文明呢。

张忠培先生把文明时期分为方国（古国）、王国、帝国三大时期，方国、王国都可分早晚两段，共五段。龙山时代或尧、舜、禹时代为方国晚段。他进一步指出：尧、舜、禹都是割据政权，势力均衡，相互难以兼并。他们一方面协调关系集结力量，以谋取共同利益，例如防御、掠夺和治水，等等，于是便成立了"国联"类的组织；另一方面各自发展势力，等待时机，再进行兼并。"国联"领导，不能世袭，只能协商产生，或轮流坐庄，所谓"禅让制"就是这么产生的（大意）。

既然是"尧都"，就只能说"中国文明跨上新台阶"，否则，怎么体现"最早的中国"？

《史记·五帝本纪》说尧“能明驯德，以亲九族。九族既睦，便章百姓。百姓昭明，合和万国。”尧死后3年，“舜让避丹朱于南河之南，诸侯朝觐者不丹朱而之舜，狱讼者不之丹朱而之舜，讴歌者不讴歌丹朱而讴歌舜。舜曰天也。夫而后之中国践天子之位焉，是为帝舜。”请注意，“万国”与“中国”，尧和舜都属于“万国”中的各自一国的首领，也就是唐国的“尧”和虞国的“舜”。没有“万国”何来“中国”？所以“万国”在前，“万国”及“中国”在后。是故，“万国”大体相当于方国（古国）阶段。

尧能使万国“合和”，舜到“中国”来“践天子之位”，说明是到“尧都”里来了。

尧都平阳，距红山文化“女神庙”期和良渚文化早期，晚了将近1000年；都城定在平阳的尧，隔着舜和禹就到了夏朝开始的夏启了，并没有人们想像的那么古老，跟中国文明起源沾上了一点边，但毫不搭界，只能说跨上新台阶。

二、尧文化与晋文化

如果把陶寺遗址中的龙山文化算作是尧文化的话，离现在最晚年代3900年左右，已经进入夏朝。所以，陶寺遗址中的以陶寺古城为代表的龙山文化，与陶唐氏和由陶唐氏产生的杰出领袖“尧”，及“尧”之前、之后的文化，是什么关系？我自己看现在所有的表述，都很笼统。所以，考古工作者首先要研究清楚，而且只有考古工作者能够研究清楚。研究清楚，提供给历史学界和社会上广泛使用。现在，只能用笼统的尧文化。

无疑，尧文化是中华优秀传统文化的重要组成部分。但尧文化有近4000年了，如何传到了今天的？中间还有个3000多年到2200多年晋文化和三晋文化，而且陶唐氏到夏朝之前唐尧，再到夏商唐国，一脉相传，最后被周公灭掉后封唐叔虞，唐叔虞的儿子燮父改国号为晋，自己称晋侯，演进轨迹清清楚楚。晋文化和三晋文化是能够看得见、摸得着的，晋文化的核心就在临汾，三晋文化是晋文化直接发展来的。

由晋国的老祖先唐叔虞封唐留下了“天子无戏言”的佳话，后又升华成“君无戏言”的做人典范，成为晋国先民和历代山西人特有的气质风度；400年后的晋文公同楚国作战中信守承诺退避三舍，和明清时期“晋商”的诚实守信，是这一典范和风度的再现。还有宾至如归、多难兴邦、赵衰举贤、居安思危、炳烛之明、结草报恩及士为知己者死、女为悦己者容等一连串脍炙人口的成语故事，既用另一种方式说着发生在临汾的晋国与三晋历史，又鼓舞和鞭策着世世代代生活在这块土地上的人们。

描写晋国风俗人情的民谣，《诗经》中收录了“唐风”12篇，有5篇情诗、7篇劝勉诗。公元前544年吴国大臣季札出访鲁国，当他听到“唐风”时感慨道：“思深哉！其有陶唐氏之遗民乎？不然，何忧之远也？”不是具有美德的唐尧之后，还有谁能够如此？南宋朱熹《诗集传》中说“唐风土瘠民贫，勤俭质朴，忧思深远。”我们许多地方志书里，都写着这里的人们“忧思深远”，形成一种风气。这个“忧思深远”，形成于唐尧时代，巩固在晋与三晋，发展到我们今天。

有了这些精神文化，才有了唐朝柳宗元在《晋问》中赞扬的平阳保持尧治理国家时，形成的六项遗风。

传承尧文化，就是传承晋文化和三晋文化，反过来传承晋文化和三晋文化，就是传承尧文化，二者相辅相成美美与共。这样，才能具有巨大的现实意义。

而现在，正当其时，但要把握好。

三、如何“溯文明之源，寻华夏之根”

这个问题，是不是到了5000年以前？如果是，得到5000年以前仰韶文化中去追溯和寻找。

先说寻华夏之根。著名的考古学家苏秉琦先生，1965年发表了《关于仰韶文化的若干问题》，指出：“仰韶文化诸特征因素中传布最广的是属于庙底沟类型的。庙底沟类型遗存的分布中心是在华山附近。这正和传说华族发生及其最初形成阶段的活动和分布情形相像。所以，仰韶文化的庙底沟类型可能就是形成华族核心的人们的遗存；庙底沟类型的主要特征之一的花卉图案彩陶可能就是华族得名的由来，华山则是可能由于华族最初所居之地而得名；这种花卉图案彩陶是土生土长的，在一切原始文化中是独一无二的，华族及其文化也无疑是土生土长的。”所以“庙底沟类型的人们之所以成为最初华族的核心”。

为什么我要抄袭苏先生这么长的一大段话呢？因为他20个世纪50年代在北京大学经受过“透物见人”的磨练，还有徐旭生先生的《中国古史的传说时代》中的附录《洪水故事的起源》就是他翻译的。苏先生十分注意考古学文化与古代史联系起来，但很谨慎，从不轻易开口。这篇文章发表到现在已经50多年了，也没有引起多少反响。苏先生说有华族，又给我们提出一个问题，有没有夏族？这个夏族和建立夏王朝的夏族，是不是一伙人？

再说溯文明之源。临汾，广义上说，还算是庙底沟类型的核心。庙底沟类型，现在叫作庙底沟文化或西阴文化了。2016年尧都区和襄汾县交界处的桃园遗址2号房屋，为五边形，室内面积90平方米；洪洞耿壁1991年发掘过一座方形房屋，复原室内面积达135平方米。这两座大房屋，在山西数一数二，但在全国还不是最大的。陕西白水下河1号房屋，室内面积达304.5平方米，地面灶“南北长1.6、东西北端宽1.9、南端宽1.7、深0.2米”。这些大房屋，当是氏族议事、祭祀等公共活动的地方，也是李伯谦先生认为的社会复杂化阶段的产物。

除此之外，吉县沟堡、汾西独堆或发掘或采集过“人面形陶器”，时代上比大房屋要晚一些，这才走到文明的门槛边了。往后，才进入古国阶段。

我只是从纯粹的考古学眼光来看待“文明之源”和“华夏之根”了。考古学眼光不受当代行政区域的限制，自然地理相对来说考虑得就比较多了。

当然，考古学研究总是有一分材料说一分话的学问，“让材料牵着鼻子走”成为我治学的基本方法，超出了，我就不敢说了，也不能说。

2018年5月1日21:31、5月4日15:45
新田锦都经典新居

试论尧文化的新时代价值

乔忠延（山西省文史馆馆员）

尧文化是上古时期的文化结晶，也是农耕文化的结晶。当今世界已经由农耕时代进入工业时代，又由工业时代跨入信息网络时代，也就是高科技时代。以农耕文化对应高科技时代的文化，无论怎样说，尧文化也只能是落后的文化。但是，这只能是从外部形态观察尧文化，如果引深一个层次，我们进入尧文化的内部核心，就可以感知尧文化不凡的当代价值。在当今进入新时代中国特色社会主义的今天，研究探讨，更具有非凡的意义。

一、站在中国视角看，尧文化是华夏民族最具凝聚力的寻根文化，对于祖国统一大业有着重要的意义

近年来，世界各地华人正在兴起“寻根热”，有按区域寻根的，有按姓氏寻根的，也有按时序寻根溯源的，但是如果要寻5000年的根，则要到尧都，到临汾。到临汾寻根可以从三个层次上寻到它的深根。

第一个层次，是血缘寻根。据考证帝尧的父亲帝喾是黄帝的四世孙，母亲庆都是炎帝的裔孙女。帝尧的血脉中，流淌着炎黄的血液，可谓嫡系的炎黄子孙。追溯姓氏的河流，我们可以知道：刘、李、杜、房、朱、尧、陶、伊、祁、范等姓氏都是尧的后人。台湾虞舜学会研究，陈、胡、姚、袁、王、田、孙等姓氏都是舜的后人。禹的后人也不少，禹、戈、夏、鲍、邓、沈、曾、欧阳等。另外，尧舜禹的大臣的后裔还有很多姓氏，总共400多个，而且多为大姓，可以涵盖华人世界的大部分。临汾是尧舜禹共创辉煌的地方，这里的尧庙在古代就是国祭尧舜禹的场所，曾称三圣庙。因而，炎黄子孙来临汾，是回家，是回自己最古老的家，在这个家里可以寻到自己的血脉所依。

第二个层次，是文化寻根。中华文明追本溯源，从伏羲到炎黄，再到帝尧时代，出现了文明发展的一个崭新阶段，它是中国传统文化形成体系的观念形态文化的发端。史书记载，仓颉造字。临汾城南西赵村立有古碑一尊，碑刻：“仓颉

造字处。”临汾诞生过中国最古老的文字，也诞生过最古老的诗歌。辽宁教育出版社出版的《古诗源》开篇之作即是《击壤歌》，接着是《康衢谣》《伊祁腊词》《尧戒》，连续4篇都是尧时代的歌谣。作为地域性的平阳文化，可以说是尧文化之树直根上开出的奇葩，《诗经》中的唐风脍炙人口，三晋文化中的法家文化显示了革新精神，唐宋时代的河东诗歌散文名家辈出。金元时期临汾是中国北方的文化中心，这里的雕版印刷名扬九州，平阳姬家印刷的四美图名扬海内外。元代，临汾是全国戏剧中心，而且比另一个戏剧中心元大都北京要早30年。现今，临汾还有3座保存完好的戏剧舞台，堪称华夏瑰宝。金代平阳人毛麾著《平水韵》，南宋平阳学者刘渊著《壬子新刊礼部韵略》，总结前人成就，删繁就简，精确审音，并为107韵，从古到今连续不断。至今作诗标准韵谱的骨架，仍是由刘渊审定、官方推广的《平水官韵》。平阳，平水之阳的意思。可见，临汾是华夏文化源头地之一，到这里可以触摸到中华传统文化的脉络，可以寻到传统文化最古老的根脉。

第三个层次，是精神寻根。精神寻根也是最高层次的寻根。我们知道，帝尧在古平阳带领先民钦定历法，理顺了时序；凿井引水，抵御了旱灾，有效推进了农耕。帝尧设立诽谤木，让平民畅所欲言，议论朝政，即使说错也赦免无罪。尧将帝位传给舜，开启了禅让之先河，而此之前，帝位更迭一直是在血亲中传续的，若是非血亲继位断然少不了血雨腥风。因此尧舜禅让早被视为千古美谈，它表现出的是一种无私的民主作风。由此可以看出，尧文化的两个重要方面，一方面是无私的民主作风，一方面是求实的科学精神。科学和民主是五四运动曾经高举的两面旗帜，据说，还是从国外进口的德先生和赛先生，岂不知在我们古老的祖先尧帝那里就已经萌生了。当今世界的发展，进入了一个新时期，要调整和改善生产关系，必须依靠民主；要推进社会经济发展，必须依靠科学。到尧都临汾来寻精神之根，感受古老的民主作风的传统和科学求实的精神就更意义非凡了。

现今，海内外华人尤其重视寻根祭祖，尧都临汾乃华夏子孙之根，尧舜传人之根，中华文明之根，必然是众望所归。在尧都举办寻根祭祖活动，让华夏子孙感受古老深远的文明，体味中华民族辉煌的历史，增强民族自豪感、荣誉感，必然有助于推动祖国统一大业。在临汾寻根祭祖就有新的意义。

二、站在人类的角度看，尧文化是世界文明中的先进文化，对于可持续发展有着无可估量的意义

要了解尧文化在世界文明进步中的价值，必须对当今世界的趋势有所认

识。当今世界的趋势可以概括为两个发展，两个危机。所谓两个发展，是发展中国家快速发展，发达国家持续发展。所谓两个危机，是环境危机和精神危机。两个危机是在两个发展中出现的新问题，只有解决了两个危机，才能进一步推进人类发展。环境危机是世界发展的难题，人类利用越来越高的手段向自然索取财富，导致资源枯竭、环境污染，环境质量的下降威胁到了人类的生存；而精神危机更是世界进步的难题，腐败问题、吸毒问题、艾滋病问题，发达国家尤其严重。因此，世界在谋求新的发展出路。

也就在这时，越来越多的国内外有识之士，把目光移向东方，关注和合文化。和，是指异质事物的共存；合，是指异质事物的共生。和合文化也就是协和人和自然、人和社会、人和人等多种关系，使世界在平和自然的状态中发展，使发展成为更持久、更持续的进步。我们知道和合文化是中国传统文化的核心，和合文化是以尧文化为重要源头而生长起来的。程思远先生曾在《人民日报》撰文谈和合文化，其中就引用《尧典》上帝尧“教化万民，协和万邦”的名言警句。如果细细思考一下，就会体会到帝尧钦定历法，正是认识自然，顺应自然，而不是改造自然，征服自然。这当然是协和了天地人的关系，这可以说是最早的天人合一实践。帝尧设立诽谤木，协和万邦，正是调整人和社会的关系、人和人的关系，也就是以精神文明来推进物质文明。这在世界大多数地区还处于蒙昧野蛮，甚至不少地方还处在茹毛饮血的上古时代，自然是了不起的奇迹。更为有价值的是，尧文化提请当代人注意，既要向自然索取，也要保护自然；既要注重物质利益，更要注重精神文明。否则，人类必然在倾斜的发展中走向困境。由此可见，尧文化是人类可持续发展的和合文化之根。弘扬尧文化不仅具有深远的历史意义，而且更具有当代价值。

在我国进入新时代中国特色社会主义的历史时刻，习近平总书记明确指出，中国要对人类发展做出更大贡献，要构建人类命运共同体。探究这种洞明未来的文化自信，我们可以从帝尧“敬授民时”找到文化基因。打开《尚书·尧典》可以看到，帝尧“钦定历法”后紧接着的重要举措，就是“敬授民时”。“钦定历法”的探究尝试是在他所在的唐部族，这里最早施行、最早受益、最早出现国家雏形。帝尧为使天下众生都能受益，很快“敬授民时”，使各个部族都跨进国家的门槛。一时间“万国林立”，这岂不是最早的命运共同体！

很显然，尧文化是中国的元典文化，是推动上古时期快速发展的先进文化，也是中华传统文化之中最为优秀的文化。光大尧文化对于今天全面建成小康社会，早日实现中国梦有着崭新的时代意义！

让尧文化成为临汾转型发展的新引擎

——临汾区域文化与尧文化开发新思考

石耀辉（临汾市三晋文化〖尧文化〗研究会副会长）

临汾位于山西省西南部，东倚太岳山，与长治、晋城为邻；西临黄河，与陕西省隔河相望；北起韩信岭，与晋中、吕梁毗连；南与运城市接壤。南北最大纵距为170公里，东西最大横距约200公里，总面积超过2万平方公里，占全省的13%。临汾市辖1区2市14县及临汾、侯马两个省级经济技术开发区，常住人口445万人。

从地望来看，临汾北部高大雄伟之霍山，尊崇嵩高，齐名泰山，当为主山、龙脉；太行山居其东，“自古太行天下脊”，为其天然屏障，是为“青龙”；吕梁山居西为“白虎”；南部中条山则为“案山”或“朝山”。汾河、浍河、涑水河蜿蜒曲折，黄河由西南下折东，远处环抱，形成一方天然的宜居宝地。

临汾历史悠久，史称平阳，属古冀州，是中华文明的重要发祥地。临汾拥有异常丰富的历史文化资源，全市有文物保护单位3000多处，其中国家级文物保护单位有43处，省级文物保护单位56处。国家级非物质文化遗产21个（名列全省前茅）；省级非遗项目97个；市级156个。最新的考古成果已确证：陶寺是尧的都城，临汾是最早的“中国”。

一、临汾区域文化资源概览

盘点临汾区域文化，能够自成体系且在全国可以形成影响的当有十多种之多，现按照地理方位简述如下。

1. 黄河文化。黄河特别是中下游的晋、陕、豫三角区一带，是中华文明最核心的区域。从三皇五帝到周秦汉唐，政治、经济、文化的中心都在这里。晋陕大峡谷被誉为中国最美峡谷，而这最优美、最壮观的一段都在临汾境内。黄河干流流经临汾境内永和、大宁、吉县、乡宁4县，总长为164公里，流域面积7738平方公里，区间有汾河、昕水河、芝河、鄂河、清水河等一级支流汇入。

当黄河流经永和境内，一连7个320度的大转弯，形成了山环水抱、和谐共生的黄河蛇曲地貌，因酷似“阴阳太极图”而被称为“乾坤湾”。传说中华先祖伏羲在这里仰观于天，俯察于地，创立出太极八卦，从而被誉为文明始祖。黄河龙昂首向前、不舍昼夜奔入吉县人祖山脚时，400米宽的河床，骤然收缩归拢成50米宽的一束，形成瀑布奇观，汹涌澎湃、一泻千里。中华文化的基本精神，被概括为乾坤两卦中的“自强不息、厚德载物”，哲学精华“一阴一阳之谓道”就来自于乾坤湾和壶口瀑布。

黄河塑造了中华民族自强不息、坚忍不拔、一往无前的民族性格，黄河文化成为中华民族优秀文化的象征。1939年4月，在民族生死存亡的抗日战争时期，光未然、冼星海在这里创作的《黄河大合唱》，与咆哮的黄河浑然一体，向全世界发出了民族解放的战斗警号，极大地鼓舞了中华儿女的战斗豪情。1948年3月，毛泽东在陕北东渡黄河时感叹：“你们可以藐视一切，但不能藐视黄河，藐视黄河就是藐视我们这个民族。”

黄河在临汾境内，从北向南依次有乾坤湾蛇曲地貌、东征纪念馆、黄河仙子传说、壶口瀑布、克难城、柿子滩遗址、人祖山等重要旅游资源，正是基于此，临汾市委、市政府早在十多年前就提出了“中华根，黄河魂”的旅游发展口号。

2. 人祖文化。以伏羲、女娲为主的上古人祖文化，遍布于临汾各地。在壶口瀑布东北20公里处，有一座人祖山，又名风山、庖山，主峰1742.4米，面积203平方公里，这是全国唯一一座以“人祖”为名的山脉。大约1万年前，中华民族的人文始祖伏羲、女娲，在这里建立了历史上第一个“对偶婚”家庭，这就是伏羲、女娲的“兄妹成婚”。如今，人祖山各种庙宇遗迹有200余座。2001评为全国十大考古发现的“柿子滩古人类遗址”和“女娲岩画”就在其山脚下。人祖山上有伏羲岩、伏羲庙、女娲庙、磨盘沟、穿针梁等多处与伏羲、女娲相关的文物和民间传说。有学者认为，《易经》中的“风山渐”一节即指伏羲、女娲成婚生子的历史事实。

除了吉县人祖山外，临汾还有多处伏羲、女娲遗迹，从蒲县河西村娲皇宫，到尧都区金殿娲皇庙、东阳村后土庙；从霍州贾村娲皇庙，到赵城侯村女娲陵、庙，辛南村娲皇庙、女娲梳妆楼，伏牛村伏羲庙，滝底画卦台、十里八卦等。临汾境内众多关于伏羲、女娲的遗迹、民俗、传说等，反映了中华民族对自己祖先的认同，如果说炎、黄二帝是我们的血缘民族，那么伏羲、女娲则是我们共同的人文始祖。

3. 中镇霍山文化。太岳山脉南北长约300公里，宽约20～50公里，其正脉北起介休市，南至洪洞县，延伸80余公里，主峰太岳山，也叫霍太山、霍山、太岳、中镇，海拔2346.8米，位于霍州市东南与洪洞县、古县交界处。老爷顶因巍峨高耸，至高至大，被《尚书·禹贡》记载为九州之首的冀州之镇山，称为中岳，后又称为中镇。早在4300年前，霍山一带就是尧、舜、禹政治、经济活动的重要区域，在华夏文化的形成和发展中占有重要地位，堪称华夏文化的重要发祥地。

霍山山地崇拜文化历史悠久，在历代帝王中，在霍山的祭祀活动，有记载的多达63次，同时还留下了许多碑文、铭文。在北京的先农坛和地坛公园，至今供奉着五岳、五镇的神位。五大镇山中，东镇为山东沂山，南镇为浙江会稽山，西镇为宝鸡吴山，北镇为辽宁医巫闾山，中镇为山西霍山。近年来，霍州大力开发七里峪和陶唐峪生态旅游项目，已举办了八届中镇霍山文化节，“中华五镇”也正在酝酿联合申遗事宜。

4. 荀子文化。安泽位于临汾东部，在战国时期属于赵国，是著名思想家、教育家荀子故里。司马迁《史记》说：“荀况，赵人。”经过地方文化学者高剑锋等多年潜心研究宣传和安泽县委多年举办荀子文化节暨高层论坛，“荀子故里在安泽”目前已深入人心，高剑锋先生搜集到的有关荀子的论著中，注明“荀子今安泽人”的有86种之多，虽然仍有不同见解，但安泽县不遗余力弘扬荀子文化，已取得有目共睹的成绩。

荀子（前313—前238），名况，字卿，又称孙卿。荀子少小离家求学，成年后游学齐国，曾三次担任稷下学宫祭酒，晚年在楚国春申君治下任兰陵令，后在兰陵授徒讲学，并终老兰陵，著成《荀子》一书。今天，当我们把荀子放到世界文化史上“轴心时代”的大背景中去，结合荀子学说的博大精深和深远影响来看，荀子堪称是中国先秦时期百家学科式的集大成者。正如郭沫若所说：“荀子是先秦诸子中最后一位大师，他不仅集了儒家的大成，而且可以说是集了百家的大成的。”荀子的两位学生韩非和李斯，为秦国建立第一个大一统专制国家立下了不朽的功勋。如今安泽县建有“荀子文化园”，先后举办了七届“荀子文化节”，并与山东兰陵结为友好县，共同弘扬荀子文化。

5. 晋文化。山西简称“晋”，因为山西历史上最辉煌的时期是晋国。从公元前1040年前后，周成王封叔虞于唐，其子燮父改唐为晋，一直到公元前376年韩、赵、魏三家废晋静公为庶人，“晋绝不嗣”，共经历37公，600多年。晋国最强大时陕西、河南、河北、内蒙古的部分地区也纳入其疆域之中。晋国历史上经历了献公拓土、文公称霸、迁都新田、悼公复霸等历史事件，三家分晋后，中国社会进入战国时代。其中，韩、赵、魏在战国七雄中居其三，有诗云：若非当年三分晋，一统天下未必秦。临汾因拥有丰富的晋文化资源，而被称为“三晋文明之源”，据《左传》记载，“和谐”一词出自新田。

至今在侯马、曲沃、翼城、襄汾等地，遗留有丰富的晋文化资源。其中，侯马建有晋国古都博物馆、铸铜遗址公园，并举办过6届侯马晋国古都文化节。曲沃作为晋国古都，已投资数亿元，在车马坑遗址建城晋国博物馆。晋侯墓出土的鸟尊，高39厘米，长30.5厘米，宽17.5厘米，大鸟头部上昂，双眼圆睁，高冠直立，体形丰满，双翅上卷成象耳，尾部下弯成象鼻，构思奇特，华丽卓绝。鸟尊盖上内部铭文“晋侯乍向太室宝尊彝”意义重大，鸟尊现藏于山西省博物院，为其镇馆之宝。另出土的一套晋侯稣编钟，共16件，其中14件现藏于上海博物馆，也是该馆的镇馆之宝。目前，曲沃还建成晋园、申园等晋文化主题公园，正在逐步与河南殷商文化、陕西秦汉文化形成三足鼎立之势。

6. 丁村文化。1954年，在襄汾县丁村附近的汾河两岸，发掘出人牙3枚，旧石器2000多件，哺乳动物化石——梅氏犀、野马、纳玛象、斑鹿等28种，1976年又发现1块小孩头盖骨化石，因发现于丁村，故命名为“丁村人”。丁村人形态介于现代人（1万年前的山顶洞人）和猿人（50万年前的北京人）之间，其门齿具铲形特征，与现代蒙古人种相近，而与白种人相差较远。丁村发现的石器类型有砍砸器、刮削器、尖状器、石球等，三棱大尖状器有显著特点，故命名为丁村文化。“丁村人”化石是中华人民共和国成立后我国古人类化石的第一次发现，这一发现有力证明了10万年前，这里不仅是原始动植物的天堂，也是中华先民们繁衍生息的摇篮。这一重要发现同时也有力地反驳了“东方文明西来说”，增强了民族自信心，因而在1961年就被公布为国保单位。

丁村不但因丁村人及其文化蜚声中外，而且至今还保存着40多座自明朝万历年间至清朝末期的四合院民居建筑群，1985年，还在丁村民居处建立了民俗博物馆。1989年，又开辟了丁村文化陈列馆。丁村民居以其特有的魅力，在1988年也被确定为国保单位。一个小村庄拥有两处“国宝”单位，这种殊荣，在全国也实属少见。

7. 尧文化（陶寺文化）。以陶寺遗址为重要载体的尧文化是临汾区域文化的核心。帝尧姓伊祁，名放勋，号陶唐氏。帝尧以陶寺为都，平章百姓，协和万邦。其历史功绩主要有：制订了我国第一部历法；开创了我国兴修水利先河；谱写了我国教育史的首要篇章；建立了我国历史上第一个统一的国家体制；帝尧是德政爱民的典范，缔造和谐社会的先祖。因而被誉为民师帝范，万世明君。广义的尧文化是指上古时期，帝尧带领先民创造的物质财富和精神财富的总和，当然也包含了舜文化和禹文化。狭义的尧文化，则是指以唐尧思想为核心，经过长期的历史积淀而形成的一种人文精神，它以尧政为基础，以道德规范为主要内容，是我国最早形成体系的观念形态文化，因而成为中华传统文化可以追溯到的总根源。正因此,从北魏孝文帝开始,帝尧受到历代王朝的国家祭祀。同时，由于帝尧是陶器的开创者，他还被后世立为“陶神”而供奉。在道教神祇中，尧、舜、禹还分别被封为天官、地官、水官，统称“三官大帝”，中华人民共和国成立之前的临汾各县村落，三官庙非常普遍。

临汾各地尧文化旅游资源非常丰富，除了目前正在建设的陶寺遗址大型考古遗址博物馆外，尧都区有尧庙、尧陵、尧居，还有仙洞沟省级风景名胜区。洪洞县甘亭镇有羊獬唐尧故园，万安镇有历山舜帝庙，每年三月三开始的两地“接姑姑迎娘娘”走亲民俗活动，绵延4000多年，已被确定为国家级非物质文化遗产。由舜耕历山而产生的威风锣鼓也被确定为国家级非物质文化遗产。此外，霍州市有著名的陶唐峪风景区，翼城县有历山风景区。这些都是开发尧文化旅游的宝贵资源。

8. 大槐树移民文化。明代洪洞大移民是明太祖朱元璋于公元1368年建立明朝政权后，为稳定政治统治，恢复农业生产所采取的一项重大基本国策。据文献记载，从明朝洪武年间开始，洪洞大槐树下便展开了遍布全国18个省500多个县、市的移民大迁徙活动，通过持续50年间的18次移民，迁出人数达百万之众，经过600多年生生不息繁衍和再迁徙，数以亿计的大槐树移民后裔遍布五大洲，成为公认的“华人老家”。“问我故乡在何处，山西洪洞大槐树。祖先故居叫什么？大槐树下老鹳窝”。洪洞移民最重大的影响就是千千万万移民后裔代代延续，口口相传，形成共识，洪洞成为他们心中敬仰的圣地，纷纷回到魂牵梦萦的老家洪洞寻根拜祖，形成名扬海内外的大槐树祭祖习俗。“大槐树祭祖习俗”已于2008年6月列入第二批国家级非遗名录。

从1991年起，每年4月1日至10日洪洞都会举办“洪洞大槐树文化节”，以清明节为主祭日，至今已举办了26届。大槐树景区是国家4A级景区，目前，以创建5A级景区为抓手，全力以赴提升景区品质，2016年10月25日，已列入创建国家5A级旅游景区预备名单。

9. 戏曲文化。元代是我国戏曲的鼎盛时期，临汾则是元代北杂剧活动的中心地域之一。蒲剧历史上曾被称为“乱弹”“蒲州梆子”，是元杂剧之嫡宗正嗣，是我国最古老的剧种之一，也是北方多个地方戏曲的源头。在目前保存下来的

11 座元代木结构戏台中，临汾就有 8 座，居全国之冠。除了尧都区的魏村牛王庙戏台、东阳村的头古庙戏台和王曲村的东岳庙戏台以外，翼城等县还有 4 座。石楼县也有 1 座，而元代的石楼县也归平阳府管辖。保存至今的明清戏台，就更多见了。追溯平阳戏曲发展的渊源，早在汉代时就有了乐舞杂技表演的"百戏"活动。进入宋、元时期，平阳成为与大都北京并列的西区活动中心。国学大师王国维在《宋元戏剧考》中称："元曲作家，北人之中以平阳为最，则元初除大都外，此为文化最盛之地。"元代早期的剧作家如狄君厚、孔文卿等均为平阳人士。"元曲四大家"中，除马致远外，郑光祖是平阳襄陵（今临汾市襄汾县）人，白朴是太原人，关汉卿有说是大都（北京）人，也有说是解州人，但很可能是在平阳度过了一段时期的创作生涯。以"名香天下，声振闺阁"的郑光祖为代表的 7 位剧作家还被称为"平阳七大家"。

见证临汾金、元戏曲繁荣盛况的标志，不仅是古戏台多、剧作家多，还有两个重要标志：

一个是洪洞广胜寺下寺水神庙的元代戏剧壁画，这是我国最著名、最有学术价值、也是唯一幸存的元代戏剧壁画。这幅壁画在明应王殿，殿内南壁东侧绘有一副彩色戏剧壁画，宽 311 公分，高 411 公分，若连带壁画上端题记共高 524 公分。该壁画作于 1324 年，虽距今将近 700 年，但油彩画面仍栩栩如生，清晰可见。画面上共有 11 人，4 男 7 女，同台共演。演员有生旦净丑分工，且服饰化妆、砌末道具、音乐伴奏俱全。画面上绘有演出舞台，砖木结构，台面铺有方形地砖，11 个演职人员都站立于舞台，演绎故事。在壁画上端挂有一幛幔，上面有"尧都见爱大行散乐忠都秀在此作场"。"尧都"即平阳，"大行散乐"是剧团名称，"忠都秀"是头牌演员的艺名，"作场"即演戏。根据考证，今临汾城内燕儿巷即是当年"大行院"的驻地。

另一个标志就是在金、元砖墓中发现了大量戏剧舞台模型。比如侯马金大安二年（1210）董氏墓戏台模型和戏俑、襄汾县南董村金墓散乐人物砖雕等。大量模制戏剧砖雕的出土，也进一步验证了金、元时期平阳地区杂剧艺术的盛行。正是由于深厚的戏剧文化底蕴，临汾至今还在续写着戏剧艺术的辉煌，至今已荣获大小梅花奖 57 人次，被中国剧协授予"梅花之乡"。

10. 晋商文化。临汾一带的晋商（平阳帮）是整个山西晋商的发源地和杰出代表，晋商文化也是临汾深厚文化底蕴的一大亮点。早在宋代，平阳商人就与徽州商人并称，成为当时中国商业的中坚力量。据《马可波罗行纪》称，元代"从太原到平阳这一带的商人遍及全国各地"。明人宋应星在《天工开物》一书中称:“平阳、泽、潞富豪大贾甲天下,非数十万不称富。”在晋商称雄中国商界500年的历史中,平阳商帮可以划分为三个阶段。

第一阶段从明初到清朝中叶300多年间,这是平阳商帮一枝独秀时期。其杰出代表就是平阳亢家。代表人物是亢嗣鼎,人称亢百万。亢家是大盐商,又是大钱商、大粮商和大地主,到清末时资产累计已经达到数千万两之巨,在明清扬州盐商中有“南季北亢”或“北安西亢”之说。据《清稗类钞》记载,“山西富室,多以经商起家。平阳亢氏号称数千万两,实为最巨。”

第二阶段自清朝中叶至清末100多年间,是“北号南庄”,即晋中商帮与平阳商帮双峰并存时期。这一时期以襄汾尉、王、刘、杨等家族为代表。据《中国实业志·山西卷》载,襄汾县汾城镇永德泰钱庄,创建于明万历四十四年(1616),是最早的钱庄,比平遥日升昌票号要早208年。在清乾隆三十三年(1768),仅苏州一地就有晋南钱庄81家。

第三阶段是清末至中华人民共和国成立初期,这是平阳商帮依旧辉煌的年代。代表人物是担任山西商务局总办和山西商会会长的刘笃敬,平阳晋商乃至整个山西晋商的最后辉煌历史由其书写。

11. 红色文化。红色文化也是临汾区域文化的重要组成部分,主要纪念场馆有临汾烈士陵园、侯马彭真纪念馆、洪洞白石八路军纪念馆、隰县晋西革命纪念馆、永和红军东征纪念馆等。1936年2月20日至5月5日,毛泽东率红一军主力东渡黄河,在临汾各县、市战斗百余次,扩军5000人,筹款40万银元,分别占到东征扩军和筹款总数的60%和50%,为保卫延安做出了突出贡献。

抗日战争时期,1937年11月8日太原沦陷后,到1938年2月28日临汾失守112天期间,临汾成为山西乃至整个华北抗战政治中心,称为“小延安”。中央北方局、山西省委、八路军办事处、绥靖公署、二战区司令长官部等首脑机关迁驻临汾。阎锡山在临汾创办“民族革命大学”。临汾作为华北抗战中心,吸引了18个省市热血青年5000多人汇集。在我党抗日民族统一战线旗帜下,周恩来、刘少奇、朱德、邓小平、任弼时、彭德怀等老一辈革命家,阎锡山、卫立煌等民国政府军政人物,以及国内文化界、文艺界众多名流李公朴、丁玲、艾青、萧红、萧军、端木蕻良、贺绿汀、王洛宾等齐聚临汾,可谓是群英荟萃、风云激荡,尧乡大地为之增色。这是抗日战争中的重大事件,也是临汾现代史上最有意义的光辉一页。

临汾区域文化资源,除了上述之外,从历史上看还有佛教文化、平阳木版年画、金元雕刻印刷等;从地域上看,还有霍州州署衙门廉政文化、洪洞皋陶法治文化、古县古牡丹文化、乡宁云丘山中和文化等，限于篇幅，不再列举。

以上从横向角度，对临汾文化作了粗略梳理。而辉煌灿烂的历史文化，是一代又一代平阳志士仁人创造出来的。我尝试着用一首词，纵向列举出20多位彪炳史册的临汾历史人物，以示缅怀。

念奴娇 · 咏平阳历代人物

尧天舜日，都平阳，肇始华夏文明。叔虞封唐文公霸，荀卿百家一统。法祖皋陶，乐圣师旷，蔺相（如）多智勇。董狐直笔，千古义士程婴。

扶汉卫霍群英，子夫入宫，张敞画眉情。高僧法显《佛国记》，柴绍夫妇军功。贾渊谱牒，（朱）好古壁画，元曲郑（光祖）襄陵。晚清“二笃”（杨笃、刘笃敬），一代士绅文雄。

临汾作为一个中西部地区经济欠发达的地级市，面对如此丰富的地域文化资源，在文化品牌建设中，各自为政、四面出击，甚至是争抢资源，是难以取得显著成效的。我们必须树立全局观念，抓住龙头，率先发展，从而带动整个区域文化共同繁荣，真正实现经济的转型发展。临汾文化的这个核心与龙头就是尧文化。

二、把尧文化作为临汾转型发展的龙头和精神动力

自从1978年开始，中国社科院和山西考古专家对“陶寺遗址”的考古发掘与研究，至今已进行了将近40年时间。特别是近些年来，“中华文明探源工程”“夏商周断代工程”以及“国家大遗址考古计划”，均对陶寺遗址发掘和研究加大了投入。陶寺遗址愈来愈丰富的考古发现，从物质文化到精神文化，越来越多地同尧舜的文献记载相印证，加上地方学者从乡土文化、地方志、历史文献、历史记忆、神话传说的角度，对尧都平阳的不懈探索和宣传普及，使得陶寺遗址乃至唐尧之都的观点越来越受到社会的关注，也得到越来越多学者的认可。

2015年4月，以“溯中国源头、寻华夏之根”为主题的“尧文化暨德廉思想研讨会”在临汾成功举行，与会专家一致认为陶寺遗址为帝尧都城，中国5000年文明史由临汾确定，尧舜禹从传说成为真实存在的信史。同年6月18日，中国社科院在国务院新闻中心举行“山西陶寺遗址发掘成果新闻发布会”，中国社科院考古研究所王巍所长指出：陶寺文明的年代早于夏代，从而成为实证5000年中华文明的重要支点。尧都临汾正在走出传说，成为信史。“陶寺是尧的都城，临汾是最早的中国”这一结论在国内学术圈乃至广大知识界已成为共识。12月12日，由中国社会科学院考古研究所、省文物局、市政府共同主办的《襄汾陶

寺——1978—1985年发掘报告》出版暨陶寺遗址与陶寺文化学术研讨会在北京举行。会议再次重申：陶寺遗址考古成果表明，陶寺就是尧都，是在夏王朝建立之前，华夏文明所达到的第一个高峰，是最早的中国。省、市领导指出，要建设陶寺国家考古遗址公园和陶寺遗址博物馆，建设尧文化产业园和以塔儿山为中心的古文化旅游圈，力争将陶寺遗址打造成为全球华人文化寻根、家国圆梦的文化高地和旅游品牌，成为全省文化与旅游深度融合、良性互动、协调发展的样板和典范。

为进一步深入挖掘尧文化的当代价值，做大做强文化旅游产业，推进文化与旅游的深度融合，中共山西省委宣传部，省文化厅，中共临汾市委、市政府，又于2016年5月20日共同主办了"帝尧文化·旅游·经济"研讨会。这次研讨会，主题鲜明，水平很高，氛围浓厚，成果丰硕。北京大学考古文博学院教授李伯谦先生，中国社会科学院学部委员、历史研究所研究员、中国先秦史学会理事长宋镇豪，社科院考古所研究员何驽等专家学者，从理论和实践结合的角度，论述了帝尧文化与陶寺遗址的渊源与脉络，探讨了文化旅游产业的创新与发展，还就推动招商引资、促进经济发展，提出了很多新观点、新理念、新思路。

进入2017年末，陶寺遗址"好消息"接连不断。先是12月4日，在国家考古遗址公园现场工作会议上，山西陶寺考古遗址公园正式列入第三批国家考古遗址公园立项名单。仅仅4天后的12月8日，在第三届"世界考古论坛·上海"上，由山西省考古研究所王晓毅与中国社会科学院考古研究所何驽、高江涛共同主持的《陶寺遗址："中国"与"中原"的肇端》荣获"重要考古研究成果奖"。中华文明探源陶寺遗址考古，在历经40载之后，终于登上了世界考古论坛的领奖台。"世界考古论坛·上海"（SAF）是创建于2013年的国际考古交流平台，每两年举办一次，旨在推动世界范围内考古资源和文化遗产的调查、研究、保护与利用。世界考古论坛秘书长、中国考古学会理事长王巍说，"世界考古论坛奖"的学术含金量很高，它代表了过去3年来45个国家和地区的一流考古学家公认的重大田野考古发现和考古学研究成果。

面对陶寺考古这一系列重大成果带给临汾发展的新机遇，山西省委和临汾市委都给予高度重视，并做了大量工作。2015年12月12日，由中国社会科学院考古研究所、省文物局、临汾市政府共同主办的《襄汾陶寺——1978—1985年发掘报告》出版暨陶寺遗址与陶寺文化学术研讨会在北京举行，中国社会科学院、国家文物局以及省市主要领导出席了会议。会议提出要按照"高水平规划、高标准建设、高效率推进"的要求，秉持国际化、人文化、生态化理念，集中各方智慧和力量，建设陶寺国家考古遗址公园和陶寺遗址博物馆，建设尧文化产业园和以塔儿山为中心的古文化旅游圈，努力把陶寺遗址考古成果转化为公共文化产品，转化为现实生产力，力争将陶寺遗址打造成为全球华人文化寻根、家国圆梦的文化高地和旅游品牌，成为全省文化与旅游深度融合、良性互动、协调发展的样板和典范。此后两年来，省、市领导多次到陶寺遗址调研，并做了大量的工作。

目前的关键是，如何将这一目标落在实处，把以陶寺遗址为核心的尧文化产业作为新的增长点，进而带动临汾文化旅游产业的大发展、大繁荣，这既是历史赋予本届政府的机遇，也是进行产业调整，建设文化强市的题中之义。为此，我们必须首先确立尧文化在临汾区域文化中的核心地位，把尧文化变成临汾转型发展的龙头和精神动力。

尧文化之所以是临汾的软实力、是临汾区域文化的核心所在，我认为有三个重要原因：一是尧文化辐射到全市 10 余个县（市、区），从地域上和人口覆盖面上最广，其中以襄汾县、尧都区、洪洞县为最；二是尧文化地位最为重要，尧都平阳（今陶寺）之时，中华早期文明的国家观念、王权观念、私有观念、礼制和历法等都已形成，其中很多为后来的夏商周王国文明所继承和发展，因而有理由认为，尧舜禹时期的华夏文明，为后来的中华文明奠定了基础，是多元一体的中华文明的主脉，也就是说尧文化肇始了中华 5000 年文明史，在全国具有独一无二的地位；三是尧文化所蕴含的丰富思想，具有重要的时代价值和现实意义。尧文化是儒家文化的源头，帝尧“克明俊德，以亲九族；九族既睦，平章百姓；百姓昭明，协和万邦”，正是儒家倡导的“修身、齐家、治国、平天下”思想之滥觞。中华道统乃自“祖述尧舜，宪章文武，宗师仲尼”。尧文化的丰富思想，对于当代血缘寻根、文化寻根、精神寻根、和合思想、德廉思想，等等，都具有重要价值。总之，临汾市委、市政府应通过下发专门文件予以确认，统一对外宣传口径，真正把尧文化作为临汾文化的根本来抓。抓住了尧文化，就抓住了临汾文化的制高点，也就抓住了中华优秀传统文化的根本。

在确定尧文化核心地位的基础上，如何抓住历史新机遇，进一步推进尧文化研究和开发跨上新台阶，我认为，目前还应从以下几方面进行深入思考。

一是成立尧文化研究院（或研究中心）。成立尧文化研究院（或研究中心）的建议是社科院考古研究所王巍所长在大会上提出的。根据王巍所长建议，研究中心由中国社科院考古专家、本地院校和研究机构的尧文化研究专家共同组成。我建议本中心可以设为市委宣传部管辖的常设临时性机构，不设编制，由常委部长或分管副部长兼研究中心主任，常务副主任由尧文化研究会同志担任。研究中心办公地点设在尧文化研究会，日常研究工作由尧文化研究会承担，市财政在政策允许的条件下，可给予适当的经费支持。在运作成熟的条件下，进而组建尧文化国际研究中心。目前，国内已建有孔子研究院、老子学院、荀子学院、孟子学院等多家类似研究机构，既有官办的，也有企业发起设立的，都有较为成熟的运作模式可以借鉴。例如，湖北保康县尧治河村，有一条全长 4 公里的野人沟又名尧帝沟，相传系尧帝为治水而开。当地百姓为了纪念尧帝和丹朱，就把那段河流取名为尧治河。因为这一传说，尧治河村就大兴尧文化旅游开发，于 2014 年 4 月 29 日成立了“尧文化传播研究院”，并于 2015 和 2016 年连续举办了“尧文化与中国梦”高峰论坛。尧治河村重视尧文化、开发尧文化的勇气和做法都值得我们借鉴。

二是尧文化研讨会实行常规化。每年举办一次全国性的尧文化研讨会和高层论坛。办好尧文化研讨会，不论对于深入挖掘尧文化思想，还是对于提升帝尧古都文化旅游节水平和影响力，都有着重要作用。2015 年，“尧文化暨德廉思想研讨会”成功举行后，临汾市委宣传部将大会论文以《帝尧之都 中国之源》为题，由中国社会科学出版社出版，在尧文化研究圈以及社会大众中都产生了广泛影响。建议在研讨会每年举办的同时，大会论文集也能随之出版。同时为了提高研讨会水准，可提前一年或半年公布下次研讨会主题，并在《光明日报》《中国社会科学报》《中国文化报》等媒体予以公告，以便让专家学者有较为充足的时间进行论文写作。还可以进行优秀论文评选活动，以鼓励专家学者的积极性。建议由尧都区和襄汾县两地轮流主办尧文化高层论坛，每年一届，坚持下去。总之，要通过学术研讨和交流，不断深入挖掘尧文化的时代内涵，提高尧文化的社会影响和地位，为廉政建设和社会主义核心价值观的凝练提供历史文化支撑，同时树立起临汾尧文化研究在全国的中心地位。

三是把祭尧规格提升到国家层面。“国之大事，在祀与戎”。祭祀作为一种文化现象，在中国源远流长。《礼记》指出，祭祀有三大功能：一是返始报本，就是怀念祖先，报答祖先的功德；二是伦理教化，就是通过祭祀培养伦理意识，提高道德素质；三是致天下之和，就是通过祭祀培养四海皆兄弟、天下唯一家的观念，促进人们友爱相处，达到社会和谐的目的。北魏孝文帝时就诏令祭祀上古五帝，其中说：“尧树则天之功，兴巍巍之治，可祀于平阳。”唐太宗李世民曾驻军尧陵，亲自在尧陵祭祀尧帝。天宝六年（747），唐玄宗下诏，尧作为历代帝王之一在中央三皇五帝庙中得到祭祀，已有固定的祭礼、祭器规定，并一直延续到清代。清朝也多次修葺尧庙，康熙帝玄烨也曾巡行平阳，诏修尧宫，御书广运殿“光披四表”，并诏谕每年 3 月 18 日至 4 月 18 日为皇会一个月，4 月 28 日尧帝诞辰，举行祭尧大典。可见，历代祭尧于平阳，是国家所认定的，具有悠久的历史。

目前，在对上古三皇五帝的祭祀中，陕西黄帝陵、河南新郑黄帝故里、湖南炎帝陵、湖南九嶷山舜帝陵、运城舜帝陵、浙江绍兴大禹陵等，大都是国家层级的祭祀规格，一般会有全国人大或政协领导出席祭祀仪式，相比之下，临汾祭尧活动不论在规格上还是规模上，都显然与帝尧的历史功绩和地位极不匹配。随着尧陵祭祀大殿建设全面完工，由尧都区承办的祭尧大典，于 2017 年 6 月 11 日在尧陵举行。社会各界都期待本次祭尧大典能开启临汾尧文化研究与开发的新时代，并对传承唐尧遗风、践行社会主义核心价值观和发展临汾文化旅游产业都产生重要影响。

四是立即启动“尧都（陶寺遗址）—尧庙—尧陵”世界文化遗产名录申报工作。曲阜“三孔”，孔府、孔庙、孔林，早在 1994 年就被确定为世界文化遗产。临汾“三尧”，尧都、尧庙、尧陵至今尚未启动申遗工作。如果把仙洞沟和伊村尧居（茅茨土阶碑）也加进来，就成为“五位一体”的尧文化旅游品牌。帝尧是儒家思想的重要源泉之一。《中庸》说孔子“祖述尧舜”，朱熹《中庸章句集注》也说“祖述者，远宗其道”，即远宗尧舜之道。祖述尧舜，昭示了儒家对尧舜时期优秀文化传统的尊重和传承；尧舜禹禅让是儒家为政以德、为国以礼思想的源泉，禅让制体现的天下为公观念也是儒家大同思想的渊源；帝尧的中道思想更是儒家中庸思想最早、最直接的渊源。我们今天研究和继承儒家治国思想，就要重温二帝三王（二帝：唐尧、虞舜；三王：夏禹、商汤、周文王）的辉煌，重构古圣先贤的历史。因此，“三尧”申遗势在必行。临汾“三尧”（或曰“五尧”）申遗，不在成功与否，而在于申报的过程。目前，山西省从北到南，大同云冈石窟、应县木塔、五台山、平遥古城、运城池神庙和关帝庙都已成为或将成为世界文化遗产或景观，如果再不抓紧这项工作，临汾将有可能沦为全省世界文化遗产的一块洼地。因此，我们应立即启动临汾“三尧”申遗工作。为此，还应做好尧庙广场的规划改造等工作。与此相关，同时启动“接姑姑，迎娘娘”世界非物质文化遗产申报工作。

五是深入挖掘尧文化中蕴涵的姓氏文化资源。姓氏文化积淀着中华民族的血脉、国脉、人脉，形成了中华文明的文化基因，是优秀传统文化的重要组成部分，它对于我们塑造祖先形象、追溯民族渊源、传承历史文化以及践行社会主义核心价值观、推动国家统一都有着重要的促进作用。目前，随着传统文化的日益普及，国内姓氏宗亲寻根热潮方兴未艾。作为临汾文化核心的尧文化，不仅是中华儒家传统文化的总源头，同时也是中国姓氏文化的重要源头。传说尧生十子以及二女娥皇、女英。据研究，帝尧及其后裔先后分化出来的姓氏有：刘氏、唐氏、陶氏、饶氏、伊氏、祁氏、丹氏、朱氏等共计60余个。有人曾对其中十多个大姓人口进行过统计，其人口已经超过了1亿2千万。如果把尧、舜、禹及其大臣的后裔姓都算上，其后裔姓氏总共近400个，而且多为大姓，囊括了我国人口的百分之八十以上。如此庞大的人口基数，这就为临汾建设全球华人寻根圣地提供了巨大的空间。因此，应把尧文化姓氏寻根工作，放在弘扬优秀传统文化、传承优良家风的高度来认识，并积极做好相应的组织建设工作。

六是加快“陶寺大遗址公园”建设进度，尽早进入实施阶段，开工建设，早日把临汾建成寻根祭祖圣地和尧文化旅游的目的地。2017年12月，陶寺考古遗址公园正式列入第三批国家考古遗址公园立项名单。这表明陶寺遗址在开发建设上已有政策依据。目前要做的就是如何在充分吸取各方意见的基础上，整合力量，搞好规划和开发建设的问题。在这一点上，何驽提出打造“尧都考古主题公园”的建议，高江涛则提出“3、2、1”的具体建议，其中：3是“3个点”，第一个点是建设遗址博物馆，第二个点是“观象台”，第三个点是王级大墓M22；2是两条主干道；1是指一个面，主要指宫城或宫殿的展示。特别是对于观象台，专家们提出了古今一体的展示思路，就是要把原来观象台发掘出来的形态放到下面，再对上面进行必要的复原建设展示。专家们的建议，值得我们认真研究。

七是启动尧文化普及工程。组织尧文化专家学者，编写尧文化乡土教材，启动尧文化普及工程。尧文化普及教育要抓两头，一是进中、小学校，一是进党校领导干部课堂。尧文化进党校课堂，作为党校教师，我在党校课堂为党政干部讲授尧文化，至今坚持了十余年时间，受到了党校学员的好评，但在很大程度上，这只是取决于个人的积极争取，没有组织的规定和约束，仅仅依靠个人的力量，作用十分有限。

八是要做好尧文化品牌的国内国际市场开拓工作。尧文化是临汾城市软实力的代表，更是华夏子孙的共有的精神财富和文化遗产。目前，在尧文化品牌开发上，山东日照尧王酒业、贵州茅台镇帝尧酒业、湖北尧治河集团有限公司等都走在了前面，积累了丰富的经验，都值得临汾本土企业家和尧文化研究者借鉴。临汾弘扬尧文化，有助于扩大临汾的感召力和影响力，要借助尧文化的丰富内涵扩大对外宣传工作，通过对尧文化的“创造性转化和创新性发展”，达到“知临汾者知尧文化，知尧文化者知临汾”，从而吸引更多的海内外游客来临汾寻根旅游，投资创业。

总之，临汾当前面临着尧文化研究和开发的历史大机遇，不论是领导干部，还是企业经营者，都要勇于负责，敢于担当，弘扬尧文化品牌，推进尧文化产业发展。只有这样，才能实现临汾的文化自信、文化自觉、文化自强。

2018 年 5 月 6 日

临汾尧文化研究开发的几点思考

仝建平（山西师范大学历史学院教授）

帝尧是中华民族的人文初祖，由于历史久远，记载模糊，其故里涉及至少7省近20县，但尧都平阳即今临汾一带却是文献、遗存、考古、民俗、传说证据链最为连贯的地方。作为晋南重镇，晋省要重之地，地域文化厚重，尧文化是临汾最具特色最有影响的地域文化品牌。近20年来，临汾市县为挖掘尧文化做了大量工作，但存在的不足也很明显，提升的空间仍很大。今后临汾在研究开发尧文化时，务必要有广泛的包容性，要建立一定的机制，应充分吸收借鉴科研院所相关成果，努力打造全国尧文化研究高地。

一、帝尧故里与尧都平阳

尧是中华民族的人文初祖，有历史记载的五帝之一。《尚书·尧典》记“曰若稽古帝尧，曰放勋。钦、明、文、思、安安。允恭克让，光被四表，格于上下。克明俊德，以亲九族，九族既睦，平章百姓，百姓昭明，协和万邦，黎民于变时雍。”尧与舜法天、知人、仁民、爱物、施政布德的光辉形象，泽被千秋万代。孔子推崇备至，祖述尧舜，孟子言必称尧舜。是中国理想政治、儒家思想、圣贤文化的人文渊薮。

关于尧的文献记载，传世甚少，多是后代寥寥追记。加上其后历代追尊，其遗迹、故事传说在全国分布广泛，更是加重了廓清历史与文化的难度。现代的研究一般认为，尧是部落名号，并非专指一人。关于尧的故里，包括出生地、建都地、陵墓所在地，目前有争议的涉及至少7省近20市县，包括：山西临汾市尧都区和襄汾县，太原市，晋中市平遥县，长治市长子县，运城市绛县；江苏省高邮市和淮安市金湖县、扬州市宝应县；河北保定市顺平县和唐县；山东菏泽市定陶区和济宁市曲阜市；湖南株洲市攸县、常德市桃源县和常德市；河南省濮阳市范县；浙江省兰溪市。其中山西临汾、河北唐县、山东菏泽三地最为有名，时代早，历代祭祀、遗迹较多，故事传说丰富。

和河北唐县、山东菏泽相比，山西临汾是全国最著名的尧都所在地。《史记集解》引“《帝王（世）纪》云：尧都平阳，于《诗》为唐国。”《水经注》载“应劭曰：（平阳）县在平河之阳，尧舜并都之也。”唐宋元明清的全国地理总志、大一统志，均记尧都在平阳临汾。至晚西晋元康年间（291—299）之前就建有尧庙，但据《水经注》引《魏土地记》，可能曹魏时就已建有尧庙，“魏立平阳郡治此矣，（汾）水侧有尧庙，庙前有碑。《魏土地记》曰：平阳城东十里，汾水之东原上有小台，台上有尧神屋、石碑。”现今临汾城南的尧庙系唐显庆三年（658）朝廷拨款兴建，其后历代修缮，遗存至今。存有元代尧庙规模图碑。现为省保单位。临汾城东北30多公里处有尧陵，2006年成为国保单位，据金碑记载，唐初此处就有尧陵，史载元明两代曾有修缮，现存尧陵近年复修，有古碑若干通。帝尧祭祀历时久长，故事传说密集，相关非物质文化遗产厚重。尤其是近年发掘了襄汾县陶寺遗址，遗址内涵丰富，城墙、瓮城、宫殿区、仓储区、手工业区、墓葬区、观象台、圭尺，等等，已被多数专业学者认为是尧的都城。

综合各种因素来看，以临汾为核心的临汾盆地是尧最为主要的活动区域，同时也是建都之地，尧都平阳（今山西临汾一带）是确凿的。

二、尧文化是临汾最具特色的地域文化品牌

临汾地处山西省西南部，辖17县（市、区），与本省吕梁、晋中、长治、晋城、运城5市接壤，黄河流经临汾西部永和、大宁、吉县、乡宁4县，与陕西省隔河而界。临汾市西部是吕梁山区，东部是太岳山区，中间是汾河谷地，当地人所谓“两山夹一川”。市区中心的钟楼四向题额曰“东临雷霍”“西控河汾”“南通秦蜀”“北达幽并”，地理位置重要可见一斑。临汾是中华民族重要的发祥地之一，历史悠久，文化积淀厚重。旧石器中期的丁村人、旧石器晚期的柿子滩遗址书写了中华文明的早期篇章，龙山文化时期的陶寺遗址开启了最早中国的序幕，帝尧曾在此建都，“尧都平阳”，春秋时期晋国称霸中原上百年，战国时期韩、赵先后对峙争雄，秦汉隋唐为帝国要地，魏晋十六国北朝为战略要冲，金元时代为核心区域，明代为晋商首先发源之地。历史文化可圈可点之处甚多，为古代中国一大重要区域，古称平阳，首府临汾（今尧都区）与晋北的大同、晋中的太原并称山西三大区域核心城市。

临汾的地域文化内涵丰富，当地人提出的特色文化有尧文化、丁村文化、晋国文化、大槐树移民文化、戏曲文化、雕版印刷文化、根祖文化、黄河文化，等等。近年来，17辖县打造的文化品牌，比如尧都区的尧文化，洪洞县的大槐

树移民文化，霍州市的中镇文化和廉政文化，古县的牡丹文化，安泽县的荀子故里文化，浮山县的《弟子规》文化，襄汾县的丁陶文化，曲沃县的《诗经》文化和晋国文化，侯马市的晋国文化，翼城县的晋国（含古唐和霸国）文化，隰县小西天佛教文化，蒲县东岳庙道教文化，吉县壶口黄河文化和人祖山文化，乡宁云丘山和合文化，大宁县的黄河文化，永和县的乾坤湾黄河文化和红色文化，汾西县的师家沟民居文化。就全市范围、全国影响而言，尧文化、晋国文化、大槐树移民文化、戏曲文化最有特色。

四者再比较：晋国存在600多年，建都在今曲沃、翼城、侯马一带，后来三晋韩、赵、魏纷纷迁都省外，后来的晋文化实际成了山西全域文化，而非特指晋国文化；大槐树移民文化有600多年历史，是明初洪武永乐年间政府强制迁移平阳府一带民众到外地垦种，大槐树成为后代移民后裔集体的祖先记忆；戏曲文化本指金元时期戏曲产生并繁荣于平阳（河东南路、平阳路治所所在，路辖今晋南、晋东南的临汾、运城、长治、晋城）一带的戏曲，至今遗存的金元戏台全国最多且最为集中，但后来临汾当地的戏曲并未在全省及全国具有突出地位；而尧文化立足于尧都平阳，却是文献、遗存、考古、传说皆具，开端于中华文明初期，历时久远，绵延不绝，历代政府祭祀不断，加上尧为中华民族人文始祖，其建都于此，天下实现大治，为后代千秋向往，推崇备至。还有现实考虑的重要一点，大槐树移民文化重心在洪洞；晋国文化重心在曲沃、翼城、侯马一带；戏曲文化遗存主要是几座元代戏台，当地的戏曲在元代之后衰落；而尧文化的尧都主体在今市府所在的尧都区一带，尧都比晋都级别要高，同时，临汾的尧文化并非仅限于尧都区，包括洪洞、襄汾、翼城、安泽、浮山均有尧的遗迹及传说故事，于是乎尧文化就成为临汾最有特色且具有全市统领意义和全国影响力的文化品牌，在市域四大文化中具最重要的地位。

三、当代临汾尧文化的研究挖掘

20世纪80年代中期开始，临汾的一些地方文化学者就通过各种方式积极呼吁当地政府加强对尧文化的重视，尤其是通过政协提案渠道。1991年，临汾市（今尧都区，2000年11月改名）政协文史委适时编辑出版了《尧都胜迹》（中国文史出版社）一书；到了1997年2月，临汾市（今尧都区）成立了临汾市尧文化研究与开发委员会，编撰出版了《帝尧与平阳》（内部图书，1997年），主要的学术贡献是石青柏先生写了《帝尧·平阳与华夏文化》长篇文章。1998年4月，尧庙广运殿失火焚毁，当年10月开始复建，一年后竣工。1999年，平阳木版年画收藏专家赵大勇父子编著《尧都平阳与尧舜禹》(山西古籍出版社)出版。1999年,临汾市(今尧都区)政协编印了《尧天舜日》(内部图书),内容包括“尧文化专论”“尧都史话”“尧文化随笔”。2000年3月末4月初,临汾市(今尧都区)主办了“海峡两岸尧文化学术研讨会”,层次较高,选编论文集由尧都区三晋文化研究会、根祖文化研究会于2005年内部出版。2000年12月,王春元《尧文化的研究与思考》(中央文献出版社)出版。2002年,尧都区史志办编纂的《临汾市志》(全三册,海潮出版社)出版发行,其中设有专编《尧文化》,约7万字。2002年,临汾市领导刘合心率领三晋文化兼尧文化交流团,赴台北出席海峡两岸尧文化论坛。2006年,石青柏编著《临汾帝尧》(山西人民出版社)出版,收入《临汾方志丛书》。

2006年12月,临汾市(原临汾地区,2000年11月改称临汾市)成立了尧文化研究与开发委员会。2007年4月,主导了尧陵修复及祭尧活动;6月,创办发行了会刊《尧文化》(现在临汾市三晋文化研究会会刊改名为《尧文化研究》);开办了“尧文化”门户网站;12月召开了“首届中国·临汾尧文化高层论坛”。2008年,高树德编著《中华之根祖:尧文化研究综述》(作家出版社)出版。同年,位于临汾的山西师范大学地理学院马志正教授所著《尧舜都城的环境研究》内部印行。2013年出版的《临汾市志》(全四册,中华书局)设有“唐尧文化”专卷,约5万字。2015年4月,临汾市委宣传部承办的“尧文化暨德廉思想研讨会”在临汾召开,年底出版了论文集《帝尧之都 中国之源:尧文化暨德廉思想研讨会文集》(中国社科出版社)。

在临汾研究挖掘尧文化的过程中,涌现出三位杰出的当地文化人士。已故的石青柏(临汾市委党校教师),20世纪80年代中期积极呼吁政府和社会重视尧文化,先后编著《帝尧·平阳与华夏文化》和《临汾帝尧》,为临汾的尧文化研究做了最基础的资料收集工作。刘合心(原为临汾市人大常委会主任,现为临汾市三晋文化研究会会长),多年致力尧文化研究及开发利用,组建临汾市尧文化研究与开发委员会,修复尧陵,均是由他主导发起进行,撰写了多篇关于临汾帝尧的文章,陆续收入出版的《中国的源头》(人民文学出版社,2002年)、《源头集》(南开大学出版社,2009年)、《我的文化梳理》(内部印刷,2012年),近来结集出版《尧文化知行录》(山西人民出版社,2017年),为临汾的尧文化研究做出了突出贡献。乔忠延,是临汾当地的文化学者,高产的作家,为研究尧文化也出了大力,曾编著出版《尧都史鉴》(山西古籍出版社,1999年)、《漫话帝尧》(中国文联出版社,2008年)、《帝尧史话》(山西教育出版社,2015年)、

《帝尧传》(北岳文艺出版社,2017年),其作品结集为《根在尧都丛书》,包括《尧都土话》《尧都人杰》《尧都史鉴》《尧都沧桑》《尧都风光》5册,为宣传尧都做出了贡献。此外,临汾市委党校的石耀辉也多年致力于尧文化研究,是内部期刊《尧文化》及《尧文化研究》的主要负责人,所写的文章收入所撰论文集《尧都文脉》(中国文联出版社,2008年)中,他还利用市委党校培训各级干部的平台宣传其提出的"治临汾者知尧文化,知尧文化者治临汾"理念。2000年前后,时任临汾市(尧都区)主要领导的王春元为重修尧庙、开发尧文化、召开海峡两岸尧文化研讨会拍板决策,组织落实,还编著出版了《尧文化的研究与思考》,也是尧文化开发的有功之臣。

四、临汾研究开发尧文化的几点建议

(一)临汾尧文化研究开发要有包容性

既然尧为部落名号,那么尧部落活动生息完全可能是移动不定的。平阳是尧都,尧的建都之地,也就是尧部落经历过较长期迁徙活动最后选择该地定居下来,且创建最初国家的地方。《帝王世纪》载"帝尧始封于唐,又徙晋阳,及为天子,都平阳"。尧部落也有可能从河北唐县迁徙到太原一带,再由太原南迁到平阳一带,开花结果,由野蛮到文明,进入早期国家。平阳至少是尧都之一,且是规模较大、建制规格较高的尧都。帝尧定居于平阳一带,也并非活动区域仅仅局限于今尧都区一带,应该范围更广,是在临汾盆地。今日尧都区北面的洪洞、霍州,西面的蒲县,东面的浮山、安泽,南面的襄汾、翼城、绛县(运城市绛县发现西晋永和二年"唐尧寓处"石碑,2008年,绛县"尧的传说"列入国家级非物质文化遗产名录)均有尧的遗迹、传说就不难理解了。决不能用现代的行政区划束缚住研究开发的宽广视野,尤其是尧都区(有尧庙、尧陵、尧出生地伊村)与襄汾县(有陶寺尧都城)相距不远,理应联手开发,打造"三尧文化",不能画地为牢,就像尧都区一方面依靠陶寺考古材料证明尧都真实存在,一方面开发尧文化拒绝襄汾,甚至发生争抢尧都的煞风景事件。

尧最初出生的地方,最后埋葬的地方,文献和考古尚无正式结论。临汾挖掘尧文化也不要决然排斥河北唐县、山西太原、山东菏泽等地。目前没有充足证据证明尧或者数个尧从出生、即位到去世埋葬都在晋南临汾一带,上述地区也可能是尧部落曾经活动过的区域。所以临汾要做的尧文化研究开发就是要把尧在临汾盆地活动、建都的历史尽量搞清楚。充分研读、分析、评判其余数省多地的尧文化遗迹,知己知彼,用更大的视野、更宽广的胸怀开展临汾地域尧文化研究，方能产生科学理性的研究成果。

（二）临汾尧文化研究开发应建立一定的机制

先是县级临汾市，后是地级临汾市，均组建过尧文化研究机构，现在尧都区的尧文化研究会少见活动，而市里的仍在继续。20年里，市县的尧文化研究会为临汾的尧文化研究开发做出过积极贡献，承办过全国性的学术会议，出过书籍，办过期刊，开创奠基功不可没。但持续上台阶、上层次的愿景并未达到。

在山西建设文化旅游大省的当下，临汾也在转型发展，理应更好地利用尧文化品牌，为临汾市域经济社会发展发挥促进作用。不妨由市里统筹，重整或重建市级尧文化研究机构，最好通过地方立法建立制度，每年财政划拨一笔专项经费，或者筹集社会资金，经费问题绝不能因为主要领导变更而中途停废；以市里为主，联合相关区县文化部门及有关研究人员，适当聘请省内外有关专家学者合作研究，组建尧文化研究队伍；政府出面协调提供研究会固定活动场所，专项经费用于常规工作；每年设立若干研究课题，可以采用课题招聘研究方式，定期召开目标明确的学术研讨会，科学规划，逐步推进，稳健提升，实现临汾是全国尧文化研究中心的建设目标。

在具体研究方面，可以从各种史书、文集、临汾地域方志和碑刻中汇辑有关尧的文献记载，汇集临汾现存的尧文化遗迹和关于尧的故事传说、民俗活动，汇集已有的临汾尧文化论著及文艺作品，汇集海内外关于帝尧的研究成果，组建尧文化研究资料信息中心，为以后的研究奠定资料基础。同时设立专家学术委员会，逐年分批设立研究课题，聘请省内外学者参与合作研究。若干年以后，临汾可以成为名副其实的尧文化研究高地。

（三）临汾尧文化研究开发应充分吸收借鉴科研院所相关成果

从地方学者呼吁重视尧文化至今30年过去了，临汾的尧文化研究主力是临汾当地的学者和文化人士，出版书籍、撰写论文，功不可没，但通读之后不难发现，不少论著泛泛而谈，重复叙说，对尧文化研究挖掘实质提升、对外地学者有启发借鉴的作品相对较少。而临汾召开的几次市外、省外学者参与的尧文化研讨会上，高校、科研院所专家学者提交的尧文化研究论文水平总体还是较高的，有助于提升临汾尧文化研究挖掘整体水平。尤其是近年来，科研院所专家学者和高校博士、硕士学位论文研究尧文化及临汾尧文化的已经积累了一批，如张晨霞《帝尧传说与地域社会》（学苑出版社，2013年）等，当地学者一定要及时、认真研读，借鉴吸收，与外地学者产生交融共鸣，形成研究合力。

临汾尧文化研究中，地方学者是主力、中坚，但绝不能自说自话，甚至不太遵守研究规范，随意引材料下结论，以讹传讹，应广泛深入结合高校科研院所相关研究成果，才能使研究更具科学性，那么，地方形成的研究成果才会被学术界重视，从而提升临汾尧文化研究的信誉和实力。

临汾的尧文化得到社会和政府重视，与20世纪末期物质文明、精神文明“两手都要硬”广为提倡的社会形势、改革开放以来传统文化受到深度关注大致同时；世纪之交又与发展文化旅游业密切配合。历经20多年研究挖掘，成绩有目共睹，但不足也是明显的，发力时断时续，后劲不足，和山西省大部分地区的地域文化研究开发极为类似，好的文化资源没有发挥更大的经济和社会效应。在山西提出建设文化旅游三大板块的当今，临汾以“中国根 黄河魂”为文化旅游品牌，致力打造尧文化旅游园区，展示“唐尧故都 魅力临汾”，临汾的尧文化研究开发迎来了前所未有的发展机遇。只要省、市领导重视，市、县政府积极组织落实或市场化运作，科学规划，学者真情参与，临汾的尧文化研究开发必将取得新的更大成果，为全市文化旅游注入持久有效的活力。

参考文献：

1.《尚书》，中华书局，2013年。
2.（汉）司马迁：《史记》，中华书局，2013年。
3.（北魏）郦道元：《水经注》，上海古籍出版社，1990年。
4.（晋）皇甫谧：《帝王世纪》，辽宁教育出版社，1997年。
5. 石青柏：《临汾帝尧》，山西人民出版社，2006年。
6. 高树德：《中华之根祖：尧文化研究综述》，作家出版社，2008年。
7.《临汾市志》，中华书局，2013年。
8. 张晨霞：《帝尧传说与地域社会》，学苑出版社，2013年。

黄河之魂在山西：尧文化在“乐水”旅游品牌体系中的重要内涵

乔新华（山西大学历史文化学院副院长）

“黄河之水天上来，奔流到海不复回”，黄河自高耸的西北向低缓的东南顺流而下，沿黄河流域生活的山西人则以坚强开放的拼搏精神逆流而上，孕育和书写了人类历史和华夏文明的华美篇章。世人惊叹“黄河万里动风色，蜿蜒九曲源流长”！这条横亘在中华大地的“金色的巨龙”，穿过山西境内4市19县（市），给三晋大地添加了波澜壮阔的美景和源远流长的文化。黄河是中华民族的母亲河，更是山西人的母亲河。

2017年10月山西省旅游发展大会上关于黄河、长城、太行三大旅游板块和“乐水、尚城、崇山”旅游品牌体系的提出，既是省委在山西政治生态由“乱”转“治”、经济发展由“疲”转“兴”的转折关头，将我省打造成富有特色和魅力的文化旅游强省，使文化旅游产业成为转型的新引擎新支柱的重大战略决策，也是山西省政府贯彻落实2017年9月国务院《关于支持山西省进一步深化改革促进资源型经济转型发展的意见》精神的重要思路举措。黄河之魂在山西，长城博览在山西，大美太行在山西！“乐水、尚城、崇山”旅游品牌体系的提出彰显着山西特色，闪耀着国家名片，聚焦着世界眼光。

黄河之魂在山西！山西黄河旅游板块是黄河文明的核心、中华精神的地标、大河风光的华章、黄土风情的高地的展示。这里独树一帜的旅游资源优势和国人对母亲河的执着情怀，为沿黄旅游带的开发提供了得天独厚的条件。“乐水”旅游品牌体系的提出，把博大的黄河文化内涵、多彩的黄河风情以及厚重的民族精神主题深度融合在母亲黄河、龙腾黄河、多彩黄河、生态黄河旅游精品线路中，既是打造全省域全国旅游示范点、全国文化旅游发展新高地和世界知名旅游目的地的开篇之作，也将是创造旅游“山西经验”和唱响“山西好风光”的华美篇章。在全省域旅游视野下黄河、长城、太行“新三板”的大格局中，作为中华文明的重要源头，凝聚着全世界炎黄子孙民族之魂的尧文化无疑应该是

“黄河之魂在山西”这一板块的核心所在。

尧文化的主要创造者——帝尧，作为广受崇敬的上古圣王，被认为是最具道德高度的圣人以及礼乐制度的继承者、创新者与传播者。其事迹最早出现于春秋时期。《尚书》《左传》《国语》《诗经》等或多或少地记述了唐尧的事迹。到《论语》一书中对尧舜的“禅让”则有了明确的记载。孔子对尧的赞美之心，在《泰伯》一篇中表现得淋漓尽致：“子曰：‘大哉尧之为君也！巍巍乎！惟天为大，惟尧则之。荡荡乎，民无能名焉。巍巍乎其有成功也，焕乎其有文章！’”孔子对尧的推崇，决定了儒家后学的发展取向。之后，经过儒家思想的圣化，尧之精神得到广泛传扬，他所开创的“尧天舜日”更成为中国古代理想政治生活的投影。帝尧传说具有高度的神圣性，通过历代社会的治道和实践，帝尧已经成为一种精神象征符号，对民族、国家的历史发展影响深远，由此形成了帝尧神圣文化的“大传统”。特别值得注意的是“道统祖尧舜”这一儒家正统思想一直在尧帝庙这一有形的空间内持续展演，尧帝庙成为传承帝尧文化具体有形的空间场域。

尧庙为纪念古帝唐尧所建，关于尧庙确切的创建年代及情节，囿于文献的缺乏，已不易考。在对尧庙早期历史的考证和争论中，学者根据北魏太和十六年（492）孝文帝下诏曰：“帝尧树则天之功，兴巍巍之治，可祀于平阳”的记载，并以《水经注》中的记载“平水北侧有尧庙，庙前有碑”为佐证，认为平阳尧庙晋代已有，北魏时期仍在。且庙址在平水（今汾河）西岸。又据后世文献记载，西晋元康年间，尧庙由汾河西移到汾河东的伊村，“平阳城东十里，汾水之东原上，有尧神屋石碑，庙在城南八里，旧址在汾西。晋元康中建汾东”。唐高宗李治显庆三年（658），尧庙由平阳府城西南迁至府城南五里处，对此，现存于尧庙内的元泰定元年（1324）《大元敕赐重建尧帝庙碑铭并序》记载：“平阳府治之南，有尧帝庙，李唐显庆三年所建”。由于史料记载的缺乏，我们对尧庙的早期历史知之甚少。

值得注意的是，元中统、至元年间一定是尧庙发展史上非常重要的时期。庙址从唐代府治之南一举迁移到今址，基本奠定了今天尧庙的空间格局。此次修建是临汾道士靖应真人姜善信感于尧庙圮坏，不能彰显尧帝圣迹，应元世祖敕令兴修而成。“平阳府治之南，有尧帝庙，李唐显庆三年所建。岁年深远，室宇敞漏，潦水流行，啮壖垣，呀豁沟沉，渐就倾圮。有靖应真人姜善信欲愿以道众行化河东，更择爽垲，重建庙貌。请于朝上。”这次修建历经4年，于至元六年（1269）建成，“为地七百亩，为屋四百间，耽耽翼翼，俨然帝王之居。殆与所谓土阶三尺，茅茨不剪者，异观也”，且诏赐其额曰“光宅之宫”，殿曰“文思之殿”，门曰“宾穆之门”，而且“赐白金二百两，良田十五顷，为赡宫香火费”。这可能是尧庙在规模上最鼎盛的时期。然而不幸的是，至元年间修葺一新的尧庙在大德七年（1303）平阳府八级大地震中遭到破坏。20年后，也就是泰定元年（1324）尧庙又得以重新修复，并将至元时的碑文重新镌刻立石，“泰定元年四月，功德主本宫提点李志和重建，大都采石局把作提领本县东祭里卫宁刊”。元末至正年间，地方士绅再次为尧宫立石，题写碑文《光宅宫田宅之记》，并将尧庙的“田之顷亩四履，宅之区域间架，则具图于碑阴”。尧庙在元代的修建从元初一直延续到了元末，尧庙内一直保持着元初的空间格局，与唐宋时期不同的是，在尧庙内逐渐添加了对舜和禹的祭祀，殿左为“老君祠”，殿右为“伯王祠”，殿后之左右分别为舜祠和禹祠，中间为玉皇阁。

明朝正统年间，尧庙在山西左布政使石璞的倡导下得以重修，因庙毁于地震，“遂发公帑余赀，得白金二百两，公廪麦千二百石”，“工兴之日，会大风拔襄陵县树，得合抱木凡百余株。人咸以为神助，遂治地于古垂拱殿之前为正殿九间，其高六丈有奇，殿四傍环以庑。为屋凡四百间，前则故宾穆门，又前为亭，亭之前为仪门，而外为棂星门，严严翼翼，壮伟宏耀，俨然帝者之居”。同时，“又惧无以居守者，乃营屋于故光宅宫之东，备诸器用，而复壤地之见侵于民者，得若干亩，并置农具，择道士之素谨愿者，主之俾守且耕食于其中，为永久计”。

明代前期，尧庙的空间格局沿袭了元代的风格，直到正德初年大地震的破坏。经过重建，正德九年（1514）尧庙再一次巍然挺立于汾河之岸。不过，与以往不同的是，它的空间格局发生了巨变。对于此次建筑格局的变化，明人文集和留存尧庙的碑文都有记载。正德九年，平阳尧庙新修完成，致仕南京户部尚书韩文为其撰写《增修尧舜禹庙碑记》：

我朝正统丙寅，山西左布政临漳石公璞，奉命重修，迄今历年滋久。巡按侍御昆山周伯明公伦按临河东，偕孙、魏佥宪，率府卫官僚，恭诣展拜，徘徊顾瞻之余，惜其殿宇门庑等处，率多倾漏，且以舜禹二祠配于尧殿之后，殿之左为老君祠，右为伯王祠，祠之后为玉皇阁，皆肖像其中。乃谋诸二宫曰：尧舜禹天下之大圣也。以天位亲相授受，天下之大事也。况舜都蒲坂，禹都安邑，皆平阳支郡。今置二圣于殿后，不得专尊，于礼弗称。彼老君、伯王，皆祀典所不载，于礼不经，诚有未宜。而玉皇即上帝也，惟天子得以祀之。今置老君祠后，渎莫甚焉，悉命撤而正之。更老君祠为舜庙，伯王祠为禹庙，阁则三圣并祀，其上仍榜尧殿曰放勋，舜殿曰重华，禹殿曰文命，阁曰执中。名分秩然，礼法详备，使吾人于千百载之下，讴歌击壤，得以遐想陶唐、虞夏之气象，如亲见之者，岂不休哉！

根据碑文分析，正德年间山西巡按周伦认为尧庙内的空间建筑格局不合祀典的理由是：尧、舜能够将王位禅让是大圣人，禹则治水有功，是值得后人歌颂和学习的，这些是天下的大事件。况且舜都蒲坂、禹都安邑，都是尧都平阳的支郡，属于王畿之地。这样，尧、舜、禹三圣不论在世系上还是在都城的位置上，都有着不可分割的联系。所以在平阳尧庙内对三圣的供奉应该按照尧、舜、禹三圣的先后顺序来列位。而老子和楚霸王与尧、舜、禹似乎不存在世系的联系，地位不及尧、舜、禹，又不是儒家士大夫所提倡之神，但现在老君、伯王二祠地位又高于舜、禹，有损尧、舜、禹形象，是礼法不合，祀典不存。再者，玉皇大帝则只能是由天子来祭祀，放置于老君祠之后，同样是不合礼的，所以在尧庙重修时，一反过去，将太上老君和西楚霸王的祠庙撤除，将舜、禹的地位提升到与尧同等重要的地位上来，形成尧、舜、禹三圣同堂异室、并祀于尧庙之中的格局。此外玉皇阁改为尧、舜、禹三圣并祀，并改名为执中阁，经由这么重修，这座庞大的庙宇在人们眼中就是“三圣庙”了。《临汾县志·祀典》也记载“尧庙在城南八里，明正统间重修。正德间巡抚周伦修额，正广运殿祀尧，右重华殿祀舜，左文命殿祀禹，后为光天阁，右丹朱祠，祠左娥皇女英祠，东为三圣考庙”。

对于正德年间庙内建筑格局和祀神的变化，参与其中的人认为重修后尧、舜、禹三圣庙的格局就达到了“名分秩然，礼法详备”。正德十六年，翰林院侍读、同修国史、经筵讲官顾鼎臣应同乡周伦之请为尧庙撰写的《三圣庙碑》中认为：“巡按监察御史周君伦瞻拜兴嗟，毅然以修饬厘正为己任……代腐以坚，易缺以完，革其僭渎，斥其淫邪，合于典法。乃于尧庙之右改老君祠为舜庙，伯王祠为禹庙，别创门堂以表之。”在他看来，将道教神灵与儒家圣君尧帝放在同等位置，是对尧、舜、禹的极大不敬，尤其是对帝尧的不尊，既“不合祀典”又“不合礼仪”，重修后尧庙从过去“于礼弗称”达到了现在的“名分秩然”。继正德年间撤老君、伯王祠后不久，万历三十七年（1609），改执中阁为执中殿，又在其南面重修光天阁。

清朝康、雍时期，尧庙的建筑格局和祀神又有过局部的调整，康熙三十四（1695）年，平阳地震，尧宫俱毁。四十二年康熙西巡，驻跸平阳，拨国库银两重修尧庙，主要是在商汤庙址新建万寿行宫及御书阁、御书亭等建筑，自此，四宫并峙，巍峨壮观。之所以在尧庙新建万寿行宫，是认为汤王不是禅让而王，不宜与尧、舜、禹三圣并祀。于是，在原汤王庙基址上建筑了万寿行宫，以展现康熙尊崇尧、舜，行尧、舜之道的圣君形象。雍正时，平阳尧庙又一次重修。这次重修将三大殿的神灵进行了调整，主要是前移娥皇、女英的地位，将其与舜并祀于舜寝宫，前移帝尧之子丹朱、舜之子商均地位，祀于圣考庙之中。雍正《平阳府志》中记载，“雍正七年重修，缘日久损坏，工程浩大……规模仿旧而略为更易三殿，如前移娥皇女英并祀于舜寝宫，移丹朱、商均附祀于圣考庙”。此外还在尧庙内兴办义学，讲授儒学，《临汾县志》载，“每岁季春官绅诣祭，仓圣祠祀仓颉，祠内两厢一为崇文会馆，一为培英义庄，昔年收学租与乡会试，宾兴皆聚于此，并随时致祭焉。” 这时的尧庙不仅仅是供奉儒教圣君的庙宇，更是培养儒学人才的场所，尧庙的儒家文化氛围更加浓厚。

通过历代对尧庙的修葺与完善，我们可以发现对于帝尧的祭祀一直得以延续，由此可以看出帝尧在中国传统社会中的重要地位。与此同时，伴随着历代帝王对于尧庙的重视，尧文化也得以不断地传承与发展。尧文化主要是指唐尧带领先民创造的物质文明和精神文明的总和，并经过长期的历史积淀而形成的一种人文精神，是中华民族的源头之一，规定并影响了中华传统文化形成和发展的基本格局。党的十九大提出，要深入挖掘中华优秀传统文化蕴含的思想观念、人文精神、道德规范，结合时代要求继承创新，让中华文化展现出永久魅力和时代风采。中国特色社会主义进入新时代，进一步继承和创新中华优秀传统文化，是适应中华民族从“富起来”到“强起来”、满足人民日益增长的美好生活需要、凝聚全体中华儿女力量共同致力于中华民族伟大复兴的必然要求。因此，作为中华传统文化瑰宝的尧文化，必将是一座取之不尽、用之不竭的智慧宝库。

对于尧文化，唐代柳宗元在《晋问》中认为，平阳三千年来保持了尧治理国家时形成的六项遗风：俭啬、善让、好谋而深、和而不怒、忧思而畏祸、恬以愉。“夫俭则人用足而不淫；让则遵分而进善，其道不斗；谋则通于远而周于事；和则仁之质；戒则义之实；恬以愉则安，而久于其道也。”由此，对尧文化的核心精神大致可以总结为以下三个方面：德治思想、中道文化、和合之道。

德治思想与中道文化为尧文化的主要思想。万历十三年（1585）平阳尧庙的碑文记载：“执中何以易光天，又为后殿也？大人之学，先明明德，而后明明德于天下。孟子论道统祖尧舜，孔子删书，断自唐虞。其传道之言曰：人心惟危，道心惟微，惟精惟一，允执厥中。精一执中者，克明俊德也。光天下之明，明德于天下也。凡天地之气，翕聚西北而敷扬东南。执中为体，故以名殿居北，光天为用，故以名阁居南。”这便是对尧德治与中道思想的描述。“明德”是儒家伦理范畴，指彰明、崇益道德，又指完美、光明的德性。德治思想是中国古代政治思想的主体，中国古代的政治、经济、文化的发展深深地打上了德治思想的烙印。

"德治"一词最早始于帝尧时期,《尧典》中称尧"克明俊德,以亲九族"。其中还总结了尧的几大美德:"钦、明、文、思、安安,允恭克让。"尧用他的美德教化民众,促成了各部族和方国之间的和谐相处,使德治主义成为他典仪治国的主要思想。其后,舜、禹、周公、孔子等相继在尧德治思想的基础上不断丰富发展,使之成为中华文化的主流思想之一。孔子在总结前人治国经验的基础上,提出了以礼为中心的德政思想,此外,孔子极其重视道德的作用,在《论语》的《为政篇》中说道:"为政以德,譬如北辰,居其所而众星拱之。"而这种思想对后世产生了深远的影响,孙中山曾说:"有了很好的道德,国家才能长治久安。"在充满各种矛盾与挑战、寻求可持续发展的当今世界,弘扬帝尧所开创的关乎国家兴衰的"德治思想",无疑更具有现实意义。"人心惟危,道心惟微,惟精惟一,允执厥中"这十六个字一直是儒学乃至中国文化传统中最为著名的"十六字心传"。"执中",儒家政治伦理范畴,即守其中道,无过无不及。尧禅帝位于舜,授之以执政心得,令其信守执中之道,如此便可穷极四海,长有天禄。传说尧传位于舜时,告诫他"允执厥中"。此后,中道成为历代士民身体力行的法则和几千年中华文化的基准。之后,经过孔子、韩愈等思想家的传承与发展,使中道文化在中国思想史上占有重要的地位。被列为《四书》之一的《中庸》就是对帝尧中道文化的继承与发展。"中"基本上代表了一种典型的中央预设世界观以及与这种世界观相呼应的自我体认的人生观。将其运用在宇宙人生上,便体现为参赞化育的"中和";运用在人格奠定上,便成为表率群伦的"中正";运用在待人接物上,便成为不偏不倚的"中庸";运用在立身处世上,便成为通达权变的"时中"。

此外,和合之道也是尧文化中不可或缺的主要思想之一。"和合之道"指的是和谐人与自然、人与社会、人与人之间的多种关系,使世界在自然平和的状态下发展。溯其根源可上追到唐尧时期。《史记·五帝本纪》赞尧"帝尧者,放勋。其仁如天,其知如神。……能驯圣德,以亲九族,九族既睦,便章百姓。百姓昭明,和合万国。"说明尧是"和合"文化的开创者。苏秉琦在评价晋南地区文化价值时曾指出:在中原、北方、河套地区文化遗迹与东方、东南方古文化的交汇撞击之下,晋南兴起了陶寺文化。从陶寺遗址的发掘来看,复杂的礼器群文化因素多元,显然是在吸收各地文化的基础上产生的。如陶寺墓葬出土的尖首圭,很可能是受到了中原以西文化的影响。钺、琮、璧是良渚文化的礼器组合,钺是大汶口文化常见的玉制品。还有在墓葬中与木俎配套使用的"V"字形石厨刀,也应在良渚文化中寻找源头。石磬的使用,应渊源于晋中地区和辽河流域[10]。不同地区的各种礼器都汇聚于此，不仅反映出陶寺的中心地位，还体现出包容多元文化的和合思想，印证了苏秉琦先生所说。

在今天“四个全面”托举中国梦的时代洪流中，尧文化是新时期增强文化自信的力量源泉，是实现中华文明复兴之梦的重要思想资源。中国梦是民族复兴之梦，亦是文明复兴之梦。充分挖掘尧文化的历史内涵不仅是增强城市文化实力和提升文化地位的有力举措，也是山西加快发展文化旅游业的重要资源。山西省省长楼阳生在全国两会期间接受新华社记者采访时表示，老祖宗创造的不朽文化遗产等资源，是山西发展文化旅游业取之不尽、用之不竭的“富矿”。文化使旅游更加自信，旅游使文化更有价值。尧文化可以串联起丁村 10 万年的人类文化、洪洞大槐树根祖文化，承载起血缘之根、文化之根的双重认同，具有十分丰富的时代内涵；所蕴含的克明俊德、以亲九族的德治文化，百姓昭明、合和万国的合和文化，允执厥中、无偏无过的中道文化等，已经成为中华民族独特的精神标识和薪火相传的生命基因。这些文化在历史的变迁和演进中贯穿，在传统的继承和光大中绵延，在世代国人的思想和生活中流传，构成了中华传统文化的基础，成为中国传统文化的总源头。

历史上，黄河是中华民族的血脉。新时代，黄河是民族复兴的光芒！矗立于黄河岸边的尧庙所承载的尧文化将是构建“乐水”旅游品牌的一大创新，也是追溯黄河历史、体味黄河文化的一场实践。黄河之魂在山西，“乐水”旅游品牌体系的构建是山西文化的再挖掘，是一次重生，也是山西文旅产业试图破局的探索之路，在战略路径和策略上可谓任重而道远。

注释：

[1] （北齐）魏收：《魏书》卷 108，礼志（一）。

[2] （北魏）郦道元著，陈桥驿点校：《水经注》卷六，上海古籍出版社，1990 年版，第 124 页。

[3] （康熙）《平阳府志 · 祠祀》记载“平阳城东十里，汾水之东原上，有尧神屋石碑，庙在城南八里，旧址在汾西。晋元康中建汾东”。

[4] 元至元六年《大元敕赐重建尧帝庙碑铭并序》记载：“平阳府治之南，有尧帝庙，李唐显庆三年所建”，此碑现存临汾尧庙内。

[5] 明正德九年《增修尧舜禹庙碑记》，碑存临汾尧庙。

[6] 明万历十三年，《重修光天阁记》，碑存临汾尧庙。

[7] （汉）孔颖达：《尚书注疏》卷一《虞书 · 尧典》。

[8] 周长山：《尧、尧文化与现代文明》，《河北大学学报》（哲学社会科学版），2004 年第 1 期，第 112 页。

[9] （汉）司马迁：《史记》卷一《五帝本纪》，中华书局，1982 年版。

[10] 郭永琴：《和合思想是尧文化的灵魂》，《临汾日报》，2015 年 8 月 6 日，B04 版。

访谈篇

◎水伊+何驽先生专访

垂尧之子何驽的陶寺遗址

父亲名字是垂尧，二叔叫步舜。

他是何驽，人生表格上祖籍一栏，填湖北通城。

他在追寻家族渊源时发现，何姓家族一支原本是战国时期韩国人，韩灭国后，流落江淮，江淮人将“韩”音转为“何”。何家老祖先是三晋人，与陶唐氏有关联。

他是陶寺遗址第三任考古队长。他提出陶寺遗址早中期是最初“中国”的都城，也是尧、舜之都。

他说，陶寺遗址是他的归宿和福地。

何驽：原名何努。中国社会科学院考古研究所研究员。

水伊：自由撰稿人。

水伊：何先生您好。有这样一种说法，未来许多工作会被机器人取代，包括华尔街金融分析员。考古学家却是不会被机器人取代的工种之一。

何驽：我个人认为，机器人、未来人工智能能够在很大程度上帮助考古学家发掘与研究，但不可能全面取代考古学家。

这是因为，第一，逝去了的社会与人的遗存和遗物，埋藏情况极为复杂，在发掘和清理过程中需要考古学家根据发掘情况的进展与变化不断地思辨与调整，有时还要发挥一定的想像力，这是人工智能与程序难以企及的。第二，考古学家更多的功夫是在资料整理与研究上，需要更多的思辨分析，多么严谨和复杂的程序都难以完全胜任的。

一句话，人工智能可以帮助考古学家思考，但是绝不可能完全替代考古学家思考。当然，一旦什么事物能够代替人类的思考，人类也就失去了在宇宙中存在的必要了，人类的末日真的就到来了。

水伊：言归正传。我的访问和尧有关。

什么是尧？或者，尧是什么？比如，尧是一个人；尧是一个汉字；尧也可能是一种地形地貌；尧是天文学家；尧是政治家；尧是生活美学家；尧是农学家；尧是首领；尧是帝喾和庆都的儿子；尧是娥皇、女英的父亲；尧是鹿仙女的丈夫；尧是《史记》开篇五帝之一；也许，尧是猎人；尧是你，是我；尧是先祖，我们身上有尧的基因密码。

而何先生，您做了一件事情，以考古发现，证实，尧都在山西，在临汾，在陶寺。

那么，回到问题，对您来说，什么是尧？或者，尧是什么？

何驽：尧是中原地区龙山时代末期（前2300—前2100年前后）一位杰出的领袖，他是伟大的政治家，是第一个中原邦国的建立者，集成和创新了很多国家政治统治理念、正统思想、管理手段，并成为政治文化遗产被后世中国历代王朝所传承、发展和完善。

另一方面，尧带领的王族也被当时的人称为尧。所以尧既是一个人，也是一个王族的名称。基于此，尧王族的几代君王也可被称为尧。但是就尧王族的开创者或最伟大的一位即获得“尧”称谓者，是一个人。

“尧”这个名称是怎样得来的呢？根据陶寺遗址出土朱书陶文“堯”字与陶寺遗址考古资料显示出来陶寺城址的特征，我认为是因为他是陶寺都城的开创者，在黄土塬上建立了一座◇形大都城，而自创了一个汉字“堯”，来标识这位伟大的开创者，称为“堯”，得到世人的认同。

水伊：您什么时候对尧有概念？比如，几岁？通过课本？通过连环画？通过祖母讲故事？通过电视？

何驽：五六岁的时候，背诵毛泽东主席的《七律·送瘟神》，首句“春风杨柳万千条，六亿神州尽舜尧”。那是我第一次知道尧舜，广播里解释为远古时期伟大的人物，我知道他很厉害，毛主席把他同可以消灭血吸虫的能人相提并论，并说这些和尧舜一样的能人就是人民，我觉得人民好伟大，尧舜好伟大。中学学习中国历史，才对课本里尧舜的“传说”有了正规教育的认识。上了北大学习“先秦史”和“中国历史文献选读”这两门课，我除了继续对尧敬仰外，逐渐有了一些史观性的认识。

在我的内心深处，我从来就没怀疑过尧的存在。

水伊：很多年以后，您破译了陶寺朱书陶文。尤其朱书陶文里的“尧”字。

何驽：2001年，我从北大考古文博院博士毕业后，分配到社科院考古所，所里安排我进入陶寺工作。

2002年所里委派我从老队长梁星彭先生手中接过陶寺遗址发掘队长的工作，我开始专注陶寺考古和与陶寺相关的问题。

当年年初，看到李健民先生发表在《中国社会科学院古代文明研究中心通讯》第1期（2001年1月）上的《陶寺遗址出土的朱书“文”字扁壶》一文，不仅知道了这条极为重要的考古资料，而且也知道了关于这两个符号的一些解读观点。比如罗琨先生在《陶寺陶文考释（〈中国社会科学院古代文明研究中心通讯〉第2期，2001年7月）》一文中，将陶寺扁壶朱书文字解读为“易文”，即“明文”，是对尧的赞美。冯时先生曾将这二字解读为“文命”，即夏禹的名号。这些观点对我都很有启发，促成我首先认定陶寺扁壶朱书陶文就是文字。但我又觉得诸位先生的释读似有可商榷的余地。

随着对陶寺城址以及陶寺夯土小版块技术的认识，我顿悟诸位争论不休的那个朱书陶文就是在高而平的黄土塬“兀”用夯土版块（畾土为垚）建造的大城，那就是尧字。于是在《中国文物报》2003年11月28日第7版，发表了《陶寺遗址扁壶朱书“文字”新探》一文，提出了我的观点。

2007年初，考古所年终田野汇报，北京大学考古文博学院的葛英会先生来听会，我向他介绍了我的观点，他非常认同，但是指出“兀”字出现很晚，迟至汉代。他说，陶寺朱书尧字“上有土、下有人”就足以构成“尭”字的要件。葛英会先生于2007年3月在北京大学震旦古代文明研究中心编《古代文明研究通讯》（总32期）上，发表了《破译帝尧名号，推进文明探源》一文，指出陶寺扁壶朱书陶文“尭”字，上为土，下为人，中间一横为指示，指示人跪在土坛前祭祀。我后来接受了葛老师关于陶寺“尭”字中间一横为指示的判断，放弃了“兀”字的错误判断。

当然，学术界就陶寺朱书文字的解读仍存在争议，如冯时先生认为那个释为“邑”，文邑是夏启都城的称谓（《文“邑”考》，《考古学报》2008年第3期）。

我认为，陶寺朱书“尭”字字形同甲骨文金文“邑”字差别还是很显著的。“邑”的上部不是“□”就是“○”或倒△，从未见陶寺朱书“尭”字上部的“◇”；“邑”的上部“□”与下部“人”之间缺一横指示，所以，陶寺扁壶朱书陶文还是“尭”。

水伊：您什么时候对山西有概念？通过什么方式？地理课本？地球仪？课堂？家长教？

何驽：1977年初，我小升初，正赶上改革开放，一大批老电影解禁。其中我最爱看的一部电影就是《我们村里的年轻人》，第一次对山西风土人情有了点印象，觉得接近陕北。我四五岁时，在陕西合阳县二机部“五·七干校”当家属，黄土高原的风貌文化给我留下了极为深刻的印象。后来上中学地理课，从书本上第一次对山西有了一些地理概念。最大的印象是山西省形状像一片树叶，汾河像叶脉，是产煤大省。

水伊： 您第一次来山西是什么时间？具体到年月日。

何努： 1984年9月下旬，具体日子记不清了。那时我作为北大考古系八一级本科毕业实习生，参加山西曲沃曲村晋国遗址发掘，在曲村住了3个月，第一次对山西有了亲身感受。

水伊： 想像中的山西和真正看到的山西有什么不同？

何努： 真实的山西与我印象和想像中的山西没有强烈的反差。土多，色彩少，哪里都是灰突突的，黄土高原常见的景象。但是民风还是比较淳朴，老建筑多，历史文化深厚。

水伊： 什么样的契机让您成为陶寺遗址考古队队长？

何努： 1999年，时任陶寺考古队队长的梁星彭先生已经退休了，客观上亟需一个有能力胜任大遗址考古工作的新队长来接任。

2001年7月，我从北大博士毕业，分配到社科院考古所工作，所领导考虑到我曾经在湖北荆州博物馆任考古部主任5年，有考古领队资格，曾参加过湖北天门石家河城址的发掘工作，博士论文做的是《长江中游文明进程》，对石家河城址研究在理论上有些心得。

2001年9月至11月，所领导让我加入山西队，在梁星彭队长的带领下，参加陶寺发掘工作，考察我的考古发掘基本功，过关后，2002年春季任命我接替梁老师，成为陶寺遗址考古队队长，也就是山西队队长。

水伊： 从您出任陶寺遗址考古队队长开始，在山西呆过多少时间，比如，以月计。从帝都到尧都，人生许多美好的时间是在陶寺度过。

何努： 自2002年3月至今，在山西究竟呆过多少时间，我真的记不清了，大概平均下来每年要在山西呆4~6个月。头些年时间长一些，每年大约6个月。近几年高江涛博士任陶寺发掘领队，我在山西呆的时间就短了，每年断断续续地呆3~4个月左右吧。

第一次到陶寺是2001年9月14日，那时我马上满38岁。虽已不是青春年华，也是最年富力强的阶段。每年春秋两季最美的时光，几乎都是在陶寺度过的。那些年，只有五一节和国庆节，才能回家享受到北京春秋。

水伊： 如要选能代表山西的人事物，您会选什么？为什么？

何努：山西的人还是选尧、舜吧，圣贤明主，历代中国人都景仰。我又挖陶寺尧、舜之都，理所当然选他俩。

事儿，选对传统尊重与保护的行为吧，相对于全国其他省和地区，山西人对于传统文化以及相关的物化载体的保留，都比其他地区做得好。

有了以上的判断，物当然就选文物了。地上文物数量山西在全国第一，地下文物也在全国名列前茅，历史悠久，文化价值也很高。

水伊：请对陶寺遗址做您的名词解释。

何努：陶寺遗址是龙山末期黄河中游地区的超大型邦国都城遗址，都城功能区划齐备，中期已经形成宫城—外郭城双城制都城模式，总面积至少280万平方米。经过40年来的考古发掘与研究，形成比较完整的考古证据链表明，陶寺遗址早中期是最初“中国”的都城，也是尧、舜之都。陶寺晚期被外来势力征服，政权被颠覆，都城地位丧失，沦为殖民地。但是陶寺都城开创的都城制度、宫室制度、地中观念等，被夏、商、周三代所继承与发扬。因此陶寺遗址是中国文明核心形成的起点。

水伊：陶寺是最初的“中国”。您和许宏先生有过一场辩论，许宏和您，同为中国社会科学院考古研究所的研究员，又分别是二里头与陶寺的现任考古队队长。对于二里头与陶寺究竟哪一个可以称为最早“中国”各持己见。您的依据，或者说证据链。

何努：最初的“中国”概念应当由两个概念要素组成，一个是“中”，一个是“国”。假如按照许宏先生的观点，中国最初的概念是“中原之国”。那么“何以中原”？还是没能追到“中”的本源，因为“中原”一定是因“中”这个概念而来。从后世对于中原认识的基本内涵来看，打根上说就是“洛阳嵩山一带为天下之中”这一核心认同，也就是《周礼·大司徒》所谓的地中。这个地中是用圭表测量夏至正午日影符合地中标准来判定的，《周礼·大司徒》明确说，地中标准是8尺表夏至影长1尺5寸。这就从逻辑上究出了中原的根——地中，那么中原的中，源自“地中”；中国的中最初的概念就应是“地中”。

地中的标准用夏至影长来表现。

明确了“中”即“地中”的概念，“国”就好理解了。中国古代传统尤其是先秦时期，“国”这个称谓即可以指称国家社会组织或国家政体，也可指代一个国家的都城。因此，“中国”合称最初的概念应当是“地中之都，中土之国”。考古学上判断国家社会，是通过都城考古以及该社会的宏观聚落形态存在中央与地方关系来探索的，也就是说考古判断“国”是比较有把握的。那么“中”的概念出现，则只能依赖圭尺及其地中标准刻度的发现。陶寺中期王墓IIM22出土了一件圭尺，上面刻意画了一道很突兀的、在陶寺本地无用的刻度，长39.9厘米，约合1.6（陶寺）尺。《周髀算经》曾记载一套数据“夏至影长一尺六寸，冬至影长一丈三尺五寸”，并未明说是地中标准。《隋书·天文志》称成周（即洛阳）为地中，夏至影长一尺六寸。暗示上古时期存在两个地中标准，一个是《周礼》记载的洛阳地中，1.5尺；另一个是《周髀算经》记载的1.6尺，有天文学家通过计算认为该数据应是在晋南实测的。如今我们在陶寺圭尺上发现了这个刻度，证明陶寺秉承着1.6尺地中的标准，所以必然存在着地中的概念。

与此相映成趣的是，陶寺早期王族墓地中型贵族墓M2200出土一件红彩木质立表，全长225厘米，合9尺，插入地下25厘米即1尺，露出地面200厘米，刚好8尺。表明陶寺圭尺仪器确实是8尺表标配圭尺，夏至影长1.6尺，恰符合《周髀算经》数据的操作规程中立表高度要求。

加之考古已经证明陶寺遗址是一个邦国都城遗址，陶寺文化的社会组织是个邦国社会，因此至迟在公元前2100年，“中”与“国”在陶寺合成，成为最初的“中国”。

水伊：陶寺遗址为尧都平阳。您的证据链。

何驽：首先我要澄清一下，“尧都平阳”这个词出现很晚，因为平阳这个地名是汉代以后才出现的。但是由于平阳指今临汾一带，所以说“尧都旧址在平阳”不错，这里的“平阳”是指平阳郡范围内，即今临汾盆地；如若说“平阳是尧都”恐怕就有问题了，此处的“平阳”只能是平阳故城，必在平水之阳，确实难与陶寺遗址发生关联。就好比说“尧都故城在今临汾（地区）”不错，说“今临汾市是4000年前的尧都故城”就不对了。

我以为40年来陶寺遗址的考古发掘与研究，已经建立起一条比较完整的考古证据链，与文献中关于唐尧的记载，可以大致逻辑对应，结果指向陶寺尧都。简单说证据链如下。

一、陶寺遗址出土文字自证，朱书陶文“堯”，自证陶寺为尧都旧址。后来我们又发现两片陶寺晚期扁壶残片，上面用赤铁矿颜料分别写“堯”字下半部“人”的上身和腿部。证明陶寺晚期“堯”字是有重复的。陶寺晚期，堯的后人在原宫城范围内，用朱砂或赤铁矿颜料，在扁壶破片上写先王“堯”的名号，试图借用“堯”的威名，镇压某种邪恶或灾难，这种“顺势巫术”压胜行为，恰恰证明陶寺早期都城是尧的都城，宫城为尧之所居。

二、《尚书·尧典》系统对比，包括四表与中表天文大地测量活动、观象台观象授时与迎日礼仪、阴阳合历、四岳官僚等。

三、IIM22 圭尺“中”与尧舜传位时的“允执其中”。

四、IIM22 头端墓壁上公猪下颌骨与六柄玉钺构成的豶豕之牙图示，表达尧舜上政的理念。

五、赤龙与尧诞传说，陶寺早期龙盘上彩绘的赤龙，与《竹书纪年》帝尧父系赤龙传说耦合，或可作为帝尧王族神化象征图示。

六、尧舜禅让之说与陶寺早期与中期政权交替相合。陶寺早期与中期的王族墓地各自独立，互补相属，随葬品组合区别很大，墓主体质人类学特征差异显著，表明陶寺文化早期与中期之间，政权是在两个没有血缘关系的王族之间交替的。然而另一方面，陶寺城址的都城地位却是在中期得到进一步完善、扩大与发展，政体也没有出现断层现象，早期的国家社会在中期也得到顺利发展。这又充分说明陶寺早期与中期政权的交替是顺畅的，没有经过疾风暴雨式的政权更迭改朝换代，完全可以解释为“禅让”。

七、称日为“尧王”方言与陶寺文化核心区的关系对应。根据地方志和方言资料，山西襄汾、临汾南部、乡宁东部、曲沃一带方言称太阳为“尧王”，发音近“窑窝”,旧县志方言记载为“鸦窝”,或称“尧窝”。这一极为特殊称谓的方言，使用地域十分有限，几乎与陶寺文化最核心区即陶寺城址及其周边地区（相当于京畿区）大致重合。看来这一重合绝非偶然。

八、关于陶寺之名的推测，解希恭和陶富海先生提出，陶寺之“陶”很可能源于地名；而“寺”可依文献解释为朝中立法执法之所。于是“陶寺”本宜从字面可以解释为“古陶国的首脑机关所在即国都”。此说可从。

九、古唐国与晋侯墓地的旁证。《毛诗·唐谱》郑氏笺云：“唐者，帝尧旧都之地。今日太原晋阳是尧始居此，后乃迁河东平阳。”田建文先生认为，唐与晋是两个相邻却不同的地方。他认为山西浮山桥北墓地和临汾庞杜墓地，很可能是商末周初古唐国，即虞叔封唐的唐国。曲沃天马—曲村晋侯墓地是唐伯徙晋之后的晋国所在地，与陶寺遗址仅隔塔儿山。我很以为然。临汾与浮山原本就是陶寺文化分布区，确切说是陶寺都城以北的陶寺文化遗址群分布区。在陶寺文化分崩离析之后，部分留在临汾盆地的陶寺文化后裔，或乃《史记·晋世家》《索隐》所谓“且唐本尧后”，被二里头文化东下冯类型所同化，大概是《索隐》所谓“封在夏墟”，继续苟延残喘，被称为“唐国”，历史上曾属于帝尧故都的管辖范围，却不一定是帝尧旧都本身。商周时期唐与晋的考古判定，从一个侧面证明陶寺遗址乃帝尧旧都。

水伊：您提出了都邑聚落9项考古指标。

何驽：①规整的城市形态包括城墙。

②排他的宫庙区或宫城的存在。

③排他的王族墓地。

④排他的祭祀及礼制建筑区。

⑤官营手工业作坊区。

⑥政治宗教寡头垄断的大型仓储区。

⑦初具规模的规范的道路系统和城门系统。

⑧明确的城市布局规划理念。

⑨多样性的都市文化面貌。

前八项可以从聚落形态考古的角度来探讨，最后一项属于特殊的考古学文化的范畴。

水伊：迄今世界最早的陶寺观象台考古发掘过程，很庞大，很曲折，也很让人好奇。

何驽：2002年春季开始，我接手陶寺发掘领队，为了完成“中华文明探源工程预研究”子课题“聚落反映社会组织变迁”所交给陶寺遗址的课题，在两年内大致摸清陶寺城址内部布局的概况，我将工作重点转向城内布局。根据十几年探索长江中游地区史前城址布局的经验，我想探索都邑聚落布局首先要找到一些突破口。

当时我认为，宫殿、王陵、宗庙是王都聚落必备的建筑要素，当然有城墙则更加完美。天文历法无疑是一个以农业为基础社会统治权力不可或缺的组成部分，统治者不给叛逆者授时，叛逆者便没有农业收成；归顺者则可通过授时把握准确的农时获得好收成，因而历法事实上成为附民的政治资本。据此天文观测建筑本应当是都邑聚落的重要建筑要素之一，然而从考古的角度辨别史前天文观测遗迹则难度极大，至今没有成功的先例，因此我将它归入可遇不可求的一个元素，将突破口首先锁定在宫殿、王级大墓和宗庙礼制建筑上。

在陶寺中期大城内东部钻探与试掘发现大片空白地带，使我感觉到城东是一片人迹罕至之地，应当是一个特殊区域。湖北天门石家河古城的东北部也有这样一片相对空白的地带。

于是我视中期小城为重中之重，一定有些名堂。

随即采取4×4米网格探孔普探，至2002年秋季将中期小城内全部探完，发现一处墓地、零散的（祭祀）坑类遗迹和两座面积较大的建筑遗迹，其中一座就是后来编号为IIFJT1的建筑基址，早在2001年寻找陶寺城墙的钻探中就发现了，当时以为是横亘在中期小城内的一段城墙（隔墙Q7）。在这次钻探中被重新判断为建筑基址。

随着2002年春季和秋季陶寺中期小城内陶寺中期中型墓、大型墓（IIM22）的清理，我终于认识到陶寺中期小城与鬼神有关。大型墓IIM22的规模和玉器、漆器、彩绘陶器的精美程度都超过了20世纪发掘的那9座早期“王级”大墓。由是我开始怀疑中期小城是为了保护陶寺中期城址的与鬼神有关区域所设定的特殊区域。其中的大型建筑就很有可能是宗庙或祭坛等礼仪建筑基址。2003年春季，在陶寺中期“王级”大墓有了答案之后，I区夯土台阶建筑遗迹IFJT2的发掘为宫殿区的所在提供了突破性的线索，我认为还必须对“宗庙”做一些探索工作。

我认为，宗庙属于鬼神的范畴，更应当与居住的宫殿区分离。既然我推测陶寺中期小城是独立的与鬼神有关的区域，那么寻找陶寺“宗庙”的首选当在中期小城内。于是再次复探中期小城内这个原以为是城墙的建筑基址，准备试掘。复探的结果很不理想，该建筑不仅土质杂乱，有夯土、花土、生土，而且形状极不规则，根本不成为方形或长方形。我在钻探图上努力做出长方形的判断，结果出来的是一个包着生土芯的梯形，当时的确没敢想它是半圆形的。更使人犹豫的是，建筑肯定只剩下生土地表以下的基坑部分，能够说明多少地表以上建筑结构难以预料。难怪队员们都劝我放弃试掘该建筑，另寻更好的发掘对象。但我当时坚持认为，陶寺小城功能与鬼神有关，这个建筑虽乱，却面积很大，它一定很重要，即使是奇形怪状，也可能是宗教观念使然，更体现出它的特殊性。

我有一个想法，根据我研究湖北天门石家河古城布局宇宙观的经验，古城外东南有罗家柏岭遗址，我分析认为是“郊天祭日”的场所，故而东南方为天位。陶寺中期小城位于大城外侧东南，在此寻找到郊天祭日遗迹的可能性是有的，或许能遇到观象遗迹也未可知。因此下定决心解剖一刀再说。

不仅如此，我注意到钻探发现的建筑的东侧花土沟、建筑周围零星散布的类似祭祀坑一类的遗迹，都要试掘一下，帮助我们确定该建筑的祭祀功能。我们在夯土遗迹比较好的部位开了IITG1，长30米，宽5米，试图看看建筑的主体。在建筑的东侧花土沟部位开了IITG3，长5米，宽5米，试图揭露建筑东侧我们推测的“祭祀沟”。在建筑东北30米远处开IITG2，为解剖建筑周围的“祭祀坑”。初步结果很快出来了，IITG2所找的所谓“祭祀坑”是近代坑和墓。IITG3所揭露的花土沟是陶寺晚期建筑废弃垃圾填充的一条沟，而不是祭祀沟，底部有路面，我们马上意识到它很可能是通往该建筑的道路，于是我们把IITG2扩展到25米长，后来确定为环绕夯土台基的半圆形环道。

最令人激动的是IITG1揭露出来的陶寺文化时期夯土建筑遗迹呈弧线状，可以预见为圆形，我立即意识到它很可能与祭天有关——天圆地方，该建筑的重要性不言而喻，马上定名为IIFJT1。这说明我在中期小城内寻找郊天祭日建筑基址的假设是有道理的。

没几天，一场春雨绸缪之时，我刮到了夯土弧线上有一条略松软的横断土带，大约就是后来确定的东2号缝，当时觉得有些奇怪，可未来得及深究。雨后，冯九生和严志斌就刮出了夯土弧线上的几道缝，这些缝的朝向冲着塔儿山，我们一致确认它们有意义，在工地上我们热烈地讨论起来。张苏萍说这些缝像钟表的刻度，可能是看太阳计时的。我根据美洲印第安人、印加人的天文遗迹和英国巨石阵认为，看太阳计时的可能性不大，看日出定节气倒有可能，比如墨西哥玛雅遗址神庙建筑和广场则可构成冬至、夏至、春秋分观测系统。公元前3200年前后爱尔兰甬道墓（passage grave）只有在冬至日出时阳光才可以投进甬道和墓室，严志斌也说印第安人太阳门门楣上，在一年的某个特定节令太阳照在一个标志上。总之，我们都觉得已发现的遗迹好像与天文有关。但当时都是作为新奇的想法畅所欲言，没有多少实在的把握。尽管如此，我在内心里已经做出了一个大胆的假设，这些缝与观象授时有关。《尚书·尧典》说“历象日月星辰，敬授人时”，陶寺遗址历来被看好为“尧都平阳”的候选，IIFJT1的特殊缝隙用于观象授时是很有可能的。

“非典”虽然提前结束了我们2003年春季的发掘，但是IIFJT1观测缝系列遗迹大致初露端倪。因为我不懂天文，自然想到寻求天文史学家的帮助。夏天，我找到好友武家璧，他当时师从中国科学院自然科学史研究所陈美东教授攻读天文学史博士学位，告诉了他IIFJT1弧形柱缝列遗迹的发掘情况以及我对其观象功能的初步推测，让他看看是否有观象功能的可能性。他拿着我给他的平面图，回去研究一番后，兴奋地告诉我，这些缝中线可以交汇到一个圆心点，望出去对着塔儿山（崇峰）上的山头。这些缝很可能与观测有关，他建议我们做实地模拟观测。

我问观测什么？他说日月星辰，由我自己决定。

我认为星月观测我无法做到，日出观测我是可以做到的。那时为了解释湖南澧县城头山祭坛的功能，我正在反复读冯时先生的《星汉流年》，他认为最早的历法其实是人们根据太阳的运行周期编制的，《尧典》所说寅宾出日、寅饯纳日应为日出日落的观测。这10道缝自东北到东南，应当是一年当中日出的大致位置。冯九生提出陶寺早期大墓中很多罐、盆的肩腹部画几个圆圆的红太阳，我很赞同这些很可能意味着陶寺文化对太阳的崇拜。而且Saggs在《希腊和罗马之前的文明》一书中认为："农业依赖于太阳，农事一定与太阳历有关。"毋庸置疑，陶寺文化具有高度发达的农业，陶寺使用太阳历的可能性最大。据此我决定首选实地模拟观测日出。

2003年7月5日，我让冯九生在武家璧计算出来的观测点（当时认为是圆心）做了第一次观测尝试，发现日出点超出我们发现的"观测柱缝列"以北，此处没有缝，所以日出便无进缝之说，这使我们陷入怀疑状态。

2003年秋季陶寺发掘开始，我们注意到10月中旬，日出点已过塔儿山主峰南侧，因此我断定崇峰上的日出在某一天的确可以在塔儿山以北所对应的各缝中看到，这重新点燃了我们的信心。可是我们不知如何确定缝中观测日出的日期，因此没有开始正式模拟观测工作。

2003年11月14日至15日，在中国科技大学科学史与科技考古系教授王昌遂先生的支持下，武家璧和天文学专家石云理先生参观考察了陶寺中期小城内的IIFJT1基址当时的发掘现场，他们初步认为该遗迹很可能与天文观测有关。现有的测缝即可，只要实地观测二至的确切测缝即可，春秋分可有误差，四立更加抽象，其余节令均摊即可。山尖更多地利用巧合，功能上加大二至之间的张角，更加便于观测。

宗教上使观象授时更神秘。

春秋分线偏南，而不是正中缝，是因为塔儿山的高度使然。高度越高，偏差越大。如果观象台西侧也有相对应的测缝，尽管与东部测缝并非一一对应，也可肯定是观测日落的，那么观象授时的功能就可以肯定了。这与我试图寻找"寅饯纳日"遗迹的想法不谋而合。

天文学家的初步认可和技术支持使大家信心倍增，但同时也发现武家璧为我们计算出的圆心，并不能从所有的缝看出去。随即我们通过实地反复摸索调整模拟观测点，向北移动75厘米，保证从10道缝全部看出去。余下的问题是选哪个日期进行模拟观测。我觉得冬至可以作为岁首。又《周礼·春官宗伯·大司乐》云："冬日至，于地上之圜丘奏之，若乐六变，则天神皆降，可得而礼矣。"IIFJT1兼有祭天功能，那么冬至日的确定至关重要。天文学家也认为，冬至日出观测具有重要的天文学意义。因此，我决定冬至日开始实施实地模拟观测。我着手筹划观测事宜，购置录像设备，组织冯九生实施观测。

2003 年 12 月 22 日冬至，冯九生在一阵手忙脚乱中，发现日出根本到不了最南的东 1 号缝，甚至日半出时也进不了东 2 号缝，偏在东 2 号缝以北，如果真有柱子的话就被柱子遮住了看不到。日切时大约可以进东 2 号缝，但偏在北侧。日升离开山头失去天文意义了，方位于东 2 号缝正中。听了九生在电话里给我介绍观测结果，我的心里真的凉了一大截，不禁自问："观象功能的推测是否真的错了？"数天后，九生把观测录像和照相资料送回北京，我初步分析了一下结果，基本肯定了东 1 号缝没有观测日出的功能，并认为是我们当时观测冬至的观测点位置有问题，如果向西偏几十厘米，便可以在东 2 号缝中看到冬至日出，认定东 2 号缝就是陶寺文化时期观测冬至的观测缝。此时我已经产生出分解观测点的想法。

冬至后 30 天，2004 年 1 月 21 日大寒，大年除夕的早上，在浓烈的喜庆节日气氛中，我接到了九生的电话，告诉我，他在东 3 号缝中观测到了日出！

我当时激动得跳了起来——观象授时功能被确定有希望了！

紧接着遇到了挫折，由于我们基本不了解陶寺历法的周期规律，天文学家也没有介入实地模拟观测，在随后的 2004 年 2 月 4 日（立春）、2 月 14 日、3 月 3 日的观测，均错过了在缝中观测日出的时机，也使我开始意识到陶寺历法与今天二十四节气的不对应性，我们必须靠自己实地模拟观测来复原陶寺的历法规律。

针对冬至观测的角度问题、塔儿山主峰不在东 5 号缝中（也就是说会被柱子遮住看不见），为此我急忙赶到陶寺。在工地现场，我和九生讨论分析，最后我提出以圆心点为中心、半径 50 厘米的范围内，是陶寺人观测的立足位。每道缝必定对准一个山头，人在立足位的范围内寻找所观测缝内正中山尖日出的最佳观测点。

于是我们确定了三个观测点。

A 点为原来用的观测点，用于观测除冬至和塔儿山主峰以外的所有缝的日出。

B 点由 A 点向西偏移 45 厘米，用以观测冬至。

C 点由 A 点向北偏移 16 厘米，用以观测塔儿山顶日出。

之后不久，经我所王巍副所长介绍，我到中国科学院自然科学史研究所介绍 2003 年陶寺城址发掘收获，着重讲了一下 IIFJT1 我们怀疑有观象功能的遗迹以及已经做的实地模拟观测结果。中科院自然科学史所前所长、天文史学家、历法专家、《中国科学技术史・天文学卷》作者陈美东教授当即指出，我们关于冬至的实地模拟观测结果是正确的，恰因为古今黄赤交角的变化，今天冬至日出点较古代偏北，导致在东 2 号缝内看不到。由此发现后来产生出了武家璧与我合作的《陶寺大型建筑 IIFJT1 的天文学年代》一文，他计算出陶寺文化中期冬至日出地平方位较今偏南 38′ 30.679″ 。

此后，我们的实地模拟观测进展似乎十分顺利。

2004 年 3 月 23 日，在晚于今年春分日三天后，于 A 点最终在东 7 号缝中观测到了日出。

2004 年 4 月 2 日，于 A 点在东 8 号缝中观测到了日出。

2004 年 4 月 20 日谷雨当天，于 A 点在东 9 号缝中观测到日出。

2004 年 5 月 9 日，于 A 点可见日出于东 10 号缝。

这 10 道缝的上半年实地模拟观测好像画上了圆满的句号。

正当我们要欢呼雀跃的时候，两个更大的挑战到来了。

其一，2004 年 4 月初开始 IIFJT1 春季发掘以来，主要揭露出台基的西南部分，原本我们以为在这一部位会出现与观测日出连接成同一个体系的观测日落的缝隙，实际上没有。由此改变了我的推测，将日落观测缝的希望寄托在尚未揭露的台基的西北部。2004 年春季 IIFJT1 的发掘，没有突破性的进展。

其二，就模拟观测点问题，我们与天文学家发生了尖锐的矛盾。我们以人文学的眼光认为，我们自己摸索的三个观测点，从冬至观测到立夏，十分顺畅合理，冬至、大寒、谷雨同今天的节气 1 天不差，其余也所差不多，陶寺人就应当是这样观测的。换句话说，IIFJT1 陶寺时期的观测点就应当是这样的 3 个。遗憾的是天文学家坚决反对，认为一个与天文观测有关的遗迹绝不可能是多观测点的，古往今来既没有这样的实例，在理论上也是行不通的，必须是一个观测点。

几经沟通，自己又经过多次激烈的思想斗争，我最终认定，我既然推测 IIFJT1 具有观象授时功能，它一定具有天文学功能，天文学是科学，所以我必须相信科学！

2004 年 5 月中旬，我放弃了三个观测点，本着 10 道缝都要能看出去的最基本原则，考虑到武家璧提醒我们要看到冬至和塔儿山的要求，用了一周的时间，终于找到了一个点，用于重新观测。

而自 2004 年 3 月 3 日以后至 5 月 10 日的观测资料全部因观测点的改变而作废，其中包括春分、谷雨等重要节令的观测资料，当时真的很痛心。后来通过不断地模拟观测，令我们终于信服了，这一点的确是最合理的模拟观测点。

为了将这个“新”模拟观测点从我们做的模拟观测台上引到台基破坏残留

界面上，我特意由模拟观测台面上垂直向下打了一个探孔，直至生土，将模拟观测点移下去。探孔内灌入白涂料，然后插入一根笔直的桐树棍，以备日后拍全景照时，将模拟观测台打掉后，将模拟观测点位置落在台基平面上。

2004年春季收工后，对“新”观测点最严格的考验便是夏至的观测。原本由于观测日出所用的夯土柱缝系列遗迹已经结束，再往北没有观测遗迹。我们一时不知哪里是陶寺确切的夏至天文准线。于是我们假定IIFJT1模拟观测点看到的东北方向远山上一个显著的平顶山头作为夏至日出点。

2004年6月20日，我们提前夏至一天观测日出。实际日出点在平顶山头以南很远，意味着夏至日出最北点不可能到平顶山头，完全否定了夏至日出平顶山头的可能。正当我们陷于茫然之际，九生发现实际日出点非常靠近我们在二层台基上确定的两个似门的夯土柱基础之间。我让他把观测复原缝框架（金属货架改装的）放在这两个夯土柱基础遗迹之间。

6月21日夏至，日半出时一半见于此缝的南壁，一半在“柱子”里。日切时在此缝的南壁外侧，完全被“柱子”挡住了。我考虑陶寺时期黄赤交角变化，导致日出水平位置较今向南偏移38′多，更与此缝无缘。因此我坚决否定了该缝的观测功能，进而推测东1号柱基础D1东北外、第三层夯土挡土墙C1断头处北壁，当时高于台基表面，陶寺文化时期夏至日出南缘切于该壁，可以作为夏至观日的标志。

由此我确信陶寺文化时期有夏至观测。

2004年9月初，武家璧再次到陶寺实地考察IIFJT1，看了夏至观测录像后，指出我的上述判断是错误的。夏至黄赤交角变化是古代较今天向北偏，而不是偏南；陶寺时期的夏至天文准线恰好应当是九生发现的、被我否定了的第二层台基上那两个夯土柱基础之间的缝，而绝不可能是第三夯土挡土墙北断头的北壁！

此结果使我大惊，由于我对天文学基本知识一知半解，差点误了大事！

这便引出了另一个问题：为什么夏至观测柱缝系统向东错位，设置到了第二层台基上，而不是与其他观测柱缝被设计成同一个体系置于第三层台基上？

对这个问题我的回答是，在最北观测柱D1与夏至观测南柱之间搭上一根门楣就成为一个面向东南、内宽1.8米的小门。我通过实地观察，站在夯土台芯上，最南可以看到冬至日出，最北可以看到5月23日前后所谓小满日出。也就是说观测缝中所观测到的除夏至以外节令的日出，在这个小门中均能看到，这个门就不是天文观测用的，而是“寅宾出日”用的礼仪性的门。估计此门专为“迎日门”。“宾”为“迎宾”之意,多与门有关。《舜典》有云:“宾于四门,四门穆穆。”《礼记·玉藻》云:“玄端而朝日于东门之外。”正确理解《尧典》所谓“寅宾出日”,更有可能是在观测重要节令日出的同时,举行“迎日门”内迎接日出的仪式。正是由于迎日门要求能看到重要节令的日出,而既不能设置在占用观测缝的位置,又不能设置在冬至观测缝以南、夏至观测缝以北不碍事的位置,那些地方看不到任何日出,只能设置在东1号柱D1与夏至南柱之间。如此导致夏至观测柱缝系统必须向东移位,夏至缝本身也做得宽至40厘米,像个小门,以弥补“迎日门”中看不到夏至日出的缺憾。同时,从观测点经“迎日门”向东看去,又可形成一条观测缝,经过实测,此缝中线可以观测到5月23日和7月23日日出,在陶寺的历法中应当是有意义的。

2004年秋季IIFJT1的发掘,基本将建筑的主体部分揭露完毕。看清了建筑与城墙Q6连为一个整体,确实形成一个大半圆形。一些参观IIFJT1的专家学者问我为什么是半圆而不是完整的圆形。我通过学习《中国科学技术史·天文学卷》和武家璧在中国科技大科技考古系天文学史课程的讲义,我提出“盖天说”的原理来解释陶寺IIFJT1半圆形的宇宙观依据——半圆形的台基建筑象征形如伞盖的天向北倾斜,有一部分天是看不到的;台基背后长条形的城墙象征承载天盖的、形如棋盘的大地。《周易·系辞上》云:“在天成像,在地成形。”所以陶寺IIFJT1台基半圆形状是将天穹的形象放在地上。实际上,河南濮阳西水坡仰韶晚期M45墓圹南壁呈弓形,冯时先生就认为是盖天说宇宙观的体现。我所分析的湖北天门石家河古城东南罗家柏岭“天坛”实际祭祀遗迹部分也是个半圆。可见史前与天有关的遗迹呈半圆状恐非偶然。天文学家石云理听了我的解释后认为是有道理的。陈美东先生的《天文学卷》甚至将“圜丘”径直解释为“半圆形的土丘”。据此,我认为没有理由再怀疑陶寺IIFJT1半圆形状的合理性。

当然,台基主体的全面揭露,台基的西北部很快接到城墙Q6上去了,没有发现观测日落用的观测柱缝遗迹,我原来关于西北部可能存在观测日落系统遗迹的推测完全落空。但是这并不妨碍从根本上对其天文观测功能的判断。在这一点上,我与天文学专家的看法是一致的,依靠观测日出就足以完成一个太阳年的太阳历,观测日落辅助手段并非必不可少的。

这时,来自考古界最大的质疑集中在两大方面。

一个方面是,现在发现的所谓观测柱缝的基础,能否作为向上垂直复原的依据?这些缝是否有意义?对于我关于观测柱缝从底部基础一直向上做的解释，他们表示在建筑技术上于理不通。

另一方面是，模拟观测点是我们寻找的，陶寺文化当时的观测点标志是否有？我当时认为，陶寺的观测点应当是做在观测台面上的浅基础，很可能在陶寺晚期被夷为平地时削没了，所以我回答极有可能找不到了。

在这种情况下，来自学术界的大量质疑是完全可以理解的。

2004年10月29日，IIFJT1的揭露工作结束，为了气球拍照，我们将观测台打掉，出乎意料地发现了陶寺文化时期当时观测点标志的夯土基础，仅残存26厘米深了。

——陶寺观测点标志是在一个直径145厘米左右、打破生土台基芯的基础圆坑中做三层夯土圆柱。核心柱直径25厘米，刚容下我两赤脚并立其上。平面上看为四个同心圆（由于是版筑，直径又小所以圆弧不是非常周正）。

2003年在清理IIFJT1东侧路沟内陶寺晚期废弃堆积（IIHG3）时，出土了一片残半的圆石片，当时我就推测它原本是放置在观测点中心的标志，其直径为23.7厘米，恰好可置于陶寺观测点的中心圆面上。

再看我们所寻找的模拟观测点，其下移的探孔恰好落在陶寺观测点中心圆内，我们的仪器对中点位于陶寺观测点中心圆圆心以东4厘米点上。从复原陶寺时期人们立足于圆石片（在陶寺观测点中心圆面上）直立观测日出角度看，实际上可以忽略这4厘米的误差。按照天文史学家陈美东先生的评价："这两个点应该说吻合得很好。而这个东西更证明了这个遗迹与天文观测有关。" 作为核心问题，观测点的遗迹问题可以说基本解决了。

2004年11月6日，针对大家所质疑的观测缝遗迹问题，我们在遗迹全景照相之后，小心谨慎地解剖东5、6、7号缝。结果发现，观测缝是在一堵弧形夯土墙上，以观测点为圆心，按照需要开挖出来的槽，东5号缝残深6厘米，东6号缝残深10厘米。夯土墙内侧壁十分陡直。这一结果尽管彻底推翻了我原来关于观测柱缝从基础底部起一直向上夯筑做法的推测，却无疑证明了这些缝槽是在我们所揭露的这个层面上开始有意识挖的标志性遗迹，当然是有意义的，其作用是标定从此以上继续建筑的构件所依据的标准，也就是我们据此基础遗迹向上复原的考古遗迹依据。如此就不难理解我们先前利用这些缝做实地模拟观测已经得到了一系列具有天文学意义的结果是不足为奇的。由于缝槽底部多见锅底形，不能用于立夹板夯筑，否则不能保证缝边的准确，由此我们推测在此夯土基础上改用其他材质如石头或木头继续向上营建建筑构件。我们已经注意采集IIFJT1上覆盖陶寺晚期废弃堆积中的打制石片，以作为石柱曾经存在的旁证。估计陶寺文化晚期IIFJT1被平毁之际，石柱也被利用打制石器或被移做他用，留在原地的只有没用的废片或少量废坯。

在发掘的过程中，我们还不断地抓住时机模拟观测，结果发现陶寺时期的秋分比今天晚一天，日出于2004年9月24日在东7号缝内。至2005年冬至，我们已经进行过70次陶寺观象台实地模拟观测，看到20次观测缝中日出，基本夯实了我们陶寺观象台用于日出观测的推断。而国家天文台的赵永恒先生，主动为我们提供陶寺观象台的4000年前日出方位角与日期的天文学计算，更从天文学的角度，支持陶寺观象台天文观测功能的判断。他还计算分析认为陶寺观象台东1号观测缝虽不用于日出观测，却可用于月出最南点观测，有计算预测月食的可能。

由是，陶寺观象台得到了国内天文史学界的普遍认可，这同天文史学家的通力合作与深入研究是分不开的。

水伊：您还发现了25厘米为1陶寺尺长度基元，据说和人体有关。

何驽：2005年春季，陶寺观象台发掘进入收尾阶段，主要是揭露路沟出入城墙Q6的豁口。陶寺观象台的观测点遗迹一直暴露着。我整天在观测点旁边过来过去，不时看看，不断瞎想。5月的一天，我突发奇想，陈美东先生的《中国科学技术史·天文学卷》中说，元代主管天文历法的太史院院墙南北长100步，约123米，5尺为1步，1尺约24.525厘米，约为25厘米。陶寺观象台的观测点核心圆直径为25厘米，是否是1尺呢？

5月28日，我试用我的肘部实地测量陶寺观测点核心圆，发现我的肘部关节端头即肘尖点至手腕尺骨茎突点也就是相当于我的尺骨长度，基本是该圆的直径，约25厘米。根据测量资料，中国汉族男性尺骨最大长度平均25厘米。这不由使我想到尺作为长度单位的来历，很可能原本就是以人的尺骨或一肘长为单位。埃及建造金字塔用的“肘尺”就是人指尖到肘尖的长度。

对于这一推测，我用IIFJT1的观测缝宽度、从观测点圆心至观测柱缝墙基外缘半径、陶寺墓葬开口尺寸、陶寺早期城墙Q9相关尺寸、陶寺晚期小型房子相关尺寸、陶寺出土器物尺寸来检验，发现25厘米1尺的长度基元是比较合理的。

后来，陶寺圭尺刻度的实测与折算，恰恰是用了1尺=25厘米的长度基元。反证了这个基元的合理性。因为圭尺的性质带有隐含长度标准的信息，特别是第11号刻度39.9厘米即40厘米，恰合《周髀算经》记载夏至影长1.6尺数据，更证明1尺=25厘米的长度基元的推测是正确的。

水伊：您破解了陶寺圭尺功能，并确定最初“中国”为“地中之都、中土之国”。

何驽：2002年11月16日，发掘陶寺中期王墓IIM22时，当时离棺尚远，不到出随葬品的时候，却在墓室的东南角，发现一块绿色的漆器断面，这是取土的民工没有注意，一镬头掘出来的。幸亏我及时发现这件漆器露头，注意到漆杆顶部断面被挤压成蝴蝶状，估计这件漆器原本系木质的空心管状杆体，是圆是方已无从判断。随即我们采取措施保护。此后确定为一漆杆，编号为IIM22:43，一直被包土固护，直至IIM22全部清理完毕，漆杆随其他重要漆木器被套箱整取回整理室。经数月的仔细清理，漆杆IIM22:43露出全部面目。

起先看到这件黑绿相间的漆杆，确实不知其用途。由于同玉戚、鹿角镞为伍,所以定名为兵器杆,只觉得装饰华丽。但同时又觉得漆杆虽长170厘米以上，直径却只有2~3厘米左右，应当说机械强度不足以承担任何兵器秘的功能。故而心存疑问，我暗自思忖，漆杆上黑绿相间的色带很像测量用标杆。但是测量仪器是啥？所以又觉得这个猜想不大靠谱。

2003年到2004年，我在与天文学家深度合作探索陶寺观象台天文学功能的过程中，天文学家们告诉我，圭表测量技术才是中国古代传统的天文观测仪器。陶寺观象台日出地平历观测不是中国传统的天文观测技术，同时也存在着早上云雾干扰看不到日出的缺陷，很有可能存在圭表测量技术的补救与校验。他们推测，陶寺应该有圭表。武家璧先生更提出，陶寺观象台春分日和秋分日同今天春分和秋分日期分别差2天，表明陶寺观象台的春秋分点和日期的确定，有可能先行用圭表系统确定。这暗示着陶寺文化同时存在着圭表观测系统。2004年，冯时先生观摩此杆时，曾提出其功能可能是圭表，我觉得有道理，与我怀疑其标杆的瞎想有些接近。

2005年，我特意向陈美东、孙小淳、赵永恒等天文学专家介绍观摩这件漆杆，他们都觉得有圭表功能的可能。但是如何证明呢？他们也只知表高8尺，要我注意一下这根漆杆是否8尺长。可我问陶寺8尺相当于今天多少厘米？因为我现在只能测量出漆杆长171.8厘米，我不知折合成陶寺多少尺。天文学家也不知道。求证就此卡住了。

2006年,我通过研究,复原陶寺文化长度基元1（陶寺）尺=25厘米,1（陶寺）寸=2.5厘米。IIM22:43漆杆的圭表功能似乎可以探索了，然而《周髀算经》说：“今立表高八尺以望极”，如果立表高8尺，按照陶寺长度基元换算成公制则为200厘米。陶寺IIM22:43漆杆残长171.8厘米，即使加上残损部分最多10

厘米，也距8尺立表的标准差距尚远。且漆杆上修饰的间隔色段，断不至于仅为无用的纯图案装饰于立表，应类似于现代照准仪测量所用漆木标杆上红白相间色段的标尺作用。据此，我认为IIM22:43漆杆不大可能用于立表。于是探索再次搁浅。

2009年3月17日至18日，我随同天文学家孙小淳、徐凤仙、李勇等先生到陶寺观象台实地模拟观测春分日出，通过交流，孙小淳先生的设想非常有启发意义，他设想陶寺IIM22:43漆杆的功能可否平置于地面测量日影长度？这一设想打开了我的思路。我沿着这条思路，根据实物资料和我已有的相关研究，对漆杆的功能进行了试探。

我将陶寺漆杆各刻度标上号，对每一段刻度测量长度，并加以累计，再折合成陶寺尺寸。自第1号至10号色带长度总长为39厘米，假如将第1号色带1.5厘米作为榫头不包括在侧影范畴内，总长恰好为37.5厘米，符合《周礼》地中1.5尺影长的标准，所以这就应当是夏至影长的醒目标志。而《周髀算经》所记夏至影长1.6尺、冬至影长13.5尺，不适用于陶寺圭尺。随后，依据黎耕、孙小淳等先生的简单计算与推测（黎耕，孙小淳.汉唐之际的表影测量与浑盖转变[J].中国科技史杂志，2009，1：120~131.），视《周髀算经》“夏至影长一尺六寸”“冬至影长一丈三尺五寸”数据为陶寺遗址实测，修改观点为，初步判定IIM22:43漆杆第11号红色带处标志夏至影长，自第1至11号色段总长39.9厘米，合1.596尺；第33号黑色带为春秋分影长，自第1至33号缝总长141.6厘米，合5.664尺。移杆后，漆杆第38号红色带为冬至晷长刻度，含头一杆总长度为337.4厘米，合13.496尺。我在《山西襄汾陶寺城址中期王级大墓IIM22出土漆杆“圭尺”功能试探》（《自然科学史研究》2009年3期，261—276页）一文中（下文简称《功能试探》），披露了这一判断。并且提出了同墓圭尺一侧壁龛里出土的玉琮IIM22:129很可能用作圭尺上追逐日影移动的游标，与游标共存一个漆盒的无柄玉戚，可用作确定表端实影在圭尺上的位置的工具——景符。文章余论还顺带为圭尺正名为“中”。

国家天文台的赵永恒先生看到我的文章后，指出我论证中存在的技术问题。《功能试探》依据黎耕、孙小淳等先生的简单计算与推测，视《周髀算经》“夏至影长一尺六寸”“冬至影长一丈三尺五寸”数据为陶寺遗址实测，因此套用到IIM22:43圭尺上，误差过大。其实钱保琛先生在《盖天说源流考》中计算《周髀》数据实测的地理纬度为N35° 20′ 42″，高平子在《圭表测影论》中计算《周髀》数据实测的地理纬度为N35° 37′ 37.4″，陶寺实际纬度为N35° 52′ 55.9″，误差很大。显然，以《周髀》数据为依据复原陶寺圭尺刻度的使用方法，势必存在很大误差甚至错判。应当以陶寺文化时期陶寺遗址实际纬度二分二至实测影长数据为依据，来复原陶寺圭尺刻度的使用方法。赵永恒先生答应无私给我提供陶寺遗址公元前2100年、前2050年和前2000年的二分二至晷影长度的天文学精算数据。另一个问题就是《功能试探》里，陶寺圭尺刻度长度测量方法是逐一测量每一段刻度的长度，再从No.1至本刻度长度累积计算，这种推算长度方法可能会引起累积误差。赵永恒先生建议我对陶寺圭尺刻度长度重新测量，改用从圭尺No.1头端至本段刻度尾端的实测数据，而不再根据每段刻度长度累积推算长度。此外，赵永恒先生认为陶寺圭尺同墓出土的玉戚景符和早期中型贵族墓M2200随葬的立表等资料都很重要，希望能再对陶寺圭尺做些补证，将这些重要信息也加入介绍。遵照赵永恒先生的意见和建议，我做了《陶寺圭尺补正》，发表在《自然科学史研究》2011年3期（278—287页）。提出陶寺圭尺No.11刻度39.9厘米约合1.6尺为陶寺号称“地中”的标准，明确了陶寺圭表使用的仪器组合为圭尺、游标、景符、立表、垂悬。

随后，我在2011年12月科学出版社出版的《三代考古》（四），发表了《陶寺圭尺“中”与“中国”概念由来新探》一文（85—119页），全面阐述了陶寺圭尺“地中”的概念与最初“中国”概念的由来。在学术界和社会上引起广泛的关注与讨论。

水伊：简述精神文化考古理论框架。

何驽：精神文化考古是对逝去了的社会的观念文化考古。

精神文化由社会心理基础和社会意识形式两大部分构成。社会心理包括社会动机、社会态度、社会价值取向等。

社会意识形式以自然观、社会观和宗教观为核心，有符号（文字）和艺术两大表现系统。

以上就是精神文化考古的理论框架。

水伊：尧。尧都。陶寺遗址。何努。交集，重叠。这些对您个人意味着什么？

何驽：归宿与福地。

1984年我本科毕业实习，发掘曲沃曲村西周晋国遗址，与陶寺遗址一山之隔。曲村在塔儿山南麓，陶寺在北麓。当时听说社科院考古所在挖陶寺遗址，是龙山时期的，我那时只对夏商周考古感兴趣，所以竟没有愿望去参观一下陶寺。可以说第一次与陶寺擦身而过，缘分未到。

2001年博士毕业分配到社科院考古所，所领导分派我去挖陶寺，我不假思索地接受，当时对陶寺遗址也没啥特别的感觉，只觉得在陶寺城址做发掘研究，可以用上我从天门石家河城址研究得出的都邑考古理论，有了实践和实验的机会，挺高兴。

随后，我关注陶寺遗址的重要性，也关注到陶寺尧都的学术观点，猛然想起我父亲的名字是垂尧，德贤是他的字，我的二叔叫步舜。1986年在北大研究生学习期间，我利用暑假回祖籍湖北通城盘石乡洪源村，做民族志考古调查，查了我们何家的族谱，得知我们这族何姓，原本是战国时期的韩国人，韩灭国后，流落到江淮。江淮人将“韩”音转为“何”，这是我们何姓的来源。所以我们何家的老祖先是三晋人，与陶唐氏有着一些关联。所以我的父辈名垂尧、步舜，是对远祖的铭记。

接下来这十来年，我在陶寺发掘与研究工作总体说很顺手，我意识到自己离不开陶寺了。我必定会在陶寺遗址结束我的考古生涯，直到我干不动考古的那天止。

陶寺遗址是我的福地，一系列重大发现与研究成果，将我送上了我的考古事业的巅峰。陶寺遗址是祖先给我留下的一座富矿，我认真挖掘，认真研究，它就给我巨大的回报，让我有机会挑战中国历史上一系列重大和关键的疑案，比如尧舜禹是否是传说时代，最初的“中国”是什么，等等。同时，陶寺遗址也成就了我将中国的天文考古从文物文献研究推进到天文考古遗存发掘研究的新阶段，成就了我完整提出“精神文化考古理论”。理论来自实践，我的精神文化考古理论，许多都是从陶寺遗址精神文化个案研究中得出来的。

水伊：1988年到1999年，您有长达11年的时间是在荆州博物馆工作。远离帝都繁华，那一段工作经历意味着什么？

何驽：基层全面的磨练。

在基层考古一线，将我一个初出茅庐的懵懂小书生，全面磨练成一位能够胜任考古队长的考古学家。从田野发掘到室内整理，从学术研究到工地管理、项目管理，从研究方法到学术风格，从实践到理论，等等，方方面面我都得到很好的磨练、锤炼与提升。同时，我也收获了一个非常幸福美满的家庭。那11年，我虽远离我曾经生长的京城，远离我的父母哥姐，但是我如同一只离巢去经风雨的小燕子，终于练成了一只可以在风雨中振翅高飞的雨燕。

在那11年中，我的成长是十分迅速的，虽远离父母哥姐、导师的呵护，但是却得到了荆州博物馆领导、同事的关心、爱护、重视与提携。我的茁壮成长，得益于他们。同时也得益于我夫人对我的深刻理解与大力支持。

回想那11年的工作经历，那是我形成自己学术思想、学术风格的关键期。假设没有这段荆州博物馆基层磨练的经历，很可能就没有今天的何驽，我会同现在非常不一样的，学术成就不会有今天大。

水伊：如果能穿越，您愿回到哪个朝代，为什么。

何驽：唐朝吧。大唐盛世，经济文化繁荣，开放包容，国际地位高。文化人大多很有文采，我喜欢唐诗，也会作点律诗。

水伊：分享一下您的诗。

何驽：一首词。

高阳台

考古发掘陶寺观象台有感代报皇考何氏垂尧

兀立金台，朝晖砥柱，哪消玉管飞葭。木阼寅宾，千年有四无差。春分晓日含山远，正好时、锦翠添花。满眼间、今也青纱，古也京华。

城摧雾霭云楼梦，惜凌阴爽惬，舞殿流霞。吉戚瑜寒，招摇豮豕之牙。唐尧虞舜同偏爱，览星辰、德化天涯。恨无踪、发少年狂，梦里寻它。

不肖儿　驽

二〇〇四年四月一日清明作于陶寺。

水伊：👏（鼓掌）

水伊：在古代，您会从事什么职业。有没有可能是盗墓者？

何驽：以我的个性，会从事修史职业。

水伊：您的治学心得表达过，没有想像比想错了更可怕，因为想像有可能被证明是错误的，但是没有想像绝无可能有科学探索的进步。您做过的最有想像力的事是什么。

何驽：大概是陶寺观象祭祀台的发掘。当时在陶寺中期东南小城内，复探确定的一个等腰梯形怪模怪样、土质乱七八糟的遗迹，我就想像是陶寺的天坛。当然，发现确定其观象功能，出乎我的意料。

水伊：您说过，自己是一个饱受争议的人。什么事情受到争议？被误解最深的时候，据说您在聚会时泪流满面。

何驽：学术界对我的研究风格颇有微词，认为我的研究是理论指导实践，不是材料牵着鼻子走，有违中国考古学实证学术传统；观点想法过于大胆，不严谨。2003年至2004年，发掘陶寺观象台，是我受到考古界主流非议最大的时候，说我没有思想压力是假的。好在当时我内有考古所领导刘庆祝所长、王巍副所长的力挺，外有陈美东、席泽宗、孙小淳、武家璧、石云理、徐凤先、刘次沅、伊世同、李勇、江晓原、王玉民等一批天文史学家从天文学角度的支持，支撑我在非议压力最大的时候挺住了。

2005年10月23日，“陶寺遗址大型特殊建筑功能及科学意义论证会”上，一大批天文史学家到陶寺观象台实地考察，一致认同陶寺观象台的观象功能，对于陶寺观象台的天文学认可，具有绝对重要意义，有感于外界对我的非议，我当着这些天文学家们的面泪流满面，既有委屈，也有激动，更是高兴。

水伊： 尧是先祖。祖先是我们的共同记忆。意味着我们知道来处。一个人知道来处，知道自己，知道归处，大概会心安。众生茫然的时代，先祖的作用会不会是精神安全的架构？

何驽： 我认为，祖先的精神作用是中华民族凝聚的精神力量，是维系中华民族优秀传统与文化之传承、发展、光大的神经元。祖先是教育人们“报本返始”的。陶寺宫城内陶楔堆砌的祖宗象征，就是团结族人、认祖归宗的物化载体，形成了中国人根深蒂固的尊崇祖先的文化基因。

中国人有句骂人的狠话，叫“数典忘祖”，俗话叫“忘了祖宗”，《左传·昭公十五年》有云：“籍父其无后乎？数典而忘其祖。”无异于“断子绝孙”。谁忘祖忘本，就是不肖子孙，人将不人。

说得高大上点，一个忘了祖宗的人，不配留在这个族群里；一个数典忘祖的民族必将灭亡，其无后乎？

◎水伊+李健民先生专访

发现陶寺遗址朱书扁壶的欢乐时刻

“H3403，第三号灰坑。

一个当地女孩子（考古队雇用的民工）挖出来一块陶片，我在朦胧的夜色中看到上面有红色印迹。

血液凝固了。

空气凝固了。

一片恍惚。

我永远记得那个时刻，1984年11月14日下午5点。初冬。天擦黑。”

李健民先生描述的是陶寺遗址发现朱书扁壶的时刻。

后来的许多场合，李健民先生不断被问起关于朱书扁壶的故事。

（李健民：1945年生，北京人。1968年毕业于北京大学历史系考古专业。中国社会科学院考古研究所研究员。历任中国社会科学院考古研究所山西工作队队长、资料信息中心主任、学术委员会委员、中国博物馆学会理事。）

水　伊：扁壶是一种什么器具？

李健民：汲水的陶器。

水　伊：常见吗？

李健民：在陶寺遗址很常见。

水　伊：什么样子，我看到您带着图片。

李健民：腹部一面鼓凸，另一面扁平或微凹，这种造型方便入水。壶颈或口沿部设泥鋬。鋬指器物上便于用手提拿把握的部分。扁壶的鋬用来系绳子。

水　伊：时间上看，属于陶寺遗址什么时段。

李健民：使用时间与陶寺文化相始终。出土的朱书文字扁壶，属陶寺遗址晚期。

水　伊：具体到朱书扁壶。

李健民：朱书扁壶不同之处在于它身上有文字。朱书扁壶为残器，存留口沿及部分腹片。朱书“文”字偏于扁壶鼓凸面一侧，另在扁平的一面尚有一组朱书文字符号，又沿扁壶残器断茬边缘涂朱一周，扁壶残破后所描绘。朱书文字有笔锋，像是毛笔类工具书写。

水　伊：朱书扁壶1984年发现，多年来并不为人所知。

李健民：2001年，我在《中国社会科学院古代文明研究中心通讯》第1期发表《陶寺遗址出土的朱书“文”字扁壶》，引起震动。

甲骨文专家罗琨将其释读为“昜文”，即“明文”，与尧有关。

考古专家冯时则认为是“文命”，同夏禹有关。后又释为“文邑”，同夏启有关。

当时的中国社会科学院考古所山西考古队队长何驽解读两字为“文尧”。还有许多其他观点。

水　伊：您对这两个字怎么解读？

李健民：一为“文”，一为“尧”。

“文”是什么？

“文”是尧的尊号。文字、文采、文章，文是最好的字。

“尧”是谥号。

尧生前并不叫尧。尧叫放勋。

后代把最好的词都给了放勋。

扁壶背面那个字是“尧”。最上面一圆圈，是个土堆，也就是坟头。中间一横是地平线，也可看作是条几，供桌。下面一人在跪拜。他在祭祖呢。

祖是谁？谁是祖？尧。尧都平阳，就是陶寺。

北京大学考古文博学院古文字学家葛英会先生认为，这组符号上端是个“土”字，下端则是人的形体。合起来即是“尧”字。有人说是“邑”，葛先生当时就反驳，当中一道横线呢？上面的圆圈是丘。三土为丘，丘是坟头。

水　伊：朱书扁壶文字的发现，意味着什么。

李健民：世人一般认为殷墟甲骨文是中国最早的文字。实际上，殷墟甲骨文具有较为成熟的文字系统，已非文字的初始阶段。殷墟文字刻于甲骨之上，得以传世，而年代更早的书写于织物、竹、木类载体上的古代文字则极易朽没。陶寺文字书写于陶器之上，得以幸存。

考古发掘资料表明，文字是新石器时代社会晚期阶段的产物，具有一定社会经济生产力和深厚的历史文化背景。陶寺遗址发现朱书文字并成功破译，将汉字的成熟期至少推进至距今4000年前，是探索中国古代文明起源的重大突破。

水　伊：您和山西的渊源。

李健民：20世纪60年代，我就读于北京大学历史系考古专业。大学毕业后，分配至辽宁省锦州博物馆。1978年调入中国社会科学院考古研究所，被分配到夏商周研究室山西工作队，参加对山西襄汾陶寺新石器时代晚期遗址的考古发掘。

说实话，发掘陶寺遗址是奔着夏文化去的，没想到发现了更早的。随着发掘的推进，陶寺早中期文化特征与夏文化明显不同，晚期才与夏文化相近。

当时，春季和秋季，一年有半年时间在山西。住窑洞睡土炕。我到现在都爱吃面条，这是在山西养成的生活习惯。当时民风淳朴，那么大型的发掘，不用看着。

在我参加发掘的1978年至1985年期间，亲身经历了大型墓出土随葬彩绘蟠龙陶盘、鼍鼓、特磬等礼乐器，以及发现迄今所知中国最早的人工冶铸金属制品铜铃、毛笔朱书文字扁壶的欢乐情景。

陶寺遗址延续的时间长，文化内涵丰富，地层堆积深厚，遗迹打破关系繁复，这不仅要求我必须掌握高水平的田野发掘技术，而且也极大地提高了对新石器时代考古学的认知水平。

1984年初冬发现的毛笔朱书“文”和“尧”字陶扁壶，对中国文明起源探索意义深远。

陶寺遗址出土彩绘陶盘上的蟠龙纹图案与陶扁壶上的“文”字，经我提议，组合为古代文明研究中心的标识物。

水　伊：您在2009年做了一件事情，反对“回购”圆明园兽首铜像，当时几乎是一个新闻事件。

李健民：事情起源更早。

2000年4月，香港索斯比和佳士德拍卖被英法联军劫掠的圆明园铜猴首，牛首和虎首，以及乾隆款酱底描金粉彩镂空六方套瓶，保利艺术博物馆和北京市文物公司花4893万元巨款回购。

2003年9月香港信德集团董事局主席何鸿燊先生又斥资700万元购入圆

明园猪首和马首，赠送保利艺术博物馆。

国内媒体对此大加赞赏。

我认为高价回购被帝国主义劫掠的圆明园文物是二次被劫掠，做法是错误的。国内媒体盲目吹捧，误导民众。

为辨明这场国宝回归事件的大是大非，2004年3月9日和11日我在《中国社会科学院报》发表《中国文物流失海外与国宝回归热的反思》长文，详述我的观点。

2009年2月25日，佳士德拍卖行在法国巴黎又一次拍卖圆明园鼠首和兔首，历史大有重演之势。我立即在中国社会科学院考古研究所网站发表《坚决反对"回购"圆明园兽首铜像》，《中国社会科学院报》也转载了该文，北京电视台对我进行专访，在《晚间新闻》播出，揭露佳士德拍卖行的错误行径。

国家文物局发表声明严厉谴责佳士德拍卖行，全国各大新闻媒体跟进反对回购兽首铜像。佳士德拍卖行拍卖鼠首、兔首铜像的闹剧最后以流拍告终。

我们不能纵容他们对我们的反复劫掠。你抢了我们的，我们还要再拿钱去买？

水　伊：那应该怎么做？

李健民：你就应当给我还回来。

水　伊：对方如果不还呢？

李健民：我就天天骂你，羞辱你。把你钉在耻辱柱上，遭受万世唾骂。

◎水伊＋曹定云先生专访

从黄帝壁虎、帝尧蟠龙看中华龙的形成与发展

壁虎是一种古老的爬行动物，我得抑制着对爬行动物的恐惧来描述这种既家常又奇特的动物。说它家常是因为随处可见；说它奇特是因为它能断尾再生，攀爬光滑表面的墙面——比如玻璃。最古老的壁虎化石被包裹在1亿年前的琥珀之中。壁虎在某个时空里和恐龙有交集。壁虎还有一些专门的名称：如守宫、爬壁虎、爬墙虎、四脚蛇、巴壁虎、蝎虎、天龙、檐蛇、檐龙，等等。

许多年前，作为刚刚毕业的大学女生，瞒着家人，在并地一家城中村租了房子，就此开始了我的江湖生涯。床垫子就用上学时的绿色军用床垫。蚊帐直接移过来冬天也不拆，我就喜欢那种白纱制造的飘逸，也许是为了掩盖远离父母的不安。樟木箱子横在两张圆凳上做了书桌兼梳妆台。一只会眨眼睛的布娃娃坐在床上，她是我后来岁月里的玩伴，多年以后她被我的蝴蝶犬撕成碎片。

簇新的绿绿的窗纱有一种年节的喜气，也有一种莫名其妙的古意。窗户高，要踩着椅子上去开窗关窗。一天黄昏，在我踩着椅子去关窗户的时候，绿绿的窗纱上停着一只壁虎。绝对没看错，一只一动不动的壁虎。我尖叫着从椅子上掉下来，而那只壁虎居然一动不动。直到邻居男生赶来，手持筷子把壁虎夹走。之后，我再也没这么近距离地见过壁虎。还是不要见吧，太吓人了。

今年4月23日，在陶寺帝尧文化高峰论坛座谈会上，考古学家曹定云先生说，壁虎是新石器时代黄帝部落的图腾，是龙图腾最早的形象之一。这时，我突然对壁虎有了兴趣，尘封的往事也像肆虐的江水奔袭而来。

（曹定云。1939年生，湖南衡山人，北大历史系考古专业毕业。中国社会科学院考古研究所研究员、北京师范大学历史学院特聘教授。1973年至2018年发表专著5部，报告1部，各类学术论文163篇。许多年里，他都呆在一个叫安阳的地方，长期从事甲骨文和殷墟考古研究，2006年，安阳市申报“世界文化遗产”成功后，被安阳市人民政府授予“安阳市荣誉市民”称号。）

曹先生说，陶寺遗址的发掘有四个亮点，作为最早的中国，其“文明”的重

要标志有四个：一是城；二是文字；三是龙图腾；四是观象台。

第一，陶寺遗址已经发掘出完整的城：分内城、外城，功能区分明确。有宫殿区、祭祀区、居住区。此“城”与原始“聚落”有根本的区别。从发掘的结果看，为尧都应无疑问。

第二，文字出现在陶扁壶上，一共两个，朱书，实为罕见。陶扁壶上的“文”字无异议，对于“尧”字的辨识，学界仍有分歧。但他认为，这并不影响陶寺遗址作为帝尧时代的“尧都”。“文字”的出现是“文明”最重要的标志之一。

第三，陶寺遗址出土的龙盘，上面绘的是蟠龙，是“复合龙”。此“龙”应是帝尧部落的图腾。所谓“复合龙”，就是“龙”由多种动物组合而成。陶寺遗址的“龙”起码是由四种以上的动物组合而成，与单一的“原始龙”存在区别。这也间接说明：“尧部落”已经是“复合部落”，是由多个部落联合而成。

第四，陶寺遗址“观象台”的发现非常重要。它既体现了当时的天文成就，又佐证了当时“天文机构”的存在。“天文机构”是“原始国家”最早、最重要的机构之一。“国家”要进行“运转”，没有“天文机构”是不行的。所以，陶寺遗址“观象台”的发现，是中国早期国家存在的重要证据之一。

基于以上四点，再结合其他相关文献，曹先生认为：“陶寺遗址是尧都，处在国家诞生的前夜，是最早的中国”，这一结论是可以成立的。

水　伊：您最早什么时候来山西的？

曹定云：那可早了，1962 年，我们北京大学 58 级考古专业学生面临毕业实习，我就来到山西，做毕业论文。

水　伊：山西哪里？

曹定云：侯马。当时侯马发掘出土了一批东周时期的文物需要整理，我和同班的几个同学（张永山、罗琨、徐治亚、祁慧芬）就去了，指导老师是王克林、张万钟。

水　伊：您什么时候对山西有概念，通过什么方式？

曹定云：对山西的了解比较早，初中的地理课本中就有，历史课本中唐朝李世民起兵就是在山西太原，“五帝”中的尧、舜也是在山西，晋南。这些知识，中学时代就知道了。

水　伊：陶寺遗址出土的陶扁壶，上面的朱书文字，两个字，一个是“文”，一个是“尧”？您作为古文字学家，怎么解读？

曹定云：“文”字基本可定，“尧”字学界争议比较大。如何解读，是个未解之谜。不管如何解读，都不影响陶寺遗址的重要性。

水　伊：他们比甲骨文早多少年？

曹定云：根据目前的研究，“陶寺文化的绝对年代上限不超过公元前2600年，下限约当公元前2000年稍晚。”而甲骨文的大量出现是商代后期（盘庚迁殷）的事情。武王克商当在公元前1044年，殷代积年为273年，故盘庚迁殷当在公元前1317年。如此算来，陶寺文化出现的文字大约比甲骨文要早700—1300年左右。

水　伊：您还谈到，陶器作为文字载体，有其局限性。那个时候，人们还会用什么样的载体进行书写？毕竟它作为国家的雏形出现了，要祭祀，要有政令传达，需要信息沟通。

曹定云：当时的文字一定有它的载体，一定有它的沟通方式，不过我们现在不知道，这是个谜。

水　伊：想像一下。

曹定云：可以想像，但没有根据（证据）。也许是树皮？树皮肯定保存不下来，考古工作者也无法证实这件事。

水　伊：您研究甲骨文，甲骨文载体明确，龟壳和牛肩胛骨。它有一定的面积，能书写文字，而且不腐烂，能长期保存。

曹定云：古代埃及，文字刻在石头上；两河流域，文字刻在泥板上。它们都能保存下来。陶寺文化一定有它的文字载体，只是现在没有发现。考古大家苏秉琦先生有句名言：“你见到的东西可以说‘有’，你没见到的东西不能说‘无’”。陶寺文化的文字载体究竟是什么？我们现在不知道，但不能说“没有”。

水　伊：我对您说的壁虎是黄帝部落图腾很感兴趣。

曹定云：图腾出现意义重大。陶寺遗址龙盘上的蟠龙不是单一的“原始龙”，而是“复合龙”，是最初的中华龙图腾。中华民族号称是龙的传人。“龙”在最初都是些具体的动物，如鱼、蛇、羊、猪、鹰，等等。壁虎是其中的一种，那是黄帝部落轩辕氏的图腾。“壁虎”也是“龙”，称“天龙”“檐龙”。它是单一的“原始龙”。炎帝部落的图腾是“人面鱼纹”，可以称“鱼龙”，红山文化则出土“玉猪龙”。它们都是“原始龙”。华夏民族在其发展过程中，不断地发生部落融合，于是就有“合成龙”（亦称“复合龙”）的出现。“复合龙”是综合了“原始龙”的特征组合成一种新的“龙”。这种“复合龙”是现实生活没有的，是人们想像中的“动物”，是部落复合体各“原始龙”特征的总和：它有角、有须、有鳞、有爪。陶寺遗址陶盘上的“蟠龙”就是“复合龙”：它是蛇身、有鳞、有齿、有芯。这说明，“尧部落”已经是一个“部落复合体”，超出了原始单一部落范畴。汉民族是一个非常庞大的复合体，是由很多的部落融合而成。我们现在看到的龙，基本上是在汉代定型的；汉民族也基本上在汉代形成，所以称“汉族”。“中华龙”的形成发展过程与汉民族形成发展过程基本上同步。

“中华龙”的形成与发展和汉族的形成与发展，都体现了包容性。“中华龙”就是“包容龙”。一个民族要发展要壮大，一定要有包容性。为什么黄帝部落能在中原强大起来，与他的“包容性”有关。黄帝战胜炎帝，并没有将“炎帝部落”赶走，而是结成“联盟”。后来到帝尧时代，同样是一个包容的时代。“中华民族”就是一个“包容的民族”。如今的“中华民族”有56个“兄弟姐妹”。“中华民族”走到今天，不断地繁荣昌盛，占到世界总人口的五分之一，就是因为她的“包容性”。

图腾的存在有其重要的作用。原始社会早中期，人们没有文字。人与人之间的交流，部落之间发生冲突，如何区分敌我友，靠的是旗帜。所谓“旗帜”，就是旗帜上绘有各种“标识”。这种“标识”无非是动物、植物，或某种特定的符号。这些动物、植物或特定符号就是“图腾”。不同部落的人，在其重要的场合，都会聚集在不同的“旗帜”之下，人们的分野十分清楚。这就是“图腾效应”。

图腾的存在还有另外一层意思：部落成员会认为那是他们生命的来源，与整个部族的命运休戚相关，是整个部族的保护神。在整个部族成员心中，“图腾”是非常神圣的。部落成员在危难之际，都会乞求“图腾神”的保护。

水　伊：*从壁虎到龙，是怎样一步步演化的？*

曹定云：壁虎是黄帝部落轩辕氏图腾。“壁虎”也是“龙”——“天龙”。它是“原始龙”中的一种。黄帝部落中有不同的氏族，如轩辕氏、有熊氏、帝鸿氏、缙云氏等。这些不同的氏族，其图腾也不相同。在新石器时代文化中，仰韶文化半坡类型“人面鱼纹”是炎帝部落“彤鱼氏”图腾；“羊”是炎帝部落“神农氏”图腾；“猪”是红山文化先民图腾；“花蕊”是华胥氏图腾，仰韶文化中许多以花为图腾的先民，都是华胥氏的后裔。黄帝轩辕氏也崇拜“花”，说明黄帝轩辕氏也是华胥氏后裔。

关于黄帝轩辕氏“壁虎图腾”，其考证有一个过程：《山海经》中说：“轩辕之国在此穷山之际……人面蛇身，尾交首上。”而甘肃甘谷县西坪遗址的一件彩陶瓶上出现了类似形象，人面蛇身，尾交首上；甘肃武山傅家门遗址，也出土了同样一件彩陶瓶，图像也是人面蛇身，尾交首上。对此图像，学者们有的认为是蛇，有的认为是鲵鱼，也有人认为是蜥蜴。我曾仔细观察过这种“人面蛇身”图像，这种人格化的动物不是蛇，蛇不应当有腿和爪；也不是鲵鱼，鲵鱼没有修长的身体和长长的尾。这种动物的原形，应当是壁虎。壁虎身体似蛇，但有腿有爪，且尾很长。《山海经》中的“轩辕之国……人面蛇身，尾交首上”，此形象应该就是壁虎。

黄河中游地区的仰韶文化，粗略地可以分为半坡类型和庙底沟类型。庙底沟类型以河南庙底沟遗址为主要代表。在庙底沟遗址所出陶片中，有三片雕塑有壁虎图像的陶片。一片是细泥黑陶片口沿，口沿下有一雕塑的壁虎，仅存后身和尾。第二片是夹砂粗红陶口沿，口沿边上，趴着一完整的壁虎，壁虎作蠕动向前状，尾亦弯曲，身上着点状纹，生动活泼，十分可爱。第三片也是夹砂粗红陶口沿，口沿边上趴着一小的壁虎，头向上，四肢附壁，身上饰点状纹，尾后部残。这三只壁虎，原来都应该是在三件完整的陶钵上，而且头靠近口沿。它们的形象以及所处的位置，同甘谷“人面壁虎”彩陶瓶非常相似：前者是彩绘，后者是雕塑；前者形象是人格化，后者形象是写实。除了没有“人面”之外，其余是完全一致。据此可以证明：马家窑文化中所谓“人面蛇身”的原型就是壁虎。

壁虎也出现在河南汝州洪山庙的彩陶中。汝州洪山庙遗址属仰韶文化庙底沟类型。在洪山庙出土的陶缸上塑有完整的壁虎。此壁虎前肢向上，后肢向下，趴在陶缸的口沿下，离口沿很近。特别的是，这完整的陶缸是祭器，是祭祀时才使用的。这更突出了先民对壁虎的崇拜（以上均见《光明日报》2016年6月9日）。

水　伊：先民为何崇拜壁虎？

曹定云：壁虎的生存能力极强，被敌逮住时，能自断尾巴，逃之夭夭；壁虎身体扁平，四肢短，趾上有吸盘，能在墙壁上爬行。远古时代，人们尚无蚊帐，而蚊蝇是人类健康的大敌，壁虎吃蚊蝇，自然是人类的“朋友”，受到人类的保护。也许正是这些特性，受到了黄帝轩辕氏先民的喜欢与敬重，进而成为黄帝轩辕氏的图腾。

我之所以认定壁虎是轩辕氏图腾，还有另外一个重要原因，那就是壁虎尾巴的特性。《山海经》说，“人面蛇身，尾交首上”。而在所有“蛇”类中，能真正“尾交首上”的只有“壁虎”。它既然在被敌捉住时将尾甩掉，那自然也能“尾交首上”。

《山海经》是一部描述神话、鬼怪之书，但其中包含着许多珍贵的历史信息，成书当在战国后期至汉初。而马家窑文化与庙底沟类型都是新石器晚期文化。庙底沟文化年代为公元前3900年至前3600年之间，上限与半坡文化年代下限略有重合，延续达300年以上。庙底沟类型仰韶文化又早于马家窑文化。如果从庙底沟最早的年代开始算起到汉初，这中间的时间跨度大约近4000年。

轩辕氏图腾由最初真实的壁虎到半真半神的人面壁虎，到最后完全神化的人面蛇身，是轩辕氏图腾演变三部曲。我们观察这一过程，可以从中认定，仰韶文化庙底沟类型文化先民崇拜壁虎者，就是黄帝轩辕氏居民及其后裔。

黄帝部落轩辕氏“壁虎图腾”至今仍可以看到历史的物证。我所知道的物证有两件：一件是1959年四川省彭县竹瓦街所出的一件青铜矛，其上有“壁虎”；另一件是现在北京某收藏家所藏的一件青铜矛，其上也有“壁虎”。这两件青铜矛型制基本相同，但后者比前者更精美。这两件青铜矛上的“壁虎”，就是黄帝部落轩辕氏“图腾”之孑遗，弥足珍贵（见《中原文化研究》2018年第2期）。

水　伊：陶寺遗址观象台出现，意味着什么？

曹定云：这个太伟大了，太重要了。部落联盟首领要指导农业，举行祭祀，制定时令，都离不开天象观察。它是国家机构的重要组成部分。古代中国以农立国，春种秋收，没有天文是绝对不行的。所以，陶寺遗址观象台的出现，说明帝尧时代已是国家产生的前夜，是古代中国雏形的重要见证。

2018年5月22日整理修订

◎宫长为先生专访

尧文化的新时代

尧文化由来已久，但是研究的长度、宽度、高度值得梳理。这次召集更多有识之士对其重视并发扬，是尧文化研究推进的一大步，谓之“新时代”。尧文化与当代社会核心价值说到底是一脉相承的关系，是一个渗透和融化的关系，是一个继承发展的关系。

尧文化是中国历史文化研究中先秦时代的重要篇章，历史地位突出。先秦文化从五帝开始，真正完整的文化体系是从尧帝开始的，可以说，尧文化本身在中国历史上就代表着一个新的时代，从考古学的角度看，许多历史遗址遗迹都是表象，真正展示的是一个恢宏的文化体系。今天我们有幸请到宫长为先生，就是要以文化研究的新时代为主线，对话尧文化表现特征和研究方向。

尧是华夏文明的始祖。尧文化是标志着华夏文明孕育形成时期的文化。从《尧典》以来，有关尧的记载都比较具体明确，又和考古资料基本吻合来看，尧是真实的历史存在，他是人不是神。以尧为代表的尧文化也不是超越历史的。在中华民族步入构建和谐社会的今天，为增进中华民族的凝聚力，谋求社会主义的和谐发展，给尧和尧文化以科学的认定是必要的。下面，就什么是尧文化、尧文化的表现特征、尧文化的地位影响三个方面，谈谈我们的看法。不当之处，希望学术界专家指正。

笔　者：什么是尧文化？

宫长为：任何一种历史文化的形成，都有其特定的时间、地点和内涵。尧文化亦不例外。我们认为，尧文化并非单一的陶唐氏部落或唐尧一个人在位时的文化，它应该是包括虞舜在内的我国原始社会向第一个阶级社会过渡阶段，在华夏族的中心地域内，吸取诸多地域文化的先进成果，融合、升华为一体，发展到华夏文明形成时期的文化。尧文化形成的时间，根据“夏商周断代工程阶段成果报告”，夏禹即位的时间是公元前2070年，推定华夏族人文初祖黄帝始建华夏部落联盟是公元前2500年至前2400年间。尧舜在位是公元前2200年至前2070年间；尧文化形成的地域，是司马迁所说的，舜“之中国践天子位”

的“中国”，“帝王所都为中，故曰中国”。已故的著名考古学家苏秉琦先生论证说：“中国”之称最初见于尧舜，尧舜所都，指晋南一块地方。尧文化形成的内涵，是同时具备了文字、铸铜器、宫城建筑、礼仪制度等华夏文明形成的标志。以上时间、地域和内涵三位一体，缺一都不可称之为尧文化。

尧文化是具有综合体性质的更高一个层次的文化，虽然其中含有诸多地域文化的因素，但这些因素都不能取代尧文化的主体地位，而且在未融入尧文化之前，他们也只能是一种有着自身特征的地域文化，是绝不能称之为尧文化的。正如氢元素和氧 元素化合成水，在未化合之前，氢是氢，氧是氧，是不能称之为水的。我们说尧文化的发祥地，是指最早形成尧文化的地方，而不是尧文化中的某个因素来自什么地方。在讨论尧文化及其发祥地时，这是首先需要界定清楚的。尧生于什么地方，走过什么地方，我们从考古中都能在各地看到各种文化古迹，所以说一个文化，它绝对不是囿于一域的，许多地方都在争哪个是最正宗的尧文化发源地，其实都有失偏颇。尧文化是最完善的先秦文化，分布于晋南、山东、河北等地。

尧文化发祥于晋南，晋南是华夏族、华夏文明的肇基之地。晋南地处黄土高原东南部的“三河”之中，是黄土高原和华北大平原的结合部。这里有宽阔的河谷台地，土质肥沃疏松，加之古代气候温和湿润，适宜于木石农具耕作和农作物生长。地势高，能防水灾；交通方便，易于各部族的聚集、交流、融合。又有硕大的天然盐池，无疑是先民们发展原始农业和定居生活的好地方。华夏族、华夏文明到尧舜时，随着民族、民族文化融合的不断扩大加深，遂成为一体，以龙图腾为族徽的华夏族，以文字、铸铜器、宫城建筑、礼仪制度为标志的华夏文明终于形成。发现于晋南襄汾县的陶寺文化遗址，是一处规模恢宏的反映龙山文化晚期发展到极高水平的文化遗址。该遗址总面积 300 多万平方米。从地域上看，它西临汾河，东靠塔儿山（古称崇山或唐山），北距 古平阳（今临汾市西南）仅 10 余公里，恰在尧文化中心的晋南地域之内。从年代上看，根据碳素年代和树轮年代测定，约当公元前 2600 年至前 2000 年。遗址以公元前 2200 年左右为界，分为连续发展的早、晚两期。早期反映着华夏族、华夏文明的孕育发展；晚期反映着华夏族、华夏文明的孕育形成。陶寺文化遗址的发掘不但印证了晋南是华夏族、华夏文明的肇基之地，而且真实地反映了华夏族、华夏文明从孕育到形成的发展过程。塔儿山四周的广大丘陵地区，为陶寺文化遗址群的聚集地。庆都“观于三河”，在其西南；尧生于丹陵，在其东北；尧“封于唐”，在其东南；尧都平阳，在其西北。都在山西晋南与晋南相邻的晋东南地域之内。从地往上看，以上诸地不仅环环相扣，自成锁链，而且也都与有关尧的文献记载、考古资料相吻合。这说明尧的故里和尧都平阳一样，都在尧文化的发祥地晋南和晋南毗邻的晋东南一带，是无可非议的。

笔　者：尧文化的表现特征？

宫长为：尧文化有三个最显著的表现特征。

第一，尧文化是华夏民族最具凝聚力的寻根文化。尧文化孕育了华夏文明，尧帝是华夏民族的文明始祖。相传刘、李、杜、房、朱、尧、陶、伊、祁、范等姓氏都是尧的后人。近年来，世界各地华人正在兴起“寻根热”，许多都可追溯至尧帝。

第一个层次，是血缘寻根。据考证，帝尧的父亲帝喾是黄帝的四世孙，母亲庆都是炎帝的七世孙女。帝尧的血脉中，流淌着炎黄的血液，可谓嫡系的炎黄子孙。追溯姓氏的河流，我们可以知道：刘、李、杜、房、朱、尧、陶、伊、祁、范等姓氏都是帝尧的后人。临汾是尧舜禹共创辉煌的地方，这里的尧庙在古代就是国祭尧、舜、禹的场所，曾称三圣庙。因而，炎黄子孙来临汾是回家，是回自己最古老的家，在这个家里可以寻到自己的血脉所依。

第二个层次，是文化寻根。中华文明追本溯源，从伏羲到炎黄，再到帝尧时代，出现了文明发展的一个崭新阶段，它是中国传统文化形成体系的观念形态文化的发端。临汾是华夏文化源头地之一，到这里可以触摸到中华传统文化的脉络，可以寻到传统文化最古老的根脉。

第三个层次，是精神寻根。精神寻根也是最高层次的寻根。我们知道，帝尧在平阳带领先民钦定历法，理顺了时序；凿井饮水，抵御了旱灾，有效推进了农耕。这可以视为最古老的科学。帝尧设立诽谤木，让平民畅所欲言，议论朝政，即使说错也赦免无罪。尧将帝位传给舜，开启了禅让，而此之前，帝位更迭一直是在血亲中传续的，若是非血亲继位断然少不了血雨腥风。因此尧舜禅让早被视为千古美谈，它表现出的是一种无私的民主作风。由此可以看出，尧文化的两个重要方面，一方面是无私的民主作风，一方面是求实的科学精神。当今世界的发展，进入了一个新时期，要调整和改善生产关系，必须依靠民主；要推进社会经济发展，必须依靠科学。到尧都临汾来寻精神之根，感受古老的民主作风和科学求实的精神意义更加非凡。

第二，尧文化是和合文化之根。尧文化的核心就是和谐，也就是和合精神，长期影响着我国古代的政治、文化生活，影响着人们的行为取向和道德标准，对于今天和谐社会建设具有重要意义。

和，是指异质事物的共存；合，是指异质事物的共生。和合文化也就是和协人和自然、人和社会、人和人等多种关系，使世界在平和自然的状态中发展，使发展成为更持久、更持续的进步。我们知道和合文化是中国传统文化的核心，和合文化是以尧文化为重要源头而生长起来的。帝尧钦定历法，正是认识自然、顺应自然，而不是改造自然、征服自然。这当然是和协了天地人的关系，这可以说是最早的天人合一实践。帝尧设立诽谤木，协和万邦，正是调整人和社会的关系，人和人的关系，也就是以精神文明来推进物质文明。这在世界大多数地区还处于蒙昧野蛮，甚而不少地方还处在茹毛饮血的上古时代，自然是了不起的奇迹。更为有价值的是，尧文化提请当代人注意，既要向自然索取，也要保护自然；既要注重物质利益，更要注重精神文明。否则，人类必然在倾斜的发展中走向困境。

第三，尧文化是禅让文化之源。尧帝开创了禅让的先河，这一点恰恰是帝王最难做到的。也最能说明尧帝是为了人民百姓“利天下而福泽万民”。他实施的禅让制，开创了历史先河，长久受到中外人士敬仰。

《史记》中记载：“尧知子丹朱之不肖，不足授天下，于是乃权授舜。”尧帝开创了帝王禅让之先河，在位时，认为儿子丹朱不成器，决定从民间选用贤良之才。尧问四方诸侯首领：“谁能担负起天子的重任？”四方诸侯首领说：“有个单身汉，在民间，叫虞舜。”于是，尧微服私访，来到历山一带，听说舜在耕地，便到了田间，尧看到一个青年，身材魁伟，体阔神敏，正在聚精会神地耕地，犁前驾着一头黑牛、一头黄牛，奇怪的是，这个青年从不用鞭打牛，而是在犁辕上挂一个簸箕，隔一会儿，敲一下簸箕，吆喝一声。尧等舜犁到地头，便问，“耕夫都用鞭打牛，你为何只敲簸箕不打牛？”舜见有一老人问，拱手以揖答道：“牛为人耕田出力流汗很辛苦，用鞭打牛，于心何忍！我打簸箕，黄牛以为我打黑牛，黑牛以为我打黄牛，就都卖力拉犁了。”尧一听，觉得这个青年很有智慧，又有善心，对牛尚如此，对百姓会更有爱心。尧与舜在田间还谈论了一些治理天下的话题，舜明事理，晓大义，非一般凡人之见。尧试舜三年后，便让舜代其行天子之政。舜执政后，重新修订历法，调整季节误差，统划律吕和度量衡，确定礼仪礼节，举行祭祀上帝，视察天下民情，考察诸侯政绩，治理水患，发展农业，百姓拥护，天下大治，为华夏5000年的历史发展奠定了良好的基础。通过帝尧禅让，充分体现了他一心为公的王者风范，这也是政权更迭最原始的民主。

选贤任能思想是一个大到帝王君主、小到下层官吏必须具备的品行，尧帝首先把这种品行用于执政之中，无论是任用四岳官长，还是最后禅位于舜，都是他选贤任能的思想体现。特别是对于帝位的传承，他宁愿把政权交于出身低微的贤才，也不把它传给不肖的儿子丹朱，这种思想境界是至高无上的。正因为有了尧的榜样，才有了中国历史上众多选贤任能的故事，上行下效，前行后效，使一批仁人志士走上了政治、经济、文化的大舞台。

笔　者：尧文化的地位影响？

宫长为：尧文化的形成时期正是部落联盟制的极盛走向解体的历史时期，是东方大地由蒙昧形态走向文明形态的历史大转折时期。从历史转折意义上说，今天的历史大转折就是尧文化形成时期的历史大转折的升级版。因为尧文化形成时期的历史大转折是人类由蒙昧形态走向初级文明形态，而今天的历史大转折是人类由低级文明形态走向高级文明形态。

尧文化是上古时期的文化结晶，也是农耕文化的结晶。当今世界已经由农耕时代进入工业时代，又由工业时代跨入信息时代，也就是高科技时代。以农耕文化对应高科技时代的文化，无论怎样说，尧文化也只能是落后的文化。但是，这只能是从外部形态观察尧文化，如果引深一个层次，我们进入尧文化的内部核心，就可以感知尧文化不凡的当代价值。

站在人类的视角看，尧文化是世界文明中的先进文化，对于可持续发展有着无可估量的意义。当今世界的趋势可以概括为两个发展、两个危机。所谓两个发展，是发展中国家快速发展，发达国家持续发展。所谓两个危机，是环境危机和精神危机。环境危机是世界发展的难题，人类利用越来越高的手段向自然索取财富，导致资源枯竭，环境污染，环境质量的下降威胁到了人类的生存。而精神危机更是世界进步的难题，腐败问题、吸毒问题、艾滋病问题，发达国家尤其严重。因此，世界在谋求新的发展出路时，越来越多的国内外有识之士把目光移向东方，注视在和合文化上。尧文化是人类可持续发展的和合文化之根，弘扬尧文化不仅具有渊源的历史意义，而且更具有重要的现实意义。

最后，宫长为先生谈到了如何研究尧文化的话题。答案就是从社会发展的需要，从社会主义核心价值观的角度去研究。尧文化与当代社会核心价值说到底是一脉相承的关系，是一个渗透和融化的关系，是一个继承发展的关系。当代社会主义核心价值观的架构，一个是以马克思主义为指导的社会主义先进的思想道德为主导的价值观，一个是以丰富多彩、悠久深厚的中国优秀传统道德文化为依托，再就是以各国文明创造的外来道德文化为借鉴。由这三个部分构成了我们中国特色社会主义的核心价值体系。既然我们当代的社会核心价值由这三个部分组成，那么我们就可以引申到尧文化与当代社会主义核心价值观三个关系问题。

一是一脉相承的关系。尧文化是我们当代社会核心价值的根脉和基因，从这个意义上来说，当代社会主义核心价值观是有根有脉的，有源有头的，这个“根”这个“头”就是尧文化。

二是渗透和融化的关系。也就是说社会主义核心价值观、社会主义核心价值体系理念有一个重要的元素，就是中华优秀的传统价值。而中华优秀的传统文化价值在源头上就是尧文化。换句话说，尧文化也渗透到了我们的社会主义核心价值体系、核心价值观里面，是我们这个体系必不可少的重要组成部分。

三是继承和发展的关系。我们在尧文化与当代社会核心价值观之间不能画等号，因为尧文化与当代社会核心价值已经不是原来意义上的尧文化了，尽管当代的社会核心价值理念有尧文化的因子、基因或者有它的元素在，但是不完全就是尧文化。当代社会的核心价值理念、价值体系是在尧文化的基础上不断发展、不断丰富、不断创新、不断拓展形成的。

当前如何来继承和发展尧文化，怎么样更好地来培育和践行社会主义核心价值观？第一点，加强社会主义核心价值体系建设，必须坚持正确方向。这个方向就是中国特色社会主义方向，要高举中国特色社会主义伟大旗帜，坚持以马克思列宁主义、毛泽东思想、邓小平理论为指导，深入学习贯彻习近平总书记系列重要讲话精神，研究治国理政的新思想、新理念、新实践。第二点，我们要梳理好尧文化的内核、架构和发展脉络，这一点要弄清楚。研究尧舜禹文化，主要是研究尧的德政、孝行和为民思想，他们的实践。从社会核心价值这个角度来研究尧文化，把于今有用的东西很好地梳理清楚，只有这样才能更好地继承它、发扬它。

记者印象：

宫长为作为中国先秦史学会秘书长，十分繁忙。我在论坛举办的下午才见到他，他走路带风，语速飞快，逻辑清晰，思维敏捷。讲到尧文化，他说既然尧在历史发展中起着继往开来、承前启后的作用，所以研究中一定要把长度、宽度、高度都确立起来。他提出了“尧文化的新时代”这个观点。尧文化由来已久，但是作为专项深入研究的重视度是值得提高的。这次山西临汾把尧文化的重要意义又提上了新的高度，也召集更多有识之士重视并发扬，所以是尧文化研究推进的一大步，谓之“新时代”。希望在更多的呼吁和实践中，让我们的根祖文化创造新时代的新气象。

◎刘合心先生专访

新时代 新视野 新作为

刘合心：临汾市三晋文化研究会会长。

“喜讯传来不胫走，中国原本肇平阳。昔年为正无常果，继晷焚膏鬓染霜。”这是临汾市三晋文化研究会会长刘合心在2015年6月“山西·陶寺遗址发掘成果新闻发布会”后写的一首《七绝·感怀》。

“就像时任中共中央委员、中国社科院院长王伟光和时任山西省委常委、宣传部长胡苏平在当天的新闻发布会上所说：陶寺遗址发掘成果既是几代考古科研人员的艰辛工作所取得的，也是同各级各部门大力支持分不开的，尤其是临汾市多年来高度重视对历史文化遗产的保护，在传统文化特别是尧文化的发掘、整理和弘扬上做了大量卓有成效的工作。”刘合心会长这样说。

近年来，临汾市加大了尧文化研究与开发的力度。尤其是尧都区把文化旅游强区建设摆在突出位置，充分发挥地域文化优势，大思路谋划，大手笔运作，组建了帝尧文化旅游投资发展有限公司，占据尧文化旅游产业发展制高点，在尧文化研究与开发领域已经和正在发挥着重要的引领作用。

习近平总书记在党的十九大报告中指出，没有高度的文化自信，没有文化的繁荣兴盛，就没有中华民族伟大复兴。中国特色社会主义文化，源自于中华民族5000多年文明历史所孕育的中华优秀传统文化。那么，如何在新时代进一步推进尧文化的研究与开发？记者与刘合心会长进行了一番探讨。

记　者：您曾经说过，尧文化是中国传统文化的根脉所在。如何理解这其中“根脉”的含义？

刘合心：在人类发展渐进的过程中，上古时期有两个不可忽略的历史节点，一个是炎黄时期，另一个是尧舜时期。炎黄使先祖挣脱了野蛮，而尧舜开辟了文明境界。帝尧上承炎黄，下启舜禹，将分散的部落和部落联盟凝聚为一体，形成了大大小小的方国，而尧都平阳恰好处于中央之国，形成了古中国的雏形，成为最早的政治、经济、文化中心。可以说，在尧文化当中蕴含了中国传统文化的根脉，其表现是：

其一，中国之根。关于中国的形成，历来是史学家颇为关注的课题。经过多年的探究，不少人达成了共识，即尧舜禹时代为国家的形成期。不可否认，炎帝、黄帝在国家的形成过程中发挥过重大的作用，只是这种作用仅是奠基和播种效应。当然，离开了奠基和播种便不会有宏构及硕果，但是奠基和播种又决不是宏构和硕果。而这种宏构和硕果恰好处在尧舜禹时期，这就使得处于尧舜禹活动中心的古平阳成为古中国的摇篮。过去尧都平阳，仅是古史料的传承记载。近年，考古学家先是在襄汾县陶寺村发现了大量龙山文化晚期（亦是尧舜禹时期）的墓葬，从大中小不同类型坟墓中的陪葬物，可以看出明显的阶级分化，也可以推断出国家形态的出现。新近，在陶寺遗址发掘出早期小城、宫殿及中期大城，并且确认古观象台、仓储设施及祭祀区。这些考古发现为尧都平阳的记载提供了实证。关于这一点，历史学家苏秉琦先生曾在《华人·龙的传人·中国人》一文中指出："史书记载，夏代以前有尧舜禹，他们的活动中心在晋南一带。'中国'一词的出现也正在此时，所以称舜即位要'之（到）中国'。后人解释：帝王所都为中，故曰中国。由此可见，'中国' 一词最初指的是'晋南'一块地方，即'帝王所都'。而中原仰韶文化的'花'和北方红山文化的龙，甚至包括江南的古文化均相聚于此，这倒很像车辐聚于车毂，光、热等向四周放射。这样我们讲晋南一带的'中国'一词，就把"华、龙'都包揽到一处了。"这段精辟的论述，明确告诉我们：尧舜禹的活动中心在晋南一带，而临汾乃晋南腹地，亦即其活动中心；"中国"一词的出现在尧舜禹时期；"中国"一词包含了华山之花和红山龙，是各种文化进步融合的生动体现。据此，我们便可以知晓，尧文化中孕育着中华民族的直根。

其二，文化之根。文化有广义和狭义之说。从广义来说，文化是人类物质和精神生产的总和；从狭义来说，就是当今我们对文化的认识和理解。如就狭义看，尧文化之中包含了传统文化之根。众所周知，尧时期诞生过《击壤歌》，就是尧在巡访时听见人们吟唱的那首："日出而作，日入而息。凿井而饮，耕田而食。帝力于我何有哉？"这首《击壤歌》被《古诗源》一书列为开篇之作，接着是《康衢谣》《伊祁腊词》《尧戒》，连续四首都是尧时代的歌谣。那时有了舞蹈，人们在击壤游戏时歌之舞之，是最简单的。尧命夔担任乐正，击石拊石，百兽率舞，已有了化妆表演。同时，教育、历法、刑法等都有了飞跃性发展，这为后世的文化进步奠定了基础，创造了条件。

其三，文明之根。追寻文明之根，首先要了解文明的定义。历史学家、夏商周断代工程研究组组长李学勤先生在主编的《中国古代文明与国家形成研究》

一书中指出："在这一系列演进中，社会组织机构方面的变化使得人类文明社会的产生和形成表现为社会形态上的运动和推移。在这个意义上讲，文明社会的到来也就是国家的出现，国家是文明的政治表现，是文明社会的概括。"这就明确告诉我们，有了国家，就有了文明；有了文明，就有了国家。国家形成之时，乃文明发源之日。既然我们已经探知，临汾是国家的摇篮，那么换言之，临汾亦是文明的摇篮。1985年，在侯马市召开晋文化研讨会时，历史学家苏秉琦先生曾赋诗论述中国文明的起源，诗中有句："汾河湾旁磬与鼓，夏商周及晋文公。"这里的"汾河湾旁磬与鼓"，即是陶寺遗址出土的石磬和土鼓等礼器，也就是尧时期的文明器物。况且据《尚书》记载尧那时已确立了"父义、母慈、兄友、弟恭、子孝"的"五教"，这为后世形成传统的道德文化提供了先期准备。

其四，血缘之根。据考证，帝尧的父亲帝喾是黄帝的四世孙，母亲庆都是炎帝的七世孙女。帝尧的血脉中，既流淌着黄帝的血液，也流淌着炎帝的血液，可谓嫡系的炎黄子孙。我们常说，炎黄子孙，尧舜传人，足见帝尧就是炎黄血缘融合的子孙，也是尧舜传人的先祖。从已掌握的资料得知：刘、李、杜、房、朱、尧、陶、伊、祁、范等姓氏都是尧的后人；陈、胡、姚、袁、王、田、孙等姓氏都是舜的后人：禹、弋、夏、鲍、邓、沈、曾、欧阳等姓氏都是禹的传人。如果再把尧舜禹分封的大臣及其后裔的姓氏归宗起来，总共有400个之多，而且均为大姓，涵盖了华人的大多数。由此可知，现在居于世界各地的华人，其根脉在尧舜禹那里，至少和尧有千丝万缕的关系。

记　者：那么，在新时代，我们如何引深研究探讨尧文化的当代价值？

刘合心：当今之世，人类已经步入21世纪，进入知识经济和信息时代。站在这样一个飞速发展的时空点，探访上古，研究尧时期的文化状态，是否有抱残守缺之嫌？结论恰恰相反，只要我们进入尧文化的内部世界，就会发现，在遥远的上古时期，我们的先祖在社会实践中产生的先进思想、先进文化，不仅引领了那个时代的潮流，而且，对当代世界的发展也有着深刻的启示。

协和的统一思想。这一思想是尧时代最为明显的文化特征。《尚书·尧典》记载，尧治理天下，"克明俊德，以亲九族。九族既睦，平章百姓。百姓昭明，协和万邦，黎民于变时雍"，这段话实际上是对尧形成国家格局的高度概括，也是其精神实质的写照。众所周知，黄帝时虽然一度统领了各个部落，或说形成了部落联盟，但是，黄帝之后，盟主更迭，纷乱杂生，中原大地部落众多，各自称雄。尧从兄长帝挚那里继位后，宾服四夷，平治水土，划分九州，重新统一了各个部落，形成了国家的雏形。那么，尧是如何实现统一格局的呢？《尚书·尧典》中的记载正好回答了这个问题，他发扬大德，使家族亲密和睦。家庭和睦以后，又辨明理顺其他各族的政事。众族的政事辨明理顺了，又协调万邦诸侯，天下众民因此相递变化友好和睦，凝聚为一体了。无疑，协和思想是其中的精髓。这种思想不仅指导着当世，而且影响着后世。这种协和一统的思想，对于我们尽快完成祖国统一大业，建设和谐社会，处理当前复杂多变的国际形势，都不乏启示和教育意义。

古老的科学意识。虽然尧时期不会有科学的概念，但是，其认识自然、适应自然、逐步驾驭自然的行为，已经体现出后世所谓的科学意识。其表现为两方面：一方面是钦定历法。炎帝时期，我们的先祖已告别以狩猎为主的阶段，进入原始农业经济时期。但是，由于先祖对天地自然缺乏正确认识，农业耕种处于广种薄收、有种无收的低下状态。究其原因，不识物候，难以掌握时令，常使禾苗遭寒霜侵杀，颗粒无收。《尧典》记载，帝尧命羲氏与和氏，观察天象，遵循天数，推算出日月运行规律，制定了我国第一部历法，形成了后来的春夏秋冬的四时节令。这就把无序的农耕变得有序，推进了农业产量的提高。另一方面是开始利用地下水，即推广普及水井。《史记》记载，尧时期出现过大旱，禾木枯焦，子民难以生存。尧教化民众开掘水井，广泛利用，解除了旱象，拯救了众生。所以，人们一代一代思念尧的恩德，至今尧庙仍有尧井。如果说钦定历法是科学发现，那么，推广水井也算是科普工作，虽然这些均处于初始状态，无法和后来的科学发明成就相媲美，但是，人类的脚步正是这样由幼稚而逐步稳健起来的。

拙朴的民主行为。史书记载，尧时期“上下同心，君臣揖睦”，一直延续到舜当政时。因而，百姓将那种时代称为“尧天舜日”。这种国泰民安的盛景从何而来？我们先从天安门前后的华表说起。华表，原名诽谤木，就诞生在古平阳，是帝尧设立的。其目的在于广泛听取人民大众对治理天下的意见，只要站在宫殿前的诽谤木下，就可以畅所欲言，即使说错，也赦免无罪。这样便创造了广开言路、天下和洽的治国风尚。后世以此为荣，识诽谤木为中华表率，简言华表，不仅竖于宫殿、庙堂前，也竖于陵寝及大路交汇处，光大其美德。民主的行为还体现在尧舜禅让上。尧的帝位是继承其兄长帝挚的，帝挚的帝位是继承他们共同的父亲帝喾的。可以说，帝尧之前的一个时期，帝位也好，王位也罢，都是在血亲中传承的。唯独帝尧选贤任能，将帝位禅让给了平民子弟舜，开启禅让帝位的先例。尧舜禅让的故事已成为中华民族的千古美谈。而且，正由于尧的让贤，才使舜继承了他开创的业绩，推进了农耕文明的发展。

可贵的创新精神。创新是中华民族生存的灵魂，创新是人类发展的动力。这种创新精神在伏羲演八卦以察天地时已经体现出来，如果说伏羲画卦是宏观认识自然的话，那么到了尧时期是贴近自然，贴近实际，从微观入手了。无论是观察日月轮回，以定历法；无论是细究蚁蚂洞穴，以掘水井；无论是体察世风民情，以设诽谤木；也无论是遍访贤士英才，以让帝位，都践行在前无古人的境界，也就是创新。创新才能发展，才能进步，当前我们要全面实现建设小康社会的目标更需要这种创新精神。

记　者：如何利用好尧文化这个宝贵资源，创造性转化、创新性发展尧文化？

刘合心：从实际工作讲，我认为应从务虚和务实两个方面努力尽责。

在务虚方面：

一是要广泛宣传。充分重视考古和科研成果的运用，采取节庆活动、学术交流、博物馆展示、教科书编写等形式，让尧文化进学校、进机关、进企业、进农村，达到知中国者知陶寺、知尧都。

二是要追踪考古成果，深化理论研究。

首先，在21世纪初中华文明探源工程启动之时，国外的历史书认为中国古代的历史是从商朝开始的，而国内历史学界的主流观点也只是认为中国文明的起源是夏代，距今至多也就是4000年。随着陶寺遗址发掘成果得到权威认可，尧舜禹时期正在走出传说而成为信史。但是，要让国内外学术界都同意这个结论显然是有难度的，所以我们还必须通过考古发掘继续破解陶寺遗址深藏的历史谜团。陶寺考古队队长何驽先生曾多次跟我说，要完全弄清陶寺遗址，至少再干100年。中国社科院考古研究所所长王巍先生也曾提出过新的要求，重点是在工程发掘上要弄清诸多年代问题，以及中国古代官室制度起源问题，等等。这就是说，陶寺遗址的考古发掘工作任重道远。它不仅要为“尧都平阳”的结论获取更多有说服力的实证，而且要为理论研究工作提供关键性的资料。

其次，理论研究来自考古实践，反过来又为考古实践提供重要指导。我们要追踪考古成果，深化尧文化的研究与探讨。现在需要：1. 分门别类的研究，如中国古代礼仪制度、天文气象、农业的发展、手工的专业化以及民俗研究，等等；2. 包括文献、方志、铭刻以及神话传说的综合研究；3. 发挥尧文化的当代价值，发展文化产业的研究。

我们要通过理论探讨，深入分析陶寺考古的重大意义和历史地位，探索中华文明起源的特点和规律，更要研究和弘扬尧文化的思想精髓和精神内涵，宣传社会主义核心价值观以及它对世界考古和历史研究所做的重大贡献、它在我国重建世界话语权中的时代价值。

在务实方面：

首先，要充分利用尧文化这一得天独厚的资源，在切实保护文物和遗址的前提下合理开发利用，大力发展文化旅游业。

临汾市的旅游发展，必须科学合理，抓住重点，带动整体。从临汾市的资源分布状况看，规划应坚持十六字原则，即扬起龙头、伸展两翼、腾飞龙身、振兴全局。扬起龙头，就是将尧庙、尧陵以及陶寺大遗址保护开发作为临汾旅游发展的龙头；伸展两翼，就是一翼向东辐射安泽的荀子文化、古县的牡丹文化，一翼向西辐射壶口、小西天、东岳庙、云丘山；腾飞龙身，就是从霍州，经洪洞、襄汾，到曲沃、侯马形成旅游主体，将霍州署衙、大槐树、广胜寺、丁村、车马坑串联一线，打造成精品线路；振兴全局，就是以景点开发，拉动第三产业，全面推进临汾旅游业的发展。

国内一些先进地区在大型祭祀活动和景区开发方面积累了不少经验，值得我们学习和借鉴。山东曲阜以“三孔”（孔府、孔庙、孔林）为载体，力推孔子故里游，仅门票收入每年可达2亿元。我们应当借鉴曲阜的做法，着力打造“三尧”（尧庙、尧都、尧陵）文化大品牌，创建全国一流的集文物保护、祭祀拜谒、休闲娱乐为一体的文化旅游胜地。在“三尧”中，尧庙已具规模；尧都陶寺的博物馆和遗址公园建设要尽快报批，抓紧做好前期准备工作；尧陵在祭祀大殿主体竣工后，应搞好展陈策划，并逐步将祭祀规格升级为省祭、国祭。在此基础上，即可启动世界文化遗产名录的申报工作。

其次，应以国家文物局批准正式立项为契机，全面启动陶寺遗址核心区和尧文化旅游产业园的建设工作。要立足当前，着眼长远，在科学规划的基础上，拓宽融资渠道，分步骤实施，建成海内外华夏儿女共同“拜谒帝尧、寻根中国”的5A级景区。

此外，还有一点不成熟的建议，就是调整行政区划，将襄汾县陶寺镇划入尧都区管辖，这样尧都区就更加实至名归了。

总之，尧文化（陶寺遗址）不仅是中华优秀传统文化的载体，而且在世界文明发展史上占有重要地位。探索中华文明起源，重建中华5000年文明史的上古部分，是亿万华夏子孙的共同心愿。我们就要倍加珍惜这份厚重的历史文化遗产，坚持在党的十九大精神指引下，勇于担当，群策群力，勠力同心，以实际行动让埋藏在黄土地下面的宝藏“活”起来，为新时代社会主义文化建设做出更大贡献。

◎水伊＋徐良高先生专访

尧代表了一种政治理想

徐良高先生在尧文化论坛座谈会上谈到，陶寺遗址的重要性毋庸置疑。诸多重大发现确定了陶寺遗址的学术地位，把陶寺遗址解读为尧都平阳，客观说，有争议，虽然越来越多的人接受这一解读。对于中国文明探源课题来说，陶寺是最重要的工作核心，陶寺遗址在中国文明的起源上具有标志性意义，这是学术界的共识。

关于陶寺遗址本身，相关研究和解读已经很多。

总体而言，关于尧文化和陶寺遗址，徐良高先生从两个角度切入，谈了四点内容。

两个角度，一是考古角度，一是历史学角度。

（徐良高：1966年生，安徽霍山人。1986年毕业于北京大学考古系。中国社会科学院考古研究所研究员，中国社会科学院研究生院教授。曾参加或主持过晋国都城遗址、河南偃师商代都城遗址、陕西周原和丰镐西周都城遗址的考古发掘。）

从考古学角度讲，陶寺文化，有学者认为是最早中国的代表性遗址。

最早的文明中心为什么会出现在晋南这个地方。考古学资料显示，从平等社会到文明社会，即从考古学所讲的半坡文化到庙底沟二期，如重要遗址灵宝西坡、晋南清凉寺等所显示的，豫西、晋南与陕西东部是一个整体，对早期的中国文明影响很大。陶寺文化为什么重要？为什么先进？为什么是核心？是因为有前面的历史基础，有一个文化积淀。这个历史积淀是陶寺文化的历史根基。

陶寺文化为什么能成功？

陶寺的成功，除了历史的根基外，还有自身的原因，即文化的包容、开放、融合和创新的能力。它的成功不是闭门造车，是包纳百川，自身的包容性、开放性和吸收能力，把各种文化融为自身的一部分。同时，陶寺文化向外又影响到北方文化，比如石峁，影响到西部文化、南方文化。这是陶寺文化的成功给我们当代的启示。

从历史的角度看，尧首先是人们的一种政治理想。尧、舜、禹被诸子记录，被讨论，典型地反映了古人的一种政治理想，即贤人政治。希望有一个合理的机制把贤人选举出来，带领大家把国家治理好。这样一个反映古代政治理想的人物，不仅是一个历史影像，更是一个文化的象征，应予以充分的肯定。讨论尧的禅让制，是推崇一种政治理想，是代表某种政治理念。其次，尧文化能够塑造、强化共同的民族记忆。对于我们这个民族、国家来说，尧、舜、禹是大家共同的历史记忆。炎黄子孙的传说在当代能够巩固和加强全民族的历史记忆。构建和强化我们共同的历史记忆，是研究当下尧文化的重要意义。

历史教育，无论是对大学生，还是一般民众，都是素质教育的一个重要部分。我们不仅仅要教给历史知识，更是培养某些观念、认同，塑造我们共同的历史记忆。不管是民间、高校，还是官方、政府，大家一起讨论尧文化和陶寺遗址，研究也好，教育也好，对于提高公民素质，培养民族认同感都具有重要的现实价值和意义。

水　伊：什么是尧？或者，尧是什么？

徐良高：传说是个人，后来应该是个符号吧。

水　伊：还有呢？

徐良高：就是这两样吧。

水　伊：比如，尧也可能是一种地形地貌；尧是天文学家；尧是政治家；尧是生活美学家；尧是农学家；尧是首领；尧是帝喾和庆都的儿子；尧是娥皇、女英的父亲；尧是鹿仙女的丈夫。

徐良高：每个人的角度不同，看法也不一样。作为历史人物，历代都在宣传。我想，历史关注他，一定不是因为他是普通的父亲，而是因为他是贤人政治的代表，一种政治符号，与禅让制密切相关。

水　伊：尧有宏大的意义。我想追溯他普通的意义。

徐良高：他存在，不是一个普通的父亲，他是被塑造的一个符号。为什么会是尧？他为什么会被选择？

水　伊：再追溯，他是我们的祖先。

徐良高：他只是我们的祖先之一，还有更著名的祖先呢，比如，我们号称炎黄子孙。

水　伊：我们在追溯的时候，会找到我们自己。我们会知道来处，知道归处，知道当下。如果明白这些，会不会给我们架构一种精神安全？现在人都这么不安定。

徐良高：中国人有祖先崇拜，是信仰的主流，是国家政治意识形态。也是回答我们从哪里来的问题。

水　伊：您什么时候对尧有概念？比如，几岁？通过课本？通过连环画？通过祖母讲故事？通过电视？

徐良高：上中学学历史课的时候。

水　伊：您什么时候对山西有概念？通过什么方式？地理课本？地球仪？课堂？家长教？

徐良高：高中上地理课时，知道中国有个山西省。大学学习考古专业时，知道山西有许多著名的遗址，如丁村、曲村遗址，等等。

水　伊：您第一次来山西是什么时间？

徐良高：1984年，秋季，来曲沃实习。

水　伊：新田吗？

徐良高：天马—曲村，早期晋国。

水　伊：呆了多久？

徐良高：半年。

水　伊：收获是？

徐良高：我学考古嘛，第一次基础实习，田野工作的一套是在山西学的。

水　伊：后来还有什么交集吗？

徐良高：那多啦，如参观、研究曲村—天马遗址、绛县横水镇倗国墓地、翼城县大河口霸伯墓地、垣曲商城、陶寺遗址、陶寺北东周墓地、大同云冈石窟，等等。

水　伊：您在《先秦城市聚落中的水与水系》里有写到陶寺遗址。

陶寺城址位于汾河与塔儿山之间，处于塔儿山西麓，西距汾河较远，东高西低。发源于塔儿山西麓的河流向西流入汾河中。陶寺遗址内由于历年水土流失，地表破碎，沟壑纵横，以东西走向的冲沟为主。其中较大的两条沟，一在陶寺村南，称“南沟”，更南的一条称“赵王沟”。城墙东墙外有南河，西墙位置处有宋村沟。这些沟壑应该都与早先的河流、水道有密切关系。文章开篇引用《管子》：凡立国都，非于大山之下，必于广川之上，高毋近旱，而水用足；下毋近水，而沟防省。

是一个特别的角度吗？

徐良高：算是一个新的思路，新的理念。大遗址，核心性遗址往往和古代都城有关，遗址的水系是其重要组成部分。现在都城离不开水，古代也一样。大遗址一定有很多水系，应该从这个角度展开工作。

水　伊：评价一下陶寺遗址。

徐良高：陶寺遗址是与中国文明起源密切相关的最重要遗址之一，也是有关东亚地区文明起源的最重要遗址之一，对整个东方文明史研究具有重要价值，应该是重中之重的研究对象。中国古老大地上发生过什么？有过什么重大变化？对后来有什么重大影响？所有这一切，我们都应该展开研究。当然，来日方长，这些答案的解答不是一天两天的事。

◎杜勇先生专访

“天下为公”帝尧文化的精神内涵

杜勇：天津师范大学社科处处长、中国先秦史学会副会长。

山西作为中国早期文明的发源地，有很多文化资源。关于尧文化，杜勇教授研究有长达14年之久。杜教授前后共参加过三次有关尧文化的会议，第一次是10年前的陶寺遗址观象台在发掘中；第二次在2016年“华夏之根文明之旅”帝尧文化·旅游·经济研讨会上作了精彩的致辞；第三次是2018年“溯文明之源 寻华夏之根——首届中国尧文化高峰论坛北京座谈会”。在杜勇教授看来，帝尧文化，其基本精神可化约为“天下为公”的国家认同理念，选任贤能、立政为民、诚信友善、和谐重礼等则为其精神内涵中的荦荦大者。

对尧文化的理解和看法

文化，既包括考古发现，也包括传世文献所记载传流至今的一些文化因素。也就是考古和文献整合起来所形成一种传统文化。

尧文化有很多重要的因素，其中很重要的就是尧文化突出的是一个德，也是孝文化的源头，主要体现一种国家能力。治国者“大哉，尧之为君也”。首先尧是一个部族首领，也就是一个领导者，也就体现了一些治国理念。国家是人类社会发展到一定阶段出现的产物，是人类社会进步的产物。如果说一个民族或者部族没有国家，那发展就会严重受到影响，国家就是把大家的力量组织起来，从而朝着健康的道路发展，但是国家的发展到一定过程中会出现两种情况：第一是走向曲折的道路；第二是走向健康的道路，把人民引向光明。有着双重作用。但更多的国家组织起来，是人类文明进步的标志。国家组织形成一个民族力量，朝着一个健康的方向发展是有着积极的作用。

帝尧文化的精神和内涵是什么？

就帝尧文化的精神内涵来说，先秦儒家已作过精辟的概括，这就是“天下为公”。《礼记·礼运》篇说：“大道之行也，天下为公，选贤与能，讲信修睦……”其所体现的治国理念，闪烁着帝尧文化的思想光辉。

“天下为公”的国家认同理念，要求部落联合体的领导者把天下民众的利益放在首要位置。帝尧曾对舜说：“天之历数在尔躬，允执其中。四海困穷，天禄永终。”(《论语·尧曰》)这是说，上天把统治国家的大命托付给你了，一定要真诚地坚守中道。这个中道，就是要以治理国家的万民为主，不是以个人私利为先，也不只是考虑少数特权阶层的利益，而是立政为民。

帝尧观象制历，敬授民时；殚精竭虑，消除水患，即是心系天下、关怀民生的表现。这种以民为本的伦理价值和道德风范，正是至真至善的华夏民族精神的写照。“天下为公”的国家认同理念，还要求“讲信修睦”，营造诚信、和谐的社会环境，以保障社会有序运行。帝尧“克明俊德，以亲九族。九族既睦，平章百姓。百姓昭明，协和万邦，黎民于变时雍”，是说帝尧能够发扬其才智美德，使家族和睦融洽，又辨明百官职守，使天下各国调协和顺，民众也变得友善和睦了。可见，讲诚信、促和谐、重礼仪也是帝尧文化的精神内涵之一，选任贤能、立政为民、诚信友善、和谐重礼等则为其精神内涵中的荦荦大者。

舜尧有什么伟大之处？有什么闪光之处值得我们去称颂？

“子曰：大哉！尧之为君也。巍巍乎！惟天为大，惟尧则之。荡荡乎！民无能名焉。巍巍乎其有成功也，焕乎其有文章。”意思是说：“帝尧作为一代君王是多么伟大！他像崇山一样高高耸立着，上天是最高大的，帝尧就是在效法着上天！他像大地一样一望无际，民众无法用现有的词语来称道他！因此，他所成就的功业是如此崇高伟大，他所制订的礼仪制度是如此灿烂辉煌。”这是古人对尧怀有崇高的敬意。

中国人对于尧的称颂不是随便而来的，也并非没有基础。我们五帝时代有三位圣君，是尧舜禹，毛主席曾经讲到“春风杨柳万千条，六亿神州尽舜尧”，要进入这样一个理想境界，为什么六亿神州尽舜尧呢？舜尧到底有什么样的伟大之处？有什么闪光之处值得我们去称颂、去传承他的伟大精神？

在杜勇教授看来，帝尧被推崇为“修己以安民”的古代圣人，五帝时代，尧德、舜孝、禹功为后世称颂。

历史发展到今天，坚持以法治国的根本方略，但以德治国仍须相辅而行。那么德就是孔子讲的“大哉！尧之为君也”，他的伟大之处就体现了一种天下为公的精神。什么是天下为公？就是《礼记》讲到“大道之行也，天下为公”。天下为公具体是选贤举能，讲信修睦，老有所终，壮有所用，幼有所长，乃至于鳏寡孤独废疾者皆有所养。这个时候的人，不单以自己的亲人当亲人，把所有天下的人当亲人，不单把自己的孩子当孩子，把所有的孩子都当自己的孩子。怀有这样一种博爱的精神来领导天下，来治国平天下，正是以这样的胸怀这样的胸襟这样的为政之德，因而尧这样的形象才是孔子所说的“大哉！尧之为君也”。

尧首先是选贤任能，天下不是一人之天下，不是一姓之天下，是天下人之天下。要老有所终，中年人能够发挥自己的才能，年幼的能够健康地成长，包括鳏寡孤独废疾者，社会的弱势群体都能够得到关照。这就体现出一种高度的社会发展的公平与正义，这个公平与正义的时代精神到今天就是我们优秀的传统文化基因。

传统文化要传承，她的精神在哪里？她的核心是什么？

那么传统文化要传承，她的精神在哪里，她的核心是什么，这些是我们现在的人所需要掌握的。

一个人一个民族一个国家，都是要有自己的精神，要有自己的文化内涵，要通过传统文化的建设，进行传承创新，来塑造我们中华民族的伟大形象。这个形象并非用喊口号来塑造，是一种精神的力量，是民族的面貌。如今我们所讲的尧精神是跨越时空的，具有朴实价值。

尧文化不仅有丰富的文献记载，还有有力的考古学证据，这是得天独厚的条件，为加强三晋文化建设、尧文化建设提供了非常重要的资料。

尧的礼乐文明制度，丰富的文化资源、制度资源对于我们今天推动社会发展，进行社会文化建设，促进中华民族伟大复兴十分重要。复兴不仅是经济的复兴，还是文化的复兴。

国家形成之后就会面临如何来治国？形成怎样一个治国理念？

治国理念就是一个国家一个民族要以民为本，民本的思想很重要。在过去，好多国家是少数人的国家，并不代表国家利益。在怎么形成一个国家，怎么治国的问题上，在尧文化中就有一些比较进步的理念。以德治国，代表的是什么德？是一个统治者站在一个什么样的立场上。

我们继承传统文化，最主要是要考虑它的积极因素。我党的执政为民理念，不仅从马克思主义中来，也从中国的传统文化中来。

我们社会主义文化，是5000年历史文明的发展。既有科学进步的影响，也有我们民族文化本身的影响。尧文化中的“天下为公”，就是通过尧的治国理念，选贤举能、讲信修睦，等等来体现的。

一个民族任何时候都是要讲诚信的，这其中尧文化，包括舜文化，都是一样、一体的。为什么要这么讲呢？尧考查舜让舜做接班人，是舜的孝道，他为民众做的事情得到了肯定，从而把舜选为下一任领导者。

从一个国家发展来讲，这也是一个必然要有的过程。虽然当时没有我们现在的国家这样完备，但是还是有这样一种形态在。在天下为公、大同世界，尤其是关心鳏寡孤独废疾者这样的弱势群体，使他们能够老有所养、弱有所扶，能够在社会上生存。这种执政理念对任何性质的国家都有指导意义。

塑造民族形象的途径都有哪些？

一个民族要塑造一个正面的积极的民族形象，是要通过很多的途径，包括法治也是一样的，法治也是一个民族的形象之一。更为重要的是教化，就是我们现在所讲的思想教育，就是通过文化的力量形成进步的民族性格。

例如我们所熟知的以焦裕禄为代表的先进人物，在自己岗位上勤于奉献，为国家为民族做事的人。再例如革命先烈抛头颅洒热血的精神，都是一种思想的传输，是一种文化的传承。

受过思想教育境界高的人对自己就会有严格的要求，这样的教育内化成自己的心灵和灵魂，就会正确地处理事情。

所以说教育的作用是很大的，那么我们拿什么来教育呢？

光有空洞的说教是不行的，要有一些真实的像尧文化这样，也是一种教化的资源，或者教育的资源。如果大家的思想都是进步的，思想境界是很高的，在做任何事情时就都有一种为国家为民族发展考虑的立场。也就是大到为国，小到为家、为己都是相通的。

文化作为一种教化的资源，我们不能仅仅把这种文化资源当作发展经济的资源，而是要通过这样一种文化资源来提高整个民族的素质。

所以我们要利用好这些以尧文化为代表的文化资源，衍生出两条路：一是促进社会经济的发展；二是形成文化教育资源，来提高民族素质，提升我们的民族形象，促进中华民族的伟大复兴。

尧文化还有哪些重要的内涵？

杜教授认为重要的就是“大道之行，天下为公”这样一种理念。

如“敬授民时”，在除了国家统治上需要整体的时间观念，对推动经济发展也有着很大的作用。陶寺文化时期出现的观象台，就是要对自然规律进行反复的探索从而去掌握规律，然后观象授时、颁布历法，通过历法来进行生产劳动，这就是为民众的利益着想，为生产发展着想。由此可知，帝尧的农耕时代是飞跃进步的时代。我们现在也一样需要采用先进的技术，推行重要科技成果，目的就是推进经济的发展。

如“禅让”，在历史上舜代理国家执政很多年尧才去世。舜在位期间，尧对国家依旧起到很大的作用。尧舜一起治理国家的精神也是有很巨大的意义。

尧文化的内涵非常之多，尧文化通过历史积淀成传统，流传至今。“尧敬授民时，制定历法”，以前只能在文献记载上看到，现在我们能够看到陶寺遗址的观象台，这些也是重要的文化内涵。

尧文化很值得我们继承、传承、创新。更重要的是在我们旅游的同时也要受到相应的思想教育。不仅要通过看，还要通过视觉听觉，系统地形成一种深刻的印象，给予精神上的感动，起到潜移默化的教化作用。我们发掘宣传文化，要让文化活起来，让人们能够触摸到文化的脉动，然后影响我们的心理，从而改造我们的精神世界，形成一个非常优秀的民族。

一位研究明史的专家曾经讲到：清朝入关的时候只有十几万军队，明朝的军队却有一百多万，在这样一个比例下，明朝还是被清朝灭掉。这其中一个重要的原因就是，明朝统治过于腐朽黑暗，丧失了民心，让民众觉得这个国家并非人民的国家，是统治者的国家，国家是否衰亡与人民没有关系。当明朝政权得不到人民支持的时候，清军即使人少也是能够轻而易举入关。任何事情都要把人民的利益放在第一，得到人民的支持，国家才能走向繁荣。

为什么说注重传统文化是有必要性的？

注重传统文化是有极大的必要性。

传统文化是我们的本土文化，是我们的根。例如三字经，等等，把历史上的优秀品德编成歌谣让儿童来诵读，这样的歌谣会成为自己的精神世界，从而影响自己的一生，这样对国家对人民都是很受益的。

民心为本，把民众的心凝聚起来，团结一致，这样才能推进社会的进步与发展。

尧文化在历史中有怎样的重要性？

在杜甫的《奉赠韦左丞丈二十二韵》诗中写到“致君尧舜上，再使风俗淳”，当时社会一片混乱，希望有尧舜这样的明君出现，可以让社会混乱的局面结束，让老百姓过上男耕女织、秩序良好、民风淳朴的生活。

再如孔子对尧“大哉”的称赞。尧有着博大的胸怀、广大的视野，从而取得了极大的成功，也制定了一些重要的制度，因而受到了历代的称颂。那么人们对尧称颂的目的就是一种历史的参照，通过这种文化的参照来影响当时的社会，推进社会的发展，反映出人民的美好愿望。

那么五帝三王所体现的精神，上，对国君起到约束作用，下，对人民群众不仅起到了教化的作用，更重要的是代表了一种价值取向，这种价值取向反映的是民意，是社会基本的愿望，从而形成了推动历史前进的力量。所以不论是现在的书籍还是古书中都会引经据典，这种引经据典有说服力的重要原因是把前代的经验教训和前代优秀人物的做法，通过宣传来影响到当代。

中国几千年文明未曾中断，而西方一些国家，有的起源很早，到后期就无声无息消失不见了。但中国的文化传承是一脉相传，直到今天。尧舜对历史最重要的作用就是深刻地影响到中华民族的发展，规范了政治发展走向，激励着中华民族的信心，不断开拓进取，从而使几千年文明不曾中断，一直发展到今天。

这些中国优秀传统文化中的伦理元素，显然已在社会主义核心价值观中有所体现和脉动，虽然这些都是古代的，但却具有跨越时空的永恒魅力和时代价值。

◎杨洋+李尚师先生专访

"儒法兼容"方能治国

简介：李尚师：中国社科院中国先秦史学会会员、中国通俗文艺研究会会员、山西省三晋文化研究会常务理事、河东文化研究中心特约研究员。潜心研究晋国史30余年，先后完成了《晋国史》《晋国通史》《山西通史先秦卷（晋国部分）》等多部学术专著并出版发行，被誉为当代中国民间修史第一人。

杨　洋：尧都之说众说纷纭，您是怎么看待这个问题的？

李尚师：关于尧都说法纷纭，无论从典籍记载还是从考古发掘结果看都已经证明了尧都就在今天的山西省临汾市襄汾县的陶寺遗址为是。晋国始君唐叔虞所封的古唐国正是尧所居之地。

传说帝尧时期已有初步的历法"两分两至"记载，目前考古发掘出的尧时期的观象台证明了，晋人正是继承了帝尧时期的历法"夏正"。帝尧的治国思想正是中国和合文化的源头，帝尧将帝位禅让给了虞舜，帝舜和他的大臣皋陶奠定了中华民族的"礼法合治"的源头。到了春秋时期，在鲁国形成了以孔子为代表的儒家，在晋国经小宗带大宗之后逐步成为中国古代法治文化的摇篮，战国法家学派的母体，晋人卜子夏师从孔子接受了儒家思想，回晋到魏地后又接受了晋国的法治思想，从而形成了他的"儒法兼容"思想，再到战国中后期的卜子夏第五代门人荀子，又在其基础上研究其他诸子学说，成为春秋、战国时期的诸子百家的集大成者"荀学"。荀子的"隆礼、重法""德主刑辅"治国思想，成为中国2000多年的治国思想主线。

杨　洋：由于历史久远，古唐国即唐尧活动的中心的说法各有不同，对此您有何观点？

李尚师：这个问题目前有四个说法，其一据《左传·哀公六年》引《夏书》曰："惟彼陶唐，帅彼天常，有此冀方。"郑玄曰："两河间曰冀州。"古冀州的核心即今晋南。其二在今河北境内的唐县、望都一带。其三在今山东西边的定陶、成阳。其四有江苏的高邮之说。据李伯谦先生所说，有河北顺平、山东青城、江苏金湖和宝应、湖南攸县、四川尧坝、山西平阳。

关于河北的唐县、望都和今山东的定陶、成阳诸说，皆未见于先秦古籍经典，唯今山西境内的晋国始封地唐国的记载甚多。如《左传・定公四年》说："命（唐叔虞）以《唐诰》而封于夏虚"。又《昭公元年》说："迁实沈于大夏，主参，唐人是因，以服事夏、商。……及成王，灭唐而封大叔焉，故参为晋星……今晋主汾而灭之矣。"再者，《诗・国风》称早期晋国的诗为《唐风》。《史记・晋世家》亦说："唐在河、汾之东"。于是，可知唐叔虞继承的唐尧氏部族地域在今山西境内。

杨　洋：那么唐叔虞始封地在今天山西的哪里？

李尚师：古人已有鄂（乡宁）、晋阳（太原）、平阳（临汾）、永安（霍州）、翼城五说，其中以晋阳和翼城两说为主。晋阳说出于班固的《汉书・地理志》，后世的历史地理学专著如《水经注》《读史方舆纪要》等皆祖汉志，所以晋阳说在历史上相当长的时期内一直占据着统治地位。其主要的理由是说唐改为晋是因为晋水而得名的，又以今太原西南的晋祠为晋水发源地，故唐应在太原。翼城说出现得较晚，始见于明末清初顾炎武的《日知录》《左传杜解补正》。晋阳、翼城两说之争一直延续到20世纪90年代初，甚至现在仍有人认为在太原。

中华人民共和国成立之后，两说的争论更为激烈。在争论中又出现了永济、夏县的安邑、襄汾的赵康和曲沃四说。李孟存教授的《叔虞封地诸说正误辨析》（《晋阳学刊》1983年第四期）指出：叔虞封地在战国（应为秦汉）时已不可确考，东汉班固不会得到《左传》《史记》作者不曾见到的史料，晋阳说是班固误解前代文献的产物，自身有许多无法克服的矛盾。我们在编撰《晋国史》中曾进行过探究，据《左传・宣公十五年》（前594）载，晋侯景公在中行林父灭赤狄后，"亦赏士伯瓜衍之县"，其地在孝义县北十里瓜城。晋地域才北扩超过霍州。《左传》襄公四年载，直到晋侯悼公五年（前569），"无终子嘉父使孟乐如晋，因魏庄子纳虎豹之皮，以请和诸戎。"杨伯峻《春秋左传注》说"无终在太原东"，可知太原之戎才和晋交往。《左传・昭公元年》即晋侯平公十七年（前541）晋卿荀吴（中行穆子）和魏舒（献子）大败无终众狄于太原时，晋国疆域才发展到太原。

经过考古工作者的长期努力，已证实了上述说法的错误。据陶正刚先生《晋国早期都城"唐"地考》（见《三晋文化学术研讨会论文专集》）其中表明，其一，考古工作者曾对太原晋祠附近的立有"晋王碑"的晋王墓和燮父墓进行发掘，证明是一处明清时期的土冢。其二，前后四次沿汾河流域进行了调查、研究，发现山西地区的西周古文化遗址，最北者仅在霍山南坡的霍州市境内。这就说明，西周时代先民们的活动范围，还未能超过霍山。再根据北大考古学系和山西考古所的《天马—曲村遗址北赵晋侯墓地发掘简报》1~7期(见《文物》)说，在北赵晋侯墓地先后共发掘出9组19座大墓，初步断定为从晋侯燮父到晋文侯9位前后相继的晋侯及夫人之墓。从而证明了晋国早期都城“唐都”就应在此遗址的附近。

根据对以上文献和考古资料的研究，可以说晋国早期都城“唐”，就在今翼城和曲沃一带无疑，这里当属唐尧部族当年活动中心地区的一部分。从考古证实的遗址看，尧的陶寺遗址和北赵晋国燮父等相连9代国君墓直线距离只有25公里。

其次，历史古文献上主“尧都平阳”说者如下：

《汉书·地理志》“河东郡·平阳”，应劭曰：“尧都也，在平河之阳。”《后汉书·郡国一》“河东郡”：“平阳侯国，有铁，尧都此。《晋地道记》曰有尧城。”《史记》正义：“《帝王世纪》云：‘尧都平阳，于《诗》为唐国’。”主此说的还有：《晋书·载记·刘元海》《元和郡县志》《通志·都邑略》、朱熹《资治通鉴纲目·前编》《纲鉴易知录》。《左传·襄公二十九年》亦云：吴季扎聘鲁时听到《唐风》之歌时赞美道：“思深哉！其有陶唐氏之移民(风)乎。不然，何忧之远也！非令德之后，谁能若是？”《国语·晋语八》范宣子说：“昔之祖，自虞以上为陶唐氏，在夏为御龙氏，在商为豕韦氏，在周为唐杜氏，周卑，晋继之，为范氏。”陶唐氏后裔范氏世代为晋国的显赫世家，可知陶唐氏唐尧部族是崛起于古唐国，即叔虞始封之古唐国，此亦为一旁证。

主张“尧都晋阳”说者，除前述三家外，还有《史记·货殖列传》云：“昔唐人都河东。”《集解》徐广曰：“尧都晋阳也。”杜预在《左传》注中亦以晋水在太原者，而误以汾河之“太原”，尧墟在太原之晋阳县。

我们再对当时太原晋阳和河东平阳所处的地理环境、水陆交通方面进行分析。太原四面环山，东西两面为太行、吕梁相望，窄狭地带仅数十里，水道只有汾水向南注入黄河，在介休之南，汾水便被夹于灵霍峡谷之中流淌，自古无泛舟之地。唐尧时，人烟稀少，猛兽当道，草莽丛生，积水成泽，即使到了晋侯悼公初期，今太原盆地还未纳入晋国版图，尚为北戎所居。上古时汾河水下游淤塞不畅，地多斥卤，别称大卤。今祁县西、介休东北，即清徐县徐沟、祁县至平遥一线，因地势低凹，形似釜底，夏天雨多则积水成泽，故有此称。

平阳则不同，其地形平坦，它依汾入河，自古就有舟楫之便，渔猎之利；陆路四通八达，正如柳宗元所云：“晋之故封，太行掎之，首阳起之，黄河迤之，大陆靡之。”由以上推之尧都绝不会在太原晋阳，而在晋南平阳附近无疑。

此外，再从唐尧的葬地看，相传尧葬于崇山，而崇山地望，据《史记·司马相如列传·大人赋》云："历唐尧于崇山兮。"《正义》张（揖）云："崇山，狄山也。"《帝王世纪》引《山海经》"尧葬狄山之阳，一名崇山"。《墨子》云："尧北散八狄，道死，葬蛩山之阴。崇、蛩声相近，蛩山，又狄山之别名也。"王充《论衡·书虚》云："尧帝于冀州，或言葬于崇山。"

故而知尧葬于崇山，在冀州境。其具体地望，《读史方舆纪要》卷四十一平阳府襄陵县条下云："崇山在县（今襄汾）东南四十里，一名卧龙山，顶有塔，俗名大尖山，东南接曲沃、翼城，北接临汾、浮山县。"现俗称塔儿山。《一统志》亦云襄汾县之塔儿山为崇山。综上所说，可见唐尧葬地，正在古崇山脚下。因此，从唐尧葬地之所在，也为唐尧部族的活动中心在今襄汾一带提供了有力证据。

关于高邮之说，张玉勤、张晓荣二先生在其《论尧文化》中，对有关的论文《尧文化圈漂移点——兼论高邮是尧文化的重要发祥地》进行批驳，说那是"断章取义，以偏代全的论证……更不能自圆其说"。文献上不通，考古方面更无据可谈，自然难以成说。

文献记载尧的活动地域主要在黄河中游的中原地区，所谓的四川、湖南、江苏之地已经超过尧部落的活动地区，所以是不可能的。余下的山东、河北、山西三说中以山西说最多。山东属于东夷部族的大汶口文化，而尧部落属于中原华夏部族系统，因此可以排除。河北和山西只一山之隔，属于一个大的文化系统，尧部落曾经来往于山西与河北两地域也是可能的，但是联系到历史记载则唯今山西境内的晋国始封地唐国的记载最多。如《左传·定公四年》载："命（唐叔虞）以《唐诰》而封于夏虚"。《诗·国风》称早期晋国的诗为《唐风》，《左传·襄公二十九年》载：吴季扎聘鲁时，鲁"为之歌唐。曰：思深哉！其有陶唐氏之遗民（风）乎。不然，何忧之远也！非令德之后，谁能若是？"又《左传·昭公元年》载："迁实沈于大夏，主参，唐人是因，以服事夏、商。……及成王灭唐而封大叔焉，故参为晋星……今晋主汾而灭之矣。"

陶寺类型的文化遗址主要分布在塔儿山周围。

"有夏之兴也，融降于崇山。"据考证，古崇山即今塔儿山，位于今襄汾、翼城、曲沃之间，"融"即龙之意。表明陶寺类型龙山文化遗址与唐尧、舜、禹文化的分布相一致，二者之间有着密切的关系。

作为陶唐氏后裔一支的古唐国在商末周初的存在也是真实的。

《山西通志·金石记》著录了一只前代出土的"唐子爵"。其爵的铭文有"唐子且（祖）乙"四字。阮元《积古斋钟鼎彝器款识》断言它是"商世唐君之器也"。

太原说影响之大的另一个原因是，后世在今太原晋源区一带建有晋祠，更使太原晋阳说不胫而走，家喻户晓。最早是班固的《汉书・地理志》提到“唐有晋水，叔虞子燮为晋侯，是燮以晋水改为晋侯”，其后郑玄《毛诗・唐谱》说“成王封母弟叔虞于尧之故墟，曰唐侯，南有晋水，至子燮改为晋侯”，后来徐才《宗国都城记》也说“（燮父）徙居晋水旁”，此晋水也成为太原晋阳说的一个有力佐证。可见晋国地理（上）晋水一名起了很大的误导作用。

当然，太原说也不是空穴来风，西周初年称唐国的并非一个。《逸周书・王会篇》中有一个“北唐戎”，北唐据说在今山西省太原市一带居息，周穆王时，“北唐之君来见，以一骝马是生缘耳”，这个北唐戎可能是陶唐氏宗族当中长期停留在畜牧经济阶段的一支后裔。有人认为这也可能是后世叔虞所封的古唐国影子在今太原并建立“晋祠”的根据。这就是后人误传晋阳唐地为叔虞的封地的原因之一。

今太原晋祠，有北宋建的圣母殿，祭祀的是邑姜，又有明清建的叔虞祠。晋祠南5公里的牛家口村旁，有两个高大的大土堆，立有“晋王碑”，当地人称之为晋王陵和燮父墓。1979年，北大进行了清理，证明了均是明清时期的堆积物，特别是燮父墓外面是土，里面是由土坯堆积的，有明代青花瓷器片，土冢下面均无墓室和棺椁，证明是一处明清时期的土冢。

50年代起，山西考古界前后沿汾河流域进行了4次调查、研究，发现山西的西周文化遗址基本上都位于霍州以南，最北者仅在霍山南坡霍州县境内发现，太原地区的夏时期考古发现和中原地区的夏文化存在有较大的区别，不可能成为夏虚和大夏的有效证据。

据《左传》载，晋悼公十五年（前541），魏绛才与北戎和戎，到晋平公十七年晋卿荀吴和魏舒才打败无终和群狄于太原的某个山地。这时晋国的势力才正式进入到太原地区。

天马—曲村遗址北赵晋侯墓地的6次发掘已证明了西周时期的晋国就在今翼城、曲沃、侯马及周边一带无疑。

杨　洋：对于帝尧的“和合文化”及帝舜和皋陶的“礼法合治”是中国治国思想源头，您是怎么看待的？

李尚师：帝尧的“和谐万邦”为中华和合文化的源头，尧禅让给舜，舜任命了22位职官，分管各种事务。我认为，历史上真实治国理政思想主线脉络是，尧、舜时期命契为司徒，敬敷五教。礼不足，法补之，故而接着又命皋陶为士，治理寇贼奸宄，始创德法并用。同时，皋陶在执法中更贯彻了“德主刑辅”“明刑弼教”的治国思想。这便是我国治国思想的渊源。

西周初，周公在制度上奠定了周人的宗法制度，成为孔子儒学的理论基础。随着孔子创立的儒家学派在鲁国的形成，法家学派在晋国和战国初期的三晋日渐发展。春秋中后期，晋国从小宗代大宗之后逐渐形成了它的以法治国思想。

到了春秋末，流淌着晋人法治血脉的卜子夏在鲁国接受了孔子的儒家思想之后，又返回晋国，到了作为魏氏根据地的西河设教。子夏在晋国魏氏这个法学文化的摇篮生活了 50 多年，必然接受晋人的法学思想。他培养了诸家弟子，除尚在青少年时期的魏斯外，还有法祖李悝，法家兼兵家吴起，道家田子方等。卜子夏返晋后又活了 56 年，继承了皋陶的治国思想，又把孔子的儒家思想和晋国的法治思想融合起来，形成他的儒法兼容思想，并直接影响了弟子魏斯。魏斯继位后，成为魏文侯。《史记·魏世家》说他“贤人是礼，国人称仁，上下和合”。他“重法尊礼”，广徕人才，使魏国成为战国初期天下霸主。可是在他们两个死后，三晋这种儒法并用思想还是未能延续下去。卜子夏的“儒法兼容”思想是中国治国思想主线的近源。百余年后的战国末期，作为卜子夏第五代门人的荀况，才在继承了皋陶和卜子夏的治国思想基础上，在稷下学宫与其他学派交流和碰撞中，吸取所长，摈弃所短，并发展了他们的学说，从而，形成集诸子百家学说之“荀学”。

谭嗣同在其《仁学》中说：“中国两千年之政，秦政也”，“两千之学，荀学也”。秦政是指荀子的学生李斯和韩非帮秦始皇实行的封建君主专政中央集权制，荀学是指荀况的“隆礼”“重法”学说。然而，自《史记·孟子荀子列传》至今，一直把荀况列为儒家，还有近来一些学者又称他为带有法家思想的儒家。其实，荀子既非法家又非儒家。孔子告诉百姓怎样做人，韩非子是讲帝王集权，荀子则是告诉帝王怎样治国。荀子的《解蔽》批判各家的片面性，用《非十二子》摒弃其他各家之短，吸收其长，既包容又兼用，成为集诸子百家之集大成者。

梁启超说：“自秦汉以后，政治学术，皆出于荀子。”所以，尧舜和皋陶的“德主刑辅”“明刑弼教”，卜子夏的“儒法兼容”，荀子的“隆礼尊贤”“重法爱民”成为中国两千年来的治国理政思想主线。

在中国两千多年的治国历史中，遵照了皋陶、卜子夏、荀子这一礼法并用思想主线，便会国治民安，偏离了它则会动乱亡国。秦始皇纯用法治，王莽崇尚周礼，专搞复古王道，二者偏离荀学，皆仅十多年而亡；汉武帝治国，名曰“罢黜百家，独尊儒术”，实际上是霸王道杂之，儒法并用。所谓“儒术”，是误把荀学归为儒学。汉唐盛世，清朝康乾时代，皆是遵循这一思想的结果。

然而，历史上长期形成的占据主导地位的治国观点是宋朝赵普“半部《论语》治天下”的儒家学派“修身、齐家、治国、平天下”治国思想。而且时至今日，绝大多数学者们还依然世俗地把卜子夏、荀子划归于儒家。最多的也只是说荀子是带有法家思想的儒家。本书却是将帝舜时期皋陶的“明刑弼教”“德主刑辅”，春秋、战国之交时卜子夏的“儒法兼容”和战国后期荀子的“隆礼尊贤而王”“重法爱民而霸”作为治国理政的主线，而将以孔、孟为代表的儒家学派和以韩非子为代表的法家学派降为卜、荀之学的双翼，或者说是将儒法两家学派的理论作为当政者治国理政的两手策略。再者，两千年来的历代封建统治者，宣传的均是人们容易接受的儒家学派理论，而将法家理论的大棒藏于身后，到了应用时才会拿出来惩罚或镇压那些违背执政者法律的违法者或颠覆其政权者，他们要真的将为政者治理国家的两手都明明白白地摆出来，人们反而不易接受，需要一个理解的过程。

我们研究中国治国思想，揭示历史真貌，并非是要否定儒学在历史上的功绩，而是要找到一个真正适合中国国情的治国之道，为执政者提供一个治国理政的科学方法和借鉴之道，使国家为政者在治理中少走弯路，少受挫折，使国家受益，人民受益，社会稳定，国泰民安。这也是我们研究这部治国思想史书的价值和意义。

杨　洋：在您看来晋国使用的夏正与帝尧之都的陶寺遗址观象台之间有什么关系？

李尚师：陶寺古观象台是2003年中国考古人员在山西襄汾尧都陶寺遗址考古发掘陶寺古观象台遗址复原中发现的，它由13根夯土柱组成，呈半圆形，半径10.5米，弧长19.5米。从观测点通过土柱狭缝观测塔尔山（亦叫崇山、大尖山、卧龙山）日出方位，确定季节、节气，安排农耕。考古队在原址复制模型进行模拟实测，从第二个狭缝看到日出为冬至日，第12个狭缝看到日出为夏至日，第7个狭缝看到日出为春分、秋分。古观象台遗址在今山西省襄汾县陶寺镇境内。

中国社会科学院考古研究所于2005年10月22—24日在北京举行了“陶寺城址大型特殊建筑功能及科学意义论证会”。来自中国科学院自然科学史研究所、国家天文台、国家授时中心、北京古观象台、北京天文馆、上海交通大学人文学院、南京紫金山天文台、西安美术学院中国艺术与考古研究所等单位的15位天文学家基本肯定了该大型建筑为天文观测遗迹。

整个遗迹包括外环道直径约60米，总面积约为1740平方米。台基直径约

40米，总面积约1001平方米。台基大约可分三层，第一层台基基础位于台基正东呈月牙形。生土半月台基芯被第一层台基的夯土版块所包护。第二层台基基础呈半环状，东、西两端接在城墙Q6上。第三层台基呈半圆形，由夯土挡土墙、夯土观测柱缝及台基芯构成。第三层台基芯以生土为主，还有部分夯土台芯、观测点等遗迹。

在现存的陶寺晚期的台基破坏界面上，发现了一道弧形夯土墙基础，人为挖出十道浅槽缝，形成11个夯土柱基础。夏至观测柱缝系统向东错位，设置到了第二层台基上。在最北观测柱D1与夏至观测南柱之间搭上一根门楣就成为一个面向东南，内宽1.8米的小门。估计此门专为“迎日门”。从观测点经“迎日门”向东看去，又可形成一条宽50厘米的观测缝。据此，陶寺IIFJT1上用于观测的柱缝系列共计13个柱子12道缝。经垂直向上复原，这12道缝分别对着崇峰（俗称塔尔山）的某处山头或山脊。其中主峰塔儿山在东5号缝内。

陶寺观测点夯土标志位于第三层生土台基芯中部，打破生土。该夯土遗迹共有4道同心圆。中心圆面直径25厘米，二圈同心圆直径42厘米，三圈 直径约86厘米，外圈同心圆直径145厘米。解剖结果，陶寺观测点基础残深26厘米。

《尚书·尧典》记载：“乃命羲和，钦若昊天，历象日月星辰，敬授民时。”2003年陶寺古观象台的发现，印证了《尧典》的记载。2009年6月21日，二十四节气中的夏至日，随着“陶寺史前天文台考古天文学研究”项目组利用陶寺遗址出土的“圭表”复制品测量日影的成功，进一步印证了《尚书·尧典》“分命羲仲，宅嵎夷，曰旸谷。寅宾出日，平秩东作。日中，星鸟，以殷仲春。厥民析，鸟兽孳（繁殖）尾。（分头命羲仲居东方旸谷，恭敬地迎接日出，辨别测定太阳东升的时刻，昼夜长短相等，南方朱雀七宿黄昏出现在天的正南方，这一天定为春分。这时人们分散在田野上，鸟兽开始繁育生殖。）申命羲叔，宅南交。平秩南讹，敬致。日永，星火，以正仲夏。厥民因，鸟兽希革。（又命羲叔居住在南方的交至辨别太阳往南运行的情况，恭敬地迎接太阳向南回归，白昼时间最长，东方苍龙七宿中的火星黄昏时出现在南方，这一天定为夏至。这时人们住在高处，鸟兽羽毛稀疏。）分命和仲、宅西、曰昧谷。寅钱纳日，平秩西成。宵中，星虚，以殷仲秋。厥民夷，鸟兽毛毨。（又命和仲居住在西方的昧谷，恭敬地送别落日， 辨别测定太阳西落的时刻。昼夜长短相等。北方玄武七宿中的虚星黄昏时出现在天的正南方。这一天定为秋分。这一天，人们又回到平地居住，鸟兽换生新毛。）申命和叔，宅朔方，曰幽都。平在朔易。日短，星昴，以正仲冬。厥民隩，鸟兽氄毛。（又命令和叔，居住在北方的幽都，辨别观察太阳往北运行的情况。白昼时间最短，西方白虎七宿中的昴星黄昏时出现在正南方，这一天定为冬至。这是人们居住在室内，鸟兽长出了柔软的细毛。）”的记载，也进一步奠定了陶寺作为“帝尧古都”、作为“中国”的地位。

据中国社会科学院考古研究所考古专家和天文学家的初步结论，该观象台形成于公元前2100年的原始社会末期，比世界上公认的英国巨石阵观测台（公元前1680年）还要早400多年。

◎**赵伯雄先生专访**

文化基因的传承

新时代的尧文化，以德为先，从“德、孝、公、廉、敬、忠”六个方面对当代文化的根祖影响和现实意义都是有迹可循的。

尧文化重要性不可否认，它是中华民族根祖文化的精髓，是上古农耕文明的瑰宝，是华夏儿女赖以发展的重要精神文明财富。“尧天舜日”是我国从古至今的口碑，已成为祥和幸福、美好生活的代名词，也是我们爱国爱家的传统口号。凡炎黄子孙莫不尊尧颂尧，毛主席在诗词中也有“六亿神州尽舜尧”的诗句。

唐尧文化使得中华民族由野蛮转入文明。为了挖掘祖先宝贵遗产，弘扬优秀民族文化，发扬爱国主义精神，为了深入贯彻习近平总书记“中国梦”重要指导思想及弘扬传统文化系列讲话精神，提振当代中国的文化自信，推动中华优秀传统文化的繁荣发展，记者一路追寻大师足迹，探索尧文化在新时代背景下的神州大地的重大价值。今天我们有幸采访到尧文化专家赵伯雄老师，就尧文化的古为今用，与新时代背景下尧文化的发伸与延展问题，赵老师给出了许多精辟独到的理解。

众所周知，帝尧所创造的物质和精神成果称为尧文化，成为中国传统文化的源头，是中国传统文化的直根，是中国之根、文化之根、文明之根、血脉之根。德行天下，协和万邦，是炎黄子孙共同的精神财富，是一座取之不尽、用之不竭的智慧宝库。具体来说，尧文化有三大要义：

第一，尧文化是华夏民族最具凝聚力的寻根文化。尧文化孕育了华夏文明，尧帝是华夏民族的文明始祖。相传刘、李、杜、房、朱、尧、陶、伊、祁、范等姓氏都是尧的后人。近年来，世界各地华人正在兴起“寻根热”，许多都可追溯至尧帝。

第二，尧文化是和合文化之根。尧文化的核心就是和谐，即和合精神，长期影响着我国古代的政治、文化生活，影响着人们的行为取向和道德标准，对于今天和谐社会建设具有重要意义。

第三，尧文化是禅让文化之源。尧帝开创了禅让的先河，这一点恰恰是帝王最难做到的，也最能说明尧帝是为了人民百姓“利天下而福泽万民”。他实施的禅让制，开创了历史先河，长久受到中外人士敬仰。

尧文化是华夏文明的根文化、源文化，其中蕴含的“克明俊德”的德政思想、“协和万邦”的和合思想、“日谨一日”的廉洁思想、“修己安邦”的民本思想等文化思想，已经成为中华民族独特的精神标识和薪火相传的生命基因。在新时代背景下，我们全党、全国紧密团结在以习近平同志为核心的党中央周围，要全面建成小康社会、实现中华民族伟大复兴的“中国梦”，迫切需要树立和增强文化自信，弘扬和传承中华优秀传统文化，充分挖掘和展示中华优秀传统文化的独特魅力和现代价值，凝聚建设中国特色社会主义的强大力量。可以说，上古文明的尧文化与当下迫切发展的强国梦息息相关。

赵伯雄老师特别注重尧文化在新时代新形势下的作用，对习主席倡导下重视历史、重视文化的应用，就中华民族文化基因的传承与发展，从“德、孝、公、廉、敬、忠”六个方面深度阐述了尧文化对当代文化的根祖影响和现实意义。

一、德政

奉行德政，心系百姓，公正无私，轻权爱贤，使尧天舜日成为中国历代百姓的希望。德政就是公天下，尧晚年说的一句话：“终不以天下之病而利一人。”（《史记·五帝本纪》）这句至理名言是贯穿了尧的一生的行为准则，他终生所作所为、道德、生活就是利天下而福泽万民。尧利天下而福泽万民，首先表现在非常重视发展农业上。民以食为天，在当时生产力低下的原始社会里，人民生活是最主要的问题，吃是人民生存的第一需要。马克思曾经指出：人们奋斗的一切，都同他们的利益有关。传说尧“敬授民时”，组织人员观测天象和气候，根据规律制定历法，用来帮助民众按照时令节气进行农业生产；曾经举用后稷“播时百谷”，以解“黎民始饥”；鼓励开凿水井，发展灌溉农业，推动了农业进步。他决心解决当时“洪水滔天”“下民其忧”的严重问题，先后任用共工、鲧花大力气治水。这些都说明，他是十分重视解决人民生活问题的，为了老百姓的幸福而着想的。“尧之时……山不童而用赡，泽不弊而养足，耕而自养。”（《管子·侈靡》）而且最后也的确让老百姓过上了“自养”的幸福生活。《吕氏春秋·长利》“伯成子高（对禹）曰：‘当尧之时，未赏而民劝，未罚而民畏，民不知怨，愉愉其如赤子’”，形象地描绘了当时尧给老百姓谋了福利，老百姓其乐融融到了什么程度。

其次是以德治国，爱护百姓。《淮南子》记载：“尧立孝慈仁爱，使民如子弟。

西教沃民，东至黑齿，北抚幽都，南道交趾。”这一段话是说尧舜在整个管辖内，从东到西，从南到北，对老百姓都是像对待自己的子弟一样，给予无微不至的爱和安抚。而尧舜自己则是克己奉公，“人之言君天下者，琼台九累，而尧白屋；解九种，而尧大布；宫中三市，而尧鹑居；珍馐百种，而尧粝饭菜粥；麒麟青龙，而尧素车玄驹。……故万民富乐而无饥寒之色，百姓戴其君如日月，亲其君如父母。”唐尧以身作则，勤俭治国，衣食住行如同常人，所以老百姓都非常敬重他，像对待自己的父母一样。

“德”强调的是政治关系，讲的是社会生产，社会生产是由经济基础带来的上层建筑，属于政治理论范畴。这与习近平总书记讲的“以德治国”是相吻合的。习总书记还进一步指出：“核心价值观，其实就是一种德，既是个人的德，也是一种大德，就是国家的德、社会的德。国无德不兴，人无德不立。”把核心价值观同道德联系起来，就使隐藏在人们认识和行为选择背后的抽象的价值观的落实有了“抓手”。习总书记讲，“道不可坐论，德不能空谈。于实处用力，从知行合一上下功夫，核心价值观才能内化为人们的精神追求，外化为人们的自觉行动”。道德是善恶标准、行为规范，一个人只要修好了德行，价值观就有了外在的体现。习总书记引用古语说：“‘德者，本也’，道德之于个人、之于社会，都具有基础性意义，做人做事第一位的是崇德修身”，他强调要“以德修身、以德服众”，“要加强道德修养，不断提高道德认识、陶冶道德情操、锤炼道德意志、提升道德境界”，这是对传统文化核心价值理念最好的揭示和继承。

二、孝悌

孝道是中国人伦理文明的五义之首，无孝就谈不上其他道义了。尧文化将德与孝紧密联系起来，形成独有的德孝文化。孝是处理自己和亲人、周边人的关系，德是处理和社会的关系。“孝”强调的是血缘关系、家庭伦理关系。子曰：“孝者，天之经、地之义，人之行也。”孝道文化是一个复合概念，内容丰富，涉及面广。既有文化理念，又有制度礼仪。从敬养上分析，主要包含以下几个方面的内容，我们可以用十二个字来概括，即：敬亲、奉养、侍疾、立身、谏诤、善终。

1. 敬亲。孝文化的精髓在于提倡对父母首先要“敬”和“爱”，没有敬和爱，就谈不上孝。孔子曰：“今之孝者，是谓能养。至于犬马，皆能有养，不敬，何以别乎？”这也就是说，对待父母不仅仅是物质供养，关键在于要有对父母的爱，而且这种爱是发自内心的真挚的爱。没有这种爱，不仅谈不上对父母孝敬，而且和饲养犬马没有什么两样。同时，孔子认为，子女履行孝道最困难的就是时刻保持这种“爱”，即心情愉悦地对待父母。

2. 奉养。孝文化的物质基础就是要从物质上供养父母，即赡养父母，“生则养”，这是孝敬父母的最低纲领。儒家提倡在物质生活上要首先保障父母，如果有肉，要首先让老年人吃。这一点非常重要，孝道强调老年父母在物质生活上的优先性。

3. 侍疾。老年人年老体弱，容易得病，因此，孝文化把“侍疾”作为重要内容。侍疾就是如果老年父母生病，要及时诊治，精心照料，多给父母生活和精神上的关怀。

4. 立身。《孝经》云：“安身行道，扬名于世，孝之终也。”这就是说，做子女的要“立身”并成就一番事业。儿女事业上有了成就，父母就会感到高兴，感到光荣，感到自豪。因此，终日无所事事，一生庸庸碌碌，这也是对父母的不孝。

5. 谏诤。《孝经・谏诤章》指出：“父有争子，则身不陷于不义。故当不义，则子不可以不争于父”。也就是说，在父母有不义的时候，不仅不能顺从，而应谏诤父母，使其改正不义，这样可以防止父母陷于不义。

6. 善终。《孝经》指出：“孝子之事亲也，居则致其敬，养则致其乐，病则致其忧，丧则致其哀，祭则致其严，五者备矣，然后能事亲。”儒家的孝道把送葬看得很重，在丧礼时要尽各种礼仪。

三、公道

唯贤是举仁政施，测定天拓开洪荒；大公无私尧为君，唯天为大得民心。所谓公道自在人心。所谓“公道”，就是公平、客观、合理，遵循事物发展和人类社会关系中的基本法则，尊重事物的本来面目。

“公道正派”是中华尧文化所推崇的处事之道和为官哲学，先哲云：“君子坦荡荡”，“大贤秉高鉴，公烛无私光”，“政者，正也”，“公生明，廉生威”，“其身正，不令而行；其身不正，虽令不从”。自古以来，历朝历代对官吏的德行要求就体现了公道正派。早在夏朝就有所谓“夙夜惟寅，直哉惟清”的政治清廉思想。西周时，把“六德”（知、仁、圣、义、中、和）和“六行”（孝、友、睦、姻、任、恤）作为官吏的德行标准。秦朝的官吏管理制度则规定以“五善”与“五失”为考课原则，提倡“大道之行，天下为公”（《礼记》）的理念。汉朝将礼义道德教化置于治国的首位，把“德行高妙”和“光禄四行”（质朴、敦厚、逊让、节俭）作为选官的道德标准，讲求“公道立，奸邪塞，私权废矣”（《汉书》）。唐朝则对官吏制定“四善二十七最”的考评标准，其中“四善”：德义有闻，清慎明著，公平可称，恪勤匪懈，就体现了公正廉明的要义。我国历代恪守公道正派的人物事迹总能得到历史的记忆和传颂，大公无私、礼贤禅让的尧舜，公而忘私、尽职尽责的李冰父子，秉公执法、不徇私情的北宋包拯，清正廉明、刚正不阿的明代海瑞。革命先驱孙中山 把“天下为公”奉为至理，一生为之奋斗不息。公道正派是世人所推崇的做人哲学和传统美德，是维系人们正常社会交往和社会稳定的一项最基本的品质要求和行为准则。

四、廉洁

“廉洁”与“公道”这两块基石是管理者必须具备的两个最基本的素养。早在奴隶制时代的周朝，就有周公旦制订的我国最早的一部廉政法规《周官》，当时对官员的监察就明确地提出了廉能、廉政、廉法三个方面的要求。到了春秋时代，先圣孔子又提出：“以听官府之大计，弊群吏之治。一曰廉善，二曰廉能，三曰廉敬，四曰廉正，五曰廉洁，六曰廉辩。”可见古代圣贤对于廉洁在构建官员道德中的基石作用早已有比较深刻的认识。廉洁就必然会倡导自律，而切实地做到了自警和自律，就真正实现了知行合一。

尧文化所倡导的廉洁箴言从提出到现在，虽然已过去千余年，但其精神迄今仍有很多借鉴意义。主要有三个方面，其一，不论社会制度如何变化，时代如何进步，廉洁永远都是我们进行官员道德建设的题中之义，其对官德建设的基石作用永远都不会变。其二，不论我们推行何种改革，还是落实何项制度，或者倡导何种精神，我们永远都不应忽视来自基层的感觉和声音，只有上下结合，制定出的改革方略才会符合社会发展的方向，也才能具有旺盛的生命力。其三，知行合一永远都是我们这个社会值得珍视的宝贵财富。真理的揭示与彰显固然重要，而真理的践行与坚守则更加重要。从这个意义上讲，今天在我们已经进入实现中华民族伟大复兴的进程中，廉洁自律的精神能够继续为我们这个时代发挥更好的启迪与警示作用。

五、敬业

敬业是一个人对自己所从事的工作及学习负责的态度。道德就是人们在不同的集体中，为了我们集体的利益而约定组成的，应该做什么和不应该做什么的行为规范。所以，敬业就是人们在某集体的工作及学习中，严格遵守职业道德的工作学习态度。敬业精神要求我们每一个人要有巩固的专业思想，热爱本职工作，忠于职守，持之以恒；要有强烈的事业心，尽职尽责，全心全意为人民服务；要有勤勉的工作态度，脚踏实地，无怨无悔；要有旺盛的进取意识，不断创新，精益求精；要有无私的奉献精神，公而忘私，忘我工作。

培育敬业精神，要求正确处理和职业所联系的“责、权、利”关系。人们如何看待自己所从事的职业和岗位，是否认同和追求岗位的社会价值，是敬业精神的核心。培育敬业精神首先应从树立职业理想入手，突出以下几个方面内容：

1. 牢固树立职业理想。职业理想是敬业精神的思想基础。每个人都应把自己的职业看成是为社会做贡献，为人民谋福利，为企业创信誉的光荣岗位，看成是社会、企业运转链条上的重要环节。只有这样才能树立起富有时代精神、健康向上的职业理想和目标，并以最顽强最持久的职业追求把它落实在职业岗位上。

2. 准确设定岗位目标。高标准的岗位目标是干好本职，争创一流的动力。有了岗位目标，才能做到勤业精业，在本职工作岗位上创造性地开展工作。

3. 大力强化职业责任。发挥本职和岗位的职能、保持职业目标、完成岗位任务的责任，遵守职业规则程序、承担职权范围内社会后果的责任，实现和保持本岗位、本职业与其他岗位职业有序合作的责任，是职业责任的全部内涵。

4. 自觉遵守职业纪律。职业道德规范，组织的各项规章制度，是职业纪律的内容。精心维护、模范执行是维护企业正常工作秩序的重要保证。

5. 不断优化职业作风。职业作风是敬业精神的外在表现。敬业精神的好坏决定着职业作风的优劣，而职业作风的优劣又直接影响着组织和单位的信誉、形象和效益。优化职业作风，就要反对腐败和纠正行业不正之风，以职业道德规范职业行为。

6. 全面提高职业技能。组织和单位内部要营造浓厚的学习氛围，促使成员不断掌握新技术、新工艺，不断增加技术业务能力的储备，不断更新知识结构，不断提高管理水平，成为业务骨干和技术尖兵，以过硬的职业技能实践敬业精神，为国家做贡献，为企业创效益、树信誉、争市场。

六、忠诚

“忠诚”就是对党、国家、人民绝对忠诚、绝对纯洁、绝对可靠的政治本色和政治品质，思想上始终保持与党中央高度一致，对事业和同事战友的忠诚忠实，代表着诚信、尽职和服从。

忠诚是我们为人处世之本，只有做人忠诚，周围人才会信任你，忠诚不仅仅是一个人人生观、价值观的体现，更是践行社会主义荣辱观所必备的内在品质。

忠诚于自己。首先我们要学会正确地看待自己，人贵有自知之明，我们要理智地对待自身的优缺点，不将优点过于放大，也不刻意弱化自己的弱势及缺点，那是自欺欺人的表现。对自己忠诚，也就是要做到诚实守信，还要保持自尊自重，严格自律，不做愧对良心的事。

忠诚于朋友。朋友在我们一生中扮演着很重要的角色，对朋友我们要真诚交心，在朋友有需要的时候提供帮助，遇到难题时给出最真诚的建议，朋友做出决策时给予支持，朋友犯错时也要严厉指出并帮助他纠正错误。

忠诚于家庭。一个人若是对含辛茹苦养育自己的父母不管不顾，对同甘共苦相濡以沫的伴侣弃如敝屣，对自己的子女不管不顾，又怎能指望此人能够富有责任心完成自己的本职工作呢？一个家庭都不顾及的人，做人的品质更加让人值得深思。

忠诚于企业。对企业忠诚，即我们要做到爱岗敬业，做一行爱一行，富有责任心，完成好自己的本职工作，并在工作中发现乐趣，同时尊重其他行业，行业无贵贱之分。对企业忠诚，不随意泄露企业信息，做到不抱怨，不怕吃苦。

忠诚于同事。与同事合作，一起更好地完成企业分配的任务，大家可以互相促进，共同成长，但要预防恶性竞争。对同事要友好，不能暗地使绊子，发现有品德不良的同事也要正直指出。

忠诚于社会。不做损害社会利益的事，平等地看待每一个人，不把人做三六九等分，不戴着有色眼镜看人，不歧视不轻贱任何身体有残缺的人或者其他特殊人群。

赵伯雄教授非常注重古今融会贯通，将尧文化的精神瑰宝有机地应用在现实生活中使之再放异彩，这既是对古老文明及其文化基因的合理传承及发展，又是对当代新时代背景下文化作用的再次提炼与升华，对现实应用具有重大的理论和实践意义。

记者印象：

赵伯雄教授的研究方向是古史、经学史及历史文献的考证研究。初见赵伯雄，言辞间十分谦虚。采访中，滔滔不绝，颇有风趣。提起尧文化的研究，他说意义十分重大，对中华民族凝聚力意义非凡，对历史研究也给到很大助力。在历史研究方面，赵教授一直在用辩证的思维推敲论证。研究历史多年仍保持着一个学习的心态，难能可贵。

◎杨洋+李惠民先生专访

尧文化源远流长

李惠民：中华人民共和国文化部原司长、文化部中国传统文化促进会特邀专家。

杨　洋：从文化的角度来讲，您认为尧文化有何重要的意义？

李惠民：山西是中华文明的摇篮，追溯漫漫历史长河，扑面而来的是远古最纯粹的气息。溯源，寻根，追魂，让收藏在博物馆中的文物、陈列在广阔大地的遗产、书写在古籍里的文字都活起来。

仲尼祖述尧舜、宪章文武；孟子道性善，言必称尧舜。杜甫诗云："致君尧舜上，再使风俗淳。"尧舜禹时代"大道之行也，天下为公，选贤与能，讲信修睦"。"尧天舜日"也是儒家经典记述的"大同社会"。

尧舜禹的思想精神对当代社会核心价值观的形成产生了重要的甚至是决定性的影响。挖掘梳理这些宝贵的资源，提炼出有代表性有影响力的文化符号，并逐渐形成有影响力的文化品牌，推动区域文化经济的繁荣发展，树立山西的良好形象，是我们在推动文化建设中迫切需要解决的重大课题。

杨　洋：在您看来，中国现在为何要发起"寻根溯源"？

李慧民：之所以要"寻根溯源"，是为了唤起人民对传统文化的重视与保护，唤起人民对中国所具有的五千年灿烂文明以及所创造的异常丰富的文化遗产的自豪感和使命感。众所周知，任何文化都不是凭空而来，不是无源之水、无根之木，它都有内在的逻辑和发展路径，是一个民族长期的积淀与传承的结果。如今，我们一起在流淌了上千年的历史长河中去探寻中华传统文化的发展轨迹，从传统文化中找到自己的民族之根，发现自己的民族之魂，这符合当下中国所提出的建立人类命运共同体的要求。

关于"传统"，《辞海》的解释是这样的：传统是世代相传、从历史沿传下来的思想、道德、风俗、艺术、制度以及行为方式等，对人们的社会行为有无形的影响和控制作用。传统的一个最大特征是其历史性。即所有被称之为传统者，都是从老祖宗那里传承下来的，有着深厚的历史底蕴。而且这个有深厚底蕴的传统，也必然是被老祖宗普遍认同的东西。

而“文化”是一个非常广泛的概念，难以给它下一个严格和精准的定义。不少哲学家、人类学家、历史学家和语言学家试图从各自科学的角度来界定文化的概念。然而，迄今为止仍没有获得一个公认的、令人满意的定义。广义上讲，文化就是“人化”，世界上一切打上人的痕迹的事物，均可称为文化。从这种意义上讲，文化是指人的社会实践和在实践过程中所创造的物质财富和精神财富的总和。它用来表明一定的历史时代、社会经济形态、氏族和民族的物质和精神的发展水平（例如古代文化、玛雅文化、社会主义文化等等）。狭义的文化是指以知识为载体的思想、观念、精神、价值系统等等。现在人们在提到文化的时候，仍然会特别地侧重于精神与心灵属性。“文化”除了具有广义和狭义的理解之外，还有大众话语上的理解。“文化”被看作是知识，例如，说一个人有文化，是在表示这个人有知识，高学历。

季羡林先生曾指出，中国文化的特性最鲜明的表现就是伦理色彩，它所张扬的是三纲六纪（三纲即君为臣纲，父为子纲，夫为妻纲。六纪即诸父有善，诸舅有义，族人有序，昆弟有亲，师长有尊，朋友有旧），以及解决人与人之间的关系的精神。这是中国文化区别于世界其他国家文化的显著特性。梁漱溟先生也说：“中国人把文化的重点放在人伦关系上，解决人与人之间怎样相处。”

杨　洋：我们将如何更好地将尧文化和旅游发展结合起来？

李惠民：文化应当是具有包容性的，在文化和旅游方面的结合，应当有延展性。在人类生存的不同地区，有很多接近性的大同社会，比如说村社制度，各个国家地区都存在这样的制度，而山西也有过这样制度的村社。所以，应当将这些资料进行收集整理，是否可以通过展板、图片、雕塑等形式将其展现，让游客在游览古迹的同时，对这些村社文化也有所了解。

尼雷尔认为，社会主义是一种精神，不能强加于人，但这种信念也不会自己形成，需要靠信仰社会主义的人去建立，去宣传，去发挥模范表率作用。只要恢复原始社会遗留下来的农村村社制度，就能摆脱贫穷、落后，实现人人平等的社会主义。于是他把领导和发动“乌贾马运动”当作社会主义的实践。“乌贾马”在斯瓦希里语里是指“共同生活、集体劳动和共享劳动成果的传统氏族家庭”，所谓“乌贾马运动”，就是试图把从事个体劳动的农民组织起来，建立乌贾马村，让他们走上集体化道路。这是尼雷尔在非洲大陆的一个伟大创举。从1967年开始，坦桑尼亚政府分三个阶段推行了“乌贾马运动”。政府动员农民搬到一个集中而又靠近水源的村子里，并在村子周围自耕自种；然后建立小规模的公共农区，大家在其中共同劳动，共同收获；最后建立公社农场，即乌贾马村。在村里，基本的生产资料和产品由全体成员所有，每个成员的权利是平等的，人人参加劳动，进行集体生产，按劳分配。

尼雷尔的村社社会主义不完全等同原始社会的农村村社制度，其实践内容还包括民主、文化建设，改革传统村社制度中不合理因素。他提倡民主，推崇自由，极力宣扬文明，提倡男女平等，自己带头实施一夫一妻制，结束了延续数百年的一夫多妻制度。坦桑尼亚原来是经济贫穷、文化落后的国家，国家独立之初，全国大学毕业生不到120人。

除了坦桑尼亚、马里外，非洲还有几内亚、加纳、赞比亚、马达加斯加、索马里、几内亚比绍、肯尼亚、佛得角 、塞舌尔、扎伊尔、圣多美和普林西比等国家也实施过村社社会主义，现在看来都不怎么成功。然而这些国家所进行的社会主义实验，不失为一次伟大的探索，它对人类社会的发展来说是具有积极意义的。

马克思认为村社制度是东方国家实施专制制度的地理基础。人类在改造自然、利用自然的过程中，其最终目的是为自己生产出尽可能多的物质资料，而地理环境在这个生产的过程中地位十分重要。东方国家的土地受气候的影响很大，在农业作为东方国家主要的生产部门的情况下，如何利用水资源就成了关键。在东方国家的大范围区域内，要想建成有效的灌溉系统，单靠个人的或一部分人的力量是不太可能完成的，所以只有通过村社和更高级别的政府部门共同协作才能完成。从国家的长远发展和稳定的角度来看，建造公共工程，积极发展水利是每一个政府都应该重视的职能。如若不然，则会造成非常严重的后果。“这就可以说明一件否则无法解释的事实，即大片先前耕种得很好的地区现在都荒芜不毛”，马克思在他的著作中就提到了英国在殖民印度时期忽略了印度的灌溉系统，致使当地的农业损失惨重。这一实例也说明了，村社制度和国家的职能对一个地区的发展是多么重要。

马克思认为村社制度是东方国家实施专制制度的社会基础。 在东方国家广阔的地域内，因为交往不频繁，村社和村社之间近乎于孤立地存在，这也就决定了村社的封闭性，进而也就不难理解东方社会的停滞性。马克思曾这样形容东方国家的村社：“公共工程是中央政府的事情；除了这个政府之外，整个国家（几个较大的城市不算在内）分为许多村社，它们有完全独立的组织， 自成一个小天地。”就印度这个国家来说，民众生活在村社的小集体中，自给自足，只关心与自己切身利益相关的，这就造成了民众对英国殖民者的顺从。而另一方面，这个国家的人们却又表现出特别的破坏力。在印度社会内部，时常会出现相互之间的残杀甚至是用人的生命进行祭祀。这些村社无论从外在上看起来多么宁静和平，也掩饰不了其内在的特质，普通大众最终也是被无情地奴役。村社是东方社会的基本单位，村社的结构状态会影响到民众的状态，进而影响到社会的整体状态。所以，研究东方村社对进一步了解东方国家的制度形成和发展尤为关键。马克思在 19 世纪中期对中国的国情进行了一次全面的考察，他认为中国具备东方国家专制制度的典型特征，社会的发展同样具有停滞性。

如何将这些历史背景更好地与尧文化结合起来，展现在世人面前，是我们应当考虑的。文化本身是具有包容性的，应当多元化地进行展示。

杨　洋：道法自然，我们如何将历法更好地与尧文化交融？

李惠民：古老的陶寺观象台与现代气象科学在帝尧之都交融汇聚，不但让人们领略 5000 年前古人的聪明才智，而且感受现代气象科学“呼风唤雨”的奇妙。举办“历法之源”天象观测体验的活动，是传播传统文化的一种好的途径。

陶寺观象台比英国的“巨石阵”早 400 多年，是迄今为止发现的世界上最古老的观象台，为中国历法之源。陶寺观象台由半圆形外环道和半圆形台基建筑构成，台基上立有 13 根柱子，形成 12 道缝隙。古观象台构成地平历观测系统，站在观测点上，透过缝隙，通过观测正东方向塔儿山山脊线上日出，可将一个太阳年 365 天或 366 天分为 20 个节令，除了包括冬至、夏至、春分、秋分之外，还有种植粟黍、稻、豆的农时。

举办相关的仪式、活动，可以让人们通过实地体验和参观气象科普知识展，了解天文气象历史变迁，成为帝尧文化旅游的又一张新王牌。

杨　洋：在您看来，我们如何更好地去寻求帝尧的圣迹，感受先贤的遗风？

李惠民：如何规划一条旅游线路，将尧迹、禹迹都结合在一起，让游客对古老文化和历史遗迹一览无余。不要仅仅局限在一个地方，这样可能走马观花，印象并不深刻。如果将他们都串联起来，有一条踪迹可寻，似乎就像一个完整的故事展现在世人眼前，更好地去展示人类溯源、历史遗迹。

大禹是中国历史上第一个统一王朝的奠基者，夏朝的开国之君，又是中国古代伟大的治水英雄。4000 多年前，大禹同炎黄二帝一样，成为华夏儿女共同敬奉和朝拜的立国之祖。大禹在治水中不畏艰险、身先士卒、公而忘私、三过家门而不入的伟大品格，成为中华民族的精神瑰宝。

比如说，每年谷雨时节的祭禹是绍兴悠久历史和文化的见证，已形成了特有程序。自公元前 2059 年左右夏启开端，便有祭禹祀典。1995 年 4 月 20 日，是中华人民共和国成立后首次公祭大禹陵。作为国家级非物质文化遗产，绍兴的公祭大禹陵典礼已产生了全国性影响，形成了“北有黄陵，南有禹陵”的中华民族祭祀先祖的格局。2007 年公祭大禹陵典礼成为“国家级”的祭祀典礼。

尧庙是寻根祭祖的寄托。尧庙原建于汾河西岸，历朝历代对尧庙都有修复，唐代尤其重视建庙、祭祀圣王和已故功臣。华表是 2001 年建立的，历史上朝堂两侧的木桩代表尧当时设立的“诽谤木”，亦称“华表木”，有广泛听取民主建议的寓意，现如今预示中华民族的文明复兴。二十四节气图是尧制定并规范了一年以 366 天为一周期，剩下的天数用闰月方法计算，并用二十四节气来规范人们的起居。而日月星辰石是尧根据日月星辰定律制定历法，使得农业有序发展，人类文明得以进步。“尧姓祭祖大典”置身尧庙之中，便清晰地感受到当代人以及历朝历代帝王和民众对祭祀缅怀帝尧的重视。

尧陵是帝尧文化的文脉。临汾尧陵位于临汾市尧都区大阳镇。陵墓及附近古柏繁盛，称“神林”。传说帝尧驾崩后民众悲痛不已，送葬时人们掬土成陵。尧陵延续了传说中帝尧文化的文脉。入正门往左手边望去，可以看到一个苍柏繁茂的土丘，周围围绕石山。陵墓是明代格局、清代建筑风格。2006 年尧陵被公布为全国重点文物保护单位。尧陵虽然遍布各地，但是以临汾的规模最大，祭祀最多。

相传古尧时，平阳以东地区由于地处盆地，水漫为患。于是尧沿水东行到达此地体恤民心。后当地人民为了表达对尧王的尊崇爱戴，专门塑像作为纪念。祭天圣地——浮山天坛山：天坛，顾名思义祭天之坛。在中国祭天仪式的起源可追溯到黄帝时期，商周特别是汉代以来，历朝历代的帝王都对此极为重视，祭天场所即天坛。

如何通过尧文化的“和”将临汾的文化产业进行整合管理，值得深入研究。在理论研究中要客观地了解尧文化，系统地探讨尧文化，创新发展地研究尧文化。不仅要将尧文化做大做强，更要扩大其在国际领域的学术影响力。

◎徐义华先生专访

尧之魂，文旅之兴

尧文化滥觞于山西晋南一带，结合当地文化遗产，注入形而上的资源，大力发展文化旅游产业，使物质遗产和精神遗产两者有机结合，共同打造新的文化旅游亮点，塑造和还原文旅新主题。

中华尧文化是自上古文明流传至今的重要宝藏，对其深度挖掘和拓宽发展是现代化精神文明发展的重要工作，有助于增强华夏民族高度的文化自信以及体现实践应用中的创造价值。本文采访著名学者徐义华教授，就中华尧文化的起溯渊源以及当下的实践应用方面深入探讨，力求寻找尧文化的现实应用范畴及体现方向，结合社会主义新时代背景下党和国家发展的需要，共同谋求整个国家和人民的福祉。

我国是世界公认的农耕文明古国之一，有着5000年的灿烂历史，它的创造者，其代表人物就是上古时期五帝之一的帝尧。如果把上古五帝比做5座紧密相连的大山，那么，帝尧就是居于正中的巅峰。他上续炎黄二帝之血脉，力创原始文明之先河，下泽舜禹盛世之功勋，得到华夏子孙无比尊崇和敬仰。孔子赞曰："大哉，尧之为君也！巍巍乎，唯天为大，唯尧则之！荡荡乎，民无能名焉！巍巍乎，其有成功也！焕乎，其有文章！唯天为大，唯尧则之。"孟子赞曰："放乎四海也。"

尧文化的核心是什么？尧的一生的行为准则，他终生所作所为、道德、生活就是利天下而福泽万民，首先表现在非常重视发展农业上，民以食为天，在当时生产力低下的原始社会里，人民生活是最主要的问题，吃是人民生存的第一需要。传说尧"敬授民时"，组织人员观测天象和气候，根据规律制定历法，用来帮助民众按照时令节气进行农业生产；曾经举用后稷"播时百谷"，以解"黎民始饥"；鼓励开凿水井，发展灌溉农业，推动了农业进步。他决心解决当时"洪水滔天""下民其忧"的严重问题，先后任用共工、鲧花大力气治水。这些都说明，他是十分重视解决人民生活问题的，是为了老百姓的幸福而着想的。

其次是以德治国，爱护百姓。《淮南子》记载："尧立孝慈仁爱，使民如子弟。西教沃民，东至黑齿，北抚幽都，南道交趾。"这一段话是说尧舜在整个管辖内，从东到西，从南到北，对老百姓都是像对待自己的子弟一样，给予无微不至的爱和安抚。而尧舜自己则是克己奉公，“人之言君天下者，琼台九累，而尧白屋；解九种，而尧大布；宫中三市，而尧鹑居；珍馐百种，而尧粝饭菜粥；麒麟青龙，而尧素车玄驹。……故万民富乐而无饥寒之色，百姓戴其君如日月，亲其君如父母。”唐尧以身作则，勤俭治国，衣食住行如同常人，所以老百姓都非常敬重他，像对待自己的父母一样。

尧帝开创了禅让的先河，这一点恰恰是帝王最难做到的。也最能说明尧帝是为了人民百姓“利天下而福泽万民”。帝尧访贤，充分说明了尧帝大公无私的高尚品德。为了天下苍生百姓的幸福，选好接班人，他从上到下考察，从他的著名功臣四岳和共工，到山野村夫许由，最后确定到盲人之子、平民舜。可以看出尧对选择接班人的谨慎，为了“利天下”，为了苍生百姓的福祉，惟恐政权落入那些野心家手里，给国家、人民群众带来深重灾祸。

尧文化的核心就是和谐，也就是和合精神。在包罗万象的尧文化中，和合精神处于中心地位，长期影响着我国古代的政治、文化生活，影响着人们的行为取向和道德标准。和合之道成为影响统治者的一种行为手段和领导艺术，成为人民群众的一种道德取向和处世精神。和，是指异质事物的共存；合，是指异质事物的共生。和合文化也就是和谐人和自然、人和社会、人和人等多种关系，使世界在平和自然的状态中发展。尧既讲民主，又讲法治，他曾经亲自主持制定“五刑”，对于祸国殃民的人，则依法严厉惩处。尧为了让人们能及时批评朝政和揭发坏人，设置了“进善旌”“敢谏鼓”“诽谤木”。

尧文化作为中华文明的坚实基础，树立了我们每一个华夏儿女的民族自信心，这种文化自信有助于我们在平时的工作中保持积极向上的工作状态和认真负责的生活态度。无论是上层建筑的务虚工作还是基层生活的务实工作，都需要这种自信满满的文化支撑，这是我们作为大国强国的必要精神食粮，也是每个国人处事达人的遵循圭臬。

徐义华教授特别强调，尧文化滥觞于山西晋南一带，有必要结合当地文化遗产，注入形而上的资源，大力发展文化旅游产业，使物质遗产和精神遗产两者有机结合，共同打造新的文化旅游亮点，塑造和还原文旅新主题，打造当地独有的文化平台氛围，这样形成规模化集群后，必然能带来极大的经济效益和社会影响，弘扬主旋律正能量，教育越来越多的当地及外来人口，使大家更加坚定民族自信心和自豪感，让老祖宗的文化瑰宝再放异彩。

尧文化是晋南文化遗产的魂，晋南是山西物质文化和非物质文化非常聚集的一个区域，也是尧文化发生和发展的重要阵地，地域产生的结合效应非常巨大，应成为当地文化旅游开发的思路方向。譬如山西晋中一带是晋商文化滥觞之地，大型实景演艺项目《又见平遥》就是很成功的应用作品，我们可以类似推出《又见尧舜》一类的文化表现形式，甚至创造出各种新型的艺术文化表现形式，以飨游人和观众，为大家展现视听饕餮盛宴。

这里还要特别提到“尧都古镇”，这是一座集尧文化展示、体验为一体的平台，崛起于尧都平阳东北部，甫一面市就吸引了周边民众趋之若鹜。尧都古镇作为尧都区涝洰河“三河五湖六园”生态建设工程中的重要一环，位于尧乡园起步区内，以尧文化为主题，结合休闲度假的旅游元素，着力打造尧文化体验式主题公园。整个项目占地 346 亩，总投资 4.1 亿元，分三期实施。建设内容主要包括：尧文化部落体验园、当地传统特色小吃、民俗酒店、游乐园、温泉休闲度假区五部分。其中古镇项目占地 126 亩，投资 1.2 亿元，建设内容主要包括唐国宫、地坑院、特色小吃街、古玩工艺品、民宅、窑洞、庙宇、戏楼等文化场所及停车场等配套设施。

游客置身茅茨土阶，或立于诽谤木、敢谏鼓下，可感受远古文明的“第一缕曙光”。穿过“时光隧道”，在铺面林立、旗幌招展的巷陌，可重温青砖黛瓦间的市井生活；在酒香扑鼻的酒坊，可怀旧远去生活的情趣；在石碾滚动的碾坊，可找寻渐行渐远的乡愁。抑或携老幼子，在游乐园里共度亲子时光……

尧都作为帝尧古都，突出的尧文化资源为尧都古镇项目的建设发展提供了优越的条件，也为今后的建成运营提供了巨大的潜力。尧乡园起步区将尧文化的深厚底蕴和区域特色贯穿于古镇建设中，着力将古镇打造成为“中华尧文化名镇”。在尧文化的复兴背景下，尧都古镇“生逢其时”，不仅为周边城乡居民提供了一个休闲娱乐的好去处，而且有望被打造成传播弘扬尧文化的新名片，为全市文化旅游业发展做出贡献。

如何科学地激活文化的价值，实现文化优势向产业优势和经济优势的完美转变，是尧文化研究者和实践者共同需要研究和探讨的大课题。顺平县的案例可以作为一个经典借鉴。顺平县以文化为抓手，将丰富的桃文化、尧文化资源与传统桃木雕刻有机融合，逐步将桃雕打造成了极具地域特色的旅游新商品品牌。

顺平县是尧帝故里，桃树种植面积达 14 万亩，又被誉为“中国桃乡”。几千年来形成的独具特色的桃文化，以及源远流长的尧文化，使该县历史文化资源格外丰富。桃文化和尧文化是桃雕产业发展的优势，但新颖的创意设计和精良的制作工艺才是我们占领市场的法宝。文化创意的植入以及工艺的创新，提升了产品的附加值，市场前景更加广阔。河北伊祁山工艺品有限公司是顺平县唯一一个“河北省旅游商品生产基地”。公司经理目前考虑更多的是如何让桃木雕刻产业在现有的基础上，实现创新发展。他们定期邀请全国各地知名民俗文化专家，举办桃文化尧文化研讨会；组建了专门的创作团队，由高薪聘请的资深雕刻师牵头，专门负责图案创意和设计；严把生产流程，每一件工艺品都经过烤、蒸、煮等58道工序处理，并斥巨资投资建设唐尧文化园。顺平桃雕，在尧文化“因子”的催生下,已逐步成为保定、河北乃至全国的特色旅游商品品牌。

许许多多分门别类的尧文化在文旅商业上的应用，已经极大地推动了当地产业的发展和升级转型，也为新经济产业运维提供了坚强的后盾和支持，相信随着越来越多人参与对尧文化的研究和发掘，更多门类的产业业态将被开发出来，形成百花齐放百家争鸣的产业格局，为习总书记领导下的新时代背景下的新经济助力增光，让越来越多的中华儿女享受祖先尧文化大树下的福荫，真正发挥文化价值。

谈完文化的发展应用，徐义华教授又提到了尧文化中对弱势群体的保障功能。尧文化一直倡导的价值观就是利天下而福泽万民与和合精神，这与我们当前以习近平同志为核心的党中央所提倡的社会主义核心价值观有异曲同工之妙。尧文化是利天下的文化，关注弱势群体、劳苦大众是其应有之义。学习尧文化，就一定要关注弱势群体，帮助弱势群体，大爱所在，和合众生。

我们知道，帝尧在位的时候，洪水泛滥得非常厉害，严重影响百姓的生活，尧一直忧心忡忡，为解除百姓疾苦，首先起用鲧治理水域，九年无功而返，又启用禹，使洪水得以治理。那时候草木茂盛，鸟兽繁殖成群，五谷歉收，禽兽威胁着人类的生命财产安全，兽蹄鸟迹随处可见，尧安排舜主持治理工作，舜命令伯益掌管火政，伯益放火焚烧山林沼泽的草木，使禽兽逃散藏匿，老百姓才能开展正常的生产生活行为。这都是尧文化中体现尧关心百姓疾苦，深入群众生活的典型事例，作为精神传承，也影响后世数千年。现在我们紧密团结在习总书记为核心的党中央周围，习总书记也常说心中思念着贫困地区百姓的疾苦，全国范围内开展精准扶贫项目，正是尧文化的现实应用意义所在。

而且我们认为，关注弱势群体，增强对弱势群体的保障，要从农村抓起，从社区抓起，农村和社区是尧文化最好的落脚点。弱势群体在形式上是一个虚拟群体，是社会中一些生活困难、能力不足或被边缘化、受到社会排斥的散落的人的组合。在尧文化的指引下，当下解决弱势群体困难应从以下几方面着手：

1. 促进就业是解决贫困的根本措施

应把再就业问题列为国家宏观调控的战略目标之一，通过宏观政策的调整增加就业机会，除坚定不移地开放市场，引进外资外，应大力发展个体、私营经济，发展第三产业，特别是要发展吸纳劳动力较多的社区服务业，并落实各项优惠政策。要鼓励下岗职工和失业者改变观念、自主择业，政府在促进就业方面应做好组织协调工作，加强职业介绍、职业指导、职业培训等，在就业中，采取灵活的用人制度，组织失业和下岗人员以临时工、小时工、弹性工时等灵活就业形式搞劳务承包，制定用工制度，并解决好从业人员的劳动保护和社会保障等问题。就业扶持要向贫困群体倾斜，对中西部不发达地区，政府应从财力、物力上支援，振兴当地经济，为失业者创造就业机会。提高贫困人口的文化素质，是反贫困的重要手段。除了对失业人员进行职业技术培训、增强就业能力外，还应对其子女的教育费用进行资助或采取减免特困生的学杂费、建立贷学金制度等，以保证贫困学生受教育的机会。

2. 建立完善的社会保障体系，调整社会福利政策，向贫困者倾斜。

应加大三条保障线的扶持力度，继续提高低收入者的水平。同时应逐步调整现有社会福利政策，在住房补贴、退休金、医疗保险、义务教育等方面向低收入者倾斜，通过社会保障的再分配，起到缩小贫富差距的作用。要建立和健全覆盖全社会劳动者的社会保障覆盖面，使各种经济类型的劳动者都覆盖在安全网内，这不仅能增强劳动者的安全感，也有利于劳动者的合理流动。要解决社会保障资金严重不足的问题，如养老金，由于过去老职工的隐性缴款未能得到补偿，使企业不堪重负，致使企业欠缴和拒缴保险金。为解决此项难题，政府应从国有资产中划出一部分用作养老金。要加快社会保障的立法进程，尽快出台有关社会保障的法律法规，明确国家、企业和职工的权利和义务，使社会保障制度有法可依。

3. 建立城镇扶贫的监测体系。

为了社会稳定，应把解决失业问题和城镇扶贫纳入宏观调控之内，更有效地对贫困居民进行救济和扶持，应准确掌握失业率、下岗职工的动态情况和劳动争议、劳动关系的紧张程度等，有必要在劳动和社会保障部门建立一套监测指标体系和预警制度，以便及时调控和采取对策。并在此基础上，由政府牵头形成统一的城镇扶贫管理体系，使扶贫工作制度化、社会化。

综上所述，徐义华教授就尧文化的古为今用、文化与实体结合以及人道主义关怀三方面深入浅出地娓娓道来，使笔者感受到一代大师的风采和深深的人文情怀，由衷地享受一场文化洗礼。希望未来尧文化越来越多地显现于社会发展和人民生活建设中，让越来越多的人受益古老文化瑰宝的魅力，为社会主义新农村建设和人民生活水平提高添砖加瓦，再创新辉煌！

记者印象：

徐义华祖籍山东，却对山西文化如数家珍，在尧文化的传承和创新思路上颇有研究，其实许多观点都是经历的升华和岁月的精粹。他提到自己刚上大学就开始研究这些，几十年方能沉淀为如今的侃侃而谈。相比一些钻研历史，还原真假、辨别真伪的研究角度，徐义华更看重文化的绵延及运用。他提倡的整合思维，不单独局限于尧文化，而是联系晋南各地文化遗址文化群来做文章，这样的意义也许更加落地。

◎杨洋+马连忠先生专访

宣传尧文化　打造区域经济

马连忠：中国先秦史学会工委主任。

杨　洋：在您看来我们宣传尧文化的目的是什么？最后要起到什么作用？

马连忠：尧文化是中华民族文化的源头之一。它是以尧舜时代为背景，以传颂尧的功绩为宗旨，以崇尚道德，构建和谐社会为核心内容，是中华民族传统文化构成的一部分。

距今四五千年的尧舜时代是中华早期文明发展史上的一个重要阶段。《史记·五帝本纪》用四分之三的分量记叙尧舜的事迹。虽然它们属于“口耳相传”的传说资料，其间掺杂着某些神话色彩，但不排斥里面包含着基本的历史元素，通过考古工作者和历史学者们利用多重证据来检核，可以肯定尧舜其人和尧舜时代存在的可信性，正是在这种历史文化背景下孕育了尧文化。

在传世文本和新发现的出土文献中，保存着许多尧事迹的资料，这些资料留传下来，凝结成被千古以来人们颂扬的尧文化。兹归纳其核心内容，大致包含两个方面，一方面是崇尚道德，尊帝尧为道德的楷模；另一方面认为尧是治理天下的圣主，是他开辟了以德治邦的先河。

战国时代社会发生了急剧变革。社会上人们对道德标准的价值追求产生了多元化倾向，并派生出道德危机感。于是，崇尚道德、讲究温良、重视民生成为部分知识精英倡导新道德重铸的关注点。因此战国时期思想家们倡导尧文化，运用尧文化资源来重构心目中的伦理道德体系，自然就收到了恰合时需的功效。

战国以后，尧文化绵延不断流传下来，且滋润着中华民族的心田。历代统治者根据自身统治的需要，倡导尧文化，使它变成物化形式，从而体现在敬拜尧帝的祭祀文化中，在全国许多地方修建了尧庙、尧陵、尧祠。大概从西周时代开始有了祭尧典礼，此后西汉高祖以尧后自居，置祠祀官，祭祀尧帝。直到元明清以来建尧庙、祀尧典活动记载不断，有时把尧作为祖先崇拜，也有时尊为先帝祭祀，后来还有把尧作为圣师崇拜。再从文献记载的尧庙、尧陵的分布来看，除山西、河北、山东、河南这些中原地区外，甚至扩散到江苏、安徽、江西、广西、广东等地。人们去尧庙、尧陵、尧祠祭拜，反映出中华民族在血缘上和文化上对尧文化的认同。

尧文化给我们最大的启示，是其之所以能在尧舜时期产生，并跃居领先地位的那种领导者的精神风范和良好的社会风尚。正是这种精神风范和社会风尚，赢得了群众的拥戴。在民众的支持下开拓进取，集中表现在华夏民族团结一致，虚怀若谷，对外来优秀文化的广纳吸收。探讨尧文化，弘扬尧文化，正是这种良好的风尚，才能够融多元为一体，造就了璀璨的华夏文明。

总之，尧文化作为华夏文化的一个主要支系，长期影响着中国的政治、文化生活，影响着人们的行为取向和道德标准。特别是对历代统治者、执政者更是这样，我们殷切希望尧文化作为我国优秀传统文化的重要组成部分，不断发扬光大，源远流长。

杨　洋：您认为怎样结合尧文化才能够打好区域品牌这张牌？

马连忠：临汾区域内尧文化遗存已经说明这个地域性概念的可信性。这个区域内遍布了丰厚的帝尧文化遗存，足以说明尧时期的方国在这个区域内，这不应当是某个县或区域的事，而是立足临汾市做文章才对。

将文化节庆活动活跃起来是对的，但是还应当整合资源，吸取一些好的案例。打造历史文化的名片，将有影响力的文化，比如说尧文化、晋国文化、丁村文化等一些具有区域特色的文化推向世界。对尧文化的研究与开发可以转向采取大市牵头、县区联动、统筹部署、连片打造的模式，在整体上规范有序，投入重点突出，运作地域特色兼顾的可持续发展的轨道上来。

比如说，西安拥有众多的文物古迹，每年吸引着成千上万的国内外游客前来观光。这些文物资源既记录了这座城市的辉煌历史，也促进了这座城市的经济发展。秦始皇兵马俑是中国第一批列入世界遗产名录的文化遗产，自1974年秦始皇兵马俑被发现以来，经过30余年的发展，以文物为主体的旅游业已成为促进西安地区经济发展的重要力量。文物资源对西安地区经济发展的促进作用是有目共睹的。长期以来，文物资源对西安经济发展到底有多大贡献，在西安国民经济体系中居于什么地位，人们是很清楚的，对GDP、财政收入、社会就业等都有一定的贡献。

结合这些成功的案例，从区域经济方面讲如何打好这张牌是至关重要的，我们有很多文化还只起步于发展研讨中，如何把文化做实、品牌做强做大是一个历史性的课题。我们可以把历史现象制作成产品，展现在游客面前，让游客有所感悟。毕竟我们无法去体会远古时代的震撼，那么我们该如何展示，这是关键。

杨　洋：您认为禅让制对中国的文化有什么深远的影响？

马连忠：首先，它打开了中国民主政治的先河。禅让制时代选人用人是完全按照民主推荐的方式，从德能勤绩廉等方面对被考查对象进行综合考查，并通过各种实地考验后，再将帝位禅让给被考查人，原任君主可以在有生之年利用自己的德行和威望监督和进一步考验新任君主，最后完成政权的新老交替。这种政治制度之所以被后世所称赞和向往，关键在于新老君主完全以德行和社会治理能力而不是通过武力征服公众，有利于凝聚人心、政通人和、事业兴盛。所以尧舜禹三帝被后世称为圣君明主。虽然这种选人用人的方式与今天的民主不一样，但二者所追求的目的和结果是一致的——以群众推荐的方式选出贤能之士担任国家领导人，全心全意为人民、为国家服务。因此其具有划时代的历史意义而被载入史册，受后人向往和推崇。

禅让制在我国历史上虽然推行的时间不长，但这个体制所带来的社会效应是无可比拟的。在我国四千多年的家天下时代，没有哪个朝代能像禅让制时代那样受人怀念和向往。每到新的王朝更替，人们就寄希望于新的君主能像尧舜禹那样治理社会，让百姓安居乐业，享受太平，但就是再也没有哪个王朝出现过这样的君主，更没有哪个王朝出现过那样的时代令人怀念和推崇。所以说这个时代不仅代表着我国现有历史上开明政治的最高水平，更是在奴隶社会和封建社会可望而不可即的时代。

尧舜禹的事迹成为教化后世的经典。尧舜禹作为一代圣君，其行为举止给后代带来了无可替代的影响。尧宽厚仁慈的心胸，识人用人的睿智，赏罚分明、凝聚天下的魅力；舜忠孝仁厚的德操，爱民如子的亲和力，吃苦耐劳的意志；禹三过家门而不入的敬业精神，无不受到后世的敬仰和纪念，并作为教育后人忠孝仁爱、励志奋发的经典教材世代相传。无论是国家还是民间，他们的道德和精神始终被作为中华民族奋发向上、建设大同社会的力量永放光辉。

在我国奴隶社会和封建社会，忠孝仁爱始终是统治阶级和平民百姓对自己和他人人生价值建设的基本准则。禅让时代的忠孝仁爱思想虽然很原始、很抽象，但很实际、很有感染力，甚至儒家学者将忠孝仁爱纳入其思想范围而加以理论化时，都没有离开和超出禅让制“忠孝仁爱”的基本标准。如果没有禅让时代树立起来的以忠孝仁爱为基础的高超德行，以孔子为代表的后世忠孝仁爱思想文化理论就成为无源之水和无本之木。就算孔子等在理论上再构建和深化，都很难深入人心而被世代接受和传承。

总之，禅让制对中国历史的发展产生了十分重要的影响。它之所以传承几千年而备受推崇，关键在于其顺民心，切民意。它有力地告诉我们，只有尊从、顺应社会和自然规律的人和制度才是人人拥护的、科学的，任何违背社会和自然规律、甚至开历史倒车的人和政府，其结果只能是被人民所唾弃和消灭。

历史不能复制，但历史必须学习和借鉴。我们虽然已经不需要禅让，但我们仍然需要大同，愿天下人少一点自私，多一点仁爱，共同努力建设现代化的大同国家。

◎蔺长旺先生专访

尧文化是构建人类命运共同体理想的文化基石

2018 年 4 月，在博鳌亚洲论坛开幕式上的主旨演讲中，习近平同志说：“我希望，各国人民同心协力、携手前行，努力构建人类命运共同体，共创和平、安宁、繁荣、开放、美丽的亚洲和世界。”从党的十八大至今，习近平同志在不同场合多次提出构建人类命运共同体的倡议。五年多来，这一倡议得到越来越多国家和人民的欢迎和认同，并被写入联合国重要文件。

构建人类命运共同体的主张是中国为促进世界和平与发展提出的中国方案，也是中国为实现人类美好未来提出的努力方向和目标。记者就如何通过继承和发扬尧文化，助力构建人类命运共同体的理想，探讨如何发掘优秀传统文化在新时代的意义和价值，专程采访了尧文化知名研究者、临汾市政协文史研究员、原空军某飞行学院蔺长旺教授。

记　者：您是如何理解人类命运共同体的？

蔺长旺：“人类命运共同体”是中华文明的重要基因。“人类命运共同体”这一包含相互依存的国际权力观、共同利益观、全球治理观和可持续发展观的全球价值观，是多年来中国政府在世界上反复强调、并列入国家宪法的关于人类社会发展的新理念。习近平同志在十九大报告中提出，要坚持和平发展道路，推动构建人类命运共同体。中国共产党始终把为人类做出新的更大的贡献作为自己的使命。中国将高举和平、发展、合作、共赢的旗帜，恪守维护世界和平、促进共同发展的外交政策宗旨，坚定不移在和平共处五项原则基础上发展同各国的友好合作，推动建设相互尊重、公平正义、合作共赢的新型国际关系。

记　者：如何利用尧文化来构建人类命运共同体的理想？或者说二者有怎样的联系？

蔺长旺：推动建设人类命运共同体这一人类发展史上的宏图大业，其构建之本源来自中华文明五千年历经沧桑始终不变的“天下”情怀。溯源中华文明发展史，从“天下大同”“协和万邦”“以和为贵”的和平思想，到“己所不欲，勿施于人”“四海之内皆兄弟”的处世之道，再到“计利当计天下利”“穷则独善其身，达则兼济天下”的价值判断，中华民族同外界其他行为体命运与共的传统和谐理念，可以说是中华文明与文化的重要基因，薪火相传，绵延不绝。新时期，中国人民致力于实现中华民族伟大复兴的中国梦，追求的不仅是中国人民的福祉，也是世界各国人民共同的福祉。所以说，黄帝“天下大同”、帝尧“协和万邦”的理念与情怀是构建人类命运共同体理想宏图的文化基石。

“以古为镜，可以知兴替”，古今是有极大相关性的。试想，在尧舜时期，“天下共主”想对国家做到安定治理也是非常艰难的事情，那时我华夏民族面临着洪灾和海水西浸等灾害的情况，与西方《圣经》大洪水时期诺亚方舟的故事在时间上也相一致。帝尧“协和万邦”“平水土”（共享水土资源），带领百姓治水长达67年之久，才有了史载“尧天舜日”的盛世，而如今新时代人类命运共同体的理念与尧舜时期这种同命运共呼吸的万邦和谐也是一脉相承的。

中华民族“大同天下”“协和万邦”的情怀与精神，是我们中华民族独特而崇高的理念，我们的血脉里流淌着“和”的文化基因。而一些西方国家则缺少这种精神理念。所以，习主席所倡导的构建人类命运共同体的理想是对中华民族文明硕果非常伟大而崇高的继承和发扬，吸收了祖先留给我们最宝贵的文化精华。

记　者：您为什么认为临汾是成就《致全球华人命运共同体尧都倡议书》之举的理想之地？

蔺长旺：说实话，晋南地区在中华文明发展史上的地位非常重要。且不说寓意天人合一世界观之“盘古开天地”的神话，我们可从中华先民有巢氏、燧人氏说起。典籍记载“中条华岳本一山挡河”“巨灵劈山导河”，而根据地质科学研究，万年前由于山体阻隔，黄河水在晋南运城地区滞留形成了湖泊，历史上称之为雷泽，史书记载“大迹出雷泽，华胥履之，生伏羲”就在今天的汾渭流域，这就告诉我们这里是女娲、伏羲最早的活动地域。

在我们山西临汾北部，有座霍山，也叫作西泰山、太岳山。据典籍记载，炎黄大战后黄帝西泰山封禅，参战双方的蚩尤，熊、罴、虎、豹等都曾汇聚于此地，其场面十分壮观。战国《韩非子·十过篇》记载：“昔者，黄帝合鬼神于西泰山（今临汾北部霍太山）之上，驾象车而六蛟龙，毕方并辖，蚩尤具前，风伯尽扫，雨师洒道。虎狼在前，鬼神在后，腾蛇伏地，凤凰覆上，大合鬼神。”战后，黄帝在西泰山举办祭天封禅大礼，实现了历史上第一次中华民族“天下大同”的大融合。从此，我们也就有了炎黄子孙的称谓。

临汾地处华岳、中条与太岳之中，不但是中华始祖母华胥女娲与伏羲、炎帝、黄帝、尧舜禹时期历史文化遗存最为丰厚的地区和“黄河魂、中华根”的源头，而且也是600年前自临汾洪洞大槐树迁徙各地之移民的祖籍之地。

除传说之外，考古成果也显示出围绕着斗维之野、黄河的“几”字弯处的周边，即以陕西华山、山西人祖山、太岳山（霍泰山）、中条山为中心的地域里，有很多旧石器时代的文化遗址。从距今180万年就学会使用“火”的西侯度人，到距今110万年—70万年的蓝田人，到距今65万—50万年的陈家沟人，从距今50万—5万年的洛南人到距今20万年的大荔人，从距今10万年的丁村人到距今5—3万年的禹门口人，从距今2.3—1.6万年的下川人到距今1.3万年的薛关人，再到距今2万—1万年的人祖山柿子滩人，成为整个旧石器时代中华先民的主体。

其长达180万年的发展轨迹沿着当初的渭、洛、汾水内陆湖自然的形成一个近似圆形的区域。我们的祖先都围绕着这几座山而居。由于1万年前的大地震造成了中条华岳的断裂，自此黄河倾泻，形成渭水平原和汾水冲击原始平原，中华文明就跟着黄河的波涛逐渐向东推移发展。在这个区域里，留下了有巢氏、燧人氏的足迹，留下了“女娲炼五色石以补苍天”的传奇，留下了“大迹出雷泽，华胥履之，生伏羲”的记忆，原来这里就是孕育中华民族的摇篮，是中华民族的始祖母——母系女娲华胥氏族的诞生圣地。

可见，中华文明的祖先从这里开始。我们丁村人的发现正好填补了北京人和山顶洞人之间的空白，极大地提高了我们的民族自信，有力地反击了西方考古界认为中国人的祖先来自非洲的谬论。

所以，通过对典籍与民间传说的梳理和考古发现的印证，我们说尧都平阳、尧文化由此发源，从地理位置与旧石器和新石器考古文化的系列完整性等各方面来看，那是必然的。更何况陶寺遗址的发现，40年的考古历程已经证实了这一点。

另外，除了帝尧封地之“唐”在今临汾翼城与浮山一带，唐朝李渊开国之所以名“唐”亦源于其乃“唐尧后裔”之故，且遍布全球之华人的“唐人街”，也皆源于此。因此说临汾作为世界各地“唐人”的寻根之地当之无愧。此次尧都区首次举行全球华人祭祀帝尧活动，与国家在新时期构建人类命运共同体的大方略的时代背景相吻合，且占世界人口五分之一的全球华人，自然是构成“人类命运共同体”的重要组成部分，所以说值此全球华人祭祀帝尧活动之际，在临汾发起“全球华人命运共同体尧都倡议”，对实现中国梦和构建人类命运共同体意义重大，对未来临汾走向世界也意义重大。处在全球各地的华人有5500万之多，“中华”永远是他们的“根”。特别是在世界局势出现动荡的情况下，相信“全球华人命运共同体”的意义与价值更会得以彰显。

附：

写给全球华人祭拜帝尧大典

蔺长旺

2018年5月13日下午，主题为“尧都，中国文明从这里开始”的2018年首届尧都文化旅游节新闻发布会在首都北京举行。据悉，2018首届尧都文化旅游节开幕式上将举行全球华人祭拜帝尧大典，得此消息，笔者心有所思，故特撰此拙文以记。戊戌暮春于平阳

站在古尧都的现实时空
回望隐匿在岁月深处的迢迢来路
我们禁不住扪胸自问
我是谁　我从哪里来　我要到哪里去

盘古开天地
让我们看到了日月
寻找到了天上的第一颗星辰
巨灵劈山导河
让我们追溯到了地上的第一滴流泉
触摸到了风雷雨露和那四季的风
有巢氏构木为巢
让我们打开了心灵的窗户
看到了绽开于草丛中的第一朵蓓蕾
燧人氏钻木取火
让我们找到了中华先民“天人合一”世界观的原点
读懂了自然生成、人神于天、圣于地的原本真谛
华胥女娲炼石补天抟土造人
给予了我们一个全新的世界

让我们聆听到了生命的第一声歌唱
黄皮肤　黑头发
我们是龙的传人
我们是同源、同种、同族、同文、同体的中华人

自三皇五帝到如今
多少次历经灾难 凤凰涅槃 浴火重生
凝练了我们这个民族
自省、自赎、自信、自强、自新的魂魄与精神
昔日
炎黄在霍太山奏响天下大同的清角之乐
依旧在历史的长空回荡
帝尧在茅茨土阶、协和万邦的击壤歌、康衢谣
又一次在我们的耳边唱响
今天
我们从祖国的大江南北
我们从遍布五洲四海的唐人街
寻根归来
相聚牵手在曾经的中土冀州——尧都平阳

新时代
实现中华民族伟大复兴中国梦的号角已经吹响
让我们在共和国的旗帜下
团结一致　共担民族大义
坚决反对一切分裂行径
做祖国统一和民族团结的坚定维护者
为实现中华民族伟大复兴中国梦而努力奋斗
追求天下大同　爱好和平
是中华民族历经沧桑始终不变的高尚情怀
让我们在人类命运共同体的旗帜下
守望相助　协和万邦　共享发展机遇
共创人类世界美好福祉的灿烂未来

◎孙岩先生专访

以虔诚作颂 用灵魂讴歌

——临汾市知名剧作家孙岩谈大型音乐舞蹈史剧《尧颂》

《尧颂》由临汾市知名剧作家孙岩创作，国家一级导演李学忠执导，临汾小梅花蒲剧团担演。这是首次把帝尧形象搬上舞台的大型音乐舞蹈史剧，是弘扬临汾根祖文化的经典之作，体现了近年来临汾市文化产业取得的长足发展。

全剧在浪漫主义的诗化色彩下，将史实解读与民间传说融为一体，通过凿井惠民、龙盘出世、洞房花烛、观象授时、康衢击壤、协和万邦、历山访贤、禅让天下八个篇章，加之序幕及尾声，打造出一部气势恢宏、内涵深邃的文化精品。该剧剧情跌宕起伏，时而慷慨激昂、时而悲壮凄楚、时而庄严肃穆，让观众享受了一场视觉、听觉的盛宴。

作为该剧的编剧，孙岩已经记不得看过多少次排练和演出了，但每一次，孙岩的心总会为剧情发展跌宕起伏所激动。在访谈中，她带领着记者的思绪又回到了剧本创作时那些难忘的日子。

记者：您是从什么时候开始关注“尧”这个题材？又为什么有创作《尧颂》的想法？

孙岩：我的家乡在尧都区金殿镇，自幼便受到了帝尧优美的神话、传说、歌谣和习俗的感染熏陶。帝尧在我的心目中既是“就之如日，望之如云”的神，又是亲民爱民、“民无能名”的人。

我专业从事编剧工作，至今仍在山西省艺术创作中心被聘任为创作员。1988年我从山西文化艺术学校戏剧文学专业毕业回到家乡。

作为尧舜子孙，我对“尧”这个题材的思考和关注就没有停歇过。直到2007年清明节祭尧大典时，我接受了为2008年3月份召开的临汾市二届人大三次会议编写《尧颂》剧本的任务，那股急切地想要走近帝尧、感受帝尧的心情才如江河决堤，汹涌澎湃起来。

记者：《尧颂》的创作想必是一个很艰难的过程，能简要讲述一下您的创作过程吗？

孙岩：面对历代帝王尊为修身立世兴邦之楷模，古今圣贤倾情赋诗撰文品评褒颂、史圣巨擘更以扛鼎之笔几近极致颂赞的“千古如天日”的帝尧，竟要以纤笔薄纸为其作颂，对我来说，这是很艰难的。

为了创作《尧颂》，我再一次钻进有关尧的史料里，再一次走进尧庙、尧陵、陶寺，追溯帝尧的英灵，寻找创作的灵感，探觅历史与现实的契合点。风光旖旎、景色绮丽的姑射山及尧王与鹿仙女成婚的洞房又一次进入我的视野，我又一次亲历亲睹了洪洞羊獬和历山传承了4000多年、从未间断的接姑姑、送娘娘的习俗，我被深深震撼了。

从《史记》到《尚书》，从《论语》到《尧典》《舜典》，我在这些历史古籍中感受到了呼之欲出的蓬勃的生命震撼，那些美丽而神奇的传说与故事不再是虚无缥缈。几千年的史料突然鲜活、生动起来，一个立体的、具象的、灿烂如虹、辉煌如日、高大巍峨的尧矗立在我的面前。

仰望帝尧、认识帝尧、感悟帝尧、阐释帝尧、呈现帝尧、颂赞帝尧，我的灵魂在通往帝尧精神的心路上跋涉，这也是我的研究学习过程。我把感情寄托于手中的纸笔，全身心地投入了创作。在8天时间里废寝忘食，咖啡、方便面就是日常的饮料和食品，白天和黑夜对我也没有区别了。即使手写酸了，身坐困了，也不停歇。有时情不自禁地哭了又笑了，整个人都变得“神经”起来。

记者：您是如何将“尧”这个形象传递给大家？

孙岩：《尧颂》是历史剧，它必须秉持历史剧的创作原则，即“历史性、时代性、艺术性”。所谓“历史性”，就是要把握好帝尧和尧文化的历史地位与贡献。

我国上古时期有两个辉煌的历史节点：一是炎黄时期，一是尧舜禹时期；炎黄带领先祖实现了由野蛮到文明阶段的转变，尧舜禹则是带领华夏民族从原始社会进入了文明社会。如果说炎黄是“人为初祖”的话，帝尧则是“文明始祖”。尧文化则是中国优秀传统文化的源头。

所谓“时代性”，就是要把握好帝尧和尧文化的当代价值。尧文化是根祖文化，源远流长，博大精深，它对建设中国特色社会主义可以提供深刻的启示和有益的借鉴。研究与宣传尧文化可以增强民族的认同感和凝聚力，可以与前景广阔的旅游业紧密融合，为临汾乃至全省的经济转型注入新的活力。

所谓“艺术性”，我着重考虑的是艺术载体和表现手法。因为尧是一个特殊的题材，它的特殊性决定了不能按照传统的思维去编织故事，人为地制造戏剧性，所以我把帝尧的丰功伟绩和有关他的动人传说提炼、升华为凿井惠民、龙盘出世、洞房花烛、观象授时、康衢击壤、协和万邦、历山访贤、禅让天下八个篇章，用戏剧的形式辅之以音乐、舞蹈、朗诵等艺术手段将其有机地串联起来，再加上序幕和尾声，这就使史诗的厚重感、戏剧的故事性和音诗舞美的感染力深度融合，相得益彰。

记者：如今《尧颂》取得了哪些成绩？

孙岩：2008年3月28日的临汾市人代会期间，《尧颂》正式公演了，后又在一些县市作了巡演。2009年8月31日，作为山西省向国庆60周年的献礼剧目晋京演出，返并后又作了汇报演出。

《尧颂》的每次演出都受到了各级领导和专家与观众的极大关注与好评。中央和省、市各级新闻媒体都作了跟踪报道和深度评论。我省的《三晋戏剧》杂志刊载了《尧颂》剧本，并评论道："古老的蒲剧音乐、古老的文化命题被赋予了崭新的表现方式"，"全剧在浪漫主义和诗化色彩下，将民间传说与史实解读融入剧中，可谓别出心裁"，"剧中对和谐盛世的礼赞与讴歌，则为人们描绘出一幅家国同构、繁荣昌盛的美丽画卷"。

《尧颂》的成功是集体创作的成功，剧本固然是一剧之本，但整个戏剧的演出效果跟音乐、舞蹈、服装、灯光、舞台美术等是分不开的，尤其是导演的执导水平、演员的精湛表演更是至关重要。

所以，与其说《尧颂》是我创作出来的，不如说是帝尧的英灵沐几千年日月之精华崔嵬出来的，是各位领导、专家、艺术家用心血、汗水和智慧共同浇灌出来的。

◎乔忠延先生专访

明镜照形 古事知今

——乔忠延谈尧文化的新时代价值

生于尧都，长于尧都，至今都没有舍得走出尧都的乔忠延将毕生的心血和智慧都奉献在这片土地上。当地老百姓都称赞乔忠延是研究和发扬尧文化的大功臣，他却说，“是尧文化成就了我这一生，影响了我，养育了我。因为尧文化，我才能在研究历史、研究文学的道路上走这么远，才能以古鉴今，古事知今。”

乔忠延是中国作家协会会员、山西省作协委员、临汾市作协副主席、尧都区作协主席，曾担任过临汾市政府副秘书长，临汾市文物旅游局局长。初见乔忠延，瘦瘦高高的身形，精神矍铄，记者丝毫猜不出眼前的这位学者、作家竟然年近古稀。

在采访中，乔忠延侃侃而谈，思如泉涌，每句话都不离双脚踏着的这片土地，不离帝尧在这里留下的文明佳话，不离尧文化对这片土地生生不息的影响。

尧文化赋予的新时代价值

1988 年，乔忠延走进中国作家协会鲁迅文学院研修写作。那是他第一次以“尧都”来介绍自己的家乡临汾，从此，帝尧为游子增添的光彩就深深印刻在他的心里。回忆自己这些年研究尧文化的过程，乔忠延总结为两个步骤。“第一步，先挖一口井，坐井观天，把尧文化深层次的内涵我都学习到。第二步，坐在天上往下看井，坐在浩瀚的中华文明史上，再看尧文化究竟有什么作用和价值。”乔忠延自诩自己是“与尧结缘的人”。

临汾是帝尧都城，古称平阳，其时孕育生发出的文化，即为尧文化。上古时期，帝尧带领先民定居此地，推进农耕，催化文明，形成了最初的国家雏形，史称古唐国。

谈到尧时期对中国的新时代影响，乔忠延先将尧文化的外部形态分成四件大事逐一讲述。

其一，钦定历法，敬授民时，24 个节气和年、月、日至今延用，推进农耕，用古朴的科学推动了人类的进步，极大地推动了农耕文明的出现和发展。日月轮回，耕作有序，人们丰衣足食。丰富的农业生产活动带来了保管和保存问题，这是促进国家诞生的首要条件。

其二，大旱之年，凭蚁找水，开凿水井，解救苍生，开创了我国历史上兴修水利的先河，为城市的出现提供了基本条件。从此，“市井”向“城市”演变。“井”是人们赖以生存的生产资料，中国人也就有了“背井离乡”的说法。

其三，在政治方面，尧创新地设立“诽谤木”“敢谏鼓”，广听建言，鼓励民众都在诽谤木下大胆谏言，后来诽谤木演变成华表，成为中华文明的图腾和象征。

其四，选贤任能，禅让帝位，首开民主政治之先河，让舜光大自己的业绩，这便有了“尧舜禅让”的千古美谈。

乔忠延还拿水井的发现举例子。《圣经》里讲，井是由上帝指定的，人们围此而居，西方社会直到中世纪文艺复兴才打破了神权的控制，开始贴近科学。但我们的祖先——尧，领先西方数千年，带领百姓，观察气候时节，观察地上的蚂蚁寻找水源。所以，懂“天”和懂“地”，是尧给后人最大的两个贡献。

采访时，刚刚过“五四”青年节，乔忠延骄傲地说：“尧时代的这四件大事，前两件事讲的是科学，后两件事讲的是民主。遥想百年前在‘五四运动’中从国外请来的‘德先生’‘赛先生’，其实很早就被尧巧妙地运用在4000多年前的生产治理中，影响了中华文明的传承和延续，只是我们后人疏于概括和总结。但是，从这四件事可以看得出尧文化的重要内涵，那就是创新精神，这便是尧文化的新时代最宝贵的价值。”

“其实，尧文化还被赋予了更多新时代的价值。站在中国视角看，尧文化是华夏民族最具凝聚力的文化，对于祖国统一大业有着重要的意义。在尧都举办寻根祭祖活动，体会中华民族辉煌的历史，增强民族自豪感、荣誉感，必然有助于推动祖国统一大业。站在人类的角度看，尧文化是世界文明中的先进文化，对于可持续发展有着无可估量的意义。”乔忠延如是说。

尧庙打响根祖文化的品牌

研究尧文化还有着更加现实的意义。乔忠延说，在尧时期，社会从狩猎文明走向农耕文明。有剩余的东西要保存，就需要围墙把一块地域围起来，形成最早的“国家”雏形。尧定都的这个地方就变成了最早的古唐国，周围各国纷纷模仿，形成了一个万国林立的格局，古唐国正好处在万国林立的国中之国，所以简称“中国”。

乔忠延说：“这就是中国一词最早的来历。虽然那个时候的‘中国’不等同于今天的中国，仅仅是一个地理方位上的名词，但它为我们中国准备了最好的名称。因此，尧都这个地方就是中国最早的摇篮，最早的中国就是从这里出发，从这里走来。”

乔忠延相信，临汾无论在地理位置还是旅游资源上，都具备明显优势。凭借自己在文物局工作多年，乔忠延针对开发尧都、尧文化有着自己的想法。

乔忠延认为，临汾市可以以开发尧文化、尧庙文物景区为龙头，东山将修复和开发尧陵及浮山尧山、安泽荀子文化、古县蔺相如墓址等景点，西山将仙洞沟、蒲县东岳庙、隰县小西天以及黄河壶口瀑布连接一体；向北辐射洪洞大槐树、广胜寺，霍州署衙、陶唐峪、七里峪，向南辐射襄汾陶寺、丁村，形成“高扬龙头、伸展两翼、腾飞龙身、带活全局”的全域旅游发展格局，也是世界华人寻根祭祖的黄金路线。

回忆起自己对这片土地付出的心血，乔忠延谈到了尧庙唯一可供观瞻的广运殿 1998 年失火一事。“千年历史名胜付之一炬”，紧急关头，乔忠延临危受命，兼任文物旅游局局长，他用自己自学的《旅游学》《旅游经济学》等专业知识，承担起重建尧庙的重任。

就这样，烧得仅剩 4 根焦黑断木的尧庙在这个刚刚 40 岁的“门外汉”手里重新拔地而起，在修旧如旧的原则上再镀上新时代的荣光——修复一新的尧庙让众多国内外游客慕名而来，受到了省内外领导、专家、学者的连连称赞。

在尧庙修复工程竣工后，乔忠延专程北上请来梁思成的大弟子罗哲文，书写了“民师帝范，文明始祖”的八个大字挂在尧庙大殿，每个字都是尧文化的精髓所在。

直至今日，尧庙焕发一新，已经成为临汾旅游最有力的一张名片。

通过几十年如一日的努力，乔忠延撰写了多部关于尧文化研究成果的书籍，将尧文化的研究成果转化为经济成果、精神硕果，在全国做讲座、做汇报，尽自己最大的力量宣传尧文化，传播尧文化。

依靠精神财富提高文化自信

帝尧倡导以德治天下，“亲和九族、和谐万邦”的社会和谐理念，是中华民族共有的精神财富，其“和谐思想”的本质属性符合科学发展的要求。尧文化是华夏民族最具凝聚力的寻根文化。帝尧在此创造了辉煌灿烂的中华文明，是中华民族的文明始祖。尧都临汾无论从史学上，还是从考古学上的发掘，无愧于文明之源、血缘之根、国家之祖的神圣地位。

“我们的民族为什么在几千年的繁衍中没有中断，历史没有断代，国家没有分裂？那就是因为我们延绵不绝的文明与文化，我们的民族文化把大家团结凝聚。可惜的是，就连我们山西人、临汾人、尧都区人，都对尧文化知之甚少。但尧文化，才是我们这片土地真正的精神财富。对于民族。这是我们真正的原始动力。所以，响应习总书记的号召，推动中华优秀传统文化向创新性转化，向创造性发展是我们当前努力的方向，是中华民族号召力、凝聚力更充分地展现。研究尧文化，最终目的就是提高我们的文化自信，为道路自信、理论自信、制度自信提供最深刻的文化支撑。”

在研究尧文化的同时，乔忠延对其他中华优秀传统文化也很下功夫。

比如，在本土方言的研究中，他发现老百姓代代相传的口语中往往会反映出更多“接地气”的文化传承。“临汾老百姓土话称太阳就叫作‘yáo儿’，音同‘尧王’，可见自古尧王在老百姓心中的重要地位就如同天上的太阳。还有，临汾老百姓把奶奶叫作‘nűe’，是把‘女娲’二字的读音快速连起来的效果。可见，尧文化在老百姓的日常生活中已经默默滋养了千年的文明与传承，生生不息，源源不断。”

采访尾声，乔忠延直言不讳，尧文化是中国的元典文化，是推动上古时期快速发展的先进文化，也是中华传统文化之中最为优秀的文化。光大尧文化对于今天全面建成小康社会，早日实现中国梦有着崭新的时代意义。

◎贾克勤先生专访

探寻中华起源 增强文化自信

笔　者：为什么我们现在总在提“新”时期下的尧文化？这是一个怎样的时期？

贾克勤：这次论坛的主题是：新时期尧文化，为什么一直要强调“新”呢？新时期我们必须站在新的角度来看，习近平说了，新时期是每个人的，每个人都是新时期的见证者、开创者、建设者，现在确确实实需要创新。现在只能发展，创新发展，科技发展，都是在提创新。我们要去的临汾、尧都地方的人都非常有智慧，我们如果要给他们支持，必须要给他们提供新的东西。习近平新时代中国特色社会主义背景下，坚持和发展中国特色社会主义，如何做？在尧文化中能够找到答案。探寻中华起源，寻找文明源头，尧文化中很多东西都和现在是相似的。所以我们要探寻中华起源，增强文化自信。

尧文化自从挖掘以来，一直受到学术界的重视，很多专家学者发表了大量关于尧文化的学术论文。但是在新时代，我们不仅需要系统、细致、严谨的学术研究，还需要传承保护、创新发展、传播交流。

学问是解决问题，真学问是解决自己的问题，中华民族伟大的复兴，最终是人的感性的、理性的复兴，我们应该有做大学问做真学问的理念。

笔　者：您是从什么时候开始对国学感兴趣？

贾克勤：我可以说在8岁就开始被发现有这方面的天赋，我的启蒙老师是我的父亲、奶奶，还有我的美术老师。我在家中排行老四，当时过年要写对联，我父亲没让老大老二写，就让我写，我当时写了一副“思想日日红，干劲年年足”。当时就被父亲表扬了，从此我就开始钻研文化，村里不管需要写什么纪录，我都愿意去写。我还有个启蒙老师是我奶奶，虽然她没有文化，但是她会很多民间的段子跟我说，经常是她一边纺纱，一边跟我说：“早知书里有黄金，夜点明灯下苦心。”国学，不只是概念性的文学，生活中处处都有国学。从此之后，我就知道了刻苦学习。还有就是我的美术老师，他是“文化大革命”时下放到农村，他跟我讲过一句话，“苦是乐的种植”。这句话让我知道了先苦后甜，苦的背后一定会有乐。

正是因为这几位启蒙老师，让我养成了学习的习惯，一点一点积累，打下了良好的基础。其实真正的国学，不仅仅是齐家、治国、平天下的大道理，这些生活中的积累，也是一种活化了的国学。他们身上具备了中华民族人格的善良、勤劳。他们把这种厚德载物的精神传达给我，我现在想起来，他们都是了不起的人。

国学真正的意义是做人，做事，知行合一。

笔　者：您认为国学的起源是尧文化吗？

贾克勤：正是因为对国学感兴趣，所以我才开始研究尧文化，追寻文明的起源，中华的起源。

说起来尧，《史记》中对尧的评价是这样的：尧帝“其仁如天，其知如神，就之如日，望之如云”。接近他如太阳一般，远望他如云霞一样灿烂。富有而不骄横，高贵而不傲慢。黄色的帽子，黑色的衣服，红色的车驾以白马。“能明驯德，以亲九族”。我认为这几句话就是中国文化国学的核心。看历史，能够把当代的意义传达出来，帝尧以人民为中心，有着一种大仁大爱，大慈大悲。

柳宗元的《晋问》对尧的评价也很高，其中说到：“尧之所理也，有茅茨、采椽、土型之度，故其人至于今俭啬；有温恭克让之德，故其人至于今善让；有师锡佥曰、畴咨之道，故其人至于今好谋而深；有百兽率舞、凤凰来仪、于变时雍之美，故其人至于今和而不怒；有昌言、儆戒之训，故其人至于今忧思而畏祸；有无为、不言、垂衣裳之化，故其人至于今恬以愉。”此尧之遗风也。这篇文章也就是说，在尧所治理的地方，用茅草、原木盖房，使用陶器，生活简朴朴素，他有温和恭谦，克己忍让的美德，所以那里的人民至今喜欢礼让；他有商讨、推让、征询意见的民主作风，所以那里的人民至今好深谋远虑；他长期受到各种中和优美的音乐舞蹈熏陶，所以那里的人民至今温和而不暴躁；他有明言得失、警戒祸福的信条，所以那里的人民至今能忧深思远，警惕灾祸的降临；他有不做作，不说空话，讲礼貌的教化，所以那里的人民至今能安适愉快地生活。这些都是唐尧流传下来的好传统。

尧的政绩在唐朝柳宗元时期还在被传颂，到今天也一直在传颂，正是说明了尧文化的价值。所以我们在提倡寻华夏之根，弘扬中华文化。用历史去看过去，看今天，看未来。

笔　者：您认为尧文化中的国学精髓是什么？

贾克勤：中华文化为什么能够流传？我认为中华文化是一种密切联系生活实际，是一种躬身践履，并不只是书斋文化。尧就是躬身践履的典范，这也就是后面流传的：纸上得来终觉浅，绝知此事要躬行。一切书面理论都需要社会生活实践来印证，尧时期并没有多少大道理的书面证据留存，但是留下的一个个故事和事迹就印证了传统的国学文化。国学也是一种“文献的学问的升华”，更是一种个人人格独立尊严和生命的完整发展。首先我们要学习，然后要实践，在学习和实践中得到生命的升华。

一、揖让之德。尧是早期的部落联盟的首领，他在选拔接班人的时候就看重大仁、大德，没有选拔自己的儿子，很多年在外寻找，通过别人推荐和自己亲自考察，选拔了舜来作为自己的接班人。

二、节俭之行。柳宗元之前文章里说到的，在尧时期，采椽、茅茨、原木盖房、使用陶器。茅草房、陶器吃饭，这种节俭之风就是国学的早期，国学的开始其实是从尧开始的。

三、询谋之方。在尧时期就已经有了基本科学，钦定了二十节气，现在的二十四节气本质上就是当时尧帝制定的指导农业活动的标准，再后面，在这个标准的基础上，按不同地域适当微调来应用。依据就是粮食作物种植的规律，形成的习惯，再反推出来的一套规则。在尧时代，人们不可能把几万里的气候变化搞清楚，但总得有个区域当作基准，而四季分明的地带最适合古代人类生活，因为冬天冷的程度能接受，夏天热的程度也能接受，病虫害也随着四季运行，达到某种平衡。人类靠天也能收获维持生活的粮食。大约四五千年前尧就组织人搞了一套标准。（丁陶文化遗址）使大家够根据经验记录搞清什么时候种什么作物能达到最佳收获。

四、和合之道。小部落如满天星斗，各方势力都占据一方，尧在这样的环境下能够与其他部落和谐相处，并且能够统一管理，说明他有自己的相处之道，也就是我们现在人提倡的和合之道。

尧时期，形成了中国历史上的早期文明，华夏文明之根，就是尧文化留给我们的精髓。

笔　者：我们应该如何传承经典国学？

贾克勤：中国作为世界上四大文明古国之一，蕴含的文明实在太丰富了，很多深奥知识和国学礼仪只能在文献中找到。历史上的中国人非常爱学习，但是到现在已经开始有退步。有研究表明，中国人每人一年平均读书只有4.5本，以色列人每人一年平均读书60多本，我们现在读书真的太少了，要想研究文明，必须要从读书、研究文献开始。中国的历史那么久远，国学文化那么深厚，更需要我们好好学习。只有好好学习，再和我们的行为结合起来，才是真正传承。

与经典同行，同圣贤为伍，必须要从读经典开始，我们要实现中华民族的伟大复兴，必须要读经典，虽然很难，但是读懂了非常有用。

就比如，礼者，师者正身也，师者，所以正礼也。无礼何以正身？无师，吾安知礼之为是也？礼然而然，则是情安礼也；师云而云，则是知若师也。情安礼，知若师，则是圣人也。这段话就告诉我们，礼法，是用来端正身心的，老师，是用来正确解释礼法的，没有礼法，用什么来端正身心呢？没有老师，我们怎么知道礼法就是这样的呢？礼法这样规定，就照着这样做，是性情适合礼法，老师这样说，就跟着这样说，是认识顺从老师。性情适合礼法，认识顺从老师，就是圣人了。这段话也就是在告诉我们如何修身，如何做一个“圣人”。所以，要读书，读经典，能够让自己狂躁的心变得安静，能够从书中的过去找到自己，书中的经典和过去能够直白地告诉你要怎么做。

国学为什么能够成为一国之学？一个国家，必须有一种精神来指引我们进步。就比如我们现在提出的社会主义核心价值观二十四个字，富强、民主、文明、和谐、自由、平等、公正、法治、爱国、敬业、诚信、友善等，都是从国学里提炼出来的。我们现代人生活在一个快节奏的社会里，总是忙碌着挣钱、奔波，反而把最重要的东西忘掉了，所以会觉得内心空虚，会烦躁。我们现在进入新时代，习近平提出了要提高发展质量，提高发展质量就必须要靠经典理论来支撑。这个质量，就是建立在文化意义上的发展，有文化支撑，精神支持，我们的眼光才会长远，走得又稳又好。

笔　者：在教育孩子方面，您是怎么做的呢？

贾克勤：我的孩子现在一个人在广东上班，在工作中和生活中遇到事情给我打电话，我给她说的第一句话就是：孩子，你检讨你自己了吗？为什么别人会说你不行？不要先指责别人，先来检讨自己是不是哪里做得不够好。我一直教育我的孩子，不仅仅要做一个好妈妈，还要做一个教育家。教育家和普通的老师不一样，你不仅仅要会很多经典，还要会做。我给我的孩子提出教育孩子要有“三心”，要有耐心、爱心、童心。童心就是你要和他一样，不能总是训斥孩子。不管你是多少岁，你必须要把自己和孩子放在一个阶层，这样才能发现他的可爱。就比如我现在60多岁了，在带小孙子的时候我经常跟他说，我是你的老朋友，我叫贾克勤，你是我的小朋友，孩子往往到这个时候哈哈一笑，很容易就能跟你玩在一起。

◎**葛志毅先生专访**

尧舜——中国古代国家文明的始初阶段

历来多以尧舜时代为部落联盟时代，是后以夏禹传子家天下为重要标志，中国古代开始步入国家，对此历来颇少异辞。但近几十年新石器时代考古学的一系列重大发现，使人们关于中国古代文明起源与国家出现的认识，发生极大转变。如有的学者提出中国古代国家发展阶段的三部曲：古国——方国——帝国。其实在这些考古成果带给人们新的启发之前，一些先哲的论述早已为我们留下颇有价值的见地，如20世纪初“新史学”的倡导者梁启超，就曾提出“尧舜为中国中央君权滥觞”之说，质言之，中国古代国家发轫于尧舜时代。试以梁氏所言，参诸最早记述尧舜的文献及孔、孟先哲所论，是为确不可移之事实。

笔　者：孔、孟对尧舜的传述？

葛志毅：我们对尧舜历史的认识，除经由孔、孟传下的最早文献记载《尚书》之外，还有他们自身对尧舜的相关论述。如对这些资料加以分析，不难发现在他们的观念中，确以尧舜为中国古代国家文明的开端。如《汉书・艺文志》在论及儒家的学说宗旨时有谓：“祖述尧舜，宪章文武”，即以尧舜与周代文、武二王并列，认为他们是中国古代圣君的最初楷模，尧舜身份与三代之王无异。出于这种认识，于是有孔子删《书》断自唐虞之举，取尧舜冠诸三代之前，列为百世帝王之首，供历代取法。《论语・尧曰》述圣圣相传心法时，由尧舜起;《孟子》篇末列历圣相传大数时，亦由尧舜起，此外，《论语・泰伯》篇末亦历数尧舜禹及周武王相承治天下之功德，似此皆与孔子删《书》断自唐虞的宗旨相符。由儒家相承的圣人道统从尧舜起的事实，可见自孔孟起从未把尧舜与其后的历代帝王在身分性质上加以区分，即事实上乃视之为文明国家的最初君主，而非野蛮时代的末代酋长。《论语・泰伯》载孔子曰：“大哉尧之为君也，巍巍乎，唯天为大，唯尧则之。”是视尧为法天而治之君，亦即君临下民的天子。至孟子则屡称“尧舜之道”（《孟子》之《公孙丑下》《滕文公上、下》《离娄上》《万章上》《告子下》《尽心下》），试考所言，“尧舜之道”包括孝悌、以仁政平治天下、赋税征收制度等，都是应包括于国家制度内的种种因素。

《尚书》经史官的最初编辑后，又经孔孟传述，如《史记・孔子世家》谓孔子“序《书传》”,《孟荀传》谓孟子“序《诗》《书》”。其中孟子更多引《书》讲述尧舜古史，且内容有不见于今传《尚书》者，故汉儒赵岐谓孟子所述尧舜事除据《尧典》外,亦有出自《逸书》者,可见孟子熟稔于《尚书》尧舜古史。如《孟子·滕文公上》载尧时洪水泛滥，乃举舜使佐治，舜乃选任益使掌火焚烧山泽，使禹疏决江河，后稷教民种植五谷，契为司徒教化人伦。核诸《尚书》,《尧典》载舜命禹为司空平水土，弃为后稷播百谷，契为司徒布五教，益为虞。按虞为掌山泽之官,与《孟子》舜使益掌火焚烧山泽合。焚烧山泽又与开荒种田有关,故《书·皋陶谟》又谓禹“随山刊木，暨益奏庶鲜食”，即禹与益边治水边垦田，以解决民食问题。总之,《孟子》所述与《尚书》合，无疑孟子关于尧舜的历史知识应得自《尚书》。此外，在孟子关于尧舜古史的评述中，还可概见到他对尧舜时代社会性质的认识。如《滕文公上》:“当尧之时，天下犹未平”，按“平”犹言治平、太平。此谓尧即位之初，尚未摆脱国家出现前的混乱无序状态。后因尧舜治理得方,于是天下臻于治平,《滕文公下》:“当尧之时……禹抑洪水而天下平”,《离娄下》:“禹、稷当平世”，所谓“平”即国家主导下的社会秩序状态。具体讲，所谓“平”当指禹治洪水之后，在舜之世。《史记·五帝本纪》所言可以为证：“此二十二人咸成厥功……唯禹之功为大……四海之内，咸戴帝舜之功。于是禹乃兴九招之乐，致异物凤皇来翔。天下明德皆自虞帝始。”按舜即位，首先举用禹、稷等二十二人任以政事，分治天下。经此二十二人佐舜治天下，尤其是禹平水患而天下平，此即孟子所谓“禹、稷当平世”,《大戴礼记·五帝德》亦谓舜“举贤而天下平”。天下太平，于是有兴作礼乐之举，如《吕氏春秋·大乐》:“天下太平,万物安宁,皆化其上,乐乃可成。”《史记·乐书》:“治定功成,礼乐乃兴。”故“禹乃兴九招之乐”是太平的象征。“致异物凤皇来翔”更是太平的祥瑞,如《史记·礼书》:“或言古者太平，万民和喜，瑞应辨至”，可为证。所以《五帝本纪》在兴乐致祥之后结言:“天下明德皆自虞帝始”，即谓舜继尧为明德太平世之始，所述与孟子合。总之,孟子所述尧舜时代的社会情状,实乃国家文明肇兴的历史。儒家又称虞夏商周为四代，并认为四代的礼乐制度足为后世楷模。如《礼记》之《明堂位》及《学记》,《大戴礼记》之《四代》《少间》等皆论及四代。《礼记·祭义》称“虞夏商周，天下之盛王也”。四代之说应始自孔子，《论语·卫灵公》载孔子答颜渊以治国之道有曰:“行夏之时，乘殷之辂，服周之冕，乐则韶舞。”按“韶”即禹所兴“九招之乐”。孔孟儒家既合称虞夏商周为四代，又以四代制度堪为后世法，那么，四代制度应是同质的。即若以夏商周为国家，有虞亦不当例外。所以从四代的概念与孟子以舜为治平之世论之,至少在舜的时代已进入国家文明。

孔孟固无今日有关野蛮与文明区分的文化人类学等方面的科学知识，但他们也有自己关于野蛮与文明的界定标准。如《孟子·告子下》记载孟子论及赋税征收额度时有曰："夫貉，五谷不生，惟黍生之；无城郭、宫室、宗庙、祭祀之礼，无诸侯、币帛、饔飧，无百官有司，故二十取一而足也。今居中国，去人伦，无君子，如之何其可也？陶以寡，且不可以为国，况无君子乎？欲轻之于尧舜之道者，大貉小貉也；欲重之于尧舜之道者，大桀小桀也。"是可见孟子关于野蛮与文明区分的认识有其相当的理据。孟子所论，实质上已指出中国与貉之间的根本区别，就在于是否存在一个完全由赋税制度支持起来的国家机器。所谓"城郭、宫室、宗庙、祭祀之礼""诸侯、币帛、饔飧"及"百官有司"乃是国家机器及其上层建筑，这些完全是由赋税制度支持起来的，而且赋税征收额太小不行，像貉那样二十取一是不行的。孟子所论实际已接触到国家与氏族组织间的根本区别问题。恩格斯在论到国家与氏族组织间的第二个区别时，指出公共权力的设立，"为了维护这种公共权力，就需要公民缴纳费用——捐税"。孟子既指出国家机器及与之相当的赋税制度乃中国所有而为貉所无，也就相当于把当时先进的中原国家文明与四裔落后的部族社会区分开来。这应是当时文化条件下所能提供的有关野蛮与文明的最好界定方式。值得注意的是，其中又把"尧舜之道"视为理想的文明代表模式。总之，孔孟心中的尧舜显然是文明国家的最初君主，而非野蛮时代的末期酋长。

这里附带要说一点，即孔孟所传尧舜古史的可信度问题。与春秋战国诸子相比，诸子多以发明思想义理为主，其中唯孔子儒家偏重于传述古史，但学风又以崇尚征实为特征，因而最具历史学派的风范。孔子曾自言："述而不作，信而好古"（《论语·述而》），但其述古、好古的前提是要"文献足征"（《论语·八佾》）。是以孔子删订六经，借传述古史的形式寄寓自己的政治理想，这是孔子"好古"而又重"文献足征"的最好证明。所以不能一般套用战国诸子托古改制的旧说去简单评价儒家传述的尧舜古史体系，而且从司马迁推崇有加的态度中，也可说明孔子儒家所传经典记载的信史价值。因为出于对孔子儒家上述学风特征的肯定，司马迁推之为自己的史学前驱。《史记·太史公自序》载太史公曰："先人有言：'自周公卒五百岁而有孔子。孔子卒后至于今五百岁，有能绍明世，正《易传》，继《春秋》，本《诗》《书》《七》《乐》之际？'意在斯乎！意在斯乎！"即司马父子创意作《史记》乃是上承孔子删订六经的传统。那么，司马迁此言岂不可证孔子儒家实为中国古代史学的百代不祧之祖吗？而且司马迁作《史记》时，大量采用孔子儒家所传六经等古史记载，并有所谓"学者载籍极博，犹考信于六艺”（《史记·伯夷列传》）。司马迁以一个大史学家的身份如此尊信孔子儒家所传六经等古史记载，那么，孔孟所传尧舜古史应该是不容置疑的。

笔　者：尧生平作过哪些影响后世的贡献？最为重要的有哪些？

葛志毅：尧生平做过两件大事，即治历明时与选用人才，其中又以治历明时最为重要，因而被详载于《尧典》篇首。据《史记·孔子世家》："序《书传》，上纪唐虞之际，下至秦穆"，则首《尧典》终《秦誓》的《尚书》篇次乃孔子编排的结果。《尧典》篇首详述尧观象授时事，也由孔子所言可得一点参证。《论语》全书载孔子集中盛赞尧者仅见于《泰伯》之一章，其中又首先说道："大哉尧之为君也，巍巍乎唯天为大，唯尧则之。"按言尧为君法天，主要应指《尧典》"乃命羲和，钦若昊天，历象日月星辰，敬授人时"事而言，是为尧平治天下之初所做的第一件大事。在此之前，尧曾有过一段得天下的经历，即《尧典》谓尧"克明俊德，以亲九族；九族既睦，平章百姓；百姓昭明，协和万邦"，此乃对尧的事业由家而国、而天下渐次发展壮大的过程概括。后来儒家总结出的修身、齐家、治国、平天下的政治伦理模式，显然与此有关。尧"协和万邦"即统一各部落并初步结为国家，其间也应经历一个艰苦的过程，只是书缺有间，难以详考，此后即着手各种制度建设。首先就是治历明时，即命羲和观测天象，制定历法，用以指导民生农时。治历明时首先是发展农业生产的需要，而发展农业生产是为解决民食问题。中国古代很早就以解决民食做为君主治民的首要政务，这在一些论政的言论中亦多有反映，如《书·洪范》载"八政以食为首"，《论语，尧曰》亦曰："所重民：食、丧、祭。"都以"食"置于治民的首位。而民食与农时密切相关，故《尧典》记舜敕告十二牧时首先指出："食哉唯时"，孔传："所重在于民食，惟当敬授民时。"已明确指出民食与农时间的密切联系。中国自古以农立国，农业生产有赖于季节、气候的好坏，因此为搞好农业生产，首先应做好治历明时方面的工作，这是中国古代历法发达较早的一个直接原因。《尧典》载尧嘉美羲和以闰月定四时成岁之功以后，又接着说："允厘百工，庶绩咸熙"，孔传："言定四时成岁历，以告时授事，则能信治百官，众功皆广。"足可见治历明时之重要，因其关乎国家百事之兴衰；此又可以解释，何以尧在平治天下之初即首先全力做此事。《论语·尧曰》载尧命舜之辞亦谓："咨，尔舜，天之历数在尔躬"，此"历数"即治历明时。如《书·洪范》八政四曰五纪，五纪之五曰历数，孔传："历数，节气之度，以为历，敬授民时。"《史记·历书》引《论语》此文，亦以造历事解历数。所以舜在摄位之初，首先"在璿玑玉衡，以齐七政"，即致力于观象治历之事川。

尧在完成治历明时这件大事之后，便开始留意于人才的选用。选用人才的最大成功是举舜参政，而舜在摄位期间为推进尧的事业，举措得方并取得相当成绩。如《尧典》谓：“肆类于上帝，禋于六宗，望于山川，遍于群神”，按三代祭礼因天子、诸侯、卿大夫的身份等级之异而有别，这里舜乃是以天子身份主持最高规格的祭礼。《尧典》又谓：“辑五瑞，既月，乃日觐四岳群牧，班瑞于群后。”此乃舜以天子身份朝四方诸侯。这些行为对确立尧舜为首的中央政权的地位威望，意义当十分重要。至于其所行巡守、分州、制礼、作刑诸大端，俨然已建立起天子共主主盟诸侯式的早期国家形式。以巡守为例，巡守乃三代天子统治诸侯的基本监管方式。舜东巡守时，“至于岱宗，柴。望秩于山川，肆觐东后，协时月正日，同律度量衡。修五礼、五玉、三帛、二生、一死贽。如五器，卒乃复”。其他三方巡守皆与东方同。细绎巡守时所行各项举措，其性质实集中于统一各种相关的文化礼俗方面。这对于从文化上弥合刚刚用政治力量统一起来的各部落邦族，其作用之大是无庸赘言的，从而也为三代国家的进一步巩固发展奠定统一的文化根基。这一点，往往为大多数研究者所忽略。此巡守四方诸侯之制在《论语》中可寻得一些佐证，如《尧曰》谓：“谨权量，审法度，修废官，四方之政行焉。”按舜巡守四方诸侯所行诸事，至少应相当于《尧曰》所谓“四方之政”中的“谨权量，审法度”，乃至注释家们多以《尧曰》所言与《尧典》“同律度量衡”相比义。《尧曰》所言，《汉书·律历志》又谓乃“孔子陈后王之法”，那么，舜巡守所制诸端，至少可为三代国家制度立下楷模。

舜摄位期间的另一件大事是所谓“四罪”，《尧典》：“流共工于幽州，放驩兜于崇山，窜三苗于三危，殛鲧于羽山，四罪而天下咸服。”《孟子·万章上》所载略同。历来注释家多以四裔说四罪放杀之地，《史记·五帝本纪》则记作：“流共工于幽陵，以变北狄；放驩兜于崇山，以变南蛮；迁三苗于三危，以变西戎；殛鲧于羽山，以变东夷。”《大戴礼记·五帝德》所载略同。有注释家说为：“变者，谓流四凶于四夷，使变夷狄之俗，同于中国，盖用夏变夷。”甚是。可注意者是其时已出现中国与四夷亦即所谓夷夏之别的现象萌生，故《尧典》载舜有“蛮夷猾夏”之言，不能谓之全然无据。尧舜禹时代三苗曾为大患，如以《尧典》参诸《史记·五帝本纪》，四罪之中驩兜、共工、鲧或因举人不当，或因试事淫辟无功而受放杀之罚，惟三苗因屡作乱于江淮、荆州而被迁，反映出三苗在各族中武力攻击性之强，故对尧舜治理下的秩序威胁也最大。《尧典》在载舜举用众贤致“庶绩咸熙”之后，又附缀以“分北三苗”一语为特笔；《皋陶谟》载禹述治水有功而“弼成五服”及十二师、五长“各迪有功”后，即以“苗顽弗即工，帝其念哉”告诫舜;《禹贡》于雍州特记“三危既宅,三苗丕叙”,说明谪迁后的三苗在西方安定下来。借助这些记载,已可推见到尧舜时代与三苗斗争之剧烈。由此三苗及四罪之例又可推见到,尧舜时代的统一联盟并未消弭各部落邦族间的矛盾,因而在杂错并处的各部落邦族之间,往往因彼此间的利害冲突而导致互相攻伐。尧舜部族之外的一些部落因失败被迁往四边蛮荒之地,因此逐渐演成文化上的中国与四夷之分。《禹贡》已有“中邦”与“四海”之分,中邦者中国,四海在《尔雅·释地》中说为:“九夷、八狄、七戎、六蛮”,亦即所谓四夷。四夷之地又称为四裔者,本皆中国族类而败谪迁徙者之裔胄散处四边者也。如《国语·周语上》:“犹有散迁懈慢而著在刑辟,流在裔土者,于是乎有蛮夷之国”,可证四裔蛮夷本有自中国迁流而出者,《左传》文公十八年谓舜流四凶,“投诸四裔”,与此合。《左传》襄公十四年:“谓我诸戎,是四岳之裔胄也”,是流四裔者包括中国王侯之后。《国语·鲁语上》载里革书曰:“夫莒太子杀其君而窃其宝来,不识穷固,又求自迩,为我流之于夷。”可证春秋时犹保存中国流徙罪人于四夷的旧俗。总之,由舜放杀四罪之事,可见尧舜时代已萌生中国与四夷之分,这种区分的标志主要是文化上的,即当时条件下的国家文明与部落社会间显示出的先进、落后之分。继尧舜时代发展起的三代社会仍无明确的疆域领土概念,但其按中国、诸夏、夷狄的内外划分层次设计出的畿服制,却是接续尧舜时代奠定的中国与四夷之分的格局上发展起来的。这种按中国、诸夏、夷狄之序划分出的内外层次,既非如某些人所指斥的乃畿服制的纸上空谈,亦非《公羊学》三科九旨中空设的文例,而是确曾实行过,这在春秋时代仍可考见其遗制。如《国语·齐语》载:齐桓公“筑葵兹、晏负、夏领、釜丘,以御戎狄之地,所以禁暴于诸侯也。筑五鹿、中牟、盖与、牡立,以卫诸夏之地,所以示权于中国也。”可见春秋时齐桓公为抵御戎狄,保卫王室与诸夏诸侯,确曾按中国、诸夏、夷狄的地域规制修筑防御关隘。秦汉以下,中国与四夷之分的观念,又演为严夷夏之防的传统,在历史上继续发挥着较大影响。若寻溯其源,则不得不由尧舜时代谈起。因为从《尧典》“蛮夷猾夏”“蛮夷率服”诸语,反映出当时已产生夷夏分合形式的政治斗争关系。

笔　者: 舜设官分职是否反映出当时社会已具有等级乃至阶级的分层差异?

葛志毅: 尧去世,舜结束代尧摄政之职而即位亲政。舜自即位始,即留意选用人才,同时实施设官分职制度,并确立了考绩黜陟制度,完成了尧舜时代的职官体制建设。

尧时已注意到举用人才的问题，如他征用舜就是最大的成功。但他在这方面仍有未尽善之处，并为当时及后世所指出。如《皋陶谟》载皋陶论为政重在“知人”和“安民”，禹认为尧于此犹有不及，并说：“知人则哲，能官人；安民则惠，黎民怀之。能哲而惠，何忧乎驩兜？何忧乎有苗？何畏乎巧言令色孔壬？”即指出尧在举用人才方面的失误与不足。春秋时鲁季文子谓“八元”“八恺”“十六族也，世济其美，不陨其名，以至于尧，尧不能举”，又有“四凶族”，“世济其凶，增其恶名，以至于尧，尧不能去”；舜则举八元、八恺任用之，流放四凶逐去之，“是以尧崩而天下如一，同心戴舜，以为天子，以其举十六相，去四凶也”（《左传》文公十八年）。是舜继尧为天子，其举用人才之当是很重要的一点。舜在举用人才的同时，确立和完善了选举考绩制度。如舜在摄政时厘定制度，其中之一是：“五载一巡守，群后四朝，敷奏以言，明试以功，车服以庸。”是乃巡守、朝觐诸侯之制，并包括诸侯述职、考绩之制，故曾运乾谓：“敷奏以言，述职也；明试以功，考绩也；车服以庸，酬庸也。”甚是。但其制亦通用于一般的选举考绩之用，故《皋陶谟》载禹陈述选举考绩臣僚时有曰：“惟帝时举，敷纳以言，明庶（试）以功，车服以庸。”关于考绩的具体时间程序，据《尧典》所载为：“三载考绩，三考黜陟幽明。”这种考绩制度在尧时已在行用。如尧咨举人才时有谓“若时登庸”，于举舜则曰“我其试哉”，谓共工“静言庸违”，四岳举鲧则曰“试可乃已”，诸所言皆准“敷奏以言，明试以功，车服以庸”选举考绩制度内容而发。鲧与舜之黜陟也确因考绩结果所致，如《尧典》载鲧治水“九载，绩用弗成”，于是有“殛鲧于羽山”之刑；尧举舜陟帝位时曰：“询事考言，乃言底可绩，三载。汝陟帝位。”据此则尧时选举考绩制度已在行用，至舜登位则举用二十二人，使各有其职，于是设官分职之制告成。因为据《史记・五帝本纪》说：“而禹、皋陶、契、后稷、伯夷、夔、龙、倕、益、彭祖，自尧时而皆举用，未有分职”，是尧时职官设置尚不完备，于是舜先后命禹为司空，弃为后稷，契为司徒，皋陶为士，倕为共工，益为虞，伯夷为秩宗，夔为典乐，龙为纳言，至是职官粗备。由选举考绩制度结合设官分职制度，于是初步形成一套政府行政管理体制。

由于中国古代“天下国”的性质，致使其在国家疆土的规制上，不可能有明确领土疆域概念，但尧舜时起已大体维系一个具有土地四至和由“万邦”合成的国家政权组织。如《尧典》谓尧“光被四表”，孔传谓“东表之地称嵎夷”，那么，羲和四子所居东南西北之地即可目为尧时的“四表”。《史记・五帝本纪》则载明舜时声教所及四至之地：“南抚交阯、北发，西戎、析枝、渠瘦、氐、羌，北山戎、发、息慎，东长、鸟夷，四海之内，咸戴帝舜之功。”《大戴礼记・五帝德》所载略同。在此四表、四至之内布列有“万邦”，如《尧典》：“协和万邦”，《皋陶谟》：“万邦作义”“万邦黎献”。与此万邦相关，是被称为四岳、群牧、群后、有土、有邦等内外诸侯长伯。他们同为尧舜之臣，即《皋陶谟》载禹所谓：“帝光天之下，至于海隅苍生，万邦黎献，共惟帝臣。”是尧舜居万邦诸侯长伯之上称“帝”，有天下共主之尊。共主“五载一巡守，群后四朝”的制度形式，使之具有如同三代国家般的性质。如再结合对舜命官分职所建统治体制的分析，可进一步证明此性质。

舜所命诸官前已述及，此处仅就其中有代表性的几例深入分析。如舜命伯夷典礼。何谓礼？礼即等级制，乃根据人们的身份地位之异，在物质享用方式上做出的等级制规定。《尧典》谓舜巡守“修五礼五玉三帛二生一死贽”，郑玄说以公侯伯子男卿大夫士之礼，虽未必全是，但他知道等级制与礼的本质联系。考《周官·大宗伯》载：“掌建邦之天神、人鬼、地示之礼”，此殆即伯夷所典三礼，汉儒皆如此解。《大宗伯》此下又详述吉凶宾军嘉五礼、以九仪之命正邦国之位、以玉作六瑞以等邦国、以禽作六挚以等诸臣诸礼仪。其中除以九仪之命正邦国之位外，其余诸目殆略相当于《尧典》之“五礼五玉三帛二生一死贽”。如孔传以吉凶宾军嘉说五礼，其五玉相当于六瑞，三帛二生一死贽相当于六禽。《大宗伯》所述乃周礼大纲，应渊源有自，与《尧典》略相合亦不足怪。而且如六瑞、六挚皆明言为“等邦国”“等诸臣”而设，尤足证明礼的等级制本质。因而就伯夷典礼一事，可见当时至少已是等级分层的社会。又据《大戴礼记·五帝德》曰：“伯夷主礼，以节天下”，《史记·五帝本纪》：“伯夷主礼，上下咸让”，所谓“节”及“上下”都与等级分层制度有关。《书·吕刑》又载：“伯夷降典，折民惟刑”。《世本》亦谓：“伯夷作五刑”。故汉儒谓伯夷有出礼入刑、制礼止刑的观念。此亦非不可能。因为《吕刑》又谓：“士制百姓于刑之中，以教祗德。穆穆在上，明明在下，灼于四方，罔不维德之勤。故乃明于刑之中，率乂于棐彝。”这显然是主张以刑辅德，以德导民，此又下启周人“明德慎罚”“惟敬五刑，以成三德”的思想（《书·康诰》及《吕刑》）。像上述以刑辅德的主张，最终要归结于导民于礼的目的。总之推原其故，很可能是刑礼相须的复杂现实，迫使伯夷在主礼的同时又不得不典刑，因而这从另一面反映出当时社会分层制度化的现实。因为既由礼的推行可证其时已是等级分层的社会，那么，“伯夷降典，折民惟刑”很可能是“礼不下庶人，刑不上大夫”原则的先声，此犹《荀子·富国》所言：“由士以上则必以礼乐节之，众庶百姓则必以法数制之。”质言之，礼以待贵族、刑以待庶人的原则，起自“伯夷降典，折民惟刑”的举措之中。那么，由伯夷典礼一事，益可见其时贵族与庶人间的等级区分，而贵族与庶人，或曰君子与小人之分，是此后三代社会的基本阶级差异。又舜在命皋陶为士掌刑时有曰："蛮夷猾夏，寇贼奸宄"，即外有蛮夷乱夏之忧，内有寇贼劫杀之患，需要用刑加以防禁。又曰："五刑有服，五服三就"，据孔传，即行刑之所有三处，大罪刑于原野，大夫刑于朝，士刑于市。是当时的刑乃兵刑不分的形态，兼具内外的职能，即对内用以维系社会治安，对外用以抵御寇犯之敌。那么，据刑所具有的这种内外职能而言，它不是已构成国家手中的合法暴力机构吗？

此外，纳言一职则反映出君主独擅的专制百官之权。舜命龙为纳言之官时曰："朕堲谗说殄行，震惊朕师。命汝作纳言，夙夜出纳朕命，惟允。"孔传解为"听下言纳于上，受上言宣于下"的"喉舌之官"，从而使纳言之职的性质受到误解。其实仅从字面上已可看出，舜要纳言传达的乃是对"谗说殄行"的惩罚之命。因此纳言之职的本质在于，它反映出专制百官的独擅君权，而宣命于下与纳言于上的喉舌之职尚在其次。此可由《皋陶谟》所载得到一旁证，如其载舜言有谓："庶顽谗说，若不在时，侯以明之，挞以记之，书用识哉，欲并生哉。工以纳言，时而扬之，格则承之庸之，否则威之。"这主要讲对"庶顽谗说"之臣的黜罚。即先是以各种手段惩罚之，继之以观其效，改过者则进用之，不能改过者再严惩之。此"庶顽谗说"即《尧典》所谓"谗说殄行"，即不合君意的言行不轨之臣，故为舜所痛恨。《皋陶谟》载舜言又有谓："予欲闻六律五声八音，在治忽，以出纳五言，汝听。"按"在治忽"乃古文，《今文尚书》作"采政忽"，《史记·夏本纪》索隐引刘伯庄说云："听诸侯能为政及怠忽者"，所解颇是。此句所言乃是根据《礼记·乐记》"声音之道与政通"及"审乐以知政，而治道备"的道理，借助音乐窥知天下民俗，由此又进知政治得失，如《尚书大传》载舜巡行天下而贡八伯之乐，即是其事。故"予欲闻六律五声八音，在治忽，以出纳五言"，即谓借助音乐审知政俗得失，然后据以行赏罚。"出纳五（吾）言"即《尧典》之"出纳朕命"，此处所言与对"庶顽谗说"的罚黜一样，主要指对臣下的赏罚黜陟权。此外，汉人认为纳言一职相当于《周官·春官·内史》和汉代的尚书。从后二者的职守中，仍可见他们操有协助皇帝黜陟大臣的重要权力。试看《周官·内史》，除其参与机要、出纳诏命的职权外，主要涉及对群臣的黜陟爵赏权，其中要以爵、禄、废、置、杀、生、予、夺所谓八柄之法最为突出。汉代尚书的"典天下岁尽集课事""绳纠无所不总"及"掌凡选署"诸职，都涉及对百官群臣的考核黜陟权。这些职权明显沿袭自纳言而来，反过来又充分证明君主独擅的专制百官群臣之权在当时的存在。

总之，从对舜所命诸官体制，如上举伯夷典礼、皋陶作士、龙作纳言诸例的分析中，反映出当时社会已具有等级乃至阶级的分层差异；同时，出于维护社会内外秩序及安全的需要，已组织起合法的政府暴力机构；最后，凌驾于全社会与政府之上的最高权力，已表现为兼制百官群臣的专制君权；作为这些因素的集合体，毫无疑问当时已出现国家。

结语

在孔、孟的传述中，尧舜是中国古代圣君的最初楷模，其时代是中国古代国家文明的始初阶段。结合对《尚书》等历史文献的分析，尧舜所创各种制度不仅使当时初步确立了国家的性质，而且又多为是后的三代国家所继承和发展。只是尧舜国家尚未十分成熟，仍带有很大过渡性质。如果套用时下在学界较为流行的国家起源理论，称尧舜为酋邦也许更为合适。按《左传》僖公二十五年："周礼未改，今之王，古之帝也。"《史记·周本纪》也说："于是周武王为天子，其后世贬帝号，号为王。"据此，很可能在周代曾对前代，主要是尧舜夏商周的政治称号，加以厘定。所以后来称尧舜三代为二帝三王的说法，应是有根据的。由帝而王的称号厘定，很可能反映出周人或者就是春秋战国时，对尧舜与三代在社会政治及文化历史所存差异的某种体认。这种体认在今日看仍是合理的，故二帝三王的历史概念是可以接受的。后来秦统一，两汉承其绪，创建秦汉帝国的规制，此后直至明清没有大的变化。这样，从尧舜起至清代止的中国古代国家文明的历史，可以用这样的分期概念予以概括性划分：

尧舜——酋邦时代。

夏商周——王政时代。

秦汉至清—帝制时代。

◎刘宝才先生专访

“禅让”制度的历史传承

刘宝才：中国先秦史学会顾问，黄帝陵基金会名誉理事，秦文化研究会顾问，炎帝文化研究会顾问。

第一次见刘宝才教授，不禁为这位年过八十的学者致敬。刘宝才教授满头白发，精神矍铄、思维敏捷。为此次采访准备了满满厚厚的资料，采访途中有不确定的年份和文献，刘教授都停下来仔细翻阅资料，或打开百度详细核实。他说：“中国的历史源远流长，华夏文明更是其中华丽的一笔，尧文化也是代表晋南文化在中国历史中的地位，其中，对现代依旧有影响的就是‘禅让’。”

在传说史料中尧舜禅让是一个重大历史问题，尧禅让给舜传说尤其引人注意。它不仅是尧舜时代的重大历史问题，在整个中国历史上也是有很大影响的。所以，无论从尧舜时代的历史来说，还是从中国思想文化史来说，禅让问题都值得考究。《史记》提到，在尧帝执政期间，政治清明、九族和睦、百姓爱戴，万国和合。尧帝开创了帝王禅让之先河，在位70年，认为儿子丹朱顽凶，不成器，决定从民间选用贤良之才。尧帝遍访四方诸侯，寻找继承人。四方诸侯向尧帝推荐了虞舜。说虞舜生活在一个父顽、母嚣、弟傲的家庭，却能始终坚守孝悌，和睦相处。尧帝早就听说过舜的孝行美德，但他认为相托天下大事，不能轻信草莽，需要深入考察。尧帝走访了方圆百里，都夸舜是一个贤良之才。尧帝决定对舜深入考察，便将两个女儿娥皇、女英嫁给舜，让两个女儿观其德；把九个男仆安排在舜周围，以观其行。之后，尧帝委托舜帮助处理政务，委派舜负责推行德教，舜便教导臣民以“五典”（即父义、母慈、兄友，弟恭、子孝）指导自己的行为，臣民都乐意听从他的教诲，普遍依照“五典”行事，和谐之风日盛。

笔　者：您认为尧舜时代是否存在禅让制度？

刘宝才：尧舜时代在中国历史上的地位，也就是晋文化在中国历史上的地位。尧舜时代对后代中国的建设有很大的影响。从我自己来说，我们怎么讲中国市场文化？从什么时候讲起？有人从西周讲起，有人从黄帝讲起，但我认为还是要从尧舜讲起。中国文化五千年，前一段后一段正好隔2500年。前2500年，中国文化发展道路总体是走进古代宗教，然后又走出古代宗教，这个发展过程一直发展到西周。从春秋后期开始，走出古代宗教，人们逐渐离开宗教，以人为主取代以神为主，以人的决定作用取代神的决定作用。三代以前，是否存在禅让制度？我认为是存在的。

战国时代的文献中，承认有禅让制度的有《尚书·尧典》《论语·尧曰》，特别是郭店楚简的《唐虞之道》《庄子·让王》，其中记载了很多让王、逃王的故事，也间接承认了禅让在史前就存在过，郭店楚简《唐虞之道》主张实行禅让制度，系统论证了禅让制度的实质、历史依据、理论依据以及实施办法。在三代以前古史传说时代，禅让曾是真实的历史事实。战国中期出现的禅让思潮，有其具体的社会背景。战国中期以后的历史上，禅让没有成为现实。但它代表人类的一种崇高理想，是具有永恒价值的。但是荀子的《荀子·正论》否定史前就有过禅让的历史事实，其中有篇这样说：尧舜禅让是“虚也”，“浅者只传，陋者之说”。其实三代之前，是否存在禅让制度，现代学者也有不同意见。

其实我们要找尧舜时代禅让的直接证据，很多已经找不到了，但是我们从现在还存在的少数民族资料里还能找到一些痕迹。中原民族发展太快了，更新换代的频率非常快，很多资料已经遗失了，但是在现代依旧存在的很多少数民族里还传承着很多过去的传统和制度。《三国志·夫余传》记载，古代的少数民族夫余的习俗记载：“水旱不调，五谷不熟，则归咎于王，或言当易，或言当杀。”意思在古代的夫宇民族，有这样一个规定，如果天气干旱或者洪涝，五谷没有丰收，就会责怪当时的王，人们可以换掉他，也可以杀掉他。《新五代史·契丹传》记载，契丹封为八部，首领是由八部的首长议会讨论共同推举的。如果遇到国家有灾难，或者畜牧业衰败，八部就会聚集一起商议更换首领，这个时候不能有怨言，更不能有反对。这种约定的替换，其实也是一种禅让制度，传位给没有血缘关系的人，而不是自己的子孙后代，其实和禅让是同一个模式。所以，我认为尧舜时代的禅让是基本事实。

笔　者：您认为禅让制度之前的社会是什么样的？

刘宝才：在尧舜时代前期，天下都是由一个个原始部落组成，原始部落之间的来往很少，也不存在利益问题，随着社会的发展，当出现利益冲突的时候，谁的实力都有限，都不能来进行统一管理，所以这个时候，为了要维护共同的利益，逐渐就开始推举部落的首领，制订出了部落的制度，当部落和部落之间出现利益问题的时候，每个部落的首领都想解决问题，但是各个部落谁也不具有征服天下的能力，这个时候就出现了推举出统一的部落首领，也就是最原始的推举制度。

大禹之前，是“公天下”，大禹之后，就成了“家天下”。后来孙中山也一直非常喜欢这四个字“天下为公”，因为他推翻了封建社会。天下为公可以说是反封建的代表。其实在西方也有类似的说法，他们是“天赋人权”，他们有他们的选举制度，我们的天下为公，其实都是一个道理。反封建，反对世袭制，这就是一个真实的历史资料，这个社会不是谁家的社会，而是大家的天下。因此，三四千年前的故事到现在依然还在传承，依然还有生命力。所以说，禅让的事情是非常重要的，即使现在我们科技现代化，社会进步，这种传承一直都存在。

笔　者：夏商周时代的社会制度是什么样的呢？

刘宝才：从夏代时代建立，夏、商、周都是世袭制。当时是把自己的王位传给自己的儿子、孙子或者兄弟。从西周之后，这个世袭制变得更加严格，变成了嫡长子世袭制。也就是说必须是自己的正妻生的大儿子，也就是嫡长子才能继承自己的王位。除非没有儿子或者太子去世了才能把王位传给别人。在西周时代，当君王有了嫡长子之后，都要举行仪式决定下一代继承人。

随着当时世袭制度的规范和严格，也就再没有人提禅让制了。

笔　者：为什么战国时代禅让制度又成了热门话题？

刘宝才：到了战国时代，分封制世袭制崩溃，国家元首继承的办法又成了一个摆在人们面前的问题，禅让又成了人们设想的一种方案。在那个时候不仅是想想，有一些国家已经开始实行。秦孝公病重不起时，曾想过传位给商鞅，“商鞅不受”（《战国策·秦策》）。在此之前，不管大臣有多大的功劳，君王都没有想过把王位传给他，只是会分封一些土地和财产，比如姜子牙，当时立了非常大的功劳，可是君王只是分封给了他一块土地，还离自己非常遥远。但是秦孝公传位给商鞅，商鞅没有接受。赵武灵王也是个非常有能力的君王，为了军事需要，他给士兵换上了胡人的短服。就是这个赵武灵王，晚年传位给自己的儿子，他还在活着的时候，也没有什么过失，就把自己的王位传给了儿子，虽然也是世袭，但本质意义不太相同。燕王哙让位给相国子之。但这三国的禅让都没有结果。秦孝公的承让没有实行。赵武灵王的禅让引起了王子们的纷争，赵武灵王也被他的一个儿子围困在沙丘上饿死了。燕王哙禅让给相国子之以后，他的儿子和子之就发生了冲突，国内发生了内乱，又引起了齐国的入侵，子之与他的儿子同归于尽。

尧舜时代之所以能够禅让，是因为当时各个部落实力都不够，谁也不能消灭别人，只能和平相处，有问题要和别人商量。在战国时候已经武力很强盛了，不管哪个国家都想消灭别人，都想统一，正是因为那个时代经常打仗，所以也叫战国时期。在战国当时特定的历史环境条件下，恢复禅让制度已经是不太可能，战国的禅让思潮和政治试验，应该说是一种真诚的探索，与后代借禅让之名逼宫又有不同。

笔　者：禅让后来又有哪些发展呢？

刘宝才：历史一直在重演。在汉代以后，所谓“禅让”的历史事件也不少，有王莽代汉。自汉武帝以后，朝政为外戚王氏一门所把持，王莽藉其叔伯之余荫及王太后之信任，得以独揽大权。王氏子弟大多骄奢淫逸，独王莽为人恭俭。汉平帝在位时，王莽推行惠政以笼络人心。也有曹魏取代汉献帝，有司马氏取代曹魏，还有武则天称帝。南北朝时南朝五代更替，宋、齐两代政权建立也被披上了禅让的外衣。甚至在近代辛亥革命时的清帝逊位，也可以算是禅让。这些所谓的禅让，与尧舜禅让本质不同，和战国时代的禅让也不同，其实都是逼宫。但是农民起义啊，武装夺权这些，流血流泪的战争，消灭前一个王朝制度，这就不叫禅让了。

笔　者：禅让对我们有什么样的启示呢？

刘宝才：在尧舜时代，由于能力不足，各个部落都能相对和平共处，商量相对。在战国时代，国力强盛，各个国家都想统一，就出现了禅让的阻力。仔细看我们历史的几次禅让，历史一直都在重演，第一次禅让是悲剧，第二次禅让是哭笑不得的喜剧，也就是闹剧。流血流泪的悲剧，其实就是证据。但是，摆脱正统观念看，用现代的观念来解读，逼宫未必没有好处，它是一种流血较少的改朝换代方式，比起大规模的战争，减少社会制度更换的动荡，对社会和人民，造成的灾难要小得多。

尧舜时代的禅让，那是非常庄重的事情，战国时代的禅让，那是一地鸡毛的闹剧，虽然有禅让的时潮，没有合适的历史背景支撑，各个小国都在思考如何传承下去，有人提出了禅让，却没有执行下去。

时代是不断变化的，顺应时代的发展，推举出了一些别的社会制度，不管结果如何，都是一种进步的尝试。当然我们现代的选举制度已经远远超越了禅让了。当时的禅让是皇帝从上而下的选举，现在我们是人民投票，从下到上的考察，更加规范、更加科学了。

正是因为有这些丰富的历史资料，我们现在做事情都有历史资料来参考，所以我们做事情就会更加有规矩。历史对我们来说，就是一种思想资料的作用，也就是我们传统文化的重要意义。

◎廖名春先生专访

尧文化中蕴含有现代核心价值观

廖名春：清华大学历史系暨思想文化研究所教授、博导。

笔　者： 您认为尧时期的文化和制度，对我们现在有什么样的影响？

廖名春： 影响还是很大的，主要的我总结了五点。第一，尧帝时期的文化和精神和我们现在的社会主义核心价值观紧密相连。第二，尧舜时期的“天下为公”，这种超前的思想是我们现在正在履行的。第三，尧帝开启了民主政治的先河，这在全世界都是超前的。第四，尧帝务实、理性，修身、齐家、治国、平天下，由近到远的理念，是我们中国人的根本传统。第五，尧帝执政为民的思想，这也是我们现在遵循的基本治国理念。

笔　者： 这些先进的理念在尧时期具体怎么体现呢？

廖名春： 孔子对尧的评价很高，《礼运篇》中写道：大道之行也，天下为公，选贤与能，讲信修睦。故人不独亲其亲，不独子其子。使老有所终，壮有所用，幼有所长，鳏寡孤独废疾者，皆有所养。男有分，女有归，货恶其弃于地也，不必藏于己，力恶其不出于身也，不必为己，是故谋闭而不兴，盗窃乱贼而不作。故外户而不闭，是谓大同。这里的时代，就是尧帝的时候，这篇文章也就是指尧帝的成就。公天下不是家天下，天下为公，就是尧帝的精神概括。

历史上的五帝，包括：黄帝、颛顼、帝喾、尧、舜，在尧帝之前，都是世袭制，一般都是父亲传位给儿子、孙子或者兄弟。尧帝开始就创造了一个新的传承，禅让的方式是和平、民主地推选，不是个人权力的转移。体现了“以人为本，任人唯贤”的思想。有利于部落联盟的团结，协调社会生产。其实把自己的王位让出来给别人很多人都做不到，能够让出来还是非常伟大的。这个传统还是从尧帝开创的。一个是世袭制，一个终身制，以前就是做皇帝一直做到死，但是尧帝把这两点都打破了。我们近代改革开放以后才有了退休的制度，以前也是不管做什么官都要做到死。所以尧帝给我们树立了非常好的榜样。

尧帝时期还开创了民主政治的典范。在尧帝时代，国家大事都不是尧帝自己决定的，都要大家一起商量来决定，就比如推选丹朱。尧在位 70 年后，年纪老了。他的儿子丹朱很粗野，好闹事。有人推荐丹朱继位，尧不同意。后来尧又召开部落联盟议事会议，讨论继承人的人选问题。大家都推举虞舜，说他是个德才兼备、很能干的人物。尧很高兴，把自己的两个女儿娥皇、女英嫁给舜，并考验了几年才将帝位禅让给舜。虽然他是天子，但是不搞特权，和大家商量决定。这种一起议事的行为，就是我们历史上最早的民主。

此外，尧帝也不完全是个浪漫主义者，他也是个非常理性的王。由家族到部落，由宗族到外族，由近到远，修身、齐家、平天下。就像是把王位传给舜一样，并不是头脑发热就给他王位，而是经过了漫长的考察期，还把两个女儿嫁给他，在一起生活就是一种实地考察，计划非常周详。类似于我们现代的官员选拔制度，都需要进行一个考核或者是考试，通过之后才能上任。

尧帝执政为民。在尧帝时期，花了很大的工夫统一立法，便于人民生产生活。能够看出来尧帝执政是以服务为主。像之前的王对老百姓是管得多，服务得少，尧帝相对是管得少，服务得多。在尧帝之后又有那么多君王，也有那么多暴君，更加说明了尧帝的伟大。

笔　者：尧文化中的现代核心价值观都体现在哪呢？

廖名春：很多人说尧帝离我们很遥远，其实尧帝离我们现代生活非常近，就比如核心价值第一条就是民主，最早的民主是从哪里来的呢？就是从尧帝。我们现代应该像尧帝多学习这些东西。就比如现代的官员，为官与德，有很多尧帝的成就现代人都做不到，但是尧帝能够做到，还是自觉去做。

讲尧的时候，我们会讲到舜，尧舜都是禅让，但是从大禹开始，就没有继续传承禅让制了。其实现代社会，像大禹这样能干，三过家门而不入的官员还是很多，但是像尧舜这样伟大，没有私心的就很少了。

还有尧文化中蕴含的民主、科学、仁爱、德政、廉洁、法制等思想，长期影响着中国的政治、文化和生活。所以说，尧文化时期所彰显的精神与时代发展紧密相连，成为中华民族千秋万世传承的文化与道德“基因”。

笔　者：核心价值观里为什么没有孝呢？

廖名春：孟子讲孝之道，尧舜禹三代以来在我们传统文化家里面讲以孝治天下，孝是天下之大忠，放之四海而皆准。但是到了今天我们讲社会主义核心价值里面还没有孝，为什么？因为孝内涵是比较复杂的，《说文解字》讲孝是“善事父母者”。我们运城地区特别提出德孝，概念讲得很好，所谓的德孝大多是讲孝，其实把它理解得更好，德孝就是以德为孝，行孝以德。我觉得运城的同志讲的德孝比较好。

为什么这么讲呢，就回到论语、回到孔子来讲。讲道德一般主流还是儒家的东西，儒家还是以孔子为代表，孔子讲孝道，《论语》里面很多，主要一些话影响是很大的。《论语》里面两次强调了“父之道三年不改可谓孝矣”，从易书以来解释都是错误的，孔子这句话不是三年之内不改变父亲的初衷就是孝，意思是说儿子对父亲治下之行长期不加以改变才叫孝，这里讲道不是一般的道，是有积极内容的，是偏向于道德的道，是介绍儒道的道。荀子讲“入孝出弟，人之小行也。上顺下笃，人之中行也。从道不从君，从义不从父，人之大行也。”从义不从父是大行，所以孔子讲道不是最高的东西，不是最高的德睦，最高的德睦是道义，所以讲德孝是有道理的，行孝要以德，不以德的行孝不是真正的孝。荀子的记载跟《论语》是一致的。

笔　者：您对《周易》有很深的研究，民间说它是一本算命的书，也有人说《周易》是群经之首，您是怎么给《周易》这本书来定位的呢？

廖名春：《周易》这本书从来源来说是一本算命的书，“易本占筮之书”，它本来就是用来算命的。但是，周易不完全等于算命，因为周文王对这个占筮方法进行了改造，变成了周易，变成周易之后它就不等于是占筮了，它就是讲哲理的书了。也就是说，文王作《周易》是“旧瓶装新酒”，这个旧瓶就是原来的占筮，所谓的新酒就是文王的思想。

《周易》的思想是文王的，但是它的表达形式是算命，所以我们一般讲的易和周易还是有不同的地方。易就是用数字来占筮的一种方法，但是周易严格来说，是文王在羑里所创造的一个著作，它跟一般的易是不同的，有初级跟高级之分。

清华的很多老师对周易还是很爱好的，我也开了《周易》这门课。就我所在的思想文化研究所、历史系来说吧，我们这个所里有一些老先生，像李学勤先生，他们虽然不是专门研究《周易》的，但在《周易》上面贡献也是很大的。

贡献主要在什么地方呢？就是在考证《周易》的源头上，通过出土文物、文献，特别是简帛的文献来研究《周易》，所以现在对帛书《周易》的研究、对竹简《周易》的研究，应该说我们都是领先的。我们清华的研究不在算卦上面，也不在一般的王弼《注》、孔颖达《正义》、程颐《传》这些传统的研究上面，我们主要是在用出土材料来研究《周易》，在这方面的工作做得比较好。

笔　者：八字、风水、奇门等预测术真的是来源于《周易》吗？

廖名春：这个定义有大有小，从广义来说都是占筮，但是细分的话呢，各有各的不同。《周易》是通过数字的变化、推理来算命，但有些卜筮就不是这样的。

例如甲骨卜筮，是把甲骨整治好之后放到火上烤，根据甲骨烧裂的纹路来判断吉凶；手相，根据掌纹的走向来判断吉凶；还有一些人，扯一片树叶撕开，用这个也可以占筮。

所以占筮的方法是多种多样的，但是《周易》依然是其中比较高级的一种，因为它已经有逻辑思维了，它是用数字来占筮的。

至于八字、奇门和其他的术数，他们也是借助了《周易》的占筮方法，但是他们具体的算法并不是《周易》的方法，因为现在《周易》算命的方法已经失传了。

现在我们传下来的是《周易》成卦的方法，也就是周易的64卦是怎么生成的，但是怎么样他用这个《周易》去占筮，实际上孔子也没说，典籍上面也没有记载。

笔　者：其实现代人对《周易》有很多的误解，您怎么看待这个问题？

廖名春：《周易》这门课一般的0999选课的学生都比较多，一个是《周易》自身的影响很大，另外一个也是因为大家对《周易》有一定的误解。大家都把它当成一门应用科学，以为学了《周易》的话呢就能够预测自己的未来。

说到《周易》预测未来，有个很有意思的故事，前些年有个炒股的人找到我，说自己根据《周易》推测可以选出大涨的股票，想要出一本关于《周易》预测股票涨势的书，希望能让我来写个序，也是未来宣传我国《周易》的成就。说到这里就很可笑，这种宣传本来就违背了《周易》本身的意思，再者来说，如果他能够准确地预测股票的涨势，早就自己发大财了，还写出来给所有人一起看吗？

周易算命虽然不能说一定能够算准，但是古人有一个说法是“玩易”，古人用周易算卦，他不一定就是相信这个东西，但是他也可以玩一玩嘛，这也是可以的。

所以我们当老师的，要告诉学生，这是一种方法，我们不能够保证它的结果一定是正确的。好像我是个数学教授，我告诉你数学方法，但是我不能够保证你以后所有的计算都是正确的。

我一再讲，《周易》是一种哲学，它告诉我们的一是方法论原则，一是做人的价值观，主要是这两个方面的东西。我们不能够把它当成一门应用科学，当成一种技术科学。如果把周易看成数学一样，这中间就出问题了，性质不同。

因为《周易》里面的数学，严格来说都是比较简单的数学。而预测是需要很复杂的计算的，计算能力越强，预测的结果就越正确，计算能力越差，预测肯定就越不准确。所以我们现在用周易，我刚刚说是玩易，还是满足一种心理的需求，不能过分地去依赖它。

以前有人写诗讲：“可怜夜半虚前席，不问苍生问鬼神”，讲的就是贾谊，贾谊也是个很有学问的人，当时皇帝见他，他本来很激动，但是皇帝见他的时候国家大计都没问他，问的都是无关紧要的事情，不问苍生问鬼神。

所以这就牵涉到一个世界观的问题，一个人，你的吉凶是由自己的行为决定的，它是一种因果关系，有什么因结什么果。

你做人做事很努力，你的结果就好，你做人不好，你想有好的结果，这是很难的。你明明做事做得不好，但就想要有很好的结果，想通过算卦求神拜佛来改变命运。你明明是个坏人，但是你拜了菩萨的话，菩萨就会保佑你很好吗？如果是这样的话，一个做了坏事的人还能够得到好的结果，那世界上不天下大乱了吗？这是违反逻辑的。

当然，我们讲的只是大概率，不能够排除个体的事情，因为这个世界是比较复杂的。好像我们读书，决定你能够考上大学的因素有很多，它不是哪一个单纯的因素，有的时候你语文成绩好，但数学成绩不好；有的人平时成绩好，考试的时候心理承受能力不行；还有的时候你这个学校就不好，老师就不行；甚至出题目的人，有时候出的题目就不利于选拔学生，这些因素都有，所以这是很复杂的。

但是不管它再复杂还是有规律可循的，大的概率，学习方法好、学习努力的人肯定会考得好一些，这是没有问题的，但是落实到每一个具体的人身上，那就很难说了，你就不能够排除有小概率的事情出现。

不论《周易》，还是尧舜文化，都是经过漫长的历史长河传承下来，到今天已经有了很多改变。符合当前的社会发展趋势，符合我们的社会主义核心价值观，追古溯今就是这样的意义。

◎石耀辉先生专访

尧文化可成临汾转型发展新引擎

石耀辉：临汾市三晋文化（尧文化）研究会副会长。

1978年，中国社科院和山西的考古专家开始对“陶寺遗址”的考古发掘与研究，至今已进行了近40年时间。

40年间，陶寺遗址愈来愈丰富的考古发现，从物质文化到精神文化，越来越多地同尧舜的文献记载相印证，加上地方学者从乡土文化、地方志、历史文献、历史记忆、神话传说的角度，对尧都平阳的不懈探索和宣传普及，使得陶寺遗址乃唐尧之都的观点越来越受到社会的关注，也得到越来越多学者的认可。

进入2017年末，陶寺遗址“好消息”接连不断。当年12月4日，山西陶寺考古遗址公园正式列入第三批国家考古遗址公园立项名单。仅仅4天后的12月8日，在第三届“世界考古论坛·上海”上，由山西省考古研究所王晓毅与中国社会科学院考古研究所何驽、高江涛共同主持的《陶寺遗址：“中国”与“中原”的肇端》荣获“重要考古研究成果奖”。

面对陶寺考古这一系列重大成果带给临汾发展的新机遇，山西省委和临汾市委都给予高度重视，并提出要按照“高水平规划、高标准建设、高效率推进”的要求，秉持国际化、人文化、生态化理念，集中各方智慧和力量，建设陶寺国家考古遗址公园和陶寺遗址博物馆，建设尧文化产业园和以塔儿山为中心的古文化旅游圈，努力把陶寺遗址考古成果转化为公共文化产品，转化为现实生产力，力争将陶寺遗址打造成为全球华人文化寻根、家国圆梦的文化高地和旅游品牌，成为全省文化与旅游深度融合、良性互动、协调发展的样板和典范。

目标已确定，落实是关键。

临汾市三晋文化（尧文化）研究会副会长石耀辉认为，把以陶寺遗址为核心的尧文化产业作为新的增长点，进而带动临汾文化旅游产业的大发展、大繁荣，这既是历史赋予本届政府的机遇，也是进行产业调整，建设文化强市的题中之义。

“我们必须首先确立尧文化在临汾区域文化中的核心地位，把尧文化变成临汾转型发展的龙头和精神动力。希望治尧都者知尧文化，知尧文化者治尧都，治中国者知尧文化，知中国者知尧文化。”

记　者：临汾古称平阳，为尧帝建都之地，有着深厚的文化底蕴，那么临汾区域的文化资源有哪些？

石耀辉：盘点临汾区域文化，大概有黄河文化、人祖文化、中镇霍山文化、荀子文化、晋文化、丁村文化、晋商文化、大槐树移民文化、戏曲文化、红色文化、尧文化等。下面我来详细解释一下这几种文化。

首先是黄河文化。黄河特别是中下游的晋、陕、豫三角区一带，是中华文明最核心的区域。从三皇五帝到周秦汉唐，政治、经济、文化的中心都在这里。晋陕大峡谷被誉为中国最美峡谷，而这最优美、最壮观的一段都在临汾境内。黄河干流流经临汾境内永和、大宁、吉县、乡宁四县，总长为164公里，流域面积7738平方公里，区间有汾河、昕水河、芝河、鄂河、清水河等一级支流汇入。

当黄河流经永和境内，一连7个320度的大转弯，形成了山环水抱、和谐共生的黄河蛇曲地貌，因酷似“阴阳太极图”而被称为“乾坤湾”。传说中华先祖伏羲在这里仰观于天，俯察于地，创立出太极八卦，从而被誉为文明始祖。黄河龙昂首向前、不舍昼夜奔入吉县人祖山脚时，400米宽的河床，骤然收缩归拢成50米宽的一束，形成瀑布奇观，汹涌澎湃、一泻千里。中华文化的基本精神，被概括为乾坤两卦中的“自强不息、厚德载物”，哲学精华“一阴一阳之谓道”就来自于乾坤湾和壶口瀑布。

黄河塑造了中华民族自强不息、坚忍不拔、一往无前的民族性格，黄河文化成为中华民族优秀文化的象征。在临汾境内，黄河从北向南依次有乾坤湾蛇曲地貌、东征纪念馆、黄河仙子传说、壶口瀑布、克难城、柿子滩遗址、人祖山等重要旅游资源，正是基于此，临汾市委、市政府早在十多年前就提出了“中华根，黄河魂”的旅游发展口号。

其次是人祖文化。以伏羲、女娲为主的上古人祖文化，遍布于临汾各地。在壶口瀑布东北20公里处，有一座人祖山，又名风山、庖山，这是全国唯一的一座以“人祖”为名的山脉。大约1万年前，中华民族的人文始祖伏羲、女娲，在这里建立了历史上第一个“对偶婚”家庭，这就是伏羲、女娲的“兄妹成婚”。如今，人祖山各种庙宇遗迹有200余座。2001评为全国十大考古发现的“柿子滩古人类遗址”和“女娲岩画”就在其山脚下。人祖山上有伏羲岩、伏羲庙、女娲庙、磨盘沟、穿针梁等多处与伏羲、女娲相关的文物和民间传说。

除了吉县人祖山外，临汾还有多处伏羲、女娲遗迹，从蒲县河西村娲皇宫，到尧都区金殿娲皇庙、东阳村后土庙；从霍州贾村娲皇庙，到赵城侯村女娲陵、庙，辛南村娲皇庙、女娲梳妆楼，伏牛村伏羲庙，淹底画卦台、十里八卦等。临汾境内众多关于伏羲、女娲的遗迹、民俗、传说等，反映了中华民族对自己祖先的认同，如果说炎黄二帝是我们的血缘氏族，那么伏羲女娲则是我们共同的人文始祖。

第三是中镇霍山文化。太岳山脉南北长约300公里，宽约20～50公里，其正脉北起介休市，南至洪洞县，延伸80余公里，主峰太岳山，也叫霍太山、霍山、太岳、中镇，海拔2346.8米，位于霍州市东南与洪洞县、古县交界处。老爷顶因巍峨高耸，至高至大，被《尚书·禹贡》记载为九州之首的冀州之镇山，称为中岳，后又成为中镇。早在4300年前，霍山一带就是尧、舜、禹政治、经济活动的重要区域，在华夏文化的形成和发展中占有重要地位，堪称华夏文化的重要发祥地。

霍山山地崇拜文化历史悠久，在历代帝王中，在霍山的祭祀活动，有记载的多达63次，同时还留下了许多碑文、铭文。在北京的先农坛和地坛公园，至今供奉着五岳、五镇的神位。五大镇山中，东镇为山东沂山，南镇为浙江会稽山，西镇为宝鸡吴山，北镇为辽宁医巫闾山。近年来，霍州大力开发七里峪和陶唐峪生态旅游项目，已举办了八届中镇霍山文化节，“中华五镇”也正在酝酿联合申遗事宜。

第四是荀子文化。荀子（前313年—前238年），名况，字卿，又称孙卿。荀子少小离家求学，成年后游学齐国，曾三次担任稷下学宫祭酒，晚年在楚国春申君治下任兰陵令，后在兰陵授徒讲学，并终老兰陵，著成《荀子》一书。今天，当我们把荀子放到世界文化史上“轴心时代”的大背景中去，结合荀子学说的博大精深和深远影响来看，荀子堪称是中国先秦时期百家学科式的集大成者。如今安泽县建有“荀子文化园”，先后举办了7届“荀子文化节”，并与山东兰陵结为友好县，共同弘扬荀子文化。

第五是晋文化。山西简称“晋”，因为山西历史上最辉煌的时期是晋国。而在临汾的侯马、曲沃、翼城、襄汾等地，遗留有丰富的晋文化资源。正因为如此，临汾被称为“三晋文明之源”，据《左传》记载，“和谐”一词出自新田。

第六是丁村文化。1954年，在襄汾县丁村附近的汾河两岸，发掘出人牙3枚，旧石器2000多件，哺乳动物化石——梅氏犀、野马、纳玛象、斑鹿等28种，1976年又发现1块小孩头盖骨化石，因发现于丁村，故命名为“丁村人”。“丁村人”化石是中华人民共和国成立后我国古人类化石的第一次发现，这一发现有力证明了10万年前，这里不仅是原始动植物的天堂，也是中华先民们繁衍生息的摇篮。这一重要发现同时也有力地反驳了东方文明西来说，增强了民族自信心，因而在1961年就被公布为国保单位。

丁村不但因丁村人及其文化蜚声中外，且至今还保存着40多座自明朝万历年间至清代末期的四合院民居建筑群，1985年，还在丁村民居建立了民俗博物馆。1989年，又开辟了丁村文化陈列馆。丁村民居以其特有的魅力，在1988年也被确定为国保单位。一个小村庄而拥有两处“国宝”单位，这种殊荣，在全国也实属少见。

第七是尧文化，也可以说陶寺文化。它是以陶寺遗址为重要载体的尧文化，是临汾区域文化的核心。广义的尧文化是指上古时期，帝尧带领先民创造的物质财富和精神财富的总和，当然也包含了舜文化和禹文化。狭义的尧文化，则是指以唐尧思想为核心，经过长期的历史积淀而形成的一种人文精神，它以尧政为基础，以道德规范为主要内容，是我国最早形成体系的观念形态文化，因而成为中华传统文化可以追溯到的总根源。正因此，从北魏孝文帝开始，帝尧受到历代王朝的国家祭祀。同时，由于帝尧是陶器的开创者，他还被后世立为“陶神”而供奉。在道教神祇中，尧、舜、禹还分别被封为天官、地官、水官，统称“三官大帝”，中华人民共和国成立之前的临汾各县村落，三官庙非常普遍。

临汾各地尧文化旅游资源非常丰富，除了目前正在建设的陶寺遗址大型考古遗址博物馆外，尧都区有尧庙、尧陵、尧居，还有仙洞沟省级风景名胜区。洪洞县甘亭镇有羊獬唐尧故园，万安镇有历山舜帝庙，每年三月三开始的两地“接姑姑迎娘娘”走亲民俗活动，绵延四千多年，已被确定为国家级非物质文化遗产，由舜耕历山而产生的威风锣鼓也被确定为国家级非物质文化遗产。此外，霍州市有著名的陶唐峪风景区，翼城县有历山风景区。这些都是开发尧文化旅游的宝贵资源。

第八是大槐树移民文化。“问我故乡在何处，山西洪洞大槐树。祖先故居叫什么？大槐树下老鹳窝。”洪洞移民最重大的影响就是千千万万移民后裔带带代代延续，口口相传，形成共识，洪洞成为他们心中敬仰的圣地，纷纷回到魂牵梦萦的老家洪洞寻根拜祖，形成名扬海内外的大槐树祭祖习俗。“大槐树祭祖习俗”已于2008年6月列入第二批国家级非遗名录。

第九是戏曲文化。元代是我国戏曲的鼎盛时期，临汾则是元代北杂剧活动的中心地域之一。蒲剧历史上曾被称为“乱弹”“蒲州梆子”，是元杂剧之嫡宗正嗣，是最古老的一个剧种，也是北方多个戏曲的源头。在目前保存下来的11座元代木结构戏台中，临汾就有8座，居全国之冠。

见证临汾金、元戏曲繁荣盛况的标志，不仅是古戏台多、剧作家多，还有两个重要标志：

一个是洪洞广胜寺下寺水神庙的元代戏剧壁画，这是我国最著名、最有学术价值、也是唯一幸存的元代戏剧壁画。另一个标志就是在金、元砖墓中发现了大量戏剧舞台模型。比如侯马金大安二年（1210年）董氏墓戏台模型和戏俑、襄汾县南董村金墓散乐人物砖雕等。

第十是晋商文化。临汾一带的晋商（平阳帮）是整个山西晋商的发源地和杰出代表，晋商文化也是临汾深厚文化底蕴的一大亮点。早在宋代，平阳商人就与徽州商人并称，成为当时中国商业的中坚力量。据《马可波罗行纪》称，元代“从太原到平阳这一带的商人遍及全国各地”。明人宋应星在《天工开物》一书中称：“平阳、泽、潞富豪大贾甲天下，非数十万不称富”。

最后是红色文化。红色文化也是临汾区域文化的重要组成部分，主要纪念场馆有临汾烈士陵园、侯马彭真纪念馆、洪洞白石八路军纪念馆、隰县晋西革命纪念馆、永和红军东征纪念馆等。

临汾区域文化资源，除了上述之外，从历史上看还有佛教文化、平阳木版年画、金元雕刻印刷等，从地域上看，还有霍州州署衙门廉政文化、洪洞皋陶法治文化、古县古牡丹文化、乡宁云丘山中和文化等。

记　者：既然临汾拥有如此丰厚文化资源，那么，您认为临汾应该怎样去利用、传承、发展这些资源？

石耀辉：在文化品牌建设中，各自为政、四面出击，甚至是争抢资源，是难以取得显著成效的。

临汾市必须树立全局观念，抓住龙头，率先发展，从而带动整个区域文化共同繁荣，真正实现经济的转型发展。

而临汾文化资源中的核心与龙头就是尧文化，要把尧文化作为临汾转型发展的龙头和精神动力。

为什么要把尧文化作为临汾文化的核心？

一是因为，尧文化可辐射到临汾市的10余个县，从地域上和人口覆盖面上最广，其中以襄汾县、尧都区、洪洞县为最；

二是因为，尧文化地位最为重要。尧都平阳之时，也就是陶寺社会时期，中华早期文明的国家观念、王权观念、私有观念、礼制和历法等都已形成，其中很多为后来的夏商周王国文明所继承和发展，因而有理由认为，尧舜禹时期的华夏文明，为后来的中华文明奠定了基础，是多元一体的中华文明的主脉；

三是因为，尧文化所蕴含的丰富思想，具有重要的时代价值和现实意义。

尧文化是儒家文化的源头，帝尧“克明俊德，以亲九族；九族既睦，平章百姓；百姓昭明，协和万邦”，正是儒家倡导的“修身、齐家、治国、平天下”思想之滥觞。中华道统乃自“祖述尧舜，宪章文武，宗师仲尼”。尧文化的丰富思想，对于当代血缘寻根、文化寻根、精神寻根、和合思想、德廉思想，等等，都具有重要价值。

总之，作为临汾市政府必须抓住临汾区域文化的核心。抓住了尧文化，就抓住了临汾文化的制高点，也就抓住了中华优秀传统文化的根本。

记　者：在确定尧文化核心地位的基础上，如何抓住历史新机遇，进一步推进尧文化研究、保护、传承、开发、利用，跨上新台阶？

石耀辉：我认为，目前应从以下几方面进行深入思考。

一是成立尧文化研究院（或研究中心）。目前，国内已建有孔子研究院、老子学院、荀子学院、孟子学院等多家类似研究机构，既有官办的，也有企业发起设立的，都有较为成熟的运作模式可以借鉴。例如，湖北保康县尧治河村，有一条全长 4 公里的野人沟，又名尧帝沟，相传系尧帝为治水而开。当地百姓为了纪念尧帝和丹朱，就把那段河流取名为尧治河。因为这一传说，尧治河村就大兴尧文化旅游开发，于 2014 年 4 月 29 日成立了“尧文化传播研究院”，并于 2016 和 2016 年连续举办了“尧文化与中国梦”高峰论坛。

尧治河村重视尧文化、开发尧文化的勇气和做法都值得我们借鉴。临汾的旅游文化发展格局不应限于一定的体制，而应该突破体制。可着手组建尧文化国际研究中心。

二是尧文化研讨会实行常规化。每年举办一次全国性的尧文化研讨会和高层论坛。办好尧文化研讨会对于提升帝尧古都文化旅游节水平和影响力，都有着重要作用。同时研讨会还为廉政建设和社会主义核心价值观的凝练提供历史文化支撑。

三是把祭尧规格提升到国家层面。“国之大事，在祀与戎”。目前，在对上古三皇五帝的祭祀中，陕西黄帝陵、河南新郑黄帝故里、湖南炎帝陵、湖南九嶷山舜帝陵、运城舜帝陵、浙江绍兴大禹陵等，大都是国家层级的祭祀规格，一般会有全国人大或政协领导出席祭祀仪式，相比之下，临汾祭尧活动不论在规格上还是规模上，都显然与帝尧的历史功绩和地位极不匹配。

四是立即启动“尧都（陶寺遗址）—尧庙—尧陵”世界文化遗产名录申报工作。曲阜“三孔”，孔府、孔庙、孔林，早在1994年就被确定为世界文化遗产。临汾“三尧”尧都、尧庙、尧陵至今尚未启动申遗工作。目前，山西省从北到南，大同云冈石窟、应县木塔、五台山、平遥古城、运城池神庙和关帝庙都已成为或将成为世界文化遗产或景观，如果再不抓紧这项工作，临汾将有可能沦为全省世界文化遗产的一块洼地。因此，临汾市应立即启动“三尧”申遗工作，“接姑姑，迎娘娘”世界非物质文化遗产的申报工作。

五是深入挖掘尧文化中蕴涵的姓氏文化资源。传说尧生十子以及二女娥皇、女英。帝尧及其后裔先后分化出来的姓氏有：刘氏、唐氏、陶氏、饶氏、伊氏、祁氏、丹氏、朱氏等共计60余个。有人曾对其中十多个大姓人口进行过统计，其人口已经超过了1亿2千万。如果把尧、舜、禹及其大臣的后裔姓都算上，其后裔姓氏总共近400个，而且多为大姓，囊括了我国人口的百分之八十以上。如此庞大的人口基数，这就为临汾建设全球华人寻根圣地，提供了巨大的空间。因此，也应积极做好尧文化姓氏寻根工作，弘扬优秀传统文化、传承优良家风。

六是加快“陶寺大遗址公园”申报以及引资进度，尽早进入实施阶段，开工建设，早日把临汾建成寻根祭祖圣地和尧文化旅游的目的地。

七是启动尧文化普及工程。组织尧文化专家学者，编写尧文化乡土教材，启动尧文化普及工程。尧文化普及教育要抓两头，一是进中、小学校，一是进党校领导干部课堂。

八是要做好尧文化品牌的国内国际市场开拓工作。尧文化是临汾城市软实力的代表，更是华夏子孙的共有的精神财富和文化遗产。目前，在尧文化品牌开发上，山东日照尧王酒业、贵州茅台镇帝尧酒业、湖北尧治河集团有限公司等都走在了前面，积累了丰富的经验，都值得临汾本土企业家和尧文化研究者借鉴。

总之，临汾当前面临着尧文化研究和开发的历史大机遇，不论是领导干部，还是企业经营者，都要勇于负责，敢于担当，弘扬尧文化品牌，推进尧文化产业发展。从而实现尧文化与弘扬优秀传统文化创造性转化、创新性发展，实现临汾的文化自信、文化自觉、文化自强。

◎**赵大海先生专访**

打造帝尧文化工程

赵大海：深圳亚洲时代文化发展有限公司董事长。

在“2018首届尧都文化旅游节”上会有一场举世瞩目的寻根盛典，它就是“2018首届全球华人祭拜尧帝大典”。

这次祭拜大典，是一次聚焦全球的信仰寄托，是一部文明传承的精神史诗，是一个属于中华的辉煌篇章。这次祭拜大典是由中国传统文化促进会、三晋文化研究会、山西中华文化促进会、台湾中华经济文化发展促进会等主办，深圳市亚洲时代文化发展有限公司全程策划并承办。

说到这里，或许就会有人要问：“一家深圳公司为何青睐山西，青睐尧文化？”“祭拜大典会为当地带来哪些利好？”带着这些问题，便有了记者与深圳亚洲时代董事长赵大海下面的这番对话。

记者：赵总，欢迎您来到山西。据了解，深圳亚洲时代是一家以“做优秀的高端品牌创造者”为目标的文化公司，在深圳享有一定的知名度和美誉度，已经成为深圳文化公司的典型代表之一。“2018首届全球华人祭拜尧帝大典”是深圳亚洲时代在山西承办的第一次大型活动。其实，山西拥有着丰厚的文化资源，那么，您为什么第一次来到山西就会青睐尧文化？

赵大海：赵姓源于临汾，来山西承办“2018首届全球华人祭拜尧帝大典”，于我个人来说，这是一种缘分。

作为一家文化公司，深圳亚洲时代一直致力于主流文化的推广。历年来，多次独家或参与策划、承办国家级、地方性的大型主题活动，包括地方文化节、旅游节、美食节、高端论坛以及地方政府关于和谐文化、安全生产、交通安全等公益宣传活动，获得了政府与社会的高度认可，提升了城市的品牌魅力，也扩大了公司的品牌影响力。

而尧帝是三皇五帝之一，他钦定历法、教化九族、实行禅让、倡导仁德、协和万邦、缔造中国，开创了人类远古文明的灿烂与辉煌，成为中华民族的精神标识，被后世誉为“民师帝范、文明始祖”。尧帝文化，是中国传统文化的源头，是中国之根、文明之根、血脉之根。祭拜尧帝、弘扬尧帝文化，对中华文明的传承与发展，有着极其重要的意义。

记者：我也了解到，近几年，深圳亚洲时代以“挖掘文化资源、提升城市品牌、助力产业发展、推动社会和谐”为己任，在全国推出了一些反响很好的城市活动，比如两岸妈祖佑南疆祈福活动、打造湖南旅游名片——南岳和天下、东江纵队红色教育系列活动、海峡两岸端午旅游文化节及第二届华夏文化发展论坛等，那么，这次祭拜大典，您预计要达到什么样的目标？

赵大海：首先，我们一般谈到城市活动，可以分为三个层面。第一层面属于昙花一现，仅仅是“热闹”而已，现在很多地方都不再做了。第二层面是近年来比较流行的“文化搭台，经济唱戏”，通过文化活动，推介产品，引进企业。第三个层面是在前两层的基础上，通过文化活动将一种文化植入到当地每个人的心目中去。

因此，我们举办此次祭拜大典，不仅是要把“帝尧”打造成为尧都区的城市文化标签，还要把它打造成为全球华人提升自己内心修为、国人践行社会主义核心价值观的一个渠道。这并非简单的经济问题，而是一个与国民教育息息相关的文化工程。

其次，“2018首届全球华人祭拜尧帝大典”在尧帝创建中国之地、中华民族的重要发祥地之一的临汾举行，我们希望将其打造成最具影响力的全球华人根亲文化活动之一，是继全球华人祭祀炎帝大典、全球华人祭祀黄帝大典之后的又一国家级重大文化活动。

同样，当时在确定祭拜尧帝大典的活动宗旨时，我也提出：要传承尧帝精神，弘扬传统文化；增强华人凝聚，促进祖国统一；倡导一带一路，助力民族复兴。

无论是美好的愿景还是活动宗旨，我们都在向人们传递一个信号：将尧都打造成人类文明的朝圣之地。

最后，挖掘文化不仅是要用于学术，更是要将其植入到所有产业里。或许有人会质疑，尧文化可以植入到所有产业吗？我要说的是：当然可以。

不过，尧文化要想与产业嫁接，就需要打造一个以尧帝为核心的城市品牌系统和文化产业工程，然后在这个工程指引下把城市品牌宣传、旅游产业、招商引资等所有产业支撑点和政策支撑点放进去。因此，打造尧帝文化工程是我们努力的方向。

记者：祭拜尧帝大典会持续吗？您下一步有什么样的计划？

赵大海：会的。祭拜尧帝大典是一个持续性的活动。今后每年尧帝生日（农历四月二十八）我们都会组织祭拜活动。今年主要是民间主办的，我们希望通过以后的努力，将祭拜大典提升到国际层面，

这次活动结束后，我们公司计划着手与当地政府针对尧文化产业提升进行合作，深度开发尧文化。

跋

呈现给大家的这本《尧文化高峰论坛论文访谈集》，约30多万字。本该在开会时正式出版，由于种种原因，只能先印成资料集。这倒也给我们留出了继续修改的时间，希望各位一定要认认真真地再读读，提出宝贵意见。

这本论文集和这次尧文化高峰论坛，可以说是一次新的学术尝试，无论是在总体策划上，还是在具体课题的研究过程中，都始终坚持了创造性转化、创新性发展的理念和研究阐释、普及教育、传承保护、创新发展和传播交流五位一体的学术思想体系，注重学术研究的完整性，注重对学术观点的再阐释和科研成果的传播交流。为了办好这次尧文化高峰论坛，还于4月23日在北京召开了“新时代尧文化座谈会”，邀请省内外50多位领导和专家学者参加。这次座谈会是为高质量完成本次论坛赋予的各项任务，专门召开的一次学术动员会。会后，对国内最具学术权威的十多位专家学者进行了高端访谈。另外，还进行了专题拍摄和新媒体宣传，力图全方位展现尧文化永久的魅力和时代风采。

产生有价值的学术课题，取得有深度的成果，是我们致力奋斗的学术目标。诗云：“行百里者半九十。”比喻做事情越接近成功，越要坚持不懈，才能达到目的。中华文明的起源仍然是目前学术界讨论的焦点。探寻中华文明是一项重大工程，前面一代一代贤哲们早已为开启这项工程做出了巨大贡献，后辈们如何在新时代坚持创造性转化和创新性发展才是关键。

“溯文明之源，寻华夏之根”尧文化高峰论坛由中共山西省委宣传部、光明日报社、中国先秦史学会、中共临汾市委、临汾市人民政府主办，三晋文化研究会、中共临汾市委宣传部、中共尧都区委、尧都区人民政府等单位承办，是在新时代召开的一次文化盛会。在这次论坛筹备中，尧都区委、区政府高度重视，区委常委、组织部长张青山多次认真听取汇报，亲自修改方案。尧都区旅游局李晨副局长认真负责，基本上天天与三晋文化研究会的谢恺、王岳进行沟通，在每个环节上都非常认真。尧都区三晋文化研究会彭亚鸣会长，工作主动，积极配合，提供了大量的资料和有关信息。临汾市三晋文化研究会刘合心会长，不辞劳苦，亲赴北京出席研讨会，多次接受采访，并提供了大量资料。特别要感谢北京晋汉子庄园董事长李汉生和他的管理团队，他们在百忙之中抽出时间，为

“新时代尧文化座谈会”进行积极的筹备和周到的服务，给来自全国各地的各位领导和专家学者留下了深刻印象。还有很多同志在这次尧文化高峰论坛筹备过程中给予了大力支持和热忱帮助，三晋文化研究会作为策划单位，对大家的辛勤劳动表示诚挚的感谢!

三晋文化研究会

2018 年 6 月 2 日

图书在版编目（CIP）数据

溯文明之源 寻华夏之根：2018首届中国尧文化高峰论坛论文访谈集 / 王水成主编. -- 太原：三晋出版社，2018.7

ISBN 978-7-5457-1747-1

Ⅰ. 溯… Ⅱ. ①王… Ⅲ. ①中华文化－文集 Ⅳ. ① K203-53

中国版本图书馆CIP数据核字（2018）第172936号

溯文明之源 寻华夏之根：2018首届中国尧文化高峰论坛论文访谈集

主　　编： 王水成
责任编辑： 朱　屹
装帧设计： 刘小明

出 版 者： 山西出版传媒集团·三晋出版社（原山西古籍出版社）
地　　址： 太原市建设南路21号
邮　　编： 030012
电　　话： 0351 — 4922268（发行中心）
0351 — 4956036（总编室）
0351 — 4922203（印制部）
网　　址： http://www.sjcbs.cn

经 销 者： 新华书店
承 印 者： 山西天每印业有限公司

开　　本： 787mm × 1092mm　　1/16
印　　张： 23.25
字　　数： 380千字
版　　次： 2018年7月　第1版
印　　次： 2018年7月　第1次印刷
书　　号： ISBN 978-7-5457-1747-1
定　　价： 88.00元